21世纪应用型本科会计系列规划教材

Advanced
Financial Accounting

高级
财务会计

滕晓梅 主 编
李海玲 陈 莉 副主编

东北财经大学出版社
Dongbei University of Finance & Economics Press
大连

图书在版编目（CIP）数据

高级财务会计 / 滕晓梅主编. —大连：东北财经大学出版社，2017.9
（21世纪应用型本科会计系列规划教材）
ISBN 978-7-5654-2763-3

Ⅰ. 高…　Ⅱ. 滕…　Ⅲ. 财务会计-高等学校-教材　Ⅳ. F234.4

中国版本图书馆CIP数据核字（2017）第094760号

东北财经大学出版社出版
（大连市黑石礁尖山街217号　邮政编码　116025）
网　　址：http://www.dufep.cn
读者信箱：dufep@dufe.edu.cn
大连永盛印业有限公司印刷　东北财经大学出版社发行
幅面尺寸：185mm×260mm　　字数：540千字　　印张：22.75
2017年9月第1版　　　　　　　2017年9月第1次印刷
责任编辑：孙　平　吴　焕　　　责任校对：行　者
封面设计：冀贵收　　　　　　　版式设计：钟福建
定价：42.00元

教学支持　售后服务　联系电话：（0411）84710309
版权所有　侵权必究　举报电话：（0411）84710523
如有印装质量问题，请联系营销部：（0411）84710711

前　言

自 2006 年我国新企业会计准则颁布以来，已出版的《高级财务会计》教材达几十种，总体来看虽涵盖内容不同，但大多体现了"难"、"特"和"前瞻性"等特点，这对于高层次会计人才的培养有很大的帮助。然而，对于应用型本科会计学专业的学生来说，他们希望教材更具通俗性，与企业财务会计实践结合更紧密。要实现应用型本科会计学专业的培养目标，就需要编写以注重够用和实用为原则的实用性和操作性较强的教材。基于此，我们结合常年面向应用型本科会计学专业学生教授"高级财务会计"课程的实践经验，编写了应用型本科会计学专业学生学习"高级财务会计"课程适用的教材。

本教材的总体编写思路是：化繁为简，理清逻辑；案例主导，辅以理论；够用实用，提示拓宽。

本教材包括会计调整、租赁会计、外币折算、企业合并会计、合并财务报表、股份支付、衍生金融工具会计、特殊报告事项、特殊行业会计、企业清算会计共十章内容。其中衍生金融工具会计、特殊报告事项、特殊行业会计等章节内容本着够用原则，只介绍基本原则并简单举例。本教材每章内容既按自身知识体系要求布局，又兼顾教材的统一结构，由学习目标、重点难点、主要内容、复习思考题、历年真题、练习题等六部分组成。练习题答案不在书中呈现，而是在每章练习题后配备二维码，学生需要时可扫码学习。

本教材的编写体现了以下几个主要特色：

（1）以职业为导向，以案例为主线消化理论知识。很多同类教材注重内容的前瞻性和理论的深度，案例编写分量不足，或者案例编写时参照西方的教材惯例，学生理解起来比较困难。本教材以会计职业为导向，对于每个需要掌握的知识点都通过设计直观通俗的典型案例，帮助学生理解消化高深的会计理论知识。

（2）定位于应用型本科，突出实用性。高级财务会计理论性较强，一些教材主要面向科研型或科研教学型高校，对探讨性的观点陈述较多，这对应用型本科院校的学生来说理论偏深，也不适用。本教材坚持应用型本科培养目标的差异性，突出实用，兼顾理论。对于难度较大或尚存争论的内容，本书采用附加提示的方法，给出引导性介绍，以便部分学习能力和研究能力较强的同学课后深入学习。

（3）内容紧扣准则，创新表现形式。本教材以《企业会计准则》为依据，并体现2014 年 7 月 1 日以来会计准则陆续修订的主要内容，以使教材内容紧扣最新准则。同时，本教材注重表现形式上的创新，力求图文并茂，化繁为简，用通俗的文字讲解晦涩难懂的准则条款，用层层递进的案例辅助学生掌握知识体系的逻辑框架。

本教材由滕晓梅教授担任主编，由盐城师范学院商学院"高级财务会计"课程组全体老师采用专人专题方式撰写完成，具体编写分工如下：第四章、第五章由滕晓梅老师编写，第一章、第二章、第三章由李海玲老师编写，第七章、第八章、第九章由陈莉老师编写，第六章、第十章由周成彦老师编写。全书由滕晓梅教授进行最后的总纂定稿。

本书的出版得到了盐城师范学院商学院的支持，以及东北财经大学出版社的帮助，在此一并表示感谢！

　　本书编写时间较短，又力求体现自己的特色和创新，难免会出现错误和疏漏，加之化晦涩为通俗的准则解释是编者的想法和观点，在内容安排和表述上不一定恰当，恳请读者批评指正，以便再版时修改、充实和完善。

编　者

2017 年 7 月

目　录

第一章

会计调整

学习目标

在学习和理解本章内容时，应当关注：（1）会计政策变更的会计处理。会计政策一经确定，不得随意变更，但符合特定条件的除外。会计政策变更的会计处理方法有追溯调整法和未来适用法，分别适用于不同的情形。（2）会计估计及其变更。会计估计变更是指由于资产和负债的当前状况及预期经济利益和义务发生了变化，从而对资产或负债的账面价值或者资产的定期消耗金额进行调整。会计估计变更的会计处理方法为未来适用法。（3）前期差错及其更正。对于重要的前期差错应采用追溯重述法予以更正。（4）资产负债表日后事项。要掌握资产负债表日后事项的两种分类以及资产负债表日后调整事项的会计处理。除了学习本章的内容外，还应当认真阅读《企业会计准则第28号——会计政策、会计估计变更和差错更正》《企业会计准则第29号——资产负债表日后事项》及相关指南和解释。

重点难点

会计政策变更采用追溯调整法的会计处理；会计估计变更采用未来适用法的会计处理；重要前期差错采用追溯重述法更正的会计处理；资产负债表日后事项的分类；资产负债表日后调整事项的会计处理。

会计调整是指因会计政策变更、会计估计变更、前期差错更正和资产负债表日后事项而对会计记录和财务报表所做的调整。

第一节 会计政策及其变更

一、会计政策

（一）会计政策的概念

根据《企业会计准则第28号——会计政策、会计估计变更和差错更正》，会计政策是指企业在会计确认、计量和报告中所采用的原则、基础和会计处理方法。

从该项规定可以看出，会计政策包括三个层次：首先，原则是企业在进行会计核算时所应遵循的具体会计原则。如存货、固定资产、负债、收入等的确认条件均属于会计原则。其次，基础是指为了落实和应用会计原则而采用的基础，主要指计量基础。根据我国会计准则的规定，计量基础具体包括历史成本、重置成本、可变现净值、现值和公允价值等。按照现行准则规定，依据不同的会计原则采用不同的会计基础。如对于交易性金融资产后续计量应采用公允价值计量，对于存货应按成本与可变现净值孰低法计量，对于投资性房地产后续计量有成本计量和公允价值计量两种模式。最后，会计处理方法是指企业按照会计准则等规定，在会计核算中采用或者选择的、适合于本企业的具体会计处理方法。如发出存货计价的方法属于会计处理方法，具体包括先进先出法、加权平均法、个别计价法等。

（二）会计政策的特点

1.政策性

在我国，会计准则是会计工作必须遵守的法规。会计政策所包含的三个层次，即原则、基础和会计处理方法均根据会计准则制定，具有强制性，企业应严格遵守，必须按照会计政策所规定的原则、基础、会计处理方法进行会计确认、计量和报告。

2.选择性

由于企业经济业务的复杂性和多样化，某些经济业务在符合会计原则和计量基础的要求下，可以有多种可供选择的会计处理方法。企业可以根据会计政策的规定，选择适合本企业的具体会计处理方法。例如，存货发出成本的计量方法有先进先出法、加权平均法、个别计价法，企业可以在会计政策规定的范围内进行选择。

会计政策中的原则、基础和会计处理方法三者之间紧密相连、密不可分，从而有效保证会计政策得以应用和落实。

（三）会计政策的披露

根据我国会计准则的规定，企业应当根据重要性将会计政策区分为重要的会计政策和不重要的会计政策，重要的会计政策应当披露，不重要的会计政策可以不予披露。其中，判断会计政策是否重要的标准是：与会计政策相关项目的性质和金额。一是判断该项目在性质上是否属于企业日常活动；二是判断该项目金额的大小。在我国现行准则下，企业应当披露的重要会计政策包括：

（1）存货发出成本的计量，是指企业确定存货发出成本所采用的会计处理方法。

（2）长期股权投资的后续计量，是指企业取得长期股权投资后的会计处理。

（3）投资性房地产的后续计量，是指企业对投资性房地产进行后续计量所采用的会计处理方法。

（4）固定资产的初始计量，是指对取得的固定资产初始成本的计量。

（5）生物资产的初始计量，是指对取得的生物资产初始成本的计量。

（6）无形资产的确认，是指对无形资产的支出确认为无形资产所采用的会计方法。

（7）非货币性资产交换的计量，是指非货币性资产交换事项中对换入资产成本的计量。

（8）收入确认所采用的会计方法。

（9）借款费用的会计处理方法。

（10）其他重要会计政策等。

二、会计政策变更

会计政策变更是指企业对相同的交易或者事项由原来采用的会计政策改用另一种会计政策的行为。因为财务报表使用者在对企业的财务状况、经营成果和现金流量进行评价时，势必会比较企业一个以上期间的财务报表。为保证这些会计信息的可比性，会计准则规定，企业的会计政策一经确定，不得随意变更。但是，在以下两种情况下，企业可以变更会计政策：

第一，法定变更，即按照法律、行政法规以及国家统一会计制度的规定，要求企业变更为新的会计政策。例如，按企业会计准则的规定，从2007年开始，发出存货成本计量方法中的后进先出法被取消，这就意味着企业如果原来采用后进先出法，那么要将其变更为现行准则规定的可以采用的其他计量方法。

第二，自行变更。这种情况是指由于经济环境、客观情况的改变，企业根据原来的会计政策所提供的会计信息，已不能恰当地反映企业的财务状况、经营成果和现金流量等。如果按变更后的会计政策进行会计处理，能够对外提供更可靠、更相关的会计信息，那么，应当在法规所允许的范围内自行变更会计政策。例如，由于房地产交易市场发展滞后，投资性房地产公允价值无法取得，某企业一直采用成本模式进行后续计量。如果随着房地产交易市场的发展，该企业能够持续地取得同类或类似房地产的市场价格及其他相关信息，即能够对公允价值作出合理的估计，而且此时采用公允价值模式进行后续计量可以更好地反映其价值。那么，在这种情况下，该企业可以将投资性房地产的后续计量方法由成本模式变更为公允价值模式。

需要注意的是，对于依法变更，应当按照国家的相关规定执行会计政策变更。对于自行变更，必须有充分、合理的证据显示变更的合理性，即企业必须说明会计政策变更后，能够提供更可靠、更相关的财务状况、经营成果和现金流量等会计信息的理由。当然，对于会计政策变更，一方面，企业仍应经股东大会或董事会、经理（厂长）会议或类似机构批准；另一方面，按照法律、行政法规等的规定报送有关各方备案。如果企业无法获取充分、合理的证据表明会计政策变更的合理性，或者没有经过股东大会等权力机构的批准而擅自变更会计政策的，或者连续、反复地自行变更会计政策的，则视同企业滥用会计政策，须按照前期差错更正的方法进行会计处理。

当然，由于上市公司的特殊性，上市公司的会计政策目录及变更会计政策后重新制定的会计政策目录，不仅应按照信息披露的要求对外公布，还应当报公司上市地交易所备案。未报公司上市地交易所备案的，视为滥用会计政策，视同前期差错进行会计处理。

但是，下面两种情况不属于会计政策变更：一是由于企业本期发生的交易或事项与以前期间相比本质发生变化，所以对本项交易或事项改用新的会计政策。例如，企业以前期间租入的设备均为临时需要而租入，即经营租赁，故按经营租赁进行会计核算。但是，从本期起租入的设备改为融资租赁，很明显，租赁的方式在本期发生变化，这种变化具有本质区别，故该企业自本期起对租赁的设备应改为按融资租赁进行会计核算，这种变更不属于会计政策变更。二是对初次发生的或不重要的交易或者事项采用新的会计政策。例如，某企业初次签订一项建造合同，根据会计准则的规定，对该项建造合同的收入按完工百分比法确认。由于该企业是初次发生该项交易，采用完工百分比法确认该项交易的收入，不属于会计政策变更。

提示

需要注意：会计政策一经确定，不得随意变更。对于相同的交易或事项，企业应当采用相同的会计政策进行处理，另有规定的除外。如果实务中，对于某项交易或事项的会计处理，具体会计准则或应用指南都未作规范的，那么应参照《企业会计准则——基本准则》规定的原则、基础和方法进行处理。待具体规定制定后，从其规定。

三、会计政策变更的会计处理

（一）会计政策变更的会计处理情形

对于会计政策变更，企业应区分情况进行会计处理：

（1）对于法定变更的情形，如果国家发布相关的会计处理办法，则按照国家发布的相关会计处理规定进行会计处理；如果没有发布，则按照追溯调整法进行会计处理。

（2）对于自行变更的情形，企业应当采用追溯调整法进行会计处理。如果采用追溯调整法不切实可行的，那么，应当改为未来适用法进行处理。例如，企业因会计资料保存期限届满而已经将其销毁的情况下，无法进行追溯计算，即不切实可行，这项会计政策变更只能采用未来适用法进行处理。当然，在采用未来适用法时，企业应当在附注中披露无法进行追溯的事实及原因等。

（二）追溯调整法

追溯调整法是指对某项交易或事项变更会计政策，视同该项交易或事项初次发生时即采用变更后的会计政策，并以此对财务报表相关项目进行调整的方法。

运用追溯调整法时，需要将之前采用的旧政策变更为新政策，两种政策的变更会产生会计政策变更累积影响数。会计政策变更累积影响数，是指按照变更后的会计政策对以前各期追溯计算的列报前期最早期初留存收益应有金额与现有金额之间的差额。可见，追溯调整法是将会计政策变更的累积影响数调整列报前期最早期初留存收益。因此，应区分以下两种情况：对于列报比较财务报表，应调整该期间财务报表净损益各项目和其他相关项目；对于列报的比较财务报表期间以前的，应调整列报的比较财务报表最早期间的期初留存收益，列报的比较财务报表其他相关项目的数字也应一并调整。

追溯调整法的运用步骤：

（1）计算会计政策变更累积影响数：

第一步，分析旧政策下的会计处理；

第二步，分析新政策下的会计处理；

第三步，对比新旧政策下的会计处理，计算两种政策下的差额；

第四步，考虑上述差额对所得税、净利润、盈余公积和未分配利润的影响；

第五步，明确差额对列报前期最早期初留存收益的影响。

（2）根据会计政策变更累积影响数编制调整分录。

（3）调整列报前期最早期初财务报表相关项目及其金额。

（4）在变更当期报表附注中披露追溯调整信息。

如果确定会计政策变更对列报前期影响数不切实可行的，应当从可追溯调整的最早期间期初开始应用变更后的会计政策。

【例1-1】甲股份公司在2×05年、2×06年分别以1 060 000元和240 000元的价格购入A、B两种股票，当时该公司对于这两种股票采用成本与市价孰低法进行计量。2×07年年初，公司打算对A、B两种股票的计量进行政策变更，由成本与市价孰低法变为公允价值法计量。鉴于公司会计资料齐全，该公司决定采用追溯调整法。该公司适用的所得税税率为25%，公司按净利润的10%提取法定盈余公积，按净利润的5%提取任意盈余公积。公司发行在外的普通股加权平均数为2 000万股。A、B两种股票的购入成本及公允价值见表1-1。

表1-1　　　　　　　　　　　A、B股票购入成本及公允价值　　　　　　　　　　　单位：元

股票价值	购入时	2×05.12.31	2×06.12.31
A股公允价值	1 060 000	1 420 000	1 420 000
B股公允价值	240 000	—	320 000
合计	1 300 000	1 420 000	1 740 000

1.甲公司编制的调整分录

（1）对2×05年相关事项的调整分录：

①调整会计政策变更累积影响数：

借：交易性金融资产——公允价值变动　　　　　　　　360 000
　　贷：利润分配——未分配利润　　　　　　　　　　　　　270 000
　　　　递延所得税负债　　　　　　　　　　　　　　　　　90 000

②调整利润分配及盈余公积：

借：利润分配——未分配利润　　　　　　　　　　　　40 500
　　贷：盈余公积　　　　　　　　　　　　　　　　　　　　40 500

（2）对2×06年相关事项的调整分录：

①调整会计政策变更累积影响数：

借：交易性金融资产——公允价值变动　　　　　　　　80 000
　　贷：利润分配——未分配利润　　　　　　　　　　　　　60 000
　　　　递延所得税负债　　　　　　　　　　　　　　　　　20 000

②调整利润分配及盈余公积：

借：利润分配——未分配利润　　　　　　　　　　　　9 000
　　贷：盈余公积　　　　　　　　　　　　　　　　　　　　9 000

2.甲公司财务报表调整和重述（财务报表略）

甲公司列报2×07年的财务报表时，应调整资产负债表相关项目的年初余额、利润表相关项目的上年金额、所有者权益变动表相关项目的上年金额和本年金额。具体调整如下：

①资产负债表项目的调整：

调增年初余额的项目及其金额为：以公允价值计量且其变动计入当期损益的金融资产

440 000元；递延所得税负债110 000元；盈余公积49 500元；未分配利润280 500元。

②利润表项目的调整：

调增上年金额的项目及其金额为：公允价值变动损益80 000元；所得税费用20 000元；净利润60 000元；基本每股收益0.003元。

③所有者权益变动表项目的调整：

调增会计政策变更项目中，盈余公积上年金额40 500元；未分配利润上年金额229 500元；所有者权益合计上年金额270 000元。

调增会计政策变更项目中，盈余公积本年金额9 000元；未分配利润本年金额51 000元；所有者权益合计本年金额60 000元。

提示

对会计政策变更进行追溯调整时，如果调整的项目产生暂时性差异，则应当调整"递延所得税资产"或"递延所得税负债"，而不能调整"应交税费——应交所得税"。同学们可以思考，在【例1-1】中，是因为哪个项目的调整引起"递延所得税负债"的调整？

（三）未来适用法

未来适用法是指将变更后的会计政策应用于变更日及以后发生的交易或者事项，或者在会计估计变更当期和未来期间确认会计估计变更影响数的方法。

在未来适用法下，变更之日不需要计算会计政策变更产生的累积影响数，也不需要重编以前年度的财务报表，仍保留企业会计账簿记录及财务报表上反映的原有金额，只需要在现有金额的基础上再按新的会计政策进行会计处理。

【例1-2】甲股份有限公司2×07年以前对存货发出成本采用后进先出法，根据会计准则规定，该公司从2×07年1月1日起须改为先进先出法。2×07年营业收入为4 000 000元，按后进先出法和先进先出法两种方法计算出来的营业成本分别为2 100 000元和1 900 000元。假设该年度其他费用为800 000元。所得税税率为25%。

公司依法改变存货计价方法，因此属于会计政策变更。假设公司对以前年度的存货成本不能进行合理的调整，因此，采用未来适用法进行处理，即不需要计算采用原政策对留存收益的影响金额，但需要计算会计政策变更后对当期净利润的影响数。具体计算可以通过表1-2进行。

表1-2 当期净利润的影响数计算表 单位：元

项　目	后进先出法（旧政策）	先进先出法（新政策）
销售收入	4 000 000	4 000 000
减：销售成本	2 100 000	1 900 000
其他费用	800 000	800 000
利润总额	1 100 000	1 300 000
减：所得税费用	275 000	325 000
净利润	825 000	975 000
差额	150 000	

或者不通过表格，直接用以下算式计算：

（2 100 000−1 900 000）×（1−25%）= 150 000（元）

2×07年甲股份有限公司由于该项会计政策变更，增加150 000元净利润。

四、会计政策变更的披露

企业应当在附注中披露与会计政策变更有关的下列信息：

（1）会计政策变更的阐述。具体包括：对会计政策变更的简要阐述、变更的日期、变更前采用的原会计政策、变更后采用的新会计政策、变更的原因。

（2）采用追溯调整法的，应当披露追溯调整法的相关事项。具体包括：计算出的会计政策变更的累积影响数；当期和各个列报前期财务报表中受影响的项目名称和调整金额，包括当期和各个列报前期财务报表中需要调整的净损益及其影响金额，以及其他需要调整的项目名称和调整金额。

（3）未采用追溯调整法的，应当披露无法追溯的事实和相关事项。具体包括：应说明无法追溯的事实、确定会计政策变更对列报前期影响数不切实可行的原因，以及应用新会计政策的时点、具体应用情况。

需要注意的是，以后期间的财务报表中，不需要重复披露以前期间已披露的会计政策变更。

第二节 会计估计及其变更

一、会计估计

（一）会计估计的概念

会计估计是指企业对结果不确定的交易或者事项以最近可利用的信息为基础所作的判断。可以说，在进行会计核算和相关信息披露的过程中，会计估计的存在是必然的，主要体现在以下两个方面：

1.交易或者事项结果的不确定性

对于企业发生的交易或者事项，有些结果是确定的，是能够进行准确的会计核算的。但是，有些结果本身具有不确定性，如坏账准备的确认、固定资产的使用寿命和残值、无形资产的摊销年限、或有负债的确认等，需要根据经验等预先作出估计。在这些交易或者事项的结果未实际发生之前是无法准确计量的，只能进行会计估计，是不可避免的。

2.最近可利用信息的变化性

根据会计准则相关规定及会计估计的概念可以看出，企业在进行会计估计时，应当以最近可利用的信息为基础进行判断。但是，随着时间的推移、环境的变化，进行会计估计的信息可能会发生变化。那么，以原先的信息进行的会计估计可能与最近的情形发生偏离。因此，需要按最近可利用的信息或资料为基础对会计估计进行修订。可见，由于最近可利用信息的变化性，会计估计在所难免。

当然，进行会计估计并不会削弱会计信息质量。首先，按照企业会计准则的规定，为了定期、及时地提供有用的会计信息，将延续不断的经营活动人为划分为一定的期间，即会计分期。在会计分期的情况下，许多企业的交易或事项跨越会计期间，进行会计估计能够有助于提供分期信息，增强会计信息的可比性。其次，会计估计是以最近可利用的信息为基础所作的判断，接近实际，能够提高会计信息的可靠性。

（二）会计估计的判断

对于会计估计的判断，应当综合考虑与会计估计相关项目的性质和金额。一般情况下，下列情况属于会计估计：

（1）存货可变现净值的确定。

（2）采用公允价值模式下的投资性房地产公允价值的确定。

（3）固定资产的预计使用寿命、预计净残值和折旧方法、弃置费用的确定。

（4）存货资产及消耗性生物资产可变现净值的确定，生产性生物资产的使用寿命、预计净残值和折旧方法。

（5）使用寿命有限的无形资产预计使用寿命、净残值和摊销方法。

（6）非货币性资产公允价值的确定。

（7）固定资产、无形资产、长期股权投资等非流动资产可收回金额的确定。

（8）职工薪酬金额的确定。

（9）与股份支付相关的公允价值的确定。

（10）与债务重组相关的公允价值的确定。

（11）预计负债金额的确定。

（12）收入金额的确定、提供劳务完工进度的确定。

（13）建造合同完工进度的确定。

（14）与政府补助相关的公允价值的确定。

（15）一般借款资本化金额的确定。

（16）应纳税暂时性差异和可抵扣暂时性差异的确定。

（17）与非同一控制下的企业合并相关的公允价值的确定。

（18）租赁资产公允价值的确定、最低租赁付款额现值的确定、承租人融资租赁折现率的确定、融资费用和融资收入的确定、未担保余值的确定。

（19）与金融工具相关的公允价值的确定、摊余成本的确定、金融资产减值损失的确定等。

二、会计估计变更

会计估计变更是指由于资产和负债的当前状况及预期经济利益和义务发生了变化，从而对资产或负债的账面价值或者资产的定期消耗金额进行调整。

由于有些交易或者事项的结果内在的不确定性，许多财务报表项目不能准确地计量，只能加以估计。在估计的过程中，应以最近可以利用的信息为基础进行判断。但是，随着时间的推移，如果赖以进行估计的信息基础发生变化，即取得了新的信息，或积累了更多的经验，不得不对会计估计进行变更。但是，会计估计变更应当依据真实、可靠的信息。会计估计变更主要包括以下两种情形：

（一）赖以进行会计估计的信息基础发生了变化

在进行会计估计时，总是依赖于一定的信息基础。如果估计所依赖的基础发生了变化，那么，会计估计的结果也会相应发生变化。例如，某企业的一项无形资产的摊销年限，原先估计为8年。随着时间的推移，有证据表明，该无形资产的受益年限只有6年。那么，应对所估计的摊销年限调减。

（二）取得了新的信息，积累了更多的经验

企业原先进行会计估计是就当时的信息资料对未来所作的判断。随着时间的推移，企业有可能取得了新的信息，积累了更多或更可靠的经验，在这种情况下，企业可能不得不对会计估计进行修订，即会计估计变更。例如，某企业对应收账款计提坏账准备，根据原先的信息进行估计时，决定按应收账款余额的5%计提。现在掌握了最新的信息，判定不能收回的坏账比例已达15%，企业应将坏账估计的比例调增。

三、会计估计变更的会计处理

根据现行会计准则，对于会计估计变更，应当采用未来适用法，即在会计估计变更当期及以后期间，直接采用新的会计估计，不需要调整以前期间的会计估计结果。按会计估计变更影响的区间划分，进一步分为以下两种：

（一）会计估计变更仅影响变更当期

如果会计估计变更仅影响变更当期，其影响数应当在变更当期予以确认。例如，某企业原按应收账款余额的5%提取坏账准备，但是，根据本期期末相关信息显示，企业预期不能收回的应收账款的比例已达7%，则企业改按应收账款余额的7%提取坏账准备。这类会计估计的变更，只影响变更当期，因此，只在变更当期确认。

（二）会计估计变更既影响变更当期又影响未来期间

如果会计估计变更既影响变更当期又影响未来期间，其影响数应当在变更当期和未来期间予以确认。例如，某企业的一项可计提折旧的固定资产，利用最新信息进行估计，其使用寿命和预计净残值均发生变化。该两项因素的变化直接影响该项固定资产本期和以后期间的折旧，故该项变更属于既影响变更当期又影响未来期间的变更。对于此项变更，应在变更当期及以后各期予以确认，并将会计估计变更的影响数计入变更当期与前期相同的项目中。

【例1-3】甲股份有限公司一台管理用设备，从2×12年1月1日起计提折旧，原值102 000元，预计使用年限10年，净残值2 000元，按直线法计提折旧。至2×16年年初，由于受新技术发展的影响，原估计的使用年限需变更为8年，净残值需变更为1 000元。

对于该项估计变更，应采用未来适用法：

（1）变更日以前期间折旧不需要调整，也不需要计算累积影响数；

（2）变更日以后改按新估计提取折旧。

按原估计，每年折旧额为10 000元，已提折旧4年，共计40 000元，净值为62 000元。会计估计变更后，每年计提的折旧费用为15 250元（（62 000-1 000）÷（8-4））。编制会计分录如下：

借：管理费用   15 250

    贷：累计折旧   15 250

提示

　　对比【例1-2】和【例1-3】，前者是存货发出方法的变更，后者是固定资产折旧方法的变更。然而，两者的界定却完全不同，前者为会计政策变更，后者为会计估计变更。当然，随之而来的会计处理方法也不同。同学们可以进一步查阅会计政策变更与会计估计变更划分的相关资料，自行深入思考它们的内在区别。

四、会计估计变更的披露

　　根据现行企业会计准则，企业应当在附注中披露与会计估计变更有关的下列信息：

　　（1）会计估计变更的内容、变更日期以及会计估计变更的原因。

　　（2）会计估计变更对当期和未来期间的影响数，包括会计估计变更对当期和未来期间利润的影响金额，以及对其他各项目的影响金额。

　　（3）会计估计变更的影响数如果不能确定的，应当披露不能确定这一事实和原因。

　　以【例1-3】资料为例，甲股份有限公司对其会计估计变更应在附注中披露的信息如下：

　　本公司一台管理用设备，原值102 000元，原估计使用年限为10年，原预计净残值为2 000元，按直线法计提折旧。由于新技术的发展，本公司于2×16年年初起需对该设备的原估计进行修改，使用年限变为8年，预计净残值变为1 000元，以真实反映该设备的使用年限和净残值。该项会计估计变更导致本年度净利润减少3 937.5元（（15 250－10 000）×（1－25%））。

第三节　前期差错及其更正

一、前期差错的概念

　　前期差错是指由于没有运用或错误运用下列两种信息，而对前期财务报表造成省略或错报：

　　（1）编报前期财务报表时预期能够取得并加以考虑的可靠信息；

　　（2）前期财务报告批准报出时能够取得的可靠信息。

二、前期差错的类型

（一）按前期差错内容进行分类

　　根据《企业会计准则第28号——会计政策、会计估计变更和差错更正》，前期差错通常包括计算错误，应用会计政策错误，疏忽或曲解事实以及舞弊产生的影响，存货、固定资产盘盈等。

　　（1）计算错误。如本期发现前期对于折旧金额的计算错误。

　　（2）应用会计政策错误。如账户分类错误、在期末对应计项目与递延项目未予调整、资本性支出与收益性支出划分差错等。

　　（3）疏忽或曲解事实以及舞弊产生的影响。如漏记已完成的交易、提前确认尚未实现的收入或不确认已实现的收入。

（4）对于固定资产盘盈，应当查明原因，视同前期差错，采用追溯重述法进行更正。

（二）按前期差错的重要性进行分类

按照前期差错的重要性，前期差错可以分为重要的前期差错和不重要的前期差错。重要的前期差错是指遗漏或错误表述足以影响财务报表使用者对企业财务状况、经营成果和现金流量作出正确判断的前期差错。不重要的前期差错是指遗漏或错误表述不足以影响财务报表使用者对企业财务状况、经营成果和现金流量作出正确判断的前期差错。

在具体运用时，重要性取决于对遗漏或错误表述的规模和性质的判断。可以综合考虑前期差错所影响的财务报表项目的金额或性质，一般来说，前期差错所影响的财务报表项目的金额越大、性质越严重，其重要性水平越高。

三、前期差错更正的会计处理

（一）前期差错更正的会计处理原则

针对不同性质的前期差错，通常有两种更正方法：

（1）对于不重要的前期差错，可以采用未来适用法更正。企业不需要调整本期财务报表相关项目的期初数，但应调整发现当期与前期相同的相关项目。属于影响损益的，应直接记入本期与前期相同的净损益项目；属于不影响损益的，应调整本期与前期相同的相关项目。

（2）对于重要的前期差错，企业应当采用追溯重述法更正。追溯重述法是指在发现前期差错时，视同该项前期差错从未发生过，从而对财务报表相关项目进行更正的方法。追溯重述法的会计处理与追溯调整法相同。企业应当在重要的前期差错发现当期的财务报表中，调整前期比较数据。具体应区分以下两种情况：对于列报的比较财务报表，应调整该期间财务报表净损益各项目和其他相关项目；对于列报的比较财务报表期间以前的，应调整列报的比较财务报表最早期间的期初留存收益，列报的比较财务报表其他相关项目的数字也应一并调整。确定前期差错影响数不切实可行的，可以从可追溯重述的最早期间开始调整留存收益的期初余额，财务报表其他相关项目的期初余额也应当一并调整，也可以采用未来适用法。

（二）不重要的前期差错更正的会计处理

【例1-4】2×16年12月31日，甲公司发现2×15年度的一台管理用设备多计提折旧3 200元。这笔折旧相对于折旧费用总额而言金额不大，所以直接记入2×16年相关项目。其差错更正的会计分录为：

借：累计折旧 3 200
　　贷：管理费用 3 200

【例1-5】甲公司在2×16年发现2×15年漏记了财务人员12月份工资3 600元，则2×16年更正此项差错的会计分录为：

借：管理费用 3 600
　　贷：应付职工薪酬 3 600

【例1-6】甲公司于2×16年发现，2×15年从银行存款中支付全年机器设备商品展销费26 000元，账上借记"管理费用"26 000元，贷记"银行存款"26 000元，则2×16年发现时更正此项差错的会计分录为：

借：销售费用 26 000

　贷：管理费用 26 000

【例1-7】甲公司于2×16年发现，2×15年从承租单位收到两年度的包装物租金收入8 000元，账上借记"银行存款"8 000元，贷记"预收账款"8 000元，2×15年年底未做任何调整分录，则2×16年发现时更正此项差错的会计分录为：

借：预收账款 8 000

　贷：其他业务收入 8 000

（三）重要的前期差错更正的会计处理

【例1-8】甲股份有限公司在2×16年发现，2×15年公司漏记一项管理用固定资产的折旧费用360 000元，所得税申报表中未扣除该项折旧费用，税法允许调整应交所得税。假设2×15年适用的所得税税率为25%，无其他纳税调整事项。该公司按净利润的10%提取法定盈余公积，按净利润的5%提取任意盈余公积。公司2×15年发行在外的普通股加权平均数为3 600 000股。

1.分析差错的影响数

甲公司于2×15年由于漏记折旧的金额重大，属于重要的前期差错。由此差错产生的影响主要包括：少记管理费用360 000元；少记累计折旧360 000元；多记所得税费用90 000元（360 000×25%）；多记净利润270 000元；多提盈余公积（含法定和任意）40 500元（270 000×15%）。

2.编制有关项目的调整分录

（1）补提折旧：

借：以前年度损益调整 360 000

　贷：累计折旧 360 000

（2）调整应交所得税：

借：应交税费——应交所得税 90 000

　贷：以前年度损益调整 90 000

（3）将"以前年度损益调整"科目的余额转入利润分配：

借：利润分配——未分配利润 270 000

　贷：以前年度损益调整 270 000

（4）调整利润分配有关数字：

借：盈余公积 40 500

　贷：利润分配——未分配利润 40 500

提示

需要注意：会计政策变更所形成的所得税影响与前期差错所形成的所得税影响的性质不同。会计政策变更形成的所得税影响全部属于暂时性差异，而前期差错所形成的所得税影响可能全部或部分属于永久性差异，也可能全部或部分属于暂时性差异。所以，在所得税调整上，遵循的调税原则也有所不同。具体处理可以查阅相关资料学习。

3.财务报表调整和重述（财务报表略）

甲公司在列报2×16年财务报表时，应调整2×16年年末资产负债表有关项目的年初余额、利润表有关项目的上年金额及所有者权益变动表有关项目的上年金额。

（1）资产负债表项目年初余额的调整。

调减固定资产360 000元；调减应交税费90 000元；调减盈余公积40 500元；调减未分配利润229 500元。

（2）利润表项目上年金额的调整。

调增管理费用360 000元；调减所得税费用90 000元；调减净利润270 000元；调减基本每股收益0.075元。

（3）所有者权益变动表项目的调整。

调减前期差错更正项目中盈余公积上年金额40 500元，未分配利润上年金额229 500元，所有者权益合计上年金额270 000元。

4.附注说明

本年度发现2×15年漏记固定资产折旧360 000元，在编制2×16年可比财务报表时，已对该项差错进行了更正。更正后，调减2×15年度净利润270 000元，调减固定资产360 000元。

四、前期差错更正的披露

企业应当在附注中披露与前期差错更正有关的下列信息：

（1）前期差错的性质；

（2）各个列报前期财务报表中受影响的项目名称和更正金额；

（3）无法进行追溯重述的，说明该事实和原因以及对前期差错开始进行更正的时点、具体更正情况。

在以后期间的财务报表中，不需要重复披露在以前期间的附注中已披露的前期差错更正的信息。

第四节 资产负债表日后事项

一、资产负债表日后事项的概念

资产负债表日后事项是指资产负债表日至财务报告批准报出日之间发生的有利或不利事项。

对于资产负债表日后事项概念的理解，需要把握以下几点：

（一）资产负债表日

资产负债表日是指提供资产负债表的报告期末，包括年度资产负债表日（12月31日结账日）和中期资产负债表日（年度中间各期期末）。

（二）财务报告批准报出日

财务报告批准报出日是指董事会或类似机构批准财务报告报出的日期，通常是指对财务报告的内容负有法律责任的单位或个人批准财务报告对外公布的批准日期。例如，2×15年的财务报告，A公司在2×16年2月25日编制完成。注册会计师完成年度财务报表审计工作并签署审计报告的日期为2×16年4月1日。董事会批准财务报告对外公布的日期为2×16年4月10日。那么，资产负债表日后事项涵盖的期间为2×16年1月1日至2×16年

4月10日。

（三）有利或不利事项

资产负债表日后事项概念中所称"有利或不利事项"，是指资产负债表日后对企业财务状况和经营成果具有一定影响的事项，既包括有利影响，也包括不利影响。

（四）资产负债表日后事项涵盖的期间

资产负债表日后事项涵盖的期间，是指资产负债表日次日起至财务报告批准报出日止的一段时间。这一期间包括：

（1）报告年度次年的1月1日或报告期间下一期第一天起至董事会或类似机构批准财务报告可以对外公布的日期。

（2）董事会或类似机构批准财务报告可以对外公布的日期，与实际对外公布日之间发生的与资产负债表日后事项有关的事项，由此影响财务报告对外公布日期的，应以董事会或类似机构再次批准财务报告对外公布的日期为截止日期。

（3）如果在财务报告的批准报出日至正式报出之间又发生了需调整或说明的事项，则需重新修正报告内容并再次确定财务报告的批准报出日，此时资产负债表日后事项的期间界限就要延至新确定的财务报告批准报出日。

二、资产负债表日后事项的分类

资产负债表日后事项包括资产负债表日后调整事项（以下简称调整事项）和资产负债表日后非调整事项（以下简称非调整事项）两类。

（一）调整事项

资产负债表日后调整事项是指对资产负债表日已经存在的情况提供了新的或进一步证据的事项。

这类事项所提供的新的或进一步的证据有助于对资产负债表日存在状况的有关金额作出重新估计，并据此对资产负债表日所确认的资产、负债和所有者权益，以及资产负债表日所属期间的收入、费用等进行调整。

根据《企业会计准则第29号——资产负债表日后事项》第五条的规定，企业发生的资产负债表日后调整事项，通常包括下列各项：

（1）资产负债表日后诉讼案件结案，法院判决证实了企业在资产负债表日已经存在现时义务，需要调整原先确认的与该诉讼案件相关的预计负债，或确认一项新负债。

【例1-9】2×16年10月，甲公司与乙公司签订一项合同，2×16年11月，甲公司未按期履行，对乙公司造成经济损失。2×16年12月5日，甲公司被乙公司告上法庭，截至2×16年12月31日，案件尚在审理中。甲公司根据律师意见，估计很可能向对方赔偿100万元。2×17年3月6日，法院判决甲公司应赔偿乙公司120万元。两公司均服从判决。甲公司的这项事项是在资产负债表日后得到进一步证据，因此，对于该资产负债表日后事项，甲公司应认定为资产负债表日后调整事项，对原先确认的与该诉讼案件相关的预计负债进行调整。

（2）资产负债表日后取得确凿证据，表明某项资产在资产负债表日发生了减值或者需要调整该项资产原先确认的减值金额。

【例1-10】2×16年11月，甲公司以赊销的形式销售一批货物给乙公司，2×16年12月31日，乙公司财务状况不佳，甲公司对该笔货款计提5%的坏账准备。2×17年3月6日，甲公司收到乙公司宣告破产的通知，甲公司估计该笔货款只能收回40%。甲公司的该项应收账款发生减值是在资产负债表日前已经发生，资产负债表日后得到确切的证据。因此，对于该资产负债表日后事项，甲公司应认定为资产负债表日后调整事项，需要对该资产原先确认的减值金额进行调整。

（3）资产负债表日后进一步确定了资产负债表日前购入资产的成本或售出资产的收入。

（4）资产负债表日后发现了财务报表舞弊或差错。

（二）非调整事项

资产负债表日后非调整事项是指表明资产负债表日后所发生情况的事项。

该类事项的发生并不影响资产负债表日企业的财务报表，只是说明资产负债表日后发生了某些情况。

根据《企业会计准则第29号——资产负债表日后事项》第七条的规定，企业发生的资产负债表日后非调整事项，通常包括下列各项：

（1）资产负债表日后发生重大诉讼、仲裁、承诺。

【例1-11】2×16年11月，甲公司与乙公司签订一项合同，2×16年12月，甲公司未按期履行，对乙公司造成经济损失。2×17年3月6日，甲公司被乙公司告上法庭，要求甲公司赔偿乙公司120万元。甲公司的这项事项是在资产负债表日后才发生的。因此，对于该资产负债表日后事项，甲公司应认定为资产负债表日后非调整事项。

（2）资产负债表日后资产价格、税收政策、外汇汇率发生重大变化。

（3）资产负债表日后因自然灾害导致资产发生重大损失。

【例1-12】2×16年11月，甲公司以赊销的形式销售一批货物给乙公司，2×16年12月31日，乙公司财务状况良好，甲公司估计该笔货款可以全部收回。2×17年2月8日，乙公司不幸发生火灾，甲公司估计该笔货款只能收回40%。甲公司的该项应收账款发生减值是在资产负债表日后才发生的，因此，对于该资产负债表日后事项，甲公司应认定为资产负债表日后非调整事项。

（4）资产负债表日后发行股票和债券以及其他巨额举债。

（5）资产负债表日后资本公积转增资本。

（6）资产负债表日后发生巨额亏损。

（7）资产负债表日后发生企业合并或处置子公司。

提示

通过【例1-9】与【例1-11】、【例1-10】与【例1-12】相似案例的对比，同学们可以自行总结调整事项与非调整事项的联系与区别。先行思考两者的会计处理有什么不同，并与准则的规定相比较，明确准则制定的初衷。

三、资产负债表日后事项的会计处理

（一）资产负债表日后调整事项的会计处理

根据《企业会计准则第29号——资产负债表日后事项》第四条的规定，企业发生的资产负债表日后调整事项，应当调整资产负债表日的报表。关于资产负债表日后调整事项的会计处理，视同资产负债表所属期间发生的事项进行会计处理，并对资产负债表日已经

编制的财务报表的相关项目进行调整。

1.资产负债表日后诉讼案件结案的调整事项

【例1-13】2×16年12月14日，A公司因违约被B公司告上法庭，要求A公司赔偿其400万元。2×16年12月31日，法院尚未判决。根据或有事项会计准则规定，A公司对于该诉讼事项确认预计负债300万元。2×17年3月10日，法院判决A公司应赔偿B公司380万元，A、B双方均服从判决。判决当天，A公司向B公司支付赔偿款380万元。2×17年4月15日之前，应完成2×16年所得税汇算清缴。假定税法规定该项预计负债产生的损失不允许税前扣除，公司财务报告批准报出日是次年3月31日，所得税税率为25%，按净利润的10%提取法定盈余公积，提取法定盈余公积后不再作其他分配；调整事项按税法规定均可调整应缴纳的所得税。

A公司的账务处理如下：

（1）调整相关项目：

根据法院判决，补记800 000元赔偿款：

借：以前年度损益调整 800 000
　　贷：其他应付款 800 000

因补记赔偿款而引起的所得税调整：

借：应交税费——应交所得税 200 000
　　贷：以前年度损益调整 200 000

由于在2×16年年末确认预计负债300万元时，已确认相应的递延所得税资产，资产负债表日后事项发生后递延所得税资产不复存在，故应先冲销相应记录：

借：以前年度损益调整 750 000
　　贷：递延所得税资产 750 000

冲销后，确认前期因300万元赔偿款引起的应交所得税调整的会计分录：

借：应交税费——应交所得税 750 000
　　贷：以前年度损益调整 750 000

将前期因诉讼不确定而确认的预计负债予以结转：

借：预计负债 3 000 000
　　贷：其他应付款 3 000 000

支付赔款时：

借：其他应付款 3 800 000
　　贷：银行存款 3 800 000

（2）将"以前年度损益调整"科目余额转入未分配利润：

借：利润分配——未分配利润 600 000
　　贷：以前年度损益调整 600 000

（3）因净利润变动，调整盈余公积：

借：盈余公积 60 000
　　贷：利润分配——未分配利润 60 000

（4）调整报告年度财务报表相关项目的数字：

①资产负债表项目的年末数调整：

调减递延所得税资产75万元，调增其他应付款380万元，调减应交税费95万元，调减预计负债300万元，调减盈余公积6万元，调减未分配利润54万元。

资产负债表略。

②利润表项目的调整：

调增营业外支出80万元，调减所得税费用20万元，调减净利润60万元。

利润表略。

③所有者权益变动表项目的调整：

调减净利润60万元，提取盈余公积项目中盈余公积一栏调减6万元，未分配利润一栏调减54万元。

所有者权益变动表略。

B公司的账务处理如下：

（1）调整相关科目：

借：其他应收款　　　　　　　　　　　　　　　　　　　　3 800 000
　　贷：以前年度损益调整　　　　　　　　　　　　　　　　　　　3 800 000
借：以前年度损益调整　　　　　　　　　　　　　　　　　950 000
　　贷：应交税费——应交所得税　　　　　　　　　　　　　　　950 000
借：银行存款　　　　　　　　　　　　　　　　　　　　3 800 000
　　贷：其他应收款　　　　　　　　　　　　　　　　　　　　　3 800 000

（2）结转"以前年度损益调整"科目余额至未分配利润：

借：以前年度损益调整　　　　　　　　　　　　　　　　2 850 000
　　贷：利润分配——未分配利润　　　　　　　　　　　　　　　2 850 000

（3）因净利润变动，调整盈余公积：

借：利润分配——未分配利润　　　　　　　　　　　　　285 000
　　贷：盈余公积　　　　　　　　　　　　　　　　　　　　　　285 000

（4）调整报告年度财务报表相关项目的数字（财务报表略）：

①资产负债表项目的年末数调整：

调增其他应收款380万元，调增应交税费95万元，调增盈余公积28.5万元，调增未分配利润256.5万元。

②利润表项目的调整：

调增营业外收入380万元，调增所得税费用95万元，调增净利润285万元。

③所有者权益变动表项目的调整：

调增净利润285万元，提取盈余公积项目中盈余公积一栏调增28.5万元，未分配利润一栏调增256.5万元。

提示

【例1-1】属于会计政策变更的调整，【例1-8】是本期发现前期重要差错的调整，【例1-13】是资产负债表日后调整事项的调整。同学们可以对比这三种会计调整，涉及损益调整事项采用的会计科目有什么不同？为什么？

2.资产负债表日后取得确凿证据的调整事项

【例1-14】2×16年9月，A公司销售给B公司一批产品，货款234 000元尚未收到（含增值税）。2×16年10月，B公司收到所购货物并验收入库，但未按期支付货款。2×16年12月31日，B公司由于财务状况不佳，仍未付款。A公司在编制2×16年度财务报表时，按该项应收账款余额的0.5%提取坏账准备1 170元。2×17年2月2日（所得税汇算清缴前），A公司收到法院通知，B公司已宣告破产清算，无力偿还所欠部分货款。A公司预计可收回应收账款的60%。A公司财务报告批准报出日是次年3月31日，所得税税率为25%，按净利润的10%提取法定盈余公积，提取法定盈余公积后不再作其他分配；调整事项按税法规定均可调整应缴纳的所得税。

本例中，A公司在收到法院通知后，首先可判断该事项属于资产负债表日后调整事项。然后，应根据调整事项的处理原则进行处理。具体过程如下：

（1）补提坏账准备：

应补提的坏账准备＝234 000×40%－1 170 ＝92 430（元）

借：以前年度损益调整 92 430

　　贷：坏账准备 92 430

（2）调整递延所得税资产：

借：递延所得税资产 23 107.50

　　贷：以前年度损益调整（92 430×25%） 23 107.50

（3）结转"以前年度损益调整"科目余额至未分配利润：

借：利润分配——未分配利润 69 322.50

　　贷：以前年度损益调整 69 322.50

（4）因净利润变动，调整盈余公积：

借：盈余公积 6 932.25

　　贷：利润分配——未分配利润 6 932.25

（5）调整报告年度财务报表相关项目的数字（财务报表略）：

①资产负债表项目的调整：

调减应收账款年末数92 430元，调增递延所得税资产23 107.50元，调减盈余公积6 932.25元，调减未分配利润62 390.25元。

②利润表项目的调整：

调增资产减值损失92 430元，调减所得税费用23 107.50元。

③所有者权益变动表项目的调整：

调减净利润69 322.50元，提取盈余公积项目中盈余公积一栏调减6 932.25元，未分配利润一栏调减62 390.25元。

3.资产负债表日后进一步确定了售出资产收入的调整事项

【例1-15】2×16年11月28日，A公司销售给B公司一批商品，该批商品价款100万元，增值税税率17%，成本80万元。A公司在发出商品后，按照正常情况已确认收入，并结转。2×16年12月31日，该笔货款尚未收到，A公司未对应收账款计提坏账准备。2×17年1月6日，由于产品质量问题，本批货物被退回。公司适用的所得税税率为25%，按净利润的10%提取法定盈余公积，提取法定盈余公积后不再作其他分配。A公司于2×17年2

月28日完成2×16年所得税汇算清缴。

本例中，销售退回业务发生在资产负债表日后事项涵盖期间内，属于资产负债表日后调整事项。由于销售退回发生在A公司报告年度所得税汇算清缴之前，因此，在所得税汇算清缴时，应扣除该部分销售退回所实现的应纳税所得额。

A公司的账务处理如下：

（1）2×17年1月6日，调整销售收入：

借：以前年度损益调整 1 000 000

  应交税费——应交增值税（销项税额） 170 000

 贷：应收账款 1 170 000

（2）调整销售成本：

借：库存商品 800 000

 贷：以前年度损益调整 800 000

（3）调整应缴纳的所得税

借：应交税费——应交所得税 50 000

 贷：以前年度损益调整 50 000

（4）将"以前年度损益调整"科目的余额转入利润分配：

借：利润分配——未分配利润 150 000

 贷：以前年度损益调整 150 000

（5）调整盈余公积：

借：盈余公积 15 000

 贷：利润分配——未分配利润 15 000

（6）调整相关财务报表（略）。

提示

其实，售出资产收入的确认在中级财务会计中已有讲解。比如：销售折让需要区分在销货方确认收入之前、之后和属于资产负债表日后事项三种情况；销售退回需要区分确认收入之前、之后和属于资产负债表日后事项等情况。可见，本章只是其中的一种情况。同学们可以参照该部分内容一并学习，从而构建完整的体系框架。

（二）资产负债表日后非调整事项的会计处理

根据《企业会计准则第29号——资产负债表日后事项》第六条的规定，企业发生的资产负债表日后非调整事项，不应当调整资产负债表日的报表。

为什么调整事项需要调整报告年度的财务报表，而非调整事项不需要调整报告年度的财务报表呢？因为调整事项在资产负债表日或以前已经发生，在资产负债表日后只是提供了进一步的证据。将这些重大的调整事项在资产负债表日的报表中进行调整，能够及时地向财务报表使用者提供企业真实的财务状况和经营成果，体现了可靠性的会计信息质量要求；但非调整事项发生在资产负债日的次年，该事项虽然影响企业的财务状况和经营成果，但并不影响资产负债日的财务报表，所以不应调整资产负债日的财务报表。考虑到该事项是重大的，应加以说明，所以企业应在附注中进行披露，为决策者作出决策提供信息。

四、资产负债表日后事项的披露

企业应当在附注中披露与资产负债表日后事项有关的下列信息：

（1）财务报告的批准报出者和财务报告批准报出日。

按照有关法律、行政法规等规定，企业所有者或其他方面有权对报出的财务报告进行修改的，应当披露这一情况。

（2）每项重要的资产负债表日后非调整事项的性质、内容，以及其对财务状况和经营成果的影响。无法作出估计的，应当说明原因。

企业在资产负债表日后取得了影响资产负债表日存在情况的新的或进一步的证据，应当调整与之相关的披露信息。

提示

需要注意，资产负债表日后，企业制订利润分配方案，拟分配宣告发放的股利或利润，在资产负债表日并不存在，不应确认为资产负债表日的负债，是非调整事项。但是，根据重要性和相关性原则，应当在年度财务报表附注中单独披露。

复习思考题

1.什么是会计政策变更？其会计处理原则是什么？

2.追溯调整法的调整步骤是怎样的？

3.举例说明什么是会计估计及其变更。

4.前期差错的类型包括哪些？

5.重要的前期差错更正的会计处理方法是什么？

6.什么是资产负债表日后事项？

7.资产负债表日后调整事项的会计处理原则是什么？

8.举例说明哪些属于资产负债表日后非调整事项。

真题 历年真题

一、单项选择题

1.【2016年注册会计师考试"会计"试题】甲公司2×15年2月购置了一栋办公楼，预计使用寿命40年，为此，该公司2×15年4月30日发布公告称：经公司董事会审议通过《关于公司固定资产折旧年限会计估计变更的议案》，决定调整公司房屋建筑物的预计使用寿命，从原定的20～30年调整为20～40年。不考虑其他因素，下列关于甲公司对该公告所述折旧年限调整会计处理的表述中，正确的是（　　　）。

A.对房屋建筑物折旧年限的变更应当作为会计政策变更并进行追溯调整

B.对房屋建筑物折旧年限的变更作为会计估计变更并应当从2×15年1月1日起开始未来适用

C.对2×15年2月新购置的办公楼按照新的会计估计40年折旧不属于会计估计变更

D.对因2×15年2月新购置办公楼折旧年限的确定导致对原有房屋建筑物折旧年限的变更应当作为重大会计差错进行追溯重述

2.【2016年注册会计师考试"会计"试题】甲公司2×15年3月20日披露2×14年财务报告。2×15年3月3日，甲公司收到所在地政府于3月1日发布的通知，规定自2×15年6月1日起，对装机容量在2.5万千瓦及以上有发电收入的水库和水电站，按照上网电量8厘/千瓦时征收库区基金。按照该通知界定的征收范围，甲公司所属已投产电站均需缴纳库区基金。不考虑其他因素，下列关于甲公司对上述事项会计处理的表述中，正确的是（　　）。

A.作为2×15年发生的事项在2×15年财务报表中进行会计处理

B.作为会计政策变更追溯调整2×14年财务报表的数据并调整相关的比较信息

C.作为重大会计差错追溯重述2×14年财务报表的数据并重述相关的比较信息

D.作为资产负债表日后调整事项调整2×14年财务报表的当年发生数及年末数

3.【2014年注册会计师考试"会计"试题】甲公司20×3年财务报表于20×4年4月10日对外报出。假定其20×4年发生的下列有关事项均具有重要性，甲公司应当据以调整20×3年财务报表的是（　　）。

A.5月2日，自20×3年9月即已开始策划的企业合并交易获得股东大会批准

B.4月15日，发现20×3年一项重要交易会计处理未充分考虑当时情况，导致虚增20×3年利润

C.3月12日，某项于20×3年资产负债表日已存在的未决诉讼结案，由于新的司法解释出台，甲公司实际支付赔偿金额大于原已确认预计负债

D.4月10日，因某客户所在地发生自然灾害造成重大损失，导致甲公司20×3年资产负债表日应收该客户货款按新的情况预计的坏账高于原预计金额

4.【2014年注册会计师考试"会计"试题】下列各项中，属于会计政策变更的是（　　）。

A.将一项固定资产的净残值由20万元变更为5万元

B.将产品保修费用的计提比例由销售收入的2%变更为1.5%

C.将发出存货的计价方法由移动加权平均法变更为个别计价法

D.将一台生产设备的折旧方法由年限平均法变更为双倍余额递减法

5.【2014年注册会计师考试"会计"试题】甲公司为某集团母公司，其与控股子公司（乙公司）会计处理存在差异的下列事项中，在编制合并财务报表时，应当作为会计政策予以统一的是（　　）。

A.甲公司产品保修费用的计提比例为售价的3%，乙公司为售价的1%

B.甲公司对机器设备的折旧年限按不少于10年确定，乙公司为不少于15年

C.甲公司对投资性房地产采用成本模式进行后续计量，乙公司采用公允价值模式

D.甲公司对1年以内应收款项计提坏账准备的比例为期末余额的5%，乙公司为期末余额的10%

6.【2014年中级会计职称考试"中级会计实务"试题】2013年1月1日起，企业对其确认为无形资产的某项非专利技术按照5年的期限进行摊销，由于替代技术研发进程的加快，2014年1月，企业将该无形资产的剩余摊销年限缩短为2年，这一变更属于（　　）。

A.会计政策变更　　　　　　　　　B.会计估计变更

C.前期差错更正　　　　　　　　　D.本期差错更正

7.【2013年注册会计师考试"会计"试题】甲公司董事会决定的下列事项中，属于会计政策变更的是（   ）。

A.将自行开发无形资产的摊销年限由8年调整为6年

B.将发出存货的计价方法由先进先出法变更为移动加权平均法

C.将账龄在1年以内应收账款的坏账计提比例由5%提高至8%

D.将符合持有待售条件的固定资产由非流动资产重分类为流动资产列报

8.【2013年中级会计职称考试"中级会计实务"试题】下列各项中，属于会计政策变更的是（   ）。

A.固定资产折旧方法由年数总和法改为年限平均法

B.固定资产改造完成后将其使用年限由6年延长至9年

C.投资性房地产的后续计量从成本模式转换为公允价值模式

D.租入的设备因生产经营需要由经营租赁改为融资租赁而改变会计政策

9.【2012年注册会计师考试"会计"试题】甲公司为上市公司，其20×6年度财务报告于20×7年3月1日对外报出。该公司在20×6年12月31日有一项未决诉讼，经咨询律师，估计很可能败诉并预计将支付的赔偿金额、诉讼费等在760万元至1 000万元之间（其中诉讼费为7万元）。为此，甲公司预计了880万元的负债。20×7年1月30日法院判决甲公司败诉，并需赔偿1 200万元，同时承担诉讼费用10万元。上述事项对甲公司20×6年度利润总额的影响金额为（   ）。

A.-880万元   B.-1 000万元   C.-1 200万元   D.-1 210万元

10.【2012年中级会计职称考试"中级会计实务"试题】在资产负债表日后至财务报表批准报出日之间发生的下列事项中，属于资产负债表日后非调整事项的是（   ）。

A.以资本公积转增股本

B.发现了财务报表舞弊

C.发现原预计的资产减值损失严重不足

D.实际支付的诉讼费赔偿额与原预计金额有较大差异

11.【2011年中级会计职称考试"中级会计实务"试题】下列关于会计估计及其变更的表述中，正确的是（   ）。

A.会计估计应以最近可利用的信息或资料为基础

B.对结果不确定的交易或事项进行会计估计会削弱会计信息的可靠性

C.会计估计变更应根据不同情况采用追溯重述或追溯调整法进行处理

D.某项变更难以区分为会计政策变更和会计估计变更的，应作为会计政策变更处理

12.【2011年中级会计职称考试"中级会计实务"试题】2010年12月31日，甲公司对一起未决诉讼确认的预计负债为800万元。2011年3月6日，法院对该起诉讼判决，甲公司应赔偿乙公司600万元，甲公司和乙公司均不再上诉。甲公司的所得税税率为25%，按净利润的10%提取法定盈余公积，2010年度财务报告批准报出日为2011年3月31日，预计未来期间能够取得足够的应纳税所得额用以抵扣可抵扣暂时性差异。不考虑其他因素，该事项导致甲公司2010年12月31日资产负债表"未分配利润"项目"期末余额"调整增加的金额为（   ）万元。

A.135   B.150   C.180   D.200

13.【2010年中级会计职称考试"中级会计实务"试题】甲公司2009年度财务报告于2010年3月5日对外报出，2010年2月1日，甲公司收到乙公司因产品质量原因退回的商品，该商品系2009年12月5日销售；2010年2月5日，甲公司按照2009年12月份申请通过的方案成功发行公司债券；2010年1月25日，甲公司发现2009年11月20日入账的固定资产未计提折旧；2010年1月5日，甲公司得知丙公司2009年12月30日发生重大火灾，无法偿还所欠甲公司2009年货款。下列事项中，属于甲公司2009年度资产负债表日后非调整事项的是（　　　）。

A.乙公司退货　　　　　　　　　B.甲公司发行公司债券

C.固定资产未计提折旧　　　　　D.应收丙公司货款无法收回

14.【2009年注册会计师考试"会计"试题（新制度）】甲公司20×8年12月31日应收乙公司账款2 000万元，按照当时估计已计提坏账准备200万元。20×9年2月20日，甲公司获悉乙公司于20×9年2月18日向法院申请破产。甲公司估计应收乙公司账款全部无法收回。甲公司按照净利润的10%提取法定盈余公积，20×8年度账务报表于20×9年4月20日经董事会批准对外报出。不考虑其他因素，甲公司因该资产负债表日后事项减少20×8年12月31日未分配利润的金额是（　　　）。

A.180万元　　　　B.1 620万元　　　　C.1 800万元　　　　D.2 000万元

15.【2008年中级会计职称考试"中级会计实务"试题】甲公司2008年3月在上年度财务会计报告批准报出前发现一台管理用固定资产未计提折旧，属于重大差错。该固定资产系2006年6月接受乙公司捐赠取得。根据甲公司的折旧政策，该固定资产2006年应计提折旧100万元，2007年应计提折旧200万元。假定甲公司按净利润的10%提取法定盈余公积，不考虑所得税等其他因素，甲公司2007年度资产负债表"未分配利润"项目"年末数"应调减的金额为（　　　）万元。

A.90　　　　　　B.180　　　　　　C.200　　　　　　D.270

二、多项选择题

1.【2015年注册会计师考试"会计"试题】20×4年1月1日，甲公司为乙公司的800万元债务提供50%担保。20×4年6月1日，乙公司因无力偿还到期债务被债权人起诉。至20×4年12月31日，法院尚未判决，但经咨询律师，甲公司认为有55%的可能性需要承担全部保证责任，赔偿400万元，并预计承担诉讼费用4万元；有45%的可能无须承担保证责任。20×5年2月10日，法院作出判决，甲公司需承担全部担保责任和诉讼费用。甲公司表示服从法院判决，于当日履行了担保责任，并支付了4万元的诉讼费。20×5年2月20日，甲公司20×4年度财务报告经董事会批准报出。不考虑其他因素，下列关于甲公司对该事件的处理正确的有（　　　）。

A.在20×5年实际支付担保款项时进行会计处理

B.在20×4年的利润表中将预计的诉讼费用4万元确认为管理费用

C.在20×4年的利润表中确认营业外支出400万元

D.在20×4年的财务报表附注中披露或有负债400万元

2.【2015年注册会计师考试"会计"试题】甲公司20×4年经董事会决议作出的下列变更中，属于会计估计变更的有（　　　）。

A.将发出存货的计价方法由移动加权平均法改为先进先出法

B.改变离职后福利核算方法，按照新的会计准则有关设定受益计划的规定进行追溯

C.因车流量不均衡，将高速公路收费权的摊销方法由年限平均法改为车流量法

D.因市场条件变化，将某项采用公允价值计量的金融资产的公允价值确定方法由第一层级转变为第二层级

3.【2015年注册会计师考试"会计"试题】下列各项中属于会计政策变更的有（　　　）。

A.按新的控制定义调整合并财务报表合并范围

B.会计准则修订要求将不具有控制、共同控制和重大影响的权益性投资由长期股权投资转为可供出售金融资产

C.公允价值计量使用的估值技术由市场法变更为收益法

D.因处置部分股权投资丧失了对子公司的控制导致长期股权投资的后续计量方法由成本法转变为权益法

4.【2015年注册会计师考试"会计"试题】20×4年财务报告于20×5年3月20日对外报出，其于20×5年发生的下列交易事项中，应作为20×4年调整事项处理的有（　　　）。

A.1月20日，收到客户退回的部分商品，该商品于20×4年9月确认销售收入

B.3月18日，甲公司的子公司发布20×4年经审计的利润，根据购买该子公司协议约定，甲公司在原预计或有对价基础上向出售方多支付1 600万元

C.2月25日发布重大资产重组公告，发行股份收购一家下游企业100%股权

D.3月10日，20×3年被提起诉讼的案件结案，法院判决甲公司赔偿金额与原预计金额相差1 200万元

5.【2014年中级会计职称考试"中级会计实务"试题】下列用以更正能够确定累积影响数的重要前期差错的方法中，不正确的有（　　　）。

A.追溯重述法　　　　B.追溯调整法　　　　C.红字更正法　　　　D.未来适用法

6.【2013年中级会计职称考试"中级会计实务"试题】在相关资料均能有效获得的情况下，对上年度财务报告批准报出后发生的下列事项，企业应当采用追溯调整法或追溯重述法进行会计处理的有（　　　）。

A.公布上年度利润分配方案

B.持有至到期资产因部分处置被重分类为可供出售金融资产

C.发现上年度金额重大的应费用化的借款费用计入了在建工程成本

D.发现上年度对使用寿命不确定且金额重大的无形资产按10年平均摊销

7.【2012年注册会计师考试"会计"试题】下列各项中，属于会计政策变更的有（　　　）。

A.固定资产的预计使用年限由15年改为10年

B.所得税会计处理由应付税款法改为资产负债表债务法

C.投资性房地产的后续计量由成本模式改为公允价值模式

D.开发费用的处理由直接计入当期损益改为有条件资本化

8.【2011年中级会计职称考试"中级会计实务"试题】下列关于资产负债表日后事项的表述中，正确的有（　　　）。

A.影响重大的资产负债表日后非调整事项应在附注中披露

B.对资产负债表日后调整事项应当调整资产负债表日财务报表有关项目

C.资产负债表日后事项包括资产负债表日至财务报告批准报出日之间发生的全部事项

D.判断资产负债表日后调整事项的标准在于该事项对资产负债表日存在的情况提供了新的或进一步的证据

9.【2011年中级会计职称考试"中级会计实务"试题】下列关于会计政策及其变更的表述中，正确的有（　　）。

A.会计政策涉及会计原则、会计基础和具体会计处理方法

B.变更会计政策表明以前会计期间采用的会计政策存在错误

C.变更会计政策应能够更好地反映企业的财务状况和经营成果

D.本期发生的交易或事项与前期相比具有本质差别而采用新的会计政策，不属于会计政策变更

10.【2010年中级会计职称考试"中级会计实务"试题】下列关于会计政策、会计估计及其变更的表述中，正确的有（　　）。

A.会计政策是企业在会计确认、计量和报告中所采用的原则、基础和会计处理方法

B.会计估计以最近可利用的信息或资料为基础，不会削弱会计确认和计量的可靠性

C.企业应当在会计准则允许的范围内选择适合本企业情况的会计政策，但一经确定，不得随意变更

D.按照会计政策变更和会计估计变更划分原则难以对某项变更进行区分的，应将该变更作为会计政策变更处理

11.【2009年中级会计职称考试"中级会计实务"试题】下列各项中，属于会计估计变更的有（　　）。

A.固定资产的净残值率由8%改为5%

B.固定资产折旧方法由年限平均法改为双倍余额递减法

C.投资性房地产的后续计量由成本模式转为公允价值模式

D.使用寿命确定的无形资产的摊销年限由10年变更为7年

12.【2008年中级会计职称考试"中级会计实务"试题】下列各项中，属于会计政策变更的有（　　）。

A.无形资产摊销方法由生产总量法改为年限平均法

B.因执行新会计准则将建造合同收入确认方法由完成合同法改为完工百分比法

C.投资性房地产的后续计量由成本模式改为公允价值模式

D.因执行新会计准则对子公司的长期股权投资由权益法改为成本法核算

13.【2007年中级会计职称考试"中级会计实务"试题】下列发生于报告年度资产负债表日至财务报告批准报出日之间的各事项中，应调整报告年度财务报表相关项目金额的有（　　）。

A.董事会通过报告年度利润分配预案

B.发现报告年度财务报告存在重要会计差错

C.资产负债表日未决诉讼结案，实际判决金额与已确认预计负债不同

D.新证据表明存货在报告年度资产负债表日的可变现净值与原估计不同

14.【2007年中级会计职称考试"中级会计实务"试题】下列各项中，属于会计估计变更的有（　　）。

A.固定资产折旧年限由10年改为15年

B.发出存货计价方法由先进先出法改为加权平均法

C.因或有事项确认的预计负债根据最新证据进行调整

D.根据新的证据，将使用寿命不确定的无形资产转为使用寿命有限的无形资产

三、判断题

1.【2012年中级会计职称考试"中级会计实务"试题】资产负债表日后事项如涉及现金收支项目，均不调整报告年度资产负债表的货币资金项目和现金流量表正表各项目数字。　　　　　　　　　　　　　　　　　　　　　　　　　　　　（　　）

2.【2012年中级会计职称考试"中级会计实务"试题】对于比较财务报表可比期间以前的会计政策变更的累积影响，应调整比较财务报表最早期间的期初留存收益，财务报表其他相关项目的金额也应一并调整。　　　　　　　　　　　　　　　（　　）

3.【2011年中级会计职称考试"中级会计实务"试题】发现以前会计期间的会计估计存在错误的，应按前期差错更正的规定进行会计处理。　　　　　　　　（　　）

4.【2009年中级会计职称考试"中级会计实务"试题】初次发生的交易或事项采用新的会计政策属于会计政策变更，应采用追溯调整法进行处理。　　　　　（　　）

5.【2008年中级会计职称考试"中级会计实务"试题】企业在报告年度资产负债表日至财务报告批准日之间取得确凿证据，表明某项资产在报告日已发生减值的，应作为非调整事项进行处理。　　　　　　　　　　　　　　　　　　　（　　）

四、计算分析题

【2010年中级会计职称考试"中级会计实务"试题】甲公司为上市公司，适用的所得税税率为25%，按净利润的10%提取法定盈余公积。甲公司发生的有关业务资料如下：

（1）2009年12月1日，甲公司因合同违约被乙公司告上法庭，要求甲公司赔偿违约金1 000万元。至2009年12月31日，该项诉讼尚未判决，甲公司经咨询法律顾问后，认为很可能赔偿的金额为700万元。2009年12月31日，甲公司对该项未决诉讼事项确认预计负债和营业外支出700万元，并确认了相应的递延所得税资产和所得税费用175万元。

（2）2010年3月5日，经法院判决，甲公司应赔偿乙公司违约金500万元。甲、乙公司均不再上诉。

其他相关资料：甲公司所得税汇算清缴日为2010年2月28日；2009年度财务报告批准报出日为2010年3月31日；未来期间能够取得足够的应纳税所得额用以抵扣可抵扣暂时性差异；不考虑其他因素。

要求：

（1）根据法院判决结果，编制甲公司调整2009年度财务报表相关项目的会计分录。

（2）根据调整分录的相关金额，填列答题纸（卡）指定位置的表格中财务报表相关项目（见表1-3）。（减少数以"－"号表示，答案中的金额单位用万元表示）

五、综合题（除题目中有特殊要求外，答案中金额单位以万元表示，有小数的，保留两位小数）

1.【2014年注册会计师考试"会计"试题】注册会计师在对甲公司20×8年度财务报表进行审计时，关注到甲公司对前期财务报表进行了追溯调整，具体情况如下：

表1-3　　　　　　　　　　　　　　财务报表相关项目填列表

调整项目	影响金额（万元）
利润表项目：	
营业外支出	
所得税费用	
净利润	
资产负债表项目：	
递延所得税资产	
其他应付款	
预计负债	
盈余公积	
未分配利润	

（1）甲公司20×7年1月1日开始进行某项新技术的研发，截至20×7年12月31日，累计发生研究支出300万元，开发支出200万元。在编制20×7年度财务报表时，甲公司考虑到相关技术尚不成熟，能否带来经济利益尚不确定，将全部研究和开发费用均计入当期损益。20×8年12月31日，相关技术的开发取得重大突破，管理层判断其未来能够带来远高于研发成本的经济利益流入，且甲公司有技术、财务和其他资源支持其最终完成该项目。甲公司将本年发生的原计入管理费用的研发支出100万元全部转入"开发支出"项目，并对20×7年已费用化的研究和开发支出进行了追溯调整，相关会计处理如下（会计分录中的金额单位为万元，下同）：

借：研发支出——资本化支出　　　　　　　　　　　　　　　　　　　　600
　　贷：以前年度损益调整　　　　　　　　　　　　　　　　　　　　　　500
　　　　管理费用　　　　　　　　　　　　　　　　　　　　　　　　　　100

（2）20×7年7月1日，甲公司向乙公司销售产品，增值税专用发票上注明的销售价格为1 000万元，增值税税款170万元，并于当日取得乙公司转账支付的1 170万元。销售合同中还约定：20×8年6月30日甲公司按1 100万元的不含增值税价格回购该批商品，商品一直由甲公司保管，乙公司不承担商品实物灭失或损失的风险。在编制20×7年财务报表时，甲公司将上述交易作为一般的产品销售处理，确认了销售收入1 000万元，并结转销售成本600万元。20×8年6月30日，甲公司按约定支付回购价款1 100万元和增值税税款187万元，并取得增值税专用发票。甲公司重新审阅相关合同，认为该交易实质上是抵押借款，上年度不应作为销售处理，相关会计处理如下：

借：以前年度损益调整（20×7年营业收入）　　　　　　　　　　　　1 000
　　贷：其他应付款　　　　　　　　　　　　　　　　　　　　　　　　1 000
借：库存商品　　　　　　　　　　　　　　　　　　　　　　　　　　　600
　　贷：以前年度损益调整（20×7年营业成本）　　　　　　　　　　　　600

借：其他应付款   1 000
    财务费用   100
    应交税费——应交增值税（进项税额）   187
    贷：银行存款   1 287

（3）甲公司20×7年度因合同纠纷被起诉。在编制20×7年度财务报表时，该诉讼案件尚未判决，甲公司根据法律顾问的意见，按最可能发生的赔偿金额100万元确认了预计负债。20×8年7月，法院判决甲公司赔偿原告150万元。甲公司决定接受判决，不再上诉。据此，甲公司相关会计处理如下：

借：以前年度损益调整   50
    贷：预计负债   50

（4）甲公司某项管理用固定资产系20×5年6月30日购入并投入使用，该设备原值1 200万元，预计使用年限12年，预计净残值为零，按年限平均法计提折旧。20×8年6月，市场出现更先进的替代资产，管理层重新评估了该资产的剩余使用年限，预计其剩余使用年限为6年，预计净残值仍为零（折旧方法不予调整）。甲公司20×8年的相关会计处理如下：

借：以前年度损益调整   83.33
    管理费用   133.33
    贷：累计折旧   216.66

其他资料：

不考虑所得税等相关税费的影响以及以前年度损益调整结转的会计处理。

要求：根据资料（1）至（4），判断甲公司对相关事项的会计处理是否正确，并说明理由；对于不正确的事项，编制更正有关会计处理的调整分录。

2.【2014年注册会计师考试"会计"试题】甲股份有限公司（以下简称"甲公司"）的注册会计师在对其20×3年财务报表进行审计时，就以下事项的会计处理与甲公司管理层进行沟通：

（1）20×3年12月，甲公司收到财政部门拨款2 000万元，系对甲公司20×3年执行国家计划内政策价差的补偿。甲公司A商品售价为5万元／台，成本为2.5万元／台，但在纳入国家计划内政策体系后，甲公司对国家规定范围内的用户销售A商品的售价为3万元／台，国家财政给予2万元／台的补贴。20×3年甲公司共销售政策范围内A商品1 000件。甲公司对该事项的会计处理如下（会计分录中的金额单位为万元，下同）：

借：应收账款   3 000
    贷：主营业务收入   3 000
借：主营业务成本   2 500
    贷：库存商品   2 500
借：银行存款   2 000
    贷：营业外收入   2 000

（2）20×3年，甲公司尝试通过中间商扩大B商品市场占有率。甲公司与中间商签订的合同分为两类。第一类合同约定：甲公司按照中间商要求发货，中间商按照甲公司确定的售价3 000元／件对外出售，双方按照实际售出数量定期结算，未售出商品由甲公司收回，中间商就所销售B商品收取提成费200元／件；该类合同下，甲公司20×3年共发货1 000件，中间商实际售出800件。第二类合同约定：甲公司按照中间商要求的时间和数量发货，甲公司出售给中间商的价格为2 850元／件，中间商对外出售的价格自行确定，未售出商品由中间商自行处理；该类合同下，甲公司20×3年共向中间商发货2 000件。甲公司向中间商所发送B商品数量、质量均符合合同约定，成本为24 00元／件。甲公司对上述事项的会计处理如下：

借：应收账款   870

 贷：主营业务收入   870

借：主营业务成本   720

 贷：库存商品   720

借：销售费用   20

 贷：应付账款   20

（3）20×3年6月，董事会决议将公司生产的一批C商品作为职工福利发放给部分员工。该批C商品的成本为3 000元／件，市场售价为4 000元／件。受该项福利计划影响的员工包括：中高层管理人员200人、企业正在进行的某研发项目相关人员50人。甲公司向上述员工每人发放1件C商品。研发项目已进行至后期开发阶段，甲公司预计能够形成无形资产，至20×3年12月31日，该研发项目仍在进行中。甲公司进行的会计处理如下：

借：管理费用   75

 贷：库存商品   75

（4）20×3年7月，甲公司一未决诉讼结案。法院判定甲公司承担损失赔偿责任3 000万元。该诉讼事项源于20×2年9月一竞争对手提起的对甲公司的起诉，编制20×2年财务报表期间，甲公司曾在法院的调解下，与原告方达成初步和解意向。按照该意向，甲公司需向对方赔偿1 000万元，甲公司据此在20×2年确认预计负债1 000万元。20×3年，原告方控股股东变更，新的控股股东认为原调解决定不合理，不再承认原初步和解相关事项，向法院请求继续原法律程序。因实际结案时需赔偿金额与原确认预计负债的金额差别较大，甲公司于20×3年进行了以下会计处理：

借：以前年度损益调整   2 000

 贷：预计负债   2 000

借：盈余公积   200

 利润分配——未分配利润   1 800

 贷：以前年度损益调整   2 000

（5）甲公司于20×2年8月取得200万股乙公司股票，成本为6元／股，作为可供出售金融资产核算。20×2年12月31日，乙公司股票收盘价为5元／股。20×3年因股票市场整体行情低迷，乙公司股价在当年度持续下跌，至20×3年12月31日已跌至2.5元／股。20×4年1月，乙公司股价有所上涨。甲公司会计政策规定：作为可供出售金融资产的股票投资，股价连续下跌1年或市价跌至成本的50%（含50%）以下时，应当计提减值准备。考虑到20×4年1月乙公司股价有所上涨，甲公司在其20×3年财务报表中对该事项进行了以下会计处理：

借：其他综合收益   500

贷：可供出售金融资产   500

其他资料：

假定本题中有关事项均具有重要性，不考虑相关税费及其他因素。

甲公司按照净利润的10%提取法定盈余公积，不提取任意盈余公积。

要求：判断甲公司对事项（1）至事项（5）的会计处理是否正确，并说明理由。对于甲公司会计处理不正确的，编制更正20×3年度财务报表相关项目的会计分录。

3.【2014年中级会计职称考试"中级会计实务"试题】甲公司适用的所得税税率为25%，且预计在未来期间保持不变，2013年度所得税汇算清缴于2014年3月20日完成；2013年度财务报告批准报出日为2014年4月5日，甲公司有关资料如下：

（1）2013年10月12日，甲公司与乙公司签订了一项销售合同，约定甲公司在2014年1月10日以每件5万元的价格出售100件A产品，甲公司如不能按期交货，应在2014年1月15日之前向乙公司支付合同总价款的10%的违约金。签订合同时，甲公司尚未开始生产A产品，也未持有用于生产A产品的原材料。至2013年12月28日甲公司为生产A产品拟从市场购入原材料时，该原材料价格已大幅上涨，预计A产品单位生产成本为6万元。2013年12月31日，甲公司仍在与乙公司协商是否继续履行该合同。

（2）2013年10月16日，甲公司与丙公司签订了一项购货合同，约定甲公司于2013年11月20日之前向丙公司支付首期购货款500万元。2013年11月8日，甲公司已从丙公司收到所购货物。2013年11月25日，甲公司因资金周转困难未能按期支付首期购货款而被丙公司起诉，至2013年12月31日该案件尚未判决。甲公司预计败诉的可能性为70%，如败诉，将要支付60万元至100万元的赔偿金，且该区间内每个金额发生的可能性大致相同。

（3）2014年1月26日，人民法院对上述丙公司起诉甲公司的案件作出判决，甲公司应赔偿丙公司90万元，甲公司和丙公司均表示不再上诉。当日，甲公司向丙公司支付了90万元的赔偿款。

（4）2013年12月26日，甲公司与丁公司签订了一项售价总额为1000万元的销售合同，约定甲公司于2014年2月10日向丁公司发货。甲公司因2014年1月23日遭受严重自然灾害无法按时交货，与丁公司协商未果。2014年2月15日，甲公司被丁公司起诉，2014年2月20日，甲公司同意向丁公司赔偿100万元。丁公司撤回了该诉讼。该赔偿金额对甲公司具有较大影响。

（5）其他资料：

①假定递延所得税资产、递延所得税负债、预计负债在2013年1月1日的期初余额均为零。

②涉及递延所得税资产的，假定未来期间能够产生足够的应纳税所得额用以利用可抵扣暂时性差异。

③与预计负债相关的损失在确认预计负债时不允许从应纳税所得额中扣除，只允许在实际发生时，据实从应纳税所得额中扣除。

④调整事项涉及所得税的，均可调整应交所得税。

⑤按照净利润的10%计提法定盈余公积。

⑥不考虑其他因素。

要求：

（1）根据资料（1），判断甲公司应否将与该事项相关的义务确认为预计负债，并简要说明理由。如需确认，计算确认预计负债的金额，并分别编制确认预计负债、递延所得税资产（或递延所得税负债）的会计分录。

（2）根据资料（2），判断甲公司应否将与该事项相关的义务确认为预计负债，并简要说明理由。如需确认，计算确认预计负债的金额，并分别编制确认预计负债、递延所得税资产（或递延所得税负债）的会计分录。

（3）分别判断资料（3）和资料（4）中甲公司发生的事项是否属于2013年度资产负债表日后调整事项，并简要说明理由。如为调整事项，编制相关会计分录；如为非调整事项，简要说明具体的会计处理方法。

4.【2013年注册会计师考试"会计"试题】甲公司为上市公司，内审部门在审核公司及下属子公司20×2年度财务报表时，对以下交易或事项的会计处理提出质疑：

（1）20×2年6月25日，甲公司与丙公司签订土地经营租赁协议，协议约定，甲公司从丙公司租入一块土地用于建设销售中心；该土地租赁期限为20年，自20×2年7月1日开始，年租金固定为100万元，以后年度不再调整，甲公司于租赁期开始日一次性支付20年租金2 000万元，20×2年7月1日，甲公司向丙公司支付租金2 000万元。

甲公司对上述交易或事项的会计处理为：

借：无形资产　　　　　　　　　　　　　　　　　　　　　　　2 000
　　贷：银行存款　　　　　　　　　　　　　　　　　　　　　　　　　2 000
借：销售费用　　　　　　　　　　　　　　　　　　　　　　　　50
　　贷：累计摊销　　　　　　　　　　　　　　　　　　　　　　　　　　50

（2）20×2年8月1日，甲公司与丁公司签订产品销售合同。合同约定，甲公司向丁公司销售最近开发的C商品1 000件，售价（不含增值税）为500万元，增值税税额为85万元；甲公司于合同签订之日起10日内将所售C商品交付丁公司，丁公司于收到C商品当日支付全部款项；丁公司有权于收到C商品之日起6个月内无条件退还C商品，20×2年8月5日，甲公司将1 000件C商品交付丁公司并开出增值税专用发票，该批C商品的成本为400万元。由于C商品系初次销售，甲公司无法估计退货的可能性。

甲公司对上述交易或事项的会计处理为：

借：银行存款　　　　　　　　　　　　　　　　　　　　　　　585
　　贷：主营业务收入　　　　　　　　　　　　　　　　　　　　　　　500
　　　　应交税费——应交增值税（销项税额）　　　　　　　　　　　　　85
借：主营业务成本　　　　　　　　　　　　　　　　　　　　　　400
　　贷：库存商品　　　　　　　　　　　　　　　　　　　　　　　　　400

（3）20×1年12月20日，甲公司与10名公司高级管理人员分别签订商品房销售合同。合同约定，甲公司将自行开发的10套房屋以每套600万元的优惠价格销售给10名高级管理人员；高级管理人员自取得房屋所有权后必须在甲公司工作5年，如果在工作未满5年的情况下离职，需根据服务期限补交款项。20×2年6月25日，甲公司收到10名高级管理人员支付的款项6 000万元。20×2年6月30日，甲公司与10名高级管理人员办理完毕上述房屋产权过户手续。上述房屋成本为每套420万元，市场价格为每套800万元。甲公司对上述交易或事项的会计处理为：

借：银行存款　　　　　　　　　　　　　　　　　　6 000
　　贷：主营业务收入　　　　　　　　　　　　　　　　　　6 000
借：主营业务成本　　　　　　　　　　　　　　　　4 200
　　贷：开发产品　　　　　　　　　　　　　　　　　　　　4 200

（4）甲公司设立全资乙公司，从事公路的建设和经营，20×2年3月5日，甲公司（合同投资方）、乙公司（项目公司）与某地政府（合同授予方）签订特许经营协议，该政府将一条公路的特许经营权授予甲公司。协议约定，甲公司采用建设—经营—移交方式进行公路的建设和经营，建设期3年，经营期30年；建设期内，甲公司按约定的工期和质量标准建设公路，所需资金自行筹集；公路建造完成后，甲公司负责运行和维护，按照约定的收费标准收取通行费；经营期满后，甲公司应按协议约定的性能和状态将公路无偿移交给政府，项目运行中，建造及运营、维护均由乙公司实际执行。乙公司采用自行建造的方式建造公路，截至20×2年12月31日，累计实际发生建造成本20 000万元（其中：原材料13 000万元，职工薪酬3 000万元，机械作业4 000万元），预计完成建造尚需发生成本60 000万元，乙公司预计应收对价的公允价值为项目建造成本加上10%的利润。

乙公司对上述交易或事项的会计处理为：

借：工程施工　　　　　　　　　　　　　　　　　20 000
　　贷：原材料　　　　　　　　　　　　　　　　　　　　13 000
　　　　应付职工薪酬　　　　　　　　　　　　　　　　　　3 000
　　　　累计折旧　　　　　　　　　　　　　　　　　　　　4 000

其他相关资料：上述所涉及公司均为增值税一般纳税人，适用的增值税税率均为17%，涉及的房地产业务在当年还未实施营业税改征增值税，除增值税外，不考虑其他相关税费；不考虑提取盈余公积等因素。

要求：

（1）根据资料（1）至（3），逐项判断甲公司的会计处理是否正确，并说明理由。如果甲公司的会计处理不正确，编制更正甲公司20×2年度财务报表的会计分录（编制更正分录时可以使用报表项目）。

（2）根据资料（4），判断乙公司的会计处理是否正确，并说明理由。如果乙公司的会计处理不正确，编制更正乙公司20×2年度财务报表的会计分录（编制更正分录时可以使用报表项目）。

5.【2013年中级会计职称考试"中级会计实务"试题】甲公司为增值税一般纳税人，适用的增值税税率为17%，适用的所得税税率为25%，按净利润的10%提取盈余公积。甲公司与收入有关的资料如下：

（1）2012年3月25日，甲公司向丙公司销售一批商品，不含增值税的销售价格为3 000万元，增值税税额为510万元，该批商品成本为2 400万元，未计提存货跌价准备，该批商品已发出，满足收入确认条件。

4月5日，丙公司在验收该批商品时发现其外观有瑕疵，甲公司同意按不含增值税的销售价格给予10%的折让，红字增值税专用发票上注明的价款为300万元，增值税税额为51万元。5月10日，甲公司收到丙公司支付的款项3 159万元。

（2）2012年9月1日至30日，甲公司开展A产品以旧换新业务，共销售A产品100台，每台不含增值税的销售价格为10万元，增值税税额为1.7万元，每台销售成本为7万元，同时，回收100台旧产品作为原材料验收入库，每台不含增值税的回收价格为1万元，增值税税额为0.17万元，款项均已支付。

（3）2012年11月20日，甲公司与戊公司签订一项为期3个月的劳务合同，合同总收入为90万元，当日，收到戊公司预付的合同款45万元。12月31日，经专业测量师测量后，确定该项劳务的完工程度为40%。至12月31日，累计发生的劳务成本为30万元，估计完成该合同还将发生劳务成本40万元，该项合同的结果能够可靠计量，假定发生的劳务成本均为职工薪酬，不考虑税费等相关因素。

（4）2013年1月18日，因产品质量问题，甲公司收到乙公司退回的一批商品，红字增值税专用发票上注明的价款为400万元，增值税税额为68万元，该批商品系2012年12月19日售出，销售成本为320万元，已于当日全部确认为收入，款项仍未收到，未计提坏账准备，甲公司2012年度财务报告批准报出日为2013年3月10日，2012年度所得税汇算清缴于2013年4月30日完成。

除上述资料外，不考虑其他因素。

要求：

（1）根据材料（1）至材料（3），逐笔编制甲公司相关业务的会计分录（销售成本和劳务成本应逐笔结转）。

（2）根据资料（4），判断该事项是否属于资产负债表日后调整事项，如为调整事项，编制相应的会计分录。（"应交税费"科目要求写出明细科目及专栏名称）

6.【2012年注册会计师考试"会计"试题】注册会计师在对甲公司20×9年度财务报表进行审计时，关注到以下交易或事项的会计处理：

（1）20×9年，甲公司将本公司商品出售给关联方（乙公司），期末形成应收账款6 000万元。

甲公司对1年以内的应收账款按5%计提坏账准备，但对应收关联方款项不计提坏账准备，该6 000万元应收账款未计提坏账准备。注册会计师了解到，乙公司20×9年年末财务状况恶化，估计甲公司应收乙公司货款中的20%无法收回。

（2）20×9年5月10日，甲公司以1 200万元自市场回购本公司普通股，拟用于对员工进行股权激励。因甲公司的母公司（丁公司）于20×9年7月1日与甲公司高管签订了股权激励协议，甲公司暂未实施本公司的股权激励。根据丁公司与甲公司高管签订的股权激励协议，丁公司对甲公司20名高管每人授予100万份丁公司股票期权，授予日每份股票期权的公允价值为6元，行权条件为自授予日起，高管人员在甲公司服务满3年。至20×9年12月31日，甲公司没有高管人员离开，预计未来3年也不会有人离开。甲公司的会计处理如下：

借：资本公积   1 200

    贷：银行存款   1 200

对于丁公司授予甲公司高管人员的股票期权，甲公司未进行会计处理。

（3）因急需新设销售门店，甲公司委托中介代为寻找门市房，并约定中介费用为20万元。20×9年2月1日，经中介介绍，甲公司与丙公司签订了经营租赁合同，约定：租赁期自20×9年2月1日起3年，年租金840万元，丙公司同意免除前两个月租金；丙公司尚未支付的物业费200万元由甲公司支付；如甲公司提前解约，违约金为60万元；甲公司于租赁开始日支付了当年租金770元、物业费200万元，以及中介费用20万元。甲公司的会计处理如下：

借：销售费用   990

  贷：银行存款   990

（4）甲公司持有的作为交易性金融资产的股票1 000万股，因市价变动对公司损益造成重大影响，甲公司董事会于20×9年12月31日作出决定，将其转换为可供出售金融资产。该金融资产转换前的账面价值为8 000万元，20×9年12月31日市场价格为9 500万元。甲公司的会计处理如下：

借：可供出售金融资产   9 500

  贷：交易性金融资产   8 000

    其他综合收益   1 500

（5）甲公司编制的20×9年利润表中，其他综合收益总额为1 100万元。其中包括：①持有可供出售金融资产当期公允价值上升600万元；②因确认同一控制下企业合并产生的长期股权投资，冲减资本公积1 000万元；③因权益法核算确认的在被投资单位其他综合收益增加额中享有的份额800万元；④因对发行的可转换公司债券进行分拆确认计入资本公积700万元。

（6）其他有关资料：

①甲公司按净利润的10%提取法定盈余公积，不提取任意盈余公积。

②不考虑所得税及其他相关税费。

要求：

（1）根据资料（1）至（4），判断甲公司对相关事项的会计处理是否正确，并说明理由；对于不正确的事项，需要编制调整分录的，编制更正有关账簿记录的调整分录。

（2）根据资料（5），判断甲公司对相关事项的会计处理是否正确，并说明理由。

✐ 练习题

一、单项选择题

1.下列属于会计政策的是（ ）。

A.无形资产的确认   B.无形资产使用寿命的判断

C.无形资产净残值的估计   D.无形资产摊销的方法

2.根据现行会计准则，企业应当披露的重要的会计政策不包括（ ）。

A.收入的确认   B.发出存货成本的计量

C.借款费用的处理   D.建造合同的完工进度的确定

3.光明公司持有A公司股票，原持股比例为10%，按成本法进行后续计量；后又取得投资20%，应按权益法进行核算。此会计事项的调整属于（ ）。

A.会计政策变更   B.会计估计变更

C.重要会计差错   D.非重要会计差错

4.会计政策变更如果采用追溯调整法时，下列选项中，不属于追溯调整的内容的是（　　）。

　　A.计算会计政策变更的累积影响数

　　B.调整变更当期的期初留存收益

　　C.调整列报前期最早期初财务报表相关项目及其金额

　　D.调整列报当期的损益

　　5.如果会计政策变更采用追溯调整法，那么，对于会计政策变更的累积影响数应（　　）。

　　A.计入营业外支出　　　　　　　　B.调整相关资产成本

　　C.调整期初留存收益　　　　　　　D.计入营业外收入

　　6.某企业对于以交易为目的持有的股票，前期采用成本与市价孰低法，现因市场经济的发展，其股票价格信息容易获取，改为公允价值计量。企业在进行该项变更时，调整分录中不可能涉及的项目是（　　）。

　　A.公允价值变动损益　　　　　　　B.递延所得税资产

　　C.盈余公积　　　　　　　　　　　D.利润分配

　　7.创意股份公司在2×15年、2×16年分别以1 080 000元和140 000元的价格购入A、B两种股票，当时该公司对于这两种股票采用成本与市价孰低法进行计量。2×17年年初，公司打算对A、B两种股票的计量进行政策变更，由成本与市价孰低法变为公允价值计量。该公司适用的所得税税率为25%，按净利润的10%提取法定盈余公积，按净利润的5%提取任意盈余公积。A、B两种股票的相关成本及公允价值见表1-4。

表1-4　　　　　　　　　A、B两种股票的相关成本及公允价值　　　　　　　　单位：元

股票价值	购入时	2×15.12.31	2×16.12.31
A股公允价值	1 080 000	1 220 000	1 220 000
B股公允价值	140 000	—	160 000

　　创意股份有限公司在列报2×17年年报时，关于调整2×17年资产负债表有关项目的年初余额，下列说法中不正确的是（　　）。

　　A.调增交易性金融资产160 000元

　　B.调增递延所得税负债40 000元

　　C.调增盈余公积18 000元

　　D.调增未分配利润100 000元

　　8.下列情况下，不能采用未来适用法处理会计政策变更的是（　　）。

　　A.企业因会计资料保存期限届满而已经将其销毁，致使会计政策变更累积影响数无法确定

　　B.企业会计资料因不可抗力致使会计政策变更累积影响数无法确定

　　C.会计政策变更累积影响数可以确定，但国家发布相关的会计处理办法为未来适用法

　　D.会计政策变更累积影响数可以确定，且国家发布的会计处理办法没有指定具体方法

　　9.下列项目中，不属于会计估计变更的是（　　）。

A.固定资产折旧方法由直线法改为双倍余额递减法

B.将发出存货的计价方法由先进先出法改为加权平均法

C.坏账准备计提比例由应收账款余额的5%改为7%

D.无形资产使用年限由8年改为6年

10.A企业一台机器设备原估计使用年限为10年，净残值为5 000元，采用直线法计提折旧。现因新技术发展和市场环境等原因，需要对原估计进行调整。新估计的折旧年限为6年，净残值为10 000元。此会计事项的调整属于（　　）。

A.会计政策变更　　　　　　　　B.会计估计变更

C.重要会计差错　　　　　　　　D.非重要会计差错

11.A股份有限公司20×7年发生和发现的下列交易或事项中，可能需要调整年初未分配利润的是（　　）。

A.发现20×6年少计提管理用固定资产折旧50万元

B.发现20×6年少计提短期借款利息1万元

C.为20×6年销售的产品提供售后服务发生修理支出2万元

D.因客户资信恶化将应收账款坏账准备的计提比例从5%提到7%

12.下列交易或事项中，可能需要调整年初留存收益的是（　　）。

A.发现上年度少计提管理用固定资产折旧0.1万元

B.因固定资产的折旧年限从8年改为5年，使当期折旧增加2万元

C.盘盈一项重置价值为8万元的固定资产

D.发现上年度多计提生产用固定资产折旧0.5万元

13.对于会计调整事项，需要通过"以前年度损益调整"科目调整的是（　　）。

A.本年度发现的以前年度重要差错涉及损益调整的事项

B.本年度发现的以前年度非重要差错涉及损益调整的事项

C.资产负债表日后事项中的非调整事项涉及损益调整的事项

D.资产负债表日后事项中的调整事项涉及利润分配的事项

14.下列发生在年度资产负债表日至财务报告批准报出日之间的事项，不属于资产负债表日后事项的是（　　）。

A.支付职工上年度的工资薪酬

B.发生火灾造成重大损失

C.发生重大诉讼

D.制订利润分配方案

15.下列关于资产负债表日后事项的会计处理，不正确的是（　　）。

A.涉及损益的事项，通过"以前年度损益调整"科目处理

B.涉及利润分配调整的事项，直接通过"利润分配——未分配利润"科目处理

C.涉及非损益以及利润分配的事项，调整相关科目

D.涉及所得税的事项，通过"应交税费"科目处理

16.下列选项中，应当调整资产负债表日已编制的财务报表的是（　　）。

A.资产负债表日后发生重大诉讼

B.资产负债表日以前漏记的重大折旧费用

C.资产负债表日后资本公积转增资本

D.资产负债表日后发行股票

二、多项选择题

1.关于会计政策，具体包括的内容有（　　）。

A.企业在会计确认时所采用的原则

B.企业在计量时所采用的计量基础

C.企业在确认、计量时所采用的具体会计处理方法

D.以上选项都是

2.现行企业会计准则规定的会计政策，具有的特点有（　　）。

A.强制性 　　　　　　　　　　　B.层次性

C.可选择性 　　　　　　　　　　D.可比性

3.下列选项中，属于会计政策的有（　　）。

A.非货币性资产交换的计量

B.非货币性资产公允价值的确定

C.投资性房地产的后续计量

D.采用公允价值模式下的投资性房地产公允价值的确定

4.下列关于会计政策变更，表述正确的有（　　）。

A.企业会计政策一经确定，不得变更

B.如果变更后的会计政策能够提供更可靠、更相关的信息，企业可以自行变更

C.企业可以根据法律法规要求进行政策变更

D.如果原来的会计政策所提供的信息已不能恰当地反映企业的财务状况，企业可以
　自行变更

5.下列情况下，不能改变原会计政策的有（　　）。

A.法律、行政法规以及国家统一的会计制度要求变更

B.企业管理层意图的变更

C.企业管理层的交接

D.变更后能够提供企业更可靠、更相关的会计信息

6.下列各项中属于会计政策变更的有（　　）。

A.固定资产的折旧方法由直线法改为双倍余额递减法

B.投资性房地产计量模式由成本模式改为公允价值模式

C.发出存货的计价方法由先进先出法改为月末一次加权法

D.长期股权投资后续计量由成本法改为权益法

7.下列各项中属于会计政策变更的有（　　）。

A.因准则要求将存货计价方法由原来的后进先出法变为先进先出法

B.因与签约人的协商而将购买房屋分期付款核算改为房屋建造完工百分比法核算

C.因市场的发展将投资性房地产的计量由成本模式改为公允价值模式

D.因租赁条款的改变而将融资租赁会计改为经营租赁会计

8.对于会计政策变更，如果采用追溯调整法，需要计算累积影响数，并由此对相关项
目进行调整，应调整的项目包括（　　）。

A.提取的法定盈余公积   B.提取的任意盈余公积

C.未分配的利润   D.应补付的股利

9.某企业对于以交易为目的持有的股票，前期采用成本与市价孰低法，现因市场经济的发展，其股票价格信息容易获取，改为公允价值计量。企业在进行该项变更时，调整分录中可能涉及的项目有（   ）。

A.交易性金融资产   B.公允价值变动损益

C.本年利润   D.利润分配

10.下列属于会计估计的有（   ）。

A.固定资产的初始计量   B.固定资产使用寿命的确定

C.固定资产折旧方法的确定   D.固定资产可收回金额的确定

11.A公司2×17年发生或发现的下列会计事项中，不会影响其年初未分配利润的有（   ）。

A.发现2×16年少计折旧费用160万元，2×16年当年实现的净利润为110万元

B.发现2×16年少提财务费用8 000元，2×16年当年实现的净利润为110万元

C.2×16年销售的产品在本年度发生售后服务费用40 000元

D.因市场原因，企业应收账款无法收回的金额明显增加，对坏账准备计提的比例调整为10%

12.对于会计调整事项，不需要采用"以前年度损益调整"科目来调整的情形有（   ）。

A.本年度发现的以前年度重要差错涉及损益调整的事项

B.本年度发现的以前年度非重要差错涉及损益调整的事项

C.资产负债表日后事项中的调整事项涉及损益调整的事项

D.资产负债表日后事项中的非调整事项涉及损益调整的事项

13.下列各项中，属于前期差错的有（   ）。

A.上年度多计提固定资产折旧120 000元

B.上年度漏计提管理人员工资20 000元

C.将上年度的收入推迟到本年度1月份确认

D.对本年度的建造合同按销售商品原则确认收入

14.本年度发生的前期差错，需要披露的信息包括（   ）。

A.前期差错的性质

B.各个列报前期财务报表中受影响的项目名称

C.无法进行追溯重述的，应当说明该事实的原因

D.各个列报前期财务报表中受影响项目的更正金额

15.下列各项中，关于资产负债表日后事项表述不正确的有（   ）。

A.该事项表明的情况必定存在于资产负债表日以后

B.需要调整上年度的财务报表

C.包括有利事项和不利事项

D.该事项与上一年度的事项或交易无关

16.下列关于资产负债表日后事项，表述正确的有（   ）。

A.资产负债表日后事项是资产负债表日至财务报告批准报出日之间发生的事项

B.如果资产负债表日后涵盖期间发生的某些事项对企业没有影响，则不属于资产负债表日后事项，不需要附注说明

C.资产负债表日后事项是在资产负债表日以后才发生的事项，与资产负债表日前的会计年度无关

D.资产负债表日后事项可能为资产负债表日已经存在的情况提供新的或进一步的证据

17.资产负债表日后调整事项与非调整事项相比，下列表述中正确的有（　　　　）。

A.资产负债表日后调整事项应当调整资产负债表日已编制的财务报表

B.资产负债表日后调整事项的事项存在于资产负债表日或以前

C.资产负债表日后非调整事项的事项在资产负债表日并不存在

D.资产负债表日后非调整事项应当根据重要性调整资产负债表日已编制的财务报表

三、判断题

1.本期发生的交易或事项与以前期间的相比，两者具有本质差别，故本期采用新的会计政策，该事项属于会计政策变更。　　　　　　　　　　　　　　　　　　　　（　　）

2.对初次发生的或不重要的交易或事项采用新的会计政策，也属于会计政策变更。
　　　　　　　　　　　　　　　　　　　　　　　　　　　　　　　　　　　（　　）

3.如果经济环境、客观情况发生改变，为了提供更可靠、更相关的会计信息，企业可以变更会计政策。但是，只能采用追溯调整法进行会计处理。　　　　　　　　　　　（　　）

4.如果会计政策变更的累积影响数能够合理确定，应当采用追溯调整法进行会计处理。　　　　　　　　　　　　　　　　　　　　　　　　　　　　　　　　　　　（　　）

5.企业难以区分会计政策变更或会计估计变更的，应当将其作为会计政策变更处理。　　　　　　　　　　　　　　　　　　　　　　　　　　　　　　　　　　　（　　）

6.在追溯调整法下，应计算会计政策变更的累积影响数，并调整当期损益。　（　　）

7.长期股权投资由成本法改为权益法核算属于会计政策变更。　　　　　　　（　　）

8.会计政策变更累积影响数，指按变更后的会计政策对以前各期追溯计算的列报前期最早期初留存收益应有金额与现有金额之间的差额。　　　　　　　　　　　　　（　　）

9.无法进行追溯调整的，企业应当在附注中披露说明该事实和原因以及开始应用变更后的会计政策的时点、具体应用情况。　　　　　　　　　　　　　　　　　　　（　　）

10.借款费用是采用资本化方法还是采用费用化方法以及一般借款资本化金额确定都属于会计政策的范畴。　　　　　　　　　　　　　　　　　　　　　　　　　　（　　）

11.企业在估计某项固定资产的预计使用年限时，多估计或少估计预计使用年限，属于会计差错范围。　　　　　　　　　　　　　　　　　　　　　　　　　　　　（　　）

12.即使取得了新的信息，积累了更多的经验，也不能对固定资产的折旧方法进行变更，否则会违背可比性原则。　　　　　　　　　　　　　　　　　　　　　　　（　　）

13.会计估计变更应当采用追溯调整法，追溯调整法不可行时，应当采用未来适用法。　　　　　　　　　　　　　　　　　　　　　　　　　　　　　　　　　　（　　）

14.当期发现不重要的前期差错，应调整期初留存收益，涉及的财务报表其他相关项目的期初数也应一并调整。　　　　　　　　　　　　　　　　　　　　　　　　（　　）

15.企业对会计估计变更采用未来适用法时，不需要考虑变更影响的期间，应当在变

更当期及以后期间将其变更影响数予以确认。 （ ）

16.对于发现的前期差错，应将其对损益的影响调整发现当期的期初留存收益，同时，对于财务报表其他相关项目的影响调整相关项目的期初数。 （ ）

17.重要的前期差错应当采用追溯重述法进行更正，视同该项前期差错从未发生过，从而对财务报表相关项目进行重新列示和披露。 （ ）

18.财务舞弊属于主观意愿，不能作为会计差错进行差错更正的处理。 （ ）

19.企业应当采用追溯重述法更正重要的前期差错，但确定前期差错累积影响数不切实可行的除外。 （ ）

20.对于会计调整中涉及的追溯调整法和追溯重述法，两者的会计处理是相同的。 （ ）

21.资产负债表日后诉讼案件结案，需要调整原先确认的与该诉讼案件相关的预计负债，或确认一项新负债。 （ ）

22.关于资产负债表日后调整事项的会计处理，应当视同资产负债表所属期间发生的事项进行会计处理，但不需要对资产负债表日已经编制的财务报表的相关项目进行调整。 （ ）

四、会计处理题

1.甲公司2×17年发现下列会计差错，该公司2×16年度实现的净利润为360万元：

（1）2×17年12月31日，甲公司发现2×16年度11月份新增一台销售用设备，原值为40 000元，使用年限为4年，预计净残值为1 000元，按直线法计提折旧，2016年因该项设备计提的折旧为1 625元。

（2）甲公司在2×17年发现2×16年12月份漏记了销售人员工资5 800元，研发人员工资3 000元，该研发项目处于研究阶段，不符合资本化条件。

（3）甲公司于2×17年发现，2×16年10月份从银行存款中支付商品广告费48 000元，账上借记"管理费用"48 000元，贷记"银行存款"48 000元。

（4）甲公司于2×17年发现，2×16年11月份购入A股票20 000股，该公司将其作为以交易为目的的金融资产，购入时其公允价值为6元/股，2016年12月31日，该股票的公允价值涨到6.5元/股。该公司对该项公允价值变动确认为借记"交易性金融资产——公允价值变动"10 000元，贷记"投资收益"10 000元。

（5）甲公司于2×17年发现，2×16年1月1日，甲公司从乙公司经营租入一台管理用设备。合同规定：合同约定租期为4年，前3年每年租金为3万元，最后一年免租金。根据上述资料，甲公司2016年确认租金费用的账务处理为借记"管理费用"30 000元，贷记"银行存款"30 000元。

要求：请编制上述差错更正的会计分录（答案以元为单位）。

2.天顺股份有限公司在2×16年发现，2×15年公司重复登记一项管理用固定资产的折旧费用400 000元，所得税申报表中已扣除该项折旧费用，税法允许调整应交所得税。假设2×15年适用的所得税税率为25%，无其他纳税调整事项。该公司按净利润的10%提取法定盈余公积，按净利润的5%提取任意盈余公积。

要求：编制下列与该项会计差错更正有关的会计分录：

（1）冲减多提折旧的会计分录；

（2）调整所得税的会计分录；

（3）结转以前年度损益调整余额的会计分录；

（4）调整利润分配的会计分录。

3. 恒顺股份有限公司在 2×15 年、2×16 年分别以 1 150 000 元和 280 000 元的价格购入 A、B 两种股票，当时该公司对于这两种股票采用成本与市价孰低法进行计量。2×17 年年初，公司打算对 A、B 两种股票的计量进行政策变更，由成本与市价孰低法变为公允价值计量。鉴于公司会计资料齐全，该公司决定采用追溯调整法。该公司适用的所得税税率为 25%，公司按净利润的 10% 提取法定盈余公积，按净利润的 5% 提取任意盈余公积。2×17 年公司发行在外的普通股加权平均数为 3 000 万股。A、B 两种股票的购入成本及公允价值见表 1-5。

表 1-5   A、B 股票购入成本及公允价值   单位：元

股票价值	购入时	2×15.12.31	2×16.12.31
A 股公允价值	1 150 000	1 550 000	1 550 000
B 股公允价值	280 000	—	360 000

要求：请为恒顺公司编制以下事项的会计分录（答案以元为单位）：

（1）对 2×15 年相关事项引起的会计政策变更累积影响数的调整分录；

（2）承接（1），对 2×15 年利润分配的调整分录；

（3）对 2×16 年相关事项引起的会计政策变更累积影响数的调整分录；

（4）承接（3），对 2×16 年利润分配的调整分录。

4. 2×16 年 9 月，A 公司销售给 B 公司一批产品，货款 468 000 元尚未收到（含增值税）。2×16 年 10 月，B 公司收到所购货物并验收入库，但未按期支付货款。2×16 年 12 月 31 日，B 公司由于财务状况不佳，仍未付款。A 公司在编制 2×16 年度财务报表时，按该项应收账款余额的 5% 提取坏账准备。2×17 年 2 月 2 日（所得税汇算清缴前），A 公司收到法院通知，B 公司已宣告破产清算，无力偿还所欠部分货款。A 公司预计可收回应收账款的 40%。A 公司财务报告批准报出日是次年 3 月 31 日，所得税税率为 25%，按净利润的 10% 提取法定盈余公积，提取法定盈余公积后不再作其他分配；调整事项按税法规定均可调整应缴纳的所得税。A 公司在收到法院通知后，应根据调整事项的处理原则进行处理。

要求：编制以下与该项业务有关的会计分录（答案以元为单位）：

（1）补提的坏账准备的会计分录；

（2）调整所得税的会计分录；

（3）结转以前年度损益调整余额的会计分录；

（4）调整利润分配的会计分录。

5. 2×16 年 12 月 14 日，A 公司因违约被 B 公司告上法庭，要求 A 公司赔偿其 260 万元。2×16 年 12 月 31 日，法院尚未判决。根据或有事项会计准则规定，A 公司对于该诉讼事项确认预计负债 200 万元。2×17 年 3 月 10 日，法院判决 A 公司应赔偿 B 公司 240 万元，A、B 双方均服从判决。判决当天，A 公司向 B 公司支付赔偿款 240 万元。2×17 年 4 月 15 日之前，应完成 2×16 年所得税汇算清缴。假定税法规定该项预计负债产生的损失不允许税前

扣除，公司财务报告批准报出日是次年3月31日，所得税税率为25%，按净利润的10%提取法定盈余公积，调整事项按税法规定均可调整应缴纳的所得税。

要求：编制A公司以下与该项业务有关的会计分录（答案以元为单位）：

（1）根据法院判决，编制补记400 000元赔偿款的会计分录；

（2）因补记400 000元赔偿款而引起的所得税调整的会计分录；

（3）冲减前期因2 000 000元赔偿款已确认的递延所得税的会计分录；

（4）确认前期因2 000 000元赔偿款引起的应交所得税调整的会计分录；

（5）将前期因诉讼不确定而确认的预计负债予以结转的会计分录；

（6）根据法院判决，向B公司支付赔款的会计分录；

（7）将"以前年度损益调整"科目结转的会计分录；

（8）因净利润变动，调整盈余公积的会计分录。

第一章练习题参考答案

第二章

租赁会计

学习目标

在学习和理解本章内容时，应当关注：（1）租赁的定义、相关概念及其分类。企业应当在租赁开始日将租赁分为融资租赁和经营租赁。（2）融资租赁中承租人的会计处理。承租人应当在租赁期开始日将租赁开始日租赁资产公允价值与最低租赁付款额现值两者中较低者作为租入资产的入账价值，将最低租赁付款额作为长期应付款的入账价值，其差额作为未确认融资费用并在租赁期内采用实际利率法分摊。（3）融资租赁中出租人的会计处理。出租人应在租赁期开始日，将租赁开始日最低租赁收款额作为长期应收款的入账价值，同时记录未担保余值；将最低租赁收款额及未担保余值之和与融资租赁资产的公允价值和初始直接费用之和的差额确认为未实现融资收益。（4）经营租赁中的会计处理。对于经营租赁中的承租人，应在租赁期内各个期间按照直线法或其他更系统合理的方法将发生的租金计入相关资产成本或当期损益。对于经营租赁中的出租人，应在租赁期内各个期间按照直线法或其他更系统合理的方法将收取的租金确认为收入。（5）售后租回交易的会计处理。售后租回交易认定为融资租赁的，售价与资产账面价值之间的差额应当予以递延，并按照该项租赁资产的折旧进度进行分摊，作为折旧费用的调整；形成经营租赁的，应当根据交易价格是否公允分情况处理。除了学习本章的内容外，还应当认真阅读《企业会计准则第21号——租赁》及相关指南和解释。

重点难点

融资租赁与经营租赁的划分；承租人融资租赁资产入账价值的确定，未确认融资费用的确定与分摊，融资租赁中承租人的会计处理；融资租赁中出租人内含利率的计算、未实现融资收益的确定与分摊，融资租赁中出租人的会计处理。

第一节　租赁概述

一、租赁的定义及相关概念

（一）租赁

租赁是指在约定的期间内，出租人将资产使用权让与承租人，以获取租金的协议。与资产购置和服务性合同不同，租赁转移资产的使用权，并不是转移所有权。而且，这种转移是有偿的，以支付租金作为代价补偿，从而也不同于无偿类的合同。

（二）租赁期

租赁期是指租赁合同规定的不可撤销的租赁期间。租赁合同签订后一般不可撤销，但下列情况除外：

（1）经出租人同意。

（2）承租人与原出租人就同一资产或同类资产签订了新的租赁合同。

（3）承租人支付一笔足够大的额外款项。

（4）发生某些很少会出现的或有事项。

承租人有权选择续租该资产，并且在租赁开始日就可以合理确定承租人将会行使这种选择权，不论是否再支付租金，续租期也包括在租赁期之内。

（三）租赁开始日

租赁开始日是指租赁协议日与租赁各方就主要租赁条款作出承诺日中的较早者。在租赁开始日，承租人和出租人应当将租赁认定为融资租赁或经营租赁。

（四）或有租金

或有租金是指金额不固定、以时间长短以外的其他因素（如销售量、使用量、物价指数等）为依据计算的租金。

（五）履约成本

履约成本是指租赁期内为租赁资产支付的各种使用费用，如技术咨询和服务费、人员培训费、维修费、保险费等。

（六）资产余值

资产余值是指在租赁开始日估计的租赁期届满时租赁资产的公允价值。

（七）担保余值

就承租人而言，担保余值是指由承租人或与其有关的第三方担保的资产余值；就出租人而言，担保余值是指就承租人而言的担保余值加上独立于承租人和出租人的第三方担保的资产余值。

（八）未担保余值

未担保余值是指租赁资产余值中扣除就出租人而言的担保余值以后的资产余值。

二、租赁的分类

承租人和出租人应当在租赁开始日将租赁分为融资租赁和经营租赁。

融资租赁是指实质上转移了与资产所有权有关的全部风险和报酬的租赁。其所有权最终可能转移，也可能不转移。

经营租赁是指除融资租赁以外的其他租赁。

《企业会计准则第21号——租赁》规定：符合下列一项或数项标准的，应当认定为融资租赁：

（1）在租赁期届满时，租赁资产的所有权转移给承租人。此种情况通常是指在租赁合同中已经约定，或者在租赁开始日根据相关条件作出合理判断，租赁期届满时出租人能够将资产的所有权转移给承租人。

（2）承租人有购买租赁资产的选择权，所订立的购买价款预计将远低于行使选择权时租赁资产的公允价值，因而在租赁开始日就可以合理确定承租人将会行使这种选择权。

（3）即使资产的所有权不转移，但租赁期占租赁资产使用寿命的大部分。其中"大部分"，通常是指租赁期占租赁资产使用寿命的75%以上（含75%）。

（4）承租人在租赁开始日的最低租赁付款额现值，几乎相当于租赁开始日租赁资产公允价值；出租人在租赁开始日的最低租赁收款额现值，几乎相当于租赁开始日租赁资产公允价值。其中"几乎相当于"，通常是指90%以上（含90%）。

（5）租赁资产性质特殊，如果不作较大改造，只有承租人才能使用。

经营租赁资产的所有权不转移，租赁期届满后，承租人有退租或续租的选择权，而不存在优惠购买选择权。

提示

对于融资租赁，会计准则从"实质重于形式"的原则出发，将其界定为投融资活动，与经营活动有着本质区别，即将承租方看做融资方，将出租方看做投资方。双方的账务处理应以此原则为基础进行，从而派生出一系列与投融资相关的规定与术语。如按实际利率法分摊各期的融资费用或融资收益、未确认融资费用、未实现融资收益、最低租赁付款额现值、最低租赁收款额现值等。所以，在学习该部分内容时，可以以投融资的视角进行思考和学习。

第二节 融资租赁中承租人的会计处理

一、融资租赁中承租人的会计处理原则

（一）租赁期开始日的会计处理

租赁期开始日是指承租人有权行使其使用租赁资产权利的开始日。

在租赁期开始日，承租人应当对租入资产、最低租赁付款额和未确认融资费用进行初始确认。

1.租赁资产入账价值的确定

承租人应当将租赁开始日租赁资产公允价值与最低租赁付款额现值两者中较低者作为租入资产的入账价值，将最低租赁付款额作为长期应付款的入账价值，其差额作为未确认融资费用。

2.最低租赁付款额的计算

最低租赁付款额是指在租赁期内，承租人应支付或可能被要求支付的款项（不包括或有租金和履约成本），加上由承租人或与其有关的第三方担保的资产余额。

承租人有购买租赁资产选择权，所订立的购买价款预计将远低于行使选择权时租赁资产的公允价值，因而在租赁开始日就可以合理确定承租人将会行使这种选择权的，购买价款应当计入最低租赁付款额。

3.最低租赁付款额现值的计算

承租人在计算最低租赁付款额的现值时，能够取得出租人租赁内含利率的，应当采用租赁内含利率作为折现率；否则，应当采用租赁合同规定的利率作为折现率。承租人无法取得出租人的租赁内含利率且租赁合同没有规定利率的，应当采用同期银行贷款利率作为

折现率。

其中，租赁内含利率是指在租赁开始日，使最低租赁收款额的现值与未担保余值的现值之和等于租赁资产公允价值与出租人的初始直接费用之和的折现率。

4.租赁初始费用的处理

承租人在租赁谈判和签订租赁合同过程中发生的，可归属于租赁项目的手续费、律师费、差旅费、印花税等初始直接费用，应当计入租入资产价值。

（二）租赁期未确认融资费用的分摊

未确认融资费用应当在租赁期内各个期间进行分摊。承租人应当采用实际利率法计算确认当期的融资费用。

承租人采用实际利率法分摊未确认融资费用时，应当根据租赁期开始日租入资产入账价值的不同情况，对未确认融资费用采用不同的分摊率：

（1）以出租人的租赁内含利率为折现率将最低租赁付款额折现且以该现值作为租入资产入账价值的，应当将租赁内含利率作为未确认融资费用的分摊率。

（2）以合同规定利率为折现率将最低租赁付款额折现且以该现值作为租入资产入账价值的，应当将合同规定利率作为未确认融资费用的分摊率。

（3）以银行同期贷款利率为折现率将最低租赁付款额折现且以该现值作为租入资产入账价值的，应当将银行同期贷款利率作为未确认融资费用的分摊率。

（4）以租赁资产公允价值作为入账价值的，应当重新计算分摊率。该分摊率是使最低租赁付款额的现值与租赁资产公允价值相等的折现率。

（三）租赁资产折旧的处理

承租人应当采用与自有固定资产相一致的折旧政策计提租赁资产折旧。

能够合理确定租赁期届满时取得租赁资产所有权的，应当在租赁资产使用寿命内计提折旧。

无法合理确定租赁期届满时能够取得租赁资产所有权的，应当在租赁期与租赁资产使用寿命两者中较短的期间内计提折旧。

（四）履约成本的处理

履约成本是指租赁期内为租赁资产支付的各种使用费用，如技术咨询和服务费、人员培训费、维修费、保险费等。承租人应当在履约成本实际发生时计入当期损益。

（五）或有租金的处理

由于或有租金的不确定，承租人应当在或有租金实际发生时计入当期损益。对于以销售量、使用量为依据计算的或有租金，记入"销售费用"科目；对于以物价指数为依据计算的或有租金，记入"财务费用"科目。

（六）租赁期满时的处理

承租人对租赁资产的处理通常有三种情况：返还、优惠续租和留购。

1.返还租赁资产

租赁期届满，承租人向出租人返还租赁资产。在这种情况下，一方面应注销与租入资产相关的科目，即借记"累计折旧"科目，贷记"固定资产——融资租入固定资产"科目；另一方面，应冲减"长期应付款——应付融资租赁款"科目。

2.优惠续租租赁资产

承租人有优惠续租选择权。对于这种情况，应视同该项租赁一直存在而作出相应的账务处理。

3.留购租赁资产

承租人享有优惠购买租赁资产选择权。在这种情况下，一方面，应支付购买价款，其会计处理为借记"长期应付款——应付融资租赁款"科目，贷记"银行存款"等科目；另一方面，因购买后拥有了该设备的所有权，故还应将该项融资租入资产转为自有资产进行核算，即将固定资产从"融资租入固定资产"明细科目转入自用明细科目。

二、融资租赁中承租人的会计处理应用举例

【例2-1】2×11年12月31日，甲公司从乙租赁公司租入一台生产用程控设备，双方签订的租赁合同主要条款如下：

（1）租赁标的物：程控设备。

（2）起租日：2×11年12月31日。

（3）租赁期：2×11年12月31日至2×16年12月31日，共5年。

（4）租金支付方式：自租赁期开始日起每年年末支付租金1 200 000元。

（5）该设备在2×11年12月31日的公允价值和账面价值为5 090 000元。预计使用寿命为10年，已使用4年，假设期满无残值。承租人预期采用年限平均法计提折旧。

（6）租赁合同规定的利率为6%（乙公司租赁内含利率不知）。

（7）该设备的保险、维护等费用均由承租人甲公司承担，估计每年约10 000元。

（8）租赁期届满时，甲公司享有以1 000元的价格优先购买，估计租赁期满时该项设备的公允价值为80 000元。

（9）如果甲公司最后两年盈利超过100万元，应在每年年末以销售收入的2%向乙公司支付经营分享收入。

（10）甲公司和乙公司发生的初始直接费用分别为5 000元和10 000元，均以银行存款支付。

请编制甲公司与该租赁相关的会计分录。

（一）租赁开始日的会计处理

1.判断租赁类型

合同约定，租赁期届满时，甲公司享有以1 000元的价格优先购买，估计租赁期满时该项设备的公允价值为80 000元。根据此项约定，可以合理确定甲公司在租赁期满时，会行使这种选择权，符合融资租赁的第二条标准，应将其界定为融资租赁。

2.确定租赁资产的入账价值

最低租赁付款额=1 200 000×5+1 000=6 001 000（元）

最低租赁付款额现值=1 200 000×（P/A，6%，5）+1 000×（P/F，6%，5）

$$=1\ 200\ 000×4.2124+1\ 000×0.7473$$

$$=5\ 055\ 627.30（元）$$

该项设备的公允价值为5 090 000元，最低租赁付款额现值为5 055 627.33元，根据现行企业会计准则规定，应以两者中较低者为入账价值，故该设备的入账价值为5 055 627.30元。

3.计算未确认融资费用

长期应付款=1 200 000×5+1 000=6 001 000（元）

未确认融资费用=6 001 000-5 055 627.30=945 372.70（元）

4.将初始直接费用计入资产价值

租赁资产的入账价值=5 055 627.30+5 000=5 060 627.30（元）

5.租赁开始日的会计处理

借：固定资产——融资租入固定资产　　　　　　　　　　　　5 060 627.30

　　未确认融资费用　　　　　　　　　　　　　　　　　　　945 372.70

　　贷：长期应付款——应付融资租赁款　　　　　　　　　　　　　　6 001 000

　　　　银行存款　　　　　　　　　　　　　　　　　　　　　　　　5 000

提示

对于融资租赁业务，在进行账务处理之前，可以先行思考在整个融资租赁过程中所产生的现金流形态。在【例2-1】中，对于承租方来说，租金、购买的价款可以被看做未来的现金流（即终值），租赁开始日的较低者可以被看做现值，根据资金时间价值理论，终值与现值之间的差额就是利息，即承租方因融通资金而应承担的利息，该利息将在整个租赁期予以分摊，这样的思考理念与会计准则所界定的融资租赁的本质相一致。因此，明确承租方的终值、现值、利息，以及这些值分别采用哪些账户进行记录，有利于对承租方整个融资过程账务处理的把握。

（二）支付租金的会计处理

2×12年至2×16年每年年末支付租金时的会计处理相同，具体如下：

借：长期应付款——应付融资租赁款　　　　　　　　　　　　1 200 000

　　贷：银行存款　　　　　　　　　　　　　　　　　　　　　　　1 200 000

（三）分摊确认融资费用

1.计算未确认融资费用分摊率

本例中，租赁资产的入账价值是以最低租赁付款额的现值入账的，所以，当时计算所用的折现率为未确认融资费用分摊率。

2.编制未确认融资费用分摊表

未确认融资费用分摊表见表2-1。

表2-1　　　　　　　　　　　　　　**未确认融资费用分摊表**　　　　　　　　　　　　单位：元

时　点	期初融资余额	本期利息费用	本期支付租金	期末融资余额
	①	②=①×分摊率	③	④=①+②-③
2×12.12.31	5 055 627.30	303 337.64	1 200 000.00	4 158 964.94
2×13.12.31	4 158 964.94	249 537.90	1 200 000.00	3 208 502.83
2×14.12.31	3 208 502.83	192 510.17	1 200 000.00	2 201 013.00
2×15.12.31	2 201 013.00	132 060.78	1 200 000.00	1 133 073.78
2×16.12.31	1 133 073.78	67 926.21*	1 200 000.00	1 000.00

注：*为尾数调整。

3. 每期分摊融资费用会计处理

2×11年至2×16年的5年租期内，每期分摊融资费用会计处理相似，会计科目及方向相同，只是金额不同，每期会计处理具体如下（每期之间以斜线隔开）：

借：财务费用　　303 337.64/ 249 537.90/192 510.17/132 060.78/67 926.21

　贷：未确认融资费用　　303 337.64/ 249 537.90/192 510.17/132 060.78/67 926.21

（四）计提租赁资产折旧

（1）年折旧额 = 5 060 627.30÷6 =843 437.88（元）

（2）每年计提折旧的会计分录为：

借：制造费用　　　　　　　　　　　　　　　843 437.88

　贷：累计折旧　　　　　　　　　　　　　　　　843 437.88

（五）履约成本的会计处理

甲公司每年为这台生产用程控设备支付10 000元修理费、保险费等履约成本时，会计分录如下：

借：制造费用　　　　　　　　　　　　　　　10 000

　贷：银行存款　　　　　　　　　　　　　　　　10 000

（六）或有租金的会计处理

假设甲公司在最后两年均盈利超过100万元，两年实现的销售收入分别为1 000万元和1 200万元，那么甲公司在这两年支付或有租金时的会计处理为：

1. 2×15年12月31日

借：销售费用　　　　　　　　　　　　　　　200 000

　贷：银行存款　　　　　　　　　　　　　　　　200 000

2. 2×16年12月31日

借：销售费用　　　　　　　　　　　　　　　240 000

　贷：银行存款　　　　　　　　　　　　　　　　240 000

（七）租赁期满的会计处理

租赁期满时，甲公司向乙公司支付了1 000元，其会计分录如下：

借：长期应付款——应付融资租赁款　　　　　　1 000

　贷：银行存款　　　　　　　　　　　　　　　　1 000

同时，因购买后，拥有了该设备的所有权，故还应将该项融资租入资产转为自有资产进行核算，会计分录如下：

借：固定资产——生产用固定资产　　　　　　　　　　　5 060 627.30

　　贷：固定资产——融资租入固定资产　　　　　　　　　　　　　5 060 627.30

【例2-2】沿用【例2-1】，将租赁合同第（8）条改为：租赁期届满时，该套设备的估计余值为100 000元，其中，承租方担保的余值为60 000元，未担保的余值为40 000元。

其他合同条款不变，请编制甲公司与该租赁相关的会计分录。

（一）租赁开始日的会计处理

1.判断租赁类型

承租人在租赁开始日的最低租赁付款额现值为：

最低租赁付款额现值=1 200 000×（P/A，6%，5）+60 000×（P/F，6%，5）

　　　　　　　　　=1 200 000×4.2124+60 000×0.7473

　　　　　　　　　=5 099 718（元）

大于租赁开始日租赁资产公允价值5 090 000元的90%，符合融资租赁的第（4）条标准，应将其界定为融资租赁。

2.确定租赁资产的入账价值

最低租赁付款额=1 200 000×5+60 000=6 060 000（元）

最低租赁付款额现值=5 099 718元

该项设备的公允价值为5 090 000元，最低租赁付款额现值为5 099 718元，根据现行企业会计准则规定，应以两者中较低者为入账价值，故该设备的入账价值为5 090 000元。

3.计算未确认融资费用

长期应付款=1 200 000×5+60 000=6 060 000（元）

未确认融资费用=6 060 000−5 090 000=970 000（元）

4.将初始直接费用计入资产价值

租赁资产的入账价值=5 090 000+5 000=5 095 000（元）

5.租赁开始日的会计处理

借：固定资产——融资租入固定资产　　　　　　　　　　5 095 000

　　未确认融资费用　　　　　　　　　　　　　　　　　970 000

　　贷：长期应付款——应付融资租赁款　　　　　　　　　　　6 060 000

　　　　银行存款　　　　　　　　　　　　　　　　　　　　　5 000

提示

对于【例2-2】，参照【例2-1】的提示。首先，在租赁开始日进行账务处理之前，可以先行思考该项融资所形成的现金流形态是什么。接着，请同学们注意，本教材所选取的【例2-1】和【例2-2】基于同一组数据，设定了两种常见情形，即"优惠购买"和"存在担保余值"。因为这一条件的改变，现金流会发生什么变化？终值的构成有什么不同？现值的确定有哪些变化？利息的含义是否与前面的思考结论一致？同学们可以对这两个例题深入对比，自行总结它们因这项条件的改变而引起的一系列变化。

（二）支付租金的会计处理

2×12年至2×16年，每年年末支付租金时的会计处理相同，具体如下：

借：长期应付款——应付融资租赁款   1 200 000

    贷：银行存款   1 200 000

（三）分摊确认融资费用

1.计算未确认融资费用分摊率

本例中，租赁资产的入账价值是以公允价值入账，所以，需要重新计算未确认融资费用分摊率。

$1\,200\,000 \times (P/A, r, 5) + 60\,000 \times (P/F, r, 5) = 5\,090\,000$（元）

（1）当 r=6%时，现值为：

$1\,200\,000 \times (P/A, 6\%, 5) + 60\,000 \times (P/F, 6\%, 5)$

$=1\,200\,000 \times 4.2124 + 60\,000 \times 0.7473$

$=5\,099\,718$（元）$> 5\,090\,000$ 元

（2）当 r=7%时，现值为：

$1\,200\,000 \times (P/A, 7\%, 5) + 60\,000 \times (P/F, 7\%, 5)$

$=1\,200\,000 \times 4.1002 + 60\,000 \times 0.7130$

$=4\,963\,020$（元）$< 5\,090\,000$ 元

（3）用插入法计算 r。经测算，不同利率下的现值为：

利率	现值
6%	5 099 718
r	5 090 000
7%	4 963 020

计算式如下：

$(6\%-r) \div (6\%-7\%) = (5\,099\,718 - 5\,090\,000) \div (5\,099\,718 - 4\,963\,020)$

通过计算得知：r=6.07%。因此，本例中未实现融资费用的分摊率为6.07%。

2.编制未确认融资费用摊销表

未确认融资费用分摊表见表2-2。

表2-2   **未确认融资费用分摊表**   单位：元

时点	期初融资余额①	本期利息费用 ②=①×分摊率	本期支付租金③	期末融资余额 ④=①+②-③
2×12.12.31	5 090 000.00	308 963.00	1 200 000.00	4 198 963.00
2×13.12.31	4 198 963.00	254 877.05	1 200 000.00	3 253 840.05
2×14.12.31	3 253 840.05	197 508.09	1 200 000.00	2 251 348.14
2×15.12.31	2 251 348.14	136 656.83	1 200 000.00	1 188 004.97
2×16.12.31	1 188 004.97	71 995.03*	1 200 000.00	60 000.00

注：*为尾数调整。

提示

对于【例2-2】，参照【例2-1】的提示。同学们在学习时，请留意表格中逻辑关系的起点数据（左上角的数据），在租赁开始日时如何确定？同时，表格右下角的数据代表什么含义？两个例题关于这张表格有什么相同之处？有什么不同？

3.每期分摊融资费用的会计处理

2×11年至2×16年的5年租期内，每期分摊融资费用会计处理相似，会计科目及方向相同，只是金额不同，每期会计处理具体如下（每期之间以斜线隔开）：

借：财务费用　　　　　308 963.00/ 254 877.05/197 508.09/136 656.83/71 995.03

　贷：未确认融资费用　　308 963.00/254 877.05/197 508.09/136 656.83/71 995.03

（四）计提租赁资产折旧

（1）年折旧额＝（5 095 000-60 000）÷5 =1 007 000（元）

（2）每年计提折旧的会计分录为：

借：制造费用　　　　　　　　　　　　　　　　　　　　　　　　　1 007 000

　贷：累计折旧　　　　　　　　　　　　　　　　　　　　　　　　　　　1 007 000

提示

对比【例2-1】和【例2-2】中折旧的计算，在存在未担保余值的情况下，计提折旧的计算基数有什么变化？计提折旧的年限有什么变化？为什么？同学们可以追溯到未担保余值的定义，并结合租赁期满时的会计处理，看看是否与它们有关联。此外，可以留意未担保余值与通常意义上的残值有什么联系与区别。

（五）履约成本的会计处理

与【例2-1】相同。

（六）或有租金的会计处理

与【例2-1】相同。

（七）租赁期满的会计处理

（1）2×16年12月31日租赁期满，如果甲公司不购买，则退还该租赁设备时，其会计分录如下：

借：长期应付款——应付融资租赁款　　　　　　　　　　　　　　　60 000

　累计折旧　　　　　　　　　　　　　　　　　　　　　　　　5 035 000

　贷：固定资产——融资租入固定资产　　　　　　　　　　　　　　　5 095 000

（2）租赁期满，如果双方协商，乙公司将该设备以90 000元的价格出售给甲公司，甲公司会计分录如下：

借：长期应付款——应付融资租赁款　　　　　　　　　　　　　　　60 000

　营业外支出　　　　　　　　　　　　　　　　　　　　　　　　30 000

　贷：银行存款　　　　　　　　　　　　　　　　　　　　　　　　　90 000

同时，因购买后，拥有了该设备的所有权，故还应将该项融资租入资产转为自有资产进行核算，会计分录如下：

借：固定资产——生产用固定资产　　　　　　　　　　　　　　　5 095 000

　贷：固定资产——融资租入固定资产　　　　　　　　　　　　　　　5 095 000

三、承租人融资租赁的列报

承租人应当在资产负债表中，将与融资租赁相关的长期应付款减去未确认融资费用的差额，分别在长期负债或1年内到期的长期负债列示。

承租人应当在附注中披露与融资租赁有关的下列信息：

（1）各类租入固定资产的期初和期末原价、累计折旧额。

（2）资产负债表日后连续三个会计年度每年将支付的最低租赁付款额，以及以后年度将支付的最低租赁付款额总额。

（3）未确认融资费用的余额，以及分摊未确认融资费用所采用的方法。

第三节　融资租赁中出租人的会计处理

一、融资租赁中出租人的会计处理原则

（一）租赁期开始日的会计处理

在租赁期开始日，出租人应当对应收融资租赁款、未担保余值和未实现融资收益进行初始确认。

在租赁期开始日，出租人应当将租赁开始日最低租赁收款额与初始直接费用之和作为应收融资租赁款的入账价值，同时记录未担保余值；将最低租赁收款额、初始直接费用及未担保余值之和与其现值之和的差额确认为未实现融资收益。

其中，最低租赁收款额是指最低租赁付款额加上独立于承租人和出租人的第三方对出租人担保的资产余值。

> **提示**
>
> 上述规定是会计准则和注册会计师考试教材中的表述，在进行了深入思考和参阅了其他教材后，本教材认为的表述为：在租赁期开始日，出租人应当将租赁开始日最低租赁收款额作为长期应收融资租赁款的入账价值，同时记录未担保余值；将最低租赁收款额及未担保余值之和与融资租赁资产的公允价值和初始直接费用之和的差额确认为未实现融资收益。
>
> 这样界定的原因主要是与真实的现金流形态一致，和租赁内含利率的定义一致。因为一旦未来现金流确定、利率确定，只可能存在唯一的现值与之对应。同学们可以参照财务管理资金时间价值部分进一步思考，也可以将【例2-3】和【例2-4】按照两种表述分别进行账务处理，对比思考准则中的表述是否值得商榷。

出租人在租赁期开始日按照上述规定转出租赁资产，租赁资产公允价值与其账面价值如有差额，应当计入当期损益。

（二）租赁期未实现融资收益的确认

未实现融资收益应当在租赁期内各个期间进行分配。出租人应当采用实际利率法计算确认当期的融资收益。

出租人采用实际利率法分配未实现融资收益时，应当将租赁内含利率作为未实现融资收益的分配率。

租赁内含利率是指在租赁期开始日，使最低租赁收款额的现值与未担保余值的现值之和等于租赁资产的公允价值和初始直接费用之和的折现率。

（三）或有租金的会计处理

出租人应当在或有租金实际发生时将其计入当期损益。

(四) 租赁期满时的会计处理

和承租人相对应,出租人对租赁资产的处理通常有三种情况:返还、优惠续租和留购。

1.返还租赁资产

租赁期届满,出租人收回租赁资产。在这种情况下,因担保余值和未担保余值两者的存在情形不同,具体需区分以下四个方面:

(1) 两者均不存在。出租人不需要作账务处理,只需要将收回的资产进行相应的备查登记。

(2) 担保余值存在,未担保余值不存在。出租人收回承租人返还的租赁资产时,借记"融资租赁资产"科目,同时,冲减"长期应收款——应收融资租赁款"科目。

(3) 担保余值不存在,未担保余值存在。出租人收回承租人返还的租赁资产时,借记"融资租赁资产"科目,同时,冲减"未担保余值"科目。

(4) 两者均存在。出租人收回承租人返还的租赁资产时,借记"融资租赁资产"科目,同时,冲减"长期应收款——应收融资租赁款""未担保余值"等科目。

2.优惠续租租赁资产

承租人有优惠续租选择权。对于这种情况,出租人应视同该项租赁一直存在而作出相应的账务处理。

3.留购租赁资产

承租人享有优惠购买租赁资产选择权。在这种情况下,一方面,收到购买价款,其会计处理为借记"银行存款"科目,贷记"长期应收款——应收融资租赁款"等科目;另一方面,因购买后,转移了该设备的所有权,故还应将该项融资租赁资产的未担保余值转销,即贷记"未担保余值"科目,同时,借记"营业外支出——处置固定资产净损失"科目。

二、融资租赁中出租人的会计处理应用举例

【例2-3】沿用例【例2-1】,请编制乙公司与该租赁相关的会计分录。

(一) 租赁开始日的会计处理

1.判断租赁类型

对于本例,出租人与承租人判断租赁类型的标准相同,详见【例2-1】。

2.计算租赁内含利率

设租赁内含利率为r,根据其定义,可知:

$1\,200\,000 \times (P/A, r, 5) + 1\,000 \times (P/F, r, 5) = 5\,090\,000 + 10\,000 = 5\,100\,000$ (元)

(1) 当r=6%时,现值为:

$1\,200\,000 \times (P/A, 6\%, 5) + 1\,000 \times (P/F, 6\%, 5)$

$= 1\,200\,000 \times 4.2124 + 1\,000 \times 0.7473$

$= 5\,055\,627.30$ (元) $< 5\,100\,000$元

(2) 当r=5%时,现值为:

$1\,200\,000 \times (P/A, 5\%, 5) + 1\,000 \times (P/F, 5\%, 5)$

$= 1\,200\,000 \times 4.3295 + 1\,000 \times 0.7835$

$= 5\,196\,183.50$ (元) $> 5\,100\,000$元

（3）用插入法计算r。

利率	现值
6%	5 055 627.30
r	5 100 000
5%	5 196 183.50

计算式如下：

（6%-r）÷（6%-5%）=（5 055 627.30-5 100 000）÷（5 055 627.30-5 196 183.50）

通过计算得知：r=5.68%。因此，本例中未实现融资收益的分摊率为5.68%。

3.计算未实现融资收益

最低租赁收款额=1 200 000×5+1 000=6 001 000（元）

租赁资产公允价值与出租人的初始直接费用之和=5 090 000+10 000=5 100 000（元）

未实现融资收益=6 001 000-5 100 000=901 000（元）

4.租赁开始日的会计处理

借：长期应收款——应收融资租赁款   6 001 000

    贷：融资租赁资产   5 090 000

        银行存款   10 000

        未实现融资收益   901 000

提示

对于本节，可以参照第二节的提示进行学习，但是需要转换会计主体，即站在出租方（投资方）的角度考虑。基于同一组数据，双方的现金流形态有什么不同？是否一一对应？投资所形成的现金流终值、现值、利息分别采用哪些账户进行记录？这些账户与承租方所用账户是否存在对立的含义？在接下来的【例2-4】中，请同学们在进行账务处理前，对上述问题先予以思考。

（二）每期收到租金的会计处理

2×11年至2×16年的5年租期内，每期收到租金的会计处理相同，具体如下：

借：银行存款   1 200 000

    贷：长期应收款——应收融资租赁款   1 200 000

（三）每期分摊未实现融资收益

1.编制未实现融资收益分摊表

未实现融资收益分摊表见表2-3。

表2-3   **未实现融资收益分摊表**   单位：元

时点	期初投资余额	本期利息收入	本期收到租金	期末投资余额
	①	②=①×分摊率	③	④=①+②-③
2×12.12.31	5 100 000.00	289 680.00	1 200 000.00	4 189 680.00
2×13.12.31	4 189 680.00	237 973.82	1 200 000.00	3 227 653.82
2×14.12.31	3 227 653.82	183 330.74	1 200 000.00	2 210 984.56
2×15.12.31	2 210 984.56	125 583.92	1 200 000.00	1 136 568.48
2×16.12.31	1 136 568.48	64 431.52*	1 200 000.00	1 000.00

注：*尾数调整。

提示

对于该表格，可以参照【例2-1】的提示学习。会计主体变为出租方，表格的逻辑关系表述发生什么变化？基于同一个例题，双方表格左上角的数据有什么不同？为什么？双方的分摊率相同吗？分摊率是如何确定的？在接下来的【例2-4】中，请同学们对上述问题也予以思考。

2.每期确认未实现融资收益的会计处理

2×11年至2×16年的5年租期内，每期分摊融资收益会计处理相似，会计科目及方向相同，只是金额不同，每期会计处理具体如下（每期之间以斜线隔开）：

借：未实现融资收益　289 680.00/ 237 973.82/183 330.74/125 583.92/64 431.52

　　贷：租赁收入　　　　　289 680.00/ 237 973.82/183 330.74/125 583.92/64 431.52

（四）或有租金的会计处理

沿用【例2-1】，乙公司在这两年收到或有租金时的会计处理为：

1.2×15年12月31日

借：银行存款　　　　　　　　　　　　　　　　　　　　　　20 000

　　贷：租赁收入　　　　　　　　　　　　　　　　　　　　　　　20 000

2.2×16年12月31日

借：银行存款　　　　　　　　　　　　　　　　　　　　　　24 000

　　贷：租赁收入　　　　　　　　　　　　　　　　　　　　　　　24 000

（五）租赁期满的会计处理

借：银行存款　　　　　　　　　　　　　　　　　　　　　　1 000

　　贷：长期应收款——应收融资租赁款　　　　　　　　　　　　　1 000

【例2-4】沿用【例2-2】，请编制乙公司与该租赁相关的会计分录。

（一）租赁开始日的会计处理

1.判断租赁类型

计算出租人在租赁开始日的最低租赁收款额现值：

最低租赁收款额现值=1 200 000×（P/A，6%，5）+60 000×（P/F，6%，5）

　　　　　　　　　=1 200 000×4.2124+60 000×0.7473

　　　　　　　　　=5 099 718（元）

大于租赁开始日租赁资产公允价值5 090 000元的90%，故该租赁为融资租赁。

2.计算租赁内含利率

设租赁内含利率为r，根据其定义，可知：

　1 200 000×（P/A，r，5）+60 000×（P/F，r，5）+40 000×（P/F，r，5）

=5 090 000+10 000

=5 100 000（元）

（1）当r=6%时，现值为：

　1 200 000×（P/A，6%，5）+60 000×（P/F，6%，5）+40 000×（P/F，6%，5）

=1 200 000×4.2124+100 000×0.7473

=5 129 610（元）>5 100 000元

（2）当r=7%时，现值为：

1 200 000×（P/A，7%，5）+60 000×（P/F，7%，5）+40 000×（P/F，7%，5）

=1 200 000×4.1002+100 000×0.7130

=4 991 540（元）<5 100 000元

（3）用插入法计算r。经测算，不同利率下的现值为：

利率	现值
6%	5 129 610
r	5 100 000
7%	4 991 540

计算式如下：

（6%−r）÷（6%−7%）=（5 129 610−5 100 000）÷（5 129 610−4 991 540）

通过计算得知：r=6.21%。因此，本例中未实现融资收益的分摊率为6.21%。

3.计算未实现融资收益

最低租赁收款额=1 200 000×5+60 000=6 060 000（元）

租赁资产公允价值与出租人的初始直接费用之和=5 090 000+10 000=5 100 000（元）

未实现融资收益=6 060 000+40 000−5 100 000=1 000 000（元）

4.租赁开始日的会计处理

借：长期应收款——应收融资租赁款　　　　　　　　　　　　　　　　6 060 000

　　未担保余值　　　　　　　　　　　　　　　　　　　　　　　　　40 000

　　　贷：融资租赁资产　　　　　　　　　　　　　　　　　　　　　　　　5 090 000

　　　　　银行存款　　　　　　　　　　　　　　　　　　　　　　　　　　10 000

　　　　　未实现融资收益　　　　　　　　　　　　　　　　　　　　　　　1 000 000

（二）收到租金的会计处理

与【例2−3】相同。

（三）每期分摊未实现融资收益

1.编制未实现融资收益分摊表

未实现融资收益分摊表见表2−4。

表2−4　　　　　　　　　　　　　　未实现融资收益分摊表　　　　　　　　　　　　　单位：元

时　点	期初投资余额 ①	本期利息收入 ②=①×分摊率	本期收到租金 ③	期末投资余额 ④=①+②−③
2×12.12.31	5 100 000.00	316 710.00	1 200 000.00	4 216 710.00
2×13.12.31	4 216 710.00	261 857.69	1 200 000.00	3 278 567.69
2×14.12.31	3 278 567.69	203 599.05	1 200 000.00	2 282 166.74
2×15.12.31	2 282 166.74	141 722.56	1 200 000.00	1 223 889.30
2×16.12.31	1 223 889.30	76 110.70*	1 200 000.00	100 000.00

注：*尾数调整。

2.每期确认未实现融资收益的会计处理

2×11年至2×16年的5年租期内，每期分摊融资收益会计处理相似，会计科目及方向相同，只是金额不同，每期会计处理具体如下（每期之间以斜线隔开）：

借：未实现融资收益　　　316 710.00/ 261 857.69/203 599.05/141 722.55/76 110.70

　　贷：租赁收入　　　　　　316 710.00/ 261 857.69/203 599.05/141 722.56/76 110.70

（四）或有租金的会计处理

与【例2-3】相同。

（五）租赁期满的会计处理

（1）如果甲公司不购买，乙公司收到退还的租赁设备时，其会计分录如下：

借：融资租赁资产　　　　　　　　　　　　　　　　　　　　　100 000

　　贷：长期应收款——应收融资租赁款　　　　　　　　　　　　　　60 000

　　　　未担保余值　　　　　　　　　　　　　　　　　　　　　　　40 000

（2）如果双方协商，乙公司将该设备以90 000元的价格出售给甲公司，乙公司会计分录如下：

借：银行存款　　　　　　　　　　　　　　　　　　　　　　　 90 000

　　营业外支出　　　　　　　　　　　　　　　　　　　　　　　10 000

　　贷：长期应收款——应收融资租赁款　　　　　　　　　　　　　　60 000

　　　　未担保余值　　　　　　　　　　　　　　　　　　　　　　　40 000

提示

准则指出，对于担保余值，站在承租方的角度，存在担保余值和与其有关的第三方担保的资产余值；站在出租方的角度，是指就承租方而言的担保余值加上独立于承租方和出租方的第三方担保的资产余值。通过【例2-1】至【例2-4】的学习，同学们可以思考这些余值之间有什么样的关系，分别采用哪些账户予以记录。在融资租赁的整个核算过程中，哪些时点需要考虑担保余值的影响。

此外，准则规定，出租人至少应当于每年年度终了，对未担保余值进行复核。如果增加，不作调整；如果减少，应重新计算租赁内含利率。可见，该部分内容的学习需要牢固的基础。同学们可以在对本教材内容掌握的基础上，再进行深入学习。

三、出租人融资租赁的列报

出租人应当在资产负债表中，将应收融资租赁款减去未实现融资收益的差额，作为长期债权列示。

出租人应当在附注中披露与融资租赁有关的下列信息：

（1）资产负债表日后连续三个会计年度每年将收到的最低租赁收款额，以及以后年度将收到的最低租赁收款额总额。

（2）未实现融资收益的余额，以及分配未实现融资收益所采用的方法。

第四节　经营租赁的会计处理

一、经营租赁中承租人的会计处理

（一）租金的会计处理

对于经营租赁的租金，承租人应当在租赁期内各个期间按照直线法计入相关资产成本或当期损益；其他方法更为系统合理的，也可以采用其他方法。

承租人根据租入资产的用途，在确认租金费用时，借记有关资产成本或当期损益类科目。如借记"生产成本""在建工程""研发支出""制造费用""管理费用"等科目，贷记"银行存款"等科目。

（二）初始直接费用的会计处理

承租人发生的初始直接费用，应当计入当期损益。

（三）或有租金的会计处理

或有租金应当在实际发生时计入当期损益，借记"制造费用""管理费用"等科目，贷记"银行存款"等科目。

（四）存在激励措施的会计处理

出租人提供免租期的，承租人应将租金总额在不扣除免租期的整个租赁期内，按直线法或其他合理的方法进行分摊，免租期内应当确认租金费用。

（五）出租人承担了承租人某些费用的会计处理

承租人应将该费用自租金费用总额中扣除，按扣除后的租金费用余额在租赁期内进行分摊。

【例2-5】2×13年12月28日，甲公司向乙公司租用一台生产用设备，为此签订一项租赁合同。合同约定：租赁期3年，从2×14年1月1日起，至2×17年12月31日；每月租金30 000元，3年的合计租金共1 080 000元；租金在每年年初支付，每年年初支付的租金分别为480 000元、300 000元、300 000元。假定甲公司在每月月末确认租金费用，并且不存在租金逾期支付的情况。请编制甲公司有关该项经营租赁的会计分录。

甲公司有关该项经营租赁的账务处理如下：

1.每年年初支付租金时（各期以斜线隔开）

借：长期待摊费用　　　　　　　　480 000 /300 000/300 000

　　贷：银行存款　　　　　　　　　　　　　　　　480 000 /300 000/300 000

2.每月月末确认租金费用时（各期以斜线隔开）

借：制造费用　　　　　　　　　　30 000 /30 000/30 000

　　贷：长期待摊费用　　　　　　　　　　　　　　30 000 /30 000/30 000

二、经营租赁中出租人的会计处理

出租人应当按资产的性质，将用作经营租赁的资产包括在资产负债表中的相关项目内。

（一）租金的会计处理

对于经营租赁的租金，出租人应当在租赁期内各个期间按照直线法确认为当期损益；其他方法更为系统合理的，也可以采用其他方法。出租人确认租金时，借记"银行存款"等科目，贷记"租赁收入"（专业租赁公司）、"其他业务收入"（非专业租赁公司）等科目。

（二）初始直接费用的会计处理

在经营租赁中，出租人发生的初始直接费用是指在租赁谈判和签订租赁合同过程中发生的可归属于租赁项目的手续费、律师费、差旅费、印花税等，应当计入当期损益；金额较大的应当资本化，在整个经营租赁期间内按照与确认租金收入相同的基础分期计入当期损益。

（三）折旧的会计处理

对于经营租赁资产中的固定资产，出租人应当采用类似资产的折旧政策计提折旧；对于其他经营租赁资产，应当采用系统合理的方法进行摊销。出租人计提折旧时，借记"营业费用""其他业务成本"等科目，贷记"经营租赁资产折旧"（专业租赁公司）、"累计折旧"（非专业租赁公司）等科目。

（四）或有租金的会计处理

或有租金应当在实际发生时计入当期损益。

（五）存在激励措施的会计处理

出租人提供免租期的，出租人应将租金总额在不扣除免租期的整个租赁期内，按直线法或其他合理的方法进行分配，免租期内应当确认租金收入。

（六）出租人承担了承租人某些费用的会计处理

出租人应将该费用自租金收入总额中扣除，按扣除后的租金收入余额在租赁期内进行分配。

【例2-6】沿用【例2-5】，假设设备的账面原价为2 400 000元，预计使用年限10年，预计无残值，按直线法计提折旧。请作出乙公司有关该项经营租赁的账务处理。

乙公司有关该项经营租赁的账务处理如下：

1.每年年初收到租金时（各期以斜线隔开）

借：银行存款　　　　　　　　　　480 000 /300 000/300 000

　　贷：预收账款　　　　　　　　　　　　　480 000 /300 000/300 000

2.每月月末确认租金收入时（各期以斜线隔开）

借：预收账款　　　　　　　　　　30 000 /30 000/30 000

　　贷：租赁收入　　　　　　　　　　　　　30 000 /30 000/30 000

3.每月月末计提租赁资产折旧时（各期以斜线隔开）

借：营业费用　　　　　　　　　　20 000 /20 000/20 000

　　贷：经营租赁资产折旧　　　　　　　　　20 000 /20 000/20 000

第五节　售后租回交易的会计处理

对于售后租回交易，承租人和出租人应当根据会计准则的规定，将售后租回交易认定为融资租赁或经营租赁。

一、售后租回交易形成融资租赁

售后租回交易认定为融资租赁的，售价与资产账面价值之间的差额应当予以递延，并按照该项租赁资产的折旧进度进行分摊，作为折旧费用的调整。

【例2-7】2×16年12月31日，甲公司将一条全新的生产线销售给乙公司。同时，又与乙公司签订一份租赁合同，再将该设备租回。根据租赁合同的约定，分析得知，租赁为融资租赁。那么，甲公司与乙公司之间的这项业务为售后租回交易形成融资租赁。根据融资租赁相关约定，确定租赁资产的折旧年限为8年。假设：

第一种情况：该生产线账面价值为5 000 000元，销售价格为6 000 000元。

第二种情况：该生产线账面价值为5 000 000元，销售价格为4 000 000元。

要求：根据以上两种情况，作出两公司有关账务处理。

1.该生产线账面价值为5 000 000元，销售价格为6 000 000元

（1）甲公司有关该项售后租回交易形成融资租赁业务的账务处理如下：

①结转该设备账面价值时：

借：固定资产清理   5 000 000

  贷：固定资产   5 000 000

②出售该设备时：

借：银行存款   6 000 000

  贷：固定资产清理   5 000 000

     递延收益——未实现售后租回损益（融资租赁）   1 000 000

③租回该设备，每年分摊未实现售后租回损益时：

借：递延收益——未实现售后租回损益（融资租赁）   125 000

  贷：制造费用   125 000

④其余分录与融资租赁承租人部分相同，此处略。

（2）乙公司有关该项售后租回交易形成融资租赁业务的账务处理如下：

①购买该设备时：

借：融资租赁固定资产   6 000 000

  贷：银行存款   6 000 000

②其余分录与融资租赁出租人部分相同，此处略。

2.该生产线账面价值为5 000 000元，销售价格为4 000 000元

（1）甲公司有关该项售后租回交易形成融资租赁业务的账务处理如下：

①结转该设备账面价值时：

借：固定资产清理   5 000 000

  贷：固定资产   5 000 000

②出售该设备时：

借：银行存款   4 000 000

     递延收益——未实现售后租回损益（融资租赁）   1 000 000

  贷：固定资产清理   5 000 000

③租回该设备，每年分摊未实现售后租回损益时：

借：制造费用   125 000

  贷：递延收益——未实现售后租回损益（融资租赁）   125 000

④其余分录与融资租赁承租人部分相同，此处略。

（2）乙公司有关该项售后租回交易形成融资租赁业务的账务处理如下：

①购买该设备时：

借：融资租赁固定资产   4 000 000

  贷：银行存款   4 000 000

②其余分录与融资租赁出租人部分相同，此处略。

二、售后租回交易形成经营租赁

企业会计准则规定：售后租回交易认定为经营租赁的，售价与资产账面价值之间的差额应当予以递延，并在租赁期内按照与确认租金费用相一致的方法进行分摊，作为租金费用的调整。但是，有确凿证据表明售后租回交易是按照公允价值达成的，售价与资产账面价值之间的差额应当计入当期损益。

根据《企业会计准则解释第2号》规定，对于售后租回交易形成经营租赁具体区分为以下几种情况：

（1）有确凿证据表明售后租回交易是按照公允价值达成的，售价与资产账面价值的差额应当计入当期损益，即计入营业外收入或营业外支出，不需要递延。

（2）如果售后租回交易不是按照公允价值达成的，分为以下情况：

①售价高于公允价值的差额，其大于公允价值的部分应计入递延收益，并在租赁期限内分摊。

②售价低于公允价值的差额，应计入当期损益；但若该损失将由低于市价的未来租赁付款额补偿时，有关损失应予以递延（递延收益），并按与确认租金费用相一致的方法进行分摊。

【例2-8】2016年12月31日，甲公司将一条全新的生产线销售给乙公司。同时，又与乙公司签订一份租赁合同，再将该设备租回。根据租赁合同的约定，分析得知，租赁为经营租赁。其中，租赁资产账面价值为5 000 000元，公允价值为6 000 000元。租赁期为3年，每年年初支付租金300 000元。那么，甲公司与乙公司之间的这项业务为售后租回交易形成经营租赁。假设：

（1）甲公司以6 000 000元的销售价格出售。

（2）甲公司以6 360 000元的销售价格出售。

（3）甲公司以5 700 000元的销售价格出售。

（4）甲公司以4 820 000元的销售价格出售。已知市场上条件完全相同的设备的租金为每年370 000元。

（5）甲公司以4 820 000元的销售价格出售。已知市场上条件完全相同的设备的租金为每年300 000元。

要求：分别根据以上几种情况作出甲公司的账务处理。

（1）甲公司以6 000 000元的销售价格出售。

①结转该设备账面价值时：

借：固定资产清理   5 000 000

   贷：固定资产   5 000 000

②出售该设备时：

借：银行存款   6 000 000

   贷：固定资产清理   5 000 000

      营业外收入   1 000 000

③其余分录与经营租赁承租人部分相同，此处略。

（2）甲公司以 6 360 000 元的销售价格出售。

①结转该设备账面价值时：

借：固定资产清理   5 000 000

 贷：固定资产   5 000 000

②出售该设备时：

借：银行存款   6 360 000

 贷：固定资产清理   5 000 000

   营业外收入   1 000 000

   递延收益——未实现售后租回损益（经营租赁） 360 000

③租回该设备，每月月末分摊未实现售后租回损益时：

借：递延收益——未实现售后租回损益（经营租赁） 10 000

 贷：制造费用   10 000

④其余分录与经营租赁承租人部分相同，此处略。

（3）甲公司以 5 700 000 元的销售价格出售。

①结转该设备账面价值时：

借：固定资产清理   5 000 000

 贷：固定资产   5 000 000

②出售该设备时：

借：银行存款   5 700 000

 贷：固定资产清理   5 000 000

   营业外收入   700 000

③其余分录与经营租赁承租人部分相同，此处略。

（4）甲公司以 4 820 000 元的销售价格出售。已知市场上条件完全相同的设备的租金为每年 370 000 元。

①结转该设备账面价值时：

借：固定资产清理   5 000 000

 贷：固定资产   5 000 000

②出售该设备时：

在这种情况下，售价低于账面价值，产生 180 000 元的损失，需要结合后续租赁业务综合考虑。根据已知条件，市场上条件完全相同的设备的租金为每年 370 000 元，本例的租金为每年 300 000 元，低于市场租金，即该项损失在后期是可以得到补偿的。那么，应将该损失确认为递延收益，在以后期间予以摊销。

借：银行存款   4 820 000

  递延收益——未实现售后租回损益（经营租赁） 180 000

 贷：固定资产清理   5 000 000

③租回该设备，每月月末分摊未实现售后租回损益时：

后续每月的摊销为：180 000 ÷ 36 = 5 000（元）

借：制造费用   5 000

 贷：递延收益——未实现售后租回损益（经营租赁） 5 000

④其余分录与经营租赁承租人部分相同，此处略。

（5）甲公司以4 820 000元的销售价格出售。已知市场上条件完全相同的设备的租金每年300 000元。

①结转该设备账面价值时：

借：固定资产清理　　　　　　　　　　　　　　　　　　　　5 000 000

　　贷：固定资产　　　　　　　　　　　　　　　　　　　　　　　　5 000 000

②出售该设备时：

在这种情况下，售价低于账面价值，产生180 000元的损失，需要结合后续租赁业务综合考虑。根据已知条件，市场上条件完全相同的设备的租金每年300 000元，本例的租金每年300 000元，等于市场租金，即该项损失在后期是不能得到补偿的。那么，应将该损失在当期予以确认，不再递延到后续的租赁期间。

借：银行存款　　　　　　　　　　　　　　　　　　　　　　4 820 000

　　营业外支出　　　　　　　　　　　　　　　　　　　　　　　180 000

　　贷：固定资产清理　　　　　　　　　　　　　　　　　　　　　5 000 000

③其余分录与经营租赁承租人部分相同，此处略。

提示

其实，售后租回在中级财务会计收入一章曾有简单的提及，与售后回购、分期收款销售等同属于特殊的销售。同学们可以将这些业务联系起来一并学习，思考这些业务是否含有融通资金的可能。如果需要考虑剔除这一因素的影响，该以什么样的理念来设计会计处理，并与会计准则所规定的会计处理相比较，从而更好地驾驭这些特殊业务的会计处理。

❓复习思考题

1.什么是租赁？租赁的相关概念包括哪些？

2.我国《企业会计准则第21号——租赁》规定的融资租赁的判断标准是什么？

3.融资租赁中承租人的会计处理包括哪些？

4.融资租赁中出租人的会计处理包括哪些？

5.经营租赁中承租人和出租人的会计处理分别包括哪些？

6.售后租回形成经营租赁包括哪些情形？

真题 历年真题

一、单项选择题

1.【2014年注册会计师考试"会计"试题】甲公司向乙公司租入临街商铺，租期自20×6年1月1日至20×8年12月31日。租期内第一个半年为免租期，之后每半年租金30万元，租金于每年年末支付。除租金外，如果租赁期内租赁商铺销售额累计达到3 000万元或以上，乙公司将获得额外90万元经营分享收入。20×6年度商铺实现的销售额为1 000万元。甲公司20×6年应确认的租赁费用是（　　　）。

A.30万元　　　　　　B.50万元　　　　　　C.60万元　　　　　　D.80万元

2.【2012年注册会计师考试"会计"试题】20×2年1月2日，甲公司采用融资租赁方式出租一条生产线。租赁合同规定：

(1) 租赁期为10年，每年收取固定租金20万元；

(2) 除固定租金外，甲公司每年按该生产线所生产的产品销售额的1%提成，据测算平均每年提成约为2万元；

(3) 承租人提供的租赁资产担保余值为10万元；

(4) 与承租人和甲公司均无关联关系的第三方提供的租赁资产担保余值为5万元。

甲公司为该项租赁另支付谈判费、律师费等相关费用1万元。甲公司租赁期开始日应确认的应收融资租赁款为（　　）。

A.200万元　　　　　B.206万元　　　　　C.216万元　　　　　D.236万元

3.【2007年中级会计职称考试"中级会计实务"试题】甲企业以融资租赁方式租入N设备，该设备的公允价值为100万元，最低租赁付款额的现值为93万元。甲企业在租赁谈判和签订租赁合同过程中发生手续费、律师费等合计为2万元。甲企业该项融资租入固定资产的入账价值为（　　）万元。

A.93　　　　　　　B.95　　　　　　　C.100　　　　　　　D.102

二、多项选择题

1.【2014年注册会计师考试"会计"试题】下列各项关于承租人与融资租赁有关会计处理的表述中，正确的有（　　）。

A.或有租金应于发生时计入当期损益

B.预计将发生的履约成本应计入租入资产成本

C.租赁期满行使优惠购买选择权支付的价款应直接冲减相关负债

D.知悉出租人的租赁内含利率时，应以租赁内含利率对最低租赁付款额折现

2.【2010年中级会计职称考试"中级会计实务"试题】下列各项中，属于融资租赁标准的有（　　）。

A.租赁期占租赁资产使用寿命的大部分

B.在租赁期届满时，租赁资产的所有权可能转移给承租人

C.租赁资产性质特殊，如不作较大改造，只有承租人才能使用

D.承租人有购买租赁资产的选择权，购价预计远低于行使选择权时租赁资产的公允价值

3.【2009年注册会计师考试"会计"试题（新制度）】20×7年1月1日，甲公司与租赁公司签订一项经营租赁合同，向租赁公司租入一台设备。租赁合同约定：租赁期为3年，租赁期开始日为合同签订当日；月租金为6万元，每年年末支付当年度租金；前3个月免交租金；如果市场平均月租金水平较上月上涨的幅度超过10%，自次月起每月增加租金0.5万元。甲公司为签订上述经营租赁合同于20×7年1月5日支付律师费3万元。租赁开始日租赁设备的公允价值为980万元。下列各项关于甲公司经营租赁会计处理的表述中，正确的有（　　）。

A.或有租金在实际发生时计入当期损益

B.为签订租赁合同发生的律师费用计入当期损益

C.经营租赁设备按照租赁开始日的公允价值确认为固定资产

D.经营租赁设备按照与自有固定资产相同的折旧方法计提折旧

E.免租期内按照租金总额在整个租赁期内采用合理方法分摊的金额确认租金费用

三、判断题

【2009年中级会计职称考试"中级会计实务"试题】一项租赁合同是否认定为融资租赁合同，应视出租人是否将与租赁资产所有权有关的全部风险和报酬实质上转移给承租人而定。 （　　　）

练习题

一、单项选择题

1.下列各项费用中，不能作为承租人初始直接费用的是（　　　）。

A.手续费　　　　　　　　　　　B.律师费

C.履约成本　　　　　　　　　　D.租赁合同的印花税

2.2017年，甲公司从乙公司租入一台机器设备，合同约定租期为6年，每年租金为126 328元，设备的公允价值为650 000元。租赁期届满时，甲公司可以以1 000元的价格购买该设备，估计租赁期满日的公允价值为30 000元，则最低租赁付款额为（　　　）元。

A.650 000　　　B.776 328　　　C.758 968　　　D.787 968

3.2017年，甲公司从乙公司租入一台机器设备，合同约定租期为6年，每年租金为126 328元，设备的公允价值为650 000元。租赁期届满时，甲公司承诺设备的余值为10 000元，并将设备退还给乙公司，则最低租赁付款额为（　　　）元。

A.650 000　　　B.776 328　　　C.757 968　　　D.767 968

4.2017年3月1日，甲公司从乙公司租入一台机器设备，合同约定租期为6年，每年租金为20万元。租赁期届满时，甲公司可以以1 000元的价格购买该设备，估计租赁期满日的公允价值为30 000元。假设按租赁合同利率8%计算的6年期年金现值系数为4.623，复利现值系数为0.630，则最低租赁付款额现值为（　　　）万元。

A.120　　　B.120.1　　　C.92.523　　　D.92.56

5.承租人融资租入固定资产的入账价值，应该是（　　　）。

A.应付融资租赁款

B.双方约定的租入资产价值

C.经第三方评估机构评估的价值

D.租赁开始日租赁资产公允价值与最低租赁付款额的现值二者中较低者

6.租赁开始日，融资租入固定资产的入账价值不可能是（　　　）。

A.最低租赁付款额

B.最低租赁付款额的现值

C.最低租赁付款额的现值与初始直接费用之和

D.租赁开始日租赁资产的公允价值

7.甲公司以融资租赁方式从乙公司租入一台程控设备。经计算，租赁开始日最低租赁付款额的现值为867 126元，租赁设备的公允价值为850 000元。另发生设备运杂费3万元，安装调试费用6万元，租赁业务人员的差旅费用1万元，印花税1 000元。该固定资产的入账价值为（　　　）元。

A.967 126   B.968 126   C.951 000   D.950 000

8.甲公司融资租入一台设备,租期为5年,年租金为20万元,每年年末支付。租赁开始日,该租赁资产的公允价值为96万元。假设按租赁合同利率8%计算的5年期年金现值系数为3.993,那么在租赁开始日,该融资租入资产的入账价值为（ ）万元。

    A.100   B.79.86   C.96   D.B和C任选一个

9.甲公司融资租入一台设备,租期为5年,年租金为20万元,每年年初支付。租赁开始日,该租赁资产的公允价值为96万元。假设按租赁合同利率8%计算的5年期年金现值系数为3.993,那么在租赁开始日,该融资租入资产的入账价值为（ ）万元。

    A.100   B.79.86   C.96   D.86.25

10.甲公司以融资租赁方式从乙公司租入一台程控设备。经计算,租赁开始日最低租赁付款额的现值为867 126元,租赁设备的公允价值为850 000元。另发生设备运杂费3万元,安装调试费用6万元,租赁业务人员的差旅费用1万元,印花税1 000元。租赁期届满时,甲公司将取得该设备的所有权。合同约定的租赁期为5年,该设备的剩余使用寿命为6年,如果采用平均年限法,该固定资产应计提的年折旧额约为（ ）元。

    A.190 200   B.158 500   C.193 425   D.161 188

11.甲公司以融资租赁方式从乙公司租入一台程控设备。经计算,租赁开始日最低租赁付款额的现值为867 126元,租赁设备的公允价值为850 000元。另发生设备运杂费3万元,安装调试费用6万元,租赁业务人员的差旅费用1万元,印花税1 000元。租赁期届满时,甲公司将设备退还给乙公司。合同约定的租赁期为5年,该设备的剩余使用寿命为6年,如果采用平均年限法,该固定资产应计提的年折旧额约为（ ）元。

    A.190 200   B.158 500   C.193 625   D.161 354

12.甲公司以融资租赁方式从乙公司租入一台程控设备。经计算,租赁开始日最低租赁付款额的现值为867 126元,租赁设备的公允价值为850 000元。另发生设备运杂费3万元,安装调试费用6万元,租赁业务人员的差旅费用1万元,印花税1 000元。租赁期届满时,甲公司承诺设备的余值为10 000元,并将设备退还给乙公司。合同约定的租赁期为5年,该设备的剩余使用寿命为6年,如果采用平均年限法,该固定资产应计提的年折旧额约为（ ）元。

    A.191 625   B.156 833   C.159 688   D.188 200

13.2017年1月1日,甲公司从乙公司租入一台数控设备。合同规定:租期为4年,第一年免租金,以后每年租金为6万元。设备的成本为660 000元,预计使用年限为8年,预计净残值为20 000元,按直线法计提折旧。根据上述资料,2017年甲公司应确认的租金费用为（ ）万元。

    A.8   B.0   C.6   D.4.5

14.甲企业从乙企业融资租入一台设备,合同约定,租赁期届满时,甲企业可以500元优惠购买,则甲企业在租赁期届满时的会计处理为（ ）。

    A.借:长期应付款——应付融资租赁款   500

        贷:银行存款   500

    B.借:固定资产——融资租入固定资产   500

        贷:银行存款   500

C.借：固定资产——融资租入固定资产   500

    贷：长期应付款——应付融资租赁款   500

D.借：长期应付款——应付融资租赁款   500

    贷：固定资产——融资租入固定资产   500

15.某项租赁业务中，如果一方当事人既是销售人，又是承租人，这样的租赁业务是（　　）。

A.融资租赁   B.杠杆租赁   C.转租赁   D.售后回租

16.当售后租回交易形成融资租赁，销售方在销售资产时，如果账面价值高于售价，其差额计入（　　）。

A.固定资产清理   B.其他业务收入   C.营业外收入   D.递延收益

二、多项选择题

1.在判断租赁是经营租赁还是融资租赁时，需要考虑的因素包括（　　）。

A.承租人是否有租赁资产的优惠购买选择权

B.租赁期占租赁资产剩余使用寿命的比例

C.租赁期届满时，承租人是否能够取得租赁资产所有权

D.租赁开始日最低租赁付款额或收款额是否相当于租赁资产公允价值

2.与经营租赁相比，融资租赁的特点主要表现在（　　）。

A.租赁资产性质特殊，如不作较大修整，只有承租人才能使用

B.租期时间比较长，几乎达到租赁资产使用寿命的大部分

C.承租人可能是为了经营上的临时需要

D.租赁期满后，承租人可能有优惠购买租赁资产的选择权

3.对于租赁期，租赁合同签订后一般不可撤销，但下列情况除外（　　）。

A.经出租人同意

B.承租人与原出租人就同一资产或同类资产签订了新的租赁合同

C.承租人支付一笔足够大的额外款项

D.发生某些很少会出现的或有事项

4.在融资租赁会计中，影响承租方最低租赁付款额的因素有（　　）。

A.承租人应支付的各期租金

B.承租人可能支付的或有租金

C.承租人应承担的担保余值

D.承租人应承担的履约成本

5.如果租赁合同没有约定优惠购买选择权，承租人可能被要求支付的各种款项有（　　）。

A.每期的租金

B.承租人的担保余值

C.未担保余值

D.独立于承租人和出租人的第三方担保余值

6.租赁开始日，承租人在计算最低租赁付款额的现值时，可以选择的折现率包括（　　）。

A.租赁内含利率   B.租赁合同规定的利率

C.同期银行贷款利率   D.以上三者都有可能

7.租赁开始日，融资租入固定资产的入账价值可能是（　　）。

A.最低租赁付款额

B.最低租赁付款额的现值

C.租赁开始日租赁资产公允价值

D.租赁开始日租赁资产公允价值与初始直接费用之和

8.租赁期开始日，下列选项中，可能成为承租人租入资产的入账价值的有（　　）。

A.以出租人的租赁内含利率为折现率将最低租赁付款额折现的现值

B.以合同规定利率为折现率将最低租赁付款额折现的现值

C.以银行同期贷款利率为折现率将最低租赁付款额折现的现值

D.租赁资产公允价值

9.承租人发生的下列成本费用，在租赁开始日可以计入租入资产价值的有（　　）。

A.履约成本　　　　B.差旅费　　　　C.佣金　　　　　D.谈判费

10.承租人采用实际利率法分摊未确认融资费用时，可能成为未确认融资费用分摊率的有（　　）。

A.用于最低租赁付款额折现且以该现值作为租入资产入账价值的租赁内含利率

B.用于最低租赁付款额折现且以该现值作为租入资产入账价值的合同规定利率

C.用于最低租赁付款额折现且以该现值作为租入资产入账价值的银行同期贷款利率

D.使最低租赁付款额的现值与租赁资产公允价值相等的折现率

11.对于下列固定资产，应当计提折旧的有（　　）。

A.承租方经营租入的固定资产　　　　B.承租方融资租入的固定资产

C.出租方经营租出的固定资产　　　　D.出租方融资租出的固定资产

12.在租赁期内，为租赁资产支付的人员培训费、技术咨询和服务费，可以记入的科目有（　　）。

A.“长期待摊费用”　　　　　　　　B.“在建工程”

C.“制造费用”　　　　　　　　　　D.“管理费用”

13.承租人根据租赁合同约定额外支付的租金，在发生时直接计入当期损益，涉及的会计科目可能包括（　　）。

A.“营业外收入”　　B.“营业外支出”　　C.“销售费用”　　　D.“财务费用”

14.下列有关融资租赁的信息中，承租人应当在附注中予以披露的包括（　　）。

A.每类租入资产在资产负债表日的账面原值、累计折旧及账面净值

B.资产负债表日后连续三个会计年度每年将支付的最低租赁付款额

C.未确认融资费用的余额、分摊未确认融资费用所采用的方法

D.资产负债表日后以后年度将支付的最低租赁付款额总额

15.影响出租人最低租赁收款额的因素主要包括（　　）。

A.或有租金

B.承租人的担保余值

C.独立于承租人和出租人的第三方担保余值

D.最低租赁付款额

16.影响出租人租赁内含利率的因素包括（　　）。

A.最低租赁收款额现值

B.未担保余值

C.租赁资产公允价值

D.出租人发生的初始直接费用

17.下列信息中，出租人应当在附注中予以披露的包括（　　　）。

A.资产负债表日后连续三个会计年度内每年收到的最低租赁收款额

B.分配未确认融资费用所采用的方法

C.融资租赁资产的未担保余值

D.以后年度将收到的最低租赁收款额的总额

18.关于承租人经营租赁的会计处理，下列说法中正确的有（　　　）。

A.发生的初始直接费用计入当期损益

B.支付的或有租金计入当期损益

C.租入的资产按租赁开始日的公允价值入账

D.租入的资产视同自有资产计提折旧

19.在经营租赁中，承租人根据租入资产的用途，对于发生的租金费用，可以记入的损益类科目有（　　　）。

A."生产成本"　　　　　B."制造费用"　　　　　C."管理费用"　　　　　D."财务费用"

20.经营租赁期届满时，承租人对租赁资产的处理包括（　　　）。

A.退租　　　　　　　　B.优惠购买　　　　　C.优惠续租　　　　　D.留购

三、判断题

1.对于融资租赁，承租人在租赁谈判和签订租赁合同过程中，可直接归属于租赁项目的初始直接费用，应在租赁开始日计入租入资产的价值。（　　）

2.对于融资租入的固定资产应视同自有资产进行管理，计提折旧。（　　）

3.从实质重于形式的角度看，融资租赁转移了与资产所有权相关的主要风险和报酬。（　　）

4.对于融资租赁发生的未确认融资费用，如果满足资本化的条件，应当计入租入资产的成本；否则，应当予以费用化。（　　）

5.承租人应当在附注中披露未确认融资费用的余额，以及分摊未确认融资费用所采用的方法。（　　）

6.在租赁期开始日，出租人应当对应收融资租赁款、未担保余值和未实现融资费用进行初始确认。（　　）

7.最低租赁收款额是指最低租赁付款额、承租人担保的资产余值及独立于承租人和出租人的第三方对出租人担保的资产余值之和。（　　）

8.出租人在租赁期开始日按规定转出租赁资产，租赁资产公允价值与其账面价值如有差额，应当计入当期损益。（　　）

9.未实现融资收益应当在租赁期内各个期间进行分配。出租人可以采用直线法分摊确认每期的融资收入。（　　）

10.对于融资租赁，出租人采用实际利率法分配未实现融资收益时，应当将租赁内含利率作为未实现融资收益的分配率。（　　）

11.出租人提供免租期的，出租人应将租金总额在扣除免租期的剩余租赁期内，按直线法或其他合理的方法进行分配，免租期内不必确认租金收入。　　　　　　　　（　　）

12.融资租赁中，出租人至少应当于每年年度终了，对未担保余值进行复核。未担保余值增加的，不作调整。　　　　　　　　　　　　　　　　　　　　　（　　）

13.经营租赁中，如果出租人承担了承租人某些费用时，则承租人对于该项费用不予考虑。　　　　　　　　　　　　　　　　　　　　　　　　　　　　　　（　　）

14.经营租赁中，出租人发生的初始直接费用金额较大的应当资本化，在整个经营租赁期间内按照与确认租金收入相同的基础分期计入当期损益。　　　　　　　（　　）

15.经营租赁中，应由承租人承担的租入固定资产的改良支出在发生时可以先记入"长期待摊费用"科目核算，然后在其租赁期内平均摊销。　　　　　　　　（　　）

16.根据会计准则的规定，对于经营租赁的租金，出租人在租赁期内各个期间必须按照直线法确认为当期损益。　　　　　　　　　　　　　　　　　　　　　（　　）

17.售后租回交易认定为融资租赁的，售价与资产账面价值之间的差额应当予以递延，并按照该项租赁资产的折旧进度进行分摊，作为租金费用的调整。　　　　（　　）

18.售后租回交易认定为经营租赁的，售价与资产账面价值之间的差额应当予以递延，并在租赁期内按照与确认租金费用相一致的方法进行分摊，作为折旧费用的调整。　　　　　　　　　　　　　　　　　　　　　　　　　　　　　　（　　）

19.售后租回交易认定为经营租赁的，如果有确凿证据表明售后租回交易是按照公允价值达成的，售价与资产账面价值之间的差额应当计入当期损益。　　　　（　　）

20.对于售后租回交易，承租人和出租人应当根据会计准则的规定，将售后租回交易认定为融资租赁或经营租赁。　　　　　　　　　　　　　　　　　　　　　（　　）

四、会计处理题

1.2012年12月31日，甲公司向乙公司租用一台生产用设备，为此签订一项租赁合同。合同约定：租赁期4年，从2013年1月1日起，至2016年12月31日；每月租金20 000元，4年的合计租金共960 000元；租金在每年年初支付，每年年初支付的租金分别为300 000元、300 000元、180 000元、180 000元。假定甲公司在每月月末确认租金费用，并且不存在租金逾期支付的情况。假设设备的账面原价为1 800 000元，预计使用年限为10年，无残值，按直线法计提折旧。

要求：

（1）编制甲公司2013年年初支付租金时的会计分录。

（2）编制乙公司2014年年初收到租金时的会计分录。

（3）编制甲公司2015年年初支付租金时的会计分录。

（4）编制乙公司2016年年初收到租金时的会计分录。

（5）编制甲公司每月月末确认租金费用时的会计分录。

（6）编制乙公司每月月末确认租金收入时的会计分录。

（7）编制乙公司每月月末计提租赁资产折旧时的会计分录。

2.2×11年12月31日，甲公司从乙租赁公司租入一台生产用程控设备，双方签订的租赁合同主要条款如下：

（1）租赁标的物：程控设备。

（2）起租日：2×11年12月31日。

（3）租赁期：2×11年12月31日至2×17年12月31日，共6年。

（4）租金支付方式：自租赁期开始日起每年年末支付租金1 100 000元。

（5）该设备在2×11年12月31日的公允价值和账面价值为5 600 000元。预计使用总寿命为10年，已使用3年，假设期满无残值。承租人预期采用年限平均法计提折旧。

（6）租赁合同规定的利率为5%（乙公司租赁内含利率不知）。已知：（P/A，5%，6）=5.0757，（P/F，5%，6）=0.7462。

（7）该设备的保险、维护等费用均由承租人甲公司承担，估计每年约20 000元。

（8）租赁期届满时，甲公司享有以5 000元的价格优先购买，估计租赁期满时该项设备的公允价值为90 000元。

（9）如果甲公司最后两年盈利超过200万元，应在每年年末以销售收入的1%向乙公司支付经营分享收入。假设甲公司在最后两年盈利均超过200万元，两年实现的销售收入分别为1 200万元和1 400万元。

（10）甲公司和乙公司发生的初始直接费用分别为5 000元和20 000元，均以银行存款支付。

要求：请编制甲公司下列与该租赁相关的会计分录：

（1）租赁开始日的会计分录。

（2）每期支付租金的会计分录。

（3）计算填列每期应分摊的融资费用（见表2-5）并编制会计分录。

表2-5   **未确认融资费用分摊表**   单位：元

时　　点	期初融资余额	本期利息费用	本期支付租金	期末融资余额
	①	②=①×分摊率	③	④=①+②-③
2×12.12.31				
2×13.12.31				
2×14.12.31				
2×15.12.31				
2×16.12.31				
2×17.12.31				

（4）按年计提租赁资产折旧的会计分录。

（5）发生履约成本的会计分录。

（6）后两年支付或有租金的会计分录。

（7）租赁期满时，甲公司向乙公司支付5 000元购买该设备的会计分录。

3.2×11年12月31日，甲公司从乙租赁公司租入一台生产用程控设备，双方签订的租赁合同主要条款如下：

（1）租赁标的物：程控设备。

（2）起租日：2×11年12月31日。

（3）租赁期：2×11年12月31日至2×17年12月31日，共6年。

（4）租金支付方式：自租赁期开始日起每年年末支付租金1 100 000元。

（5）该设备在2×11年12月31日的公允价值和账面价值为5 600 000元。预计使用总寿命为10年，已使用3年，假设期满无残值。承租人预期采用年限平均法计提折旧。

（6）租赁合同规定的利率为5%（乙公司租赁内含利率不知）。已知：（P/A，5%，6）=5.0757，（P/F，5%，6）=0.7462。

（7）该设备的保险、维护等费用均由承租人甲公司承担，估计每年约20 000元。

（8）租赁期届满时，该套设备的估计余值为50 000元，其中，承租方担保的余值为20 000元，未担保余值为30 000元。

（9）如果甲公司最后两年盈利超过200万元，应在每年年末以销售收入的1%向乙公司支付经营分享收入。假设甲公司在最后两年盈利均超过200万元，两年实现的销售收入分别为1 200万元和1 400万元。

（10）甲公司和乙公司发生的初始直接费用分别为5 000元和20 000元，均以银行存款支付。

要求：请编制甲公司下列与该租赁相关的会计分录：

（1）租赁开始日的会计分录。

（2）每期支付租金的会计分录。

（3）计算填列每期应确认分摊的融资费用（见表2-6）并编制会计分录。

表2-6　　　　　　　　　　　　　　未确认融资费用分摊表　　　　　　　　　　　　　　单位：元

时　　点	期初融资余额	本期利息费用	本期支付租金	期末融资余额
	①	②=①×分摊率	③	④=①+②-③
2×12.12.31				
2×13.12.31				
2×14.12.31				
2×15.12.31				
2×16.12.31				
2×17.12.31				

（4）按年计提租赁资产折旧的会计分录。

（5）发生履约成本的会计分录。

（6）后两年支付或有租金的会计分录。

（7）租赁期满，甲公司不购买，退还该租赁设备时的会计分录。

（8）租赁期满，如果双方协商，乙公司将该设备以50 000元的价格出售给甲公司，甲公司的会计分录。

4.2×11年12月31日，甲公司从乙租赁公司租入一台生产用程控设备，双方签订的租赁合同主要条款如下：

（1）租赁标的物：程控设备。

（2）起租日：2×11年12月31日。

（3）租赁期：2×11年12月31日至2×17年12月31日，共6年。

（4）租金支付方式：自租赁期开始日起每年年末支付租金1 100 000元。

（5）该设备在2×11年12月31日的公允价值和账面价值为5 600 000元。预计使用总寿命为10年，已使用3年，假设期满无残值。承租人预期采用年限平均法计提折旧。

（6）租赁合同规定的利率为5%（乙公司租赁内含利率不知）。已知：

（P/A，5%，6）=5.0757　（P/F，5%，6）=0.7462

（P/A，6%，6）=4.9173　（P/F，6%，6）=0.7050

（P/A，4%，6）=5.2421　（P/F，4%，6）=0.7903

（7）该设备的保险、维护等费用均由承租人甲公司承担，估计每年约20 000元。

（8）租赁期届满时，甲公司享有以5 000元的价格优先购买，估计租赁期满时该项设备的公允价值为90 000元。

（9）如果甲公司最后两年盈利超过200万元，应在每年年末以销售收入的1%向乙公司支付经营分享收入。假设甲公司在最后两年盈利均超过200万元，两年实现的销售收入分别为1 200万元和1 400万元。

（10）甲公司和乙公司发生的初始直接费用分别为5 000元和12 000元，均以银行存款支付。

要求：请编制乙公司下列与该租赁相关的会计分录：

（1）租赁开始日的会计分录。

（2）每期收到租金的会计分录。

（3）计算填列每期分摊的未实现融资收益（见表2-7）并编制会计分录。

表2-7　　　　　　　　　　　　　　**未实现融资收益分配表**　　　　　　　　　　　　单位：元

时　点	期初投资余额	本期利息收入	本期收到租金	期末投资余额
	①	②=①×分摊率	③	④=①+②-③
2×12.12.31				
2×13.12.31				
2×14.12.31				
2×15.12.31				
2×16.12.31				
2×17.12.31				

（4）收到或有租金的会计分录。

（5）租赁期满的会计分录。

5.2×11年12月31日，甲公司从乙租赁公司租入一台生产用程控设备，双方签订的租赁合同主要条款如下：

（1）租赁标的物：程控设备。

（2）起租日：2×11年12月31日。

（3）租赁期：2×11年12月31日至2×17年12月31日，共6年。

（4）租金支付方式：自租赁期开始日起每年年末支付租金1 100 000元。

（5）该设备在2×11年12月31日的公允价值和账面价值为5 600 000元。预计使用总寿命为10年，已使用3年，假设期满无残值。承租人预期采用年限平均法计提折旧。

（6）租赁合同规定的利率为5%（乙公司租赁内含利率不知）。已知：

（P/A，5%，6）=5.0757　　（P/F，5%，6）=0.7462

（P/A，6%，6）=4.9173　　（P/F，6%，6）=0.7050

（P/A，4%，6）=5.2421　　（P/F，4%，6）=0.7903

（7）该设备的保险、维护等费用均由承租人甲公司承担，估计每年约20 000元。

（8）租赁期届满时，该套设备的估计余值为50 000元，其中，承租方担保的余值为20 000元，未担保余值为30 000元。

（9）如果甲公司最后两年盈利超过200万元，应在每年年末以销售收入的1%向乙公司支付经营分享收入。假设甲公司在最后两年盈利均超过200万元，两年实现的销售收入分别为1 200万元和1 400万元。

（10）甲公司和乙公司发生的初始直接费用分别为5 000元和12 000元，均以银行存款支付。

要求：请编制乙公司与该租赁相关的下列业务的会计分录：

（1）租赁开始日的会计分录。

（2）每期收到租金的会计分录。

（3）计算填列每期分摊的未实现融资收益（见表2-8）并编制会计分录。

表2-8　　　　　　　　　　未实现融资收益分配表　　　　　　　　　　单位：元

时　点	期初投资余额	本期利息收入	本期收到租金	期末投资余额
	①	②=①×分摊率	③	④=①+②-③
2×12.12.31				
2×13.12.31				
2×14.12.31				
2×15.12.31				
2×16.12.31				
2×17.12.31				

（4）后两年收到或有租金的会计分录。

（5）租赁期满，如果甲公司不购买，退还该租赁设备时的会计分录。

（6）租赁期满，双方协商，乙公司将该设备以40 000元的价格出售给甲公司，乙公司的会计分录。

第二章练习题参考答案

外币折算

📖 学习目标

在学习和理解本章内容时，应当关注：（1）记账本位币的确定。记账本位币是指企业经营所处的主要经济环境中的货币。我国企业通常应选择人民币作为记账本位币。企业记账本位币一经确定，不得随意变更。（2）外币交易的初始确认。外币交易应当在初始确认时，采用交易发生日的即期汇率或与交易发生日即期汇率近似的汇率折算。（3）外币交易的后续计量。期末，应区分外币货币性项目和外币非货币性项目进行处理。对于外币货币性项目，应当在资产负债表日，采用当日即期汇率折算。与初始确认时或者前一资产负债表日即期汇率不同而产生的汇兑差额，计入当期损益。（4）外币财务报表折算。境外经营财务报表折算时所产生的外币财务报表折算差额应当在资产负债表中其他综合收益项目内列示。除了学习本章的内容外，还应当认真阅读《企业会计准则第19号——外币折算》及相关指南和解释。

📖 重点难点

外币交易汇率的确定；外币交易的初始确认；外币货币性项目和外币非货币性项目的区别；外币货币性项目的期末调整；以成本与可变现净值孰低计量的存货的会计处理；以公允价值计量的股票、基金等非货币性项目的会计处理。

|第一节| 记账本位币的确定和变更

一、记账本位币的确定

记账本位币是指企业经营所处的主要经济环境中的货币。

根据我国企业会计准则的规定，我国企业通常应选择人民币作为记账本位币。业务收支以人民币以外的货币为主的企业，可以选定其中一种货币作为记账本位币。但是，编报的财务报表应当折算为人民币。

企业选定记账本位币，应当考虑下列因素：

（1）该货币主要影响商品和劳务的销售价格，通常以该货币进行商品和劳务的计价和结算；

（2）该货币主要影响商品和劳务所需人工、材料和其他费用，通常以该货币进行上述费用的计价和结算；

（3）融资活动获得的货币以及保存从经营活动中收取款项所使用的货币。

二、境外经营记账本位币的确定

境外经营是指企业在境外的子公司、合营企业、联营企业、分支机构。

在境内的子公司、合营企业、联营企业、分支机构，采用不同于企业记账本位币的，也应视同境外经营。

企业选定境外经营的记账本位币，除了考虑记账本位币的因素外，还应当考虑下列因素：

（1）境外经营对其所从事的活动是否拥有很强的自主性。

（2）境外经营活动中与企业的交易是否在境外经营活动中占有较大比重。

（3）境外经营活动产生的现金流量是否直接影响企业的现金流量，是否可以随时汇回。

（4）境外经营活动产生的现金流量是否足以偿还其现有债务和可预期的债务。

三、记账本位币的变更

企业记账本位币一经确定，不得随意变更，除非企业经营所处的主要经济环境发生重大变化。

企业因经营所处的主要经济环境发生重大变化，确需变更记账本位币的，应当采用变更当日的即期汇率将所有项目折算为变更后的记账本位币。

第二节　外币交易的定义和初始确认

一、外币交易的定义

外币交易是指以外币计价或者结算的交易。外币是企业记账本位币以外的货币。外币交易包括：

（1）买入或者卖出以外币计价的商品或者劳务；

（2）借入或者借出外币资金；

（3）其他以外币计价或者结算的交易。

二、外币交易的初始确认

企业对于发生的外币交易，应当将外币金额折算为记账本位币金额。外币交易应当在初始确认时，采用交易发生日的即期汇率将外币金额折算为记账本位币金额，也可以采用按照系统合理的方法确定的、与交易发生日即期汇率近似的汇率折算。

即期汇率，通常是指中国人民银行公布的当日人民币外汇牌价的中间价。企业发生的外币兑换业务或涉及外币兑换的交易或事项，应当按照交易实际采用的汇率（即银行买入价或卖出价）折算。

企业通常应当采用即期汇率进行折算。汇率变动不大的，也可以采用即期汇率的近似汇率进行折算。

对于外币交易的会计处理，这里以甲公司为例。假设甲公司以人民币作为记账本位币，采用外币交易日的即期汇率将外币金额折算为人民币金额，按月计算汇兑损益。2×16年11月30日市场汇率为1美元=6.95元人民币。2×16年11月30日有关外币账户期末余额见表3-1。

表3-1　　　　　　　　　　甲公司2×16年11月30日有关外币账户期末余额

项　目	外币金额（美元）	折算汇率	折合人民币金额（元）
银行存款——美元	1 500 000	6.95	10 425 000
应收账款——A公司（美元）	500 000	6.95	3 475 000
应付账款——M公司（美元）	200 000	6.95	1 390 000

> **提示**
>
> 根据国家外汇管理局公布的关于规范中资企业保留限额外汇收入的管理规定，以及《结汇、售汇及付汇管理规定》，中资企业可以向外汇管理局申请在中资外汇指定银行开立外汇结算账户，保留一定限额的外汇。在核定的限额之内，企业可以自行决定收汇后保留外汇的金额与时机。本章假设企业保留的外汇金额并未超出外汇限额。

2×16年12月份甲公司发生下列外币业务：

（一）买入以外币计价的资产

【例3-1】12月1日，该公司从境外N公司购入一台不需要安装的设备，价款为600 000美元，交易当日的即期汇率为1美元=6.82元人民币，适用的增值税税率为17%，按规定应交进口关税409 200元人民币，进口关税和增值税当日已通过银行存款支付，并取得海关完税凭证，其余款项尚未支付。该公司对该项交易所做会计分录如下：

借：固定资产——机器设备　　　　　　　　　　　　　　　　　4 501 200
　　应交税费——应交增值税（进项税额）　　　　　　　　　　695 640
　　贷：应付账款——N公司（美元）（600 000 ×6.82）　　　　　4 092 000
　　　　银行存款——人民币（695 640+409 200）　　　　　　　1 104 840

> **提示**
>
> 外币交易的记账方法有外币统账制和外币分账制两种。外币统账制是企业在外币业务发生时，即折算为记账本位币入账。外币分账制是指企业在日常核算时分别币种记账，不需要折算，在资产负债表日再区分货币性项目和非货币性项目选用不同的汇率折算。
>
> 我国企业会计准则规定，外币交易应当在初始确认时，将外币金额折算为记账本位币金额。这是外币统账制的要求，适用于大多数的工商企业。对于外币交易频繁、外币币种较多的金融企业，也可以采用外币分账制核算方法进行日常核算。

【例3-2】12月2日，该公司从国外采购一批国内市场尚无的甲商品，该批产品共20 000件，每件价格为30美元，当日即期汇率为1美元=6.81元人民币。假定不考虑增值税等相关税费。该公司对该项交易所做会计分录如下：

借：库存商品——甲商品　　　　　　　　　　　　　　　　　4 086 000
　　贷：银行存款——美元（20 000×30×6.81）　　　　　　　　　　4 086 000

【例3-3】12月3日，该公司购入境外公司股票200 000股，每股2.5美元，当日汇率为1美元=6.85元人民币，款项已付，该公司将其作为交易性金融资产。该公司对该项交易所做会计分录如下：

借：交易性金融资产——成本　　　　　　　　　　　　　　　3 425 000
　　贷：银行存款——美元（200 000×2.5×6.85）　　　　　　　　3 425 000

【例3-4】12月4日，该公司为偿还上期购入的M公司货款应付账款200 000美元，向银行购入外汇，当日即期汇率为1美元=6.88元人民币，银行美元卖出汇率为1美元=6.89元人民币，该公司对该项交易所做会计分录如下：

借：应付账款——M公司（美元）（200 000×6.88）　　　　　1 376 000
　　财务费用　　　　　　　　　　　　　　　　　　　　　　　　2 000
　　贷：银行存款——人民币（200 000×6.89）　　　　　　　　1 378 000

提示

在【例3-4】中，应付账款采用结算当天的汇率折算，并没有追溯到初始发生之日的汇率，因两日汇率不同而产生的汇兑差额需要予以反映。该差额将在资产负债表日予以调整反映，而不是在结算当天予以即时体现。这样的实务操作体现的是"两项交易观点"，而不是"单一交易观点"。我国基本采用"两项交易观点"。

当然，本例题也存在差额，但此差额是企业和银行之间因外汇买卖而形成的兑换差额，不同于前面的结算差额。

（二）卖出以外币计价的商品

【例3-5】12月6日，该公司向境外B公司销售一批产品，该批产品价款为200 000美元，交易当日的即期汇率为1美元=6.86元人民币，假设该企业适用免、抵、退办法，增值税不予考虑，款项尚未收到。该公司对该项交易所做会计分录如下：

借：应收账款——B公司（美元）（200 000×6.86）　　　　　1 372 000
　　贷：主营业务收入　　　　　　　　　　　　　　　　　　　1 372 000

【例3-6】12月8日，该公司收到上期销售的A公司货款500 000美元，收到当日汇率为1美元=6.87元人民币，收到后结售给银行，结售银行买入价为1美元=6.84元人民币，该公司对该项交易所做会计分录如下：

借：银行存款——人民币（500 000×6.84）　　　　　　　　　3 420 000
　　财务费用　　　　　　　　　　　　　　　　　　　　　　　15 000
　　贷：应收账款——A公司（美元）（500 000×6.87）　　　　3 435 000

（三）借入外币资金

【例3-7】12月1日，该公司从中国银行借入1 000 000美元，期限为6个月，年利率为6%，到期还本付息。借款当天的即期汇率为1美元=6.82元人民币，该公司对该项交易所做会计分录如下：

借：银行存款——美元（1 000 000 ×6.82） 6 820 000

贷：短期借款——美元（1 000 000 ×6.82） 6 820 000

【例3-8】12月31日，对于该公司12月1日从中国银行借入的款项预提本月利息，当天的即期汇率为1美元=6.90元人民币，该公司对该项交易所做会计分录如下：

借：财务费用 34 500

贷：应付利息——美元（1 000 000 ×6%÷12×6.90） 34 500

（四）接受外币投入资本

企业收到投资者以外币投入的资本，应当采用交易日即期汇率折算，不得采用合同约定汇率和即期汇率的近似汇率折算。因此，外币投入资本与相应的货币性项目折算记账本位币金额之间不产生外币资本折算差额。

【例3-9】12月1日，该公司与外商签订投资合同，合同约定汇率为1美元=6.90元人民币。12月10日，该公司收到外商第一次投资200 000美元，当日的即期汇率为1美元=6.82元人民币。12月20日，该公司收到外商第二次投资200 000美元，当日的即期汇率为1美元=6.80元人民币。该公司对该项交易所做会计分录如下：

（1）接受第一次投资时：

借：银行存款——美元（200 000 ×6.82） 1 364 000

贷：股本 1 364 000

（2）接受第二次投资时：

借：银行存款——美元（200 000 ×6.80） 1 360 000

贷：股本 1 360 000

提示

从【例3-1】到【例3-9】，同学们可以发现，这些业务其实在中级财务会计中已有讲解，不同的是，这些业务是以外币计价，是外币业务。和我们在中级财务会计中学习过的非外币业务相比，会计处理有什么相同之处，又有什么不同？会计处理的思路是什么？

（五）外币兑换业务

1.购汇业务

【例3-10】12月11日，该公司将100 000美元到银行兑换为人民币，当日的美元买入价为1美元=6.85元人民币，当日即期汇率为1美元=6.88元人民币。有关会计分录如下：

借：银行存款——人民币 685 000

财务费用——汇兑差额 3 000

贷：银行存款——美元（100 000 × 6.88） 688 000

2.结汇业务

【例3-11】12月13日，该公司到银行购入200 000美元，当日的美元卖出价为1美元=6.85元人民币，当日即期汇率为1美元=6.83元人民币。有关会计分录如下：

借：银行存款——美元（200 000 ×6.83） 1 366 000

财务费用——汇兑差额 4 000

贷：银行存款——人民币   1 370 000

> **提示**
>
> 汇率是一国货币兑换另一国货币的比率。按银行买卖外汇的角度划分，有买入汇率、卖出汇率、中间汇率。买入汇率，也称买入价，即银行向同业或客户买入外汇时所使用的汇率。卖出汇率，也称卖出价，即银行向同业或客户卖出外汇时所使用的汇率。中间汇率，是买入价与卖出价的平均数。银行的卖出价一般高于买入价，以获取其中的差价。企业发生的外币兑换业务或涉及外币兑换的交易或事项，应当按照交易实际采用的汇率（即银行买入价或卖出价）折算。

第三节 外币交易的后续计量

一、外币交易后续计量的分类

对于外币交易后续计量，应当区分外币货币性项目和外币非货币性项目进行处理。

（一）外币货币性项目

外币货币性项目是企业持有的货币资金和将以固定或可确定的金额收取的资产或者偿付的负债。货币性项目分为货币性资产和货币性负债。货币性资产包括库存现金、银行存款、应收账款、其他应收款、长期应收款等；货币性负债包括短期借款、应付账款、其他应付款、应付债券、长期借款、长期应付款等。

（二）外币非货币性项目

外币非货币性项目是货币性项目以外的项目，如存货、长期股权投资、固定资产、无形资产、预付账款、预收账款、交易性金融资产（股票、基金）等。

二、外币交易后续计量

（一）外币货币性项目

对于外币货币性项目，在资产负债表日，应当采用该日即期汇率折算。因资产负债表日即期汇率与初始确认时或者前一资产负债表日即期汇率不同而产生的汇兑差额，计入当期损益。

> **提示**
>
> 从此项调整规定可以看出，我国对于金融市场环境变化带来的潜在影响要求在会计信息中予以反映，即将汇率波动形成的浮动盈亏在账面上予以记录。这样的设计思路是否合理？是否可以看作资产负债观在外币折算方面的体现？是否可以理解为公允价值理念的又一种体现？大家可以参照国际会计准则及其他国家的相关规定进行延伸思考。

甲公司根据2×16年12月份的外币货币性账户的余额和资产负债表日的即期汇率等数据资料，编制的期末外币货币性账户余额调整计算表见表3-2。

借：应收账款——B公司（美元）   8 000

应付账款——M公司（美元）   14 000

财务费用——汇兑差额   172 000

贷：银行存款——美元 　　　　　　　　　　　　　　　　　　　26 000

　　应收账款——A公司（美元）　　　　　　　　　　　　　40 000

　　应付账款——N公司（美元）　　　　　　　　　　　　　48 000

　　短期借款——美元　　　　　　　　　　　　　　　　　　80 000

表3-2　　　　　　　　　　　期末外币货币性账户余额调整计算表

外币账户名称	外币余额 （美元）	期末 即期汇率	本位币 应有余额 （元人民币）	本位币 已有余额 （元人民币）	差额 （元人民币）
银行存款——美元	1 900 000	6.90	13 110 000	13 136 000	-26 000
应收账款——A公司（美元）	0	6.90	0	40 000	-40 000
应收账款——B公司（美元）	200 000	6.90	1 380 000	1 372 000	8 000
应付账款——M公司（美元）	0	6.90	0	14 000	-14 000
应付账款——N公司（美元）	600 000	6.90	4 140 000	4 092 000	48 000
短期借款——美元	1 000 000	6.90	6 900 000	6 820 000	80 000

提示

需要注意，外币货币性项目是"双币账户"。外币交易涉及该项目时，需要"双币反映"，既要记录外币金额，又要记录将其折算后的人民币金额。在资产负债表日，该项目出现"双币余额"，即外币余额和人民币余额。根据我国会计准则规定，需要再将原有的人民币余额调整为折算余额（按资产负债表日汇率折算），调整差额计入当期损益。

（二）外币非货币性项目

1.以历史成本计量的外币非货币性项目

对于以历史成本计量的外币非货币性项目，由于已在交易发生日按当日即期汇率折算，资产负债表日不应改变其原记账本位币金额，不产生汇兑差额。根据规定，以历史成本计量的外币非货币性项目在后期不改变其原记账本位币金额。在【例3-1】中，涉及的固定资产在后期仍按原记账本位币4 501 200元记账，后续以此为基础计提折旧。

2.以成本与可变现净值孰低计量的存货

对于以成本与可变现净值孰低计量的存货，如果其可变现净值涉及以外币计价，那么，首先应将可变现净值折算为记账本位币，然后再与以记账本位币记账的存货成本进行比较，选取较低者。

【例3-12】沿用【例3-2】，2×16年12月31日，该公司还有6 000件甲商品未销售，而且国内市场仍无甲商品供应。参照国际市场，甲商品的价格已降至28美元。12月31日的即期汇率是1美元=6.90元人民币。对该存货计提存货跌价准备时：

6 000×30×6.81-6 000×28×6.90=66 600（元人民币）

借：资产减值损失 　　　　　　　　　　　　　　　　　　　66 600

　　贷：存货跌价准备 　　　　　　　　　　　　　　　　　66 600

3.以公允价值计量的股票、基金等非货币性项目

对于以公允价值计量的股票、基金等非货币性项目，期末的公允价值如果以外币计价，那么，应当先将该外币金额按照公允价值确定当日的即期汇率折算为记账本位币金额，再与原记账本位币金额进行比较，对于两者的差额，计入公允价值变动损益。

【例3-13】沿用【例3-3】，在12月3日购入的乙公司B股票200 000股，市价变为每股2.3美元，12月31日即期汇率为1美元＝6.90元人民币。假定不考虑相关税费的影响。对于该股票，确认公允价值变动的会计处理如下：

200 000×2.3×6.90-200 000×2.5×6.85=-251 000（元人民币）

借：公允价值变动损益   251 000

  贷：交易性金融资产——公允价值变动   251 000

提示

需要注意，【例3-12】中计提的存货跌价准备的金额，不仅包括价格的下跌，还包括汇率的变动，是存货价格和汇率变动"双因素"的综合影响。同样，【例3-13】的公允价值变动损益，也是公允价值变动和汇率变动"双因素"的综合影响，是"双损益"。和中级财务会计中讲解的公允价值变动损益不同，它只是价格变动带来的损益，是"单损益"。所以，经济业务一旦涉及外币，可能就要考虑汇率的影响，以及随之而来的汇率变动的确认与计量。

第四节 外币财务报表折算

企业集团在编制合并报表之前，根据规定，需要将企业的境外经营通过合并、权益法核算等纳入企业的财务报表中。这时，需要将企业境外经营的财务报表折算为以企业记账本位币反映的财务报表，也就是外币财务报表折算。外币财务报表折算是指将以外币表示的财务报表折算为以某一特定货币表示的财务报表，即将以一种货币计量单位表述的财务报表转换成以另一种货币计量单位表述的财务报表。

提示

对于外币财务报表折算，涉及两个问题：其一，面对汇率波动，应当选择哪种汇率进行折算；其二，对于折算形成的差额如何确认计量。对于上述问题，理论界和实务界提出了不同的思路，先后组合成四种报表折算方法：流动与非流动项目法、货币与非货币性项目法、时态法、现行汇率法。国际会计准则和美国证券市场上公认采用现行汇率法。同学们可以参照相关规定进行更深入的学习。本书主要介绍我国外币财务报表的折算。

一、我国外币财务报表的折算

借鉴《财务会计准则公告第52号——外币折算》和《国际会计准则第21号——汇率变动的影响》的相关规定，我国《企业会计准则第19号——外币折算》综合使用时态法和现行汇率法两种财务报表折算方法。

在对企业境外经营财务报表进行折算前，应当以本企业的会计期间和会计政策为依

据，将其境外经营企业的会计期间和会计政策调整至与之一致。由于会计政策和会计期间的调整，企业境外经营的外币财务报表也应随之调整，再将调整后外币财务报表按照以下方法进行财务报表折算：

（1）资产负债表中的资产和负债项目，采用资产负债表日的即期汇率折算，所有者权益项目除"未分配利润"项目外，其他项目采用发生时的即期汇率折算。

（2）利润表中的收入和费用项目，采用交易发生日的即期汇率折算，也可以采用按照系统合理的方法确定的、与交易发生日即期汇率近似的汇率折算。

（3）按照上述方法折算产生的外币财务报表折算差额，在编制合并财务报表时，应在合并资产负债表中所有者权益项目下的"其他综合收益"单独列示。

（4）比较财务报表的折算比照上述规定处理。

【例3-14】国内甲公司为境外乙公司的母公司，拥有乙公司70%的股权，并能够对乙公司的财务和经营政策施加重大影响。甲公司以人民币作为记账本位币，而乙公司以美元作为记账本位币。根据合同约定，甲公司采用当期平均汇率折算乙公司利润表项目。乙公司有关资料如下：

2×16年12月31日的即期汇率为1美元=6.90元人民币，2×16年的平均汇率为1美元=6.80元人民币。2×16年12月31日的股本为600万美元，股本发生日的即期汇率为1美元=6.98元人民币；本期期初累计盈余公积为60万美元，折算为人民币416万元，甲、乙公司均在年末提取盈余公积，乙公司当年提取的盈余公积为40万美元；本期期初累计未分配利润为130万美元，折算为人民币890万元，向股东分配股利30万美元。

具体外币报表折算结果见表3-3、表3-4和表3-5。

表3-3

利润表
2×16年度

项 目	外币金额（万美元）	折算汇率	折算为人民币金额（万元人民币）
一、营业收入	2 100.00	6.80	14 280
减：营业成本	1 700.00	6.80	11 560
税金及附加	40.00	6.80	272
管理费用	100.00	6.80	680
财务费用	20.00	6.80	136
加：投资收益	30.00	6.80	204
二、营业利润	270.00	—	1 836
加：营业外收入	50.00	6.80	340
减：营业外支出	20.00	6.80	136
三、利润总额	300.00	—	2 040
减：所得税费用	90.00	6.80	612
四、净利润	210.00	—	1 428
五、其他综合收益			
六、综合收益总额			
七、每股收益			

说明：对于利润表的收入和费用项目，采用1美元=6.80元人民币折算。对于利润表的营业利润、利润总额和净利润三个项目需要根据项目间关系计算填列。

表3-4

所有者权益变动表

2×16年度

| 项　目 | 实收资本 | | | 盈余公积 | | | 未分配利润 | | 其他综合收益（万元人民币） | 股东权益合计 |
	万美元	折算汇率	万元人民币	万美元	折算汇率	万元人民币	万美元	万元人民币		万元人民币
一、本年年初余额	600	6.96	4 176	60		416	130	890		5 482
二、本年增减变动金额										
（一）净利润							210	1 428		1 428
（二）其他综合收益										−13
其中：外币报表折算差额										−13
（三）利润分配										
提取盈余公积				40	6.80	272	−40	−272		0
对股东的分配							−30	−204		−204
三、本年年末余额	600	6.96	4 176	100		688	270	1 842	−13	6 693

说明：盈余公积的期初余额为以前年度计提的盈余公积按照相应年度平均汇率折算后的累计金额，当期计提的盈余公积按照当期平均汇率折算；期初未分配利润为以前年度未分配利润记账本位币的累计金额。

表3-5

资产负债表

2×16年12月31日

资　产	期末数（万美元）	折算汇率	折算为人民币金额（万元人民币）	负债及股东权益	期末数（万美元）	折算汇率	折算为人民币金额（万元人民币）
流动资产：				流动负债：			
货币资金	220	6.90	1 518	短期借款	100	6.90	690
应收账款	260	6.90	1 794	应付账款	340	6.90	2 346
存货	190	6.90	1 311	其他流动负债	160	6.90	1 104
其他流动资产	150	6.90	1 035	流动负债合计	600	—	4 140
流动资产合计	820	—	5 658	非流动负债：			
非流动资产：				长期借款	130	6.90	897
长期应收款	160	6.90	1 104	应付债券	100	6.90	690
固定资产	660	6.90	4 554	其他非流动负债	80	6.90	552
在建工程	90	6.90	621	非流动负债合计	310	—	2 139
无形资产	120	6.90	828	负债合计	910		6 279
其他非流动资产	30	6.90	207	股东权益：			
非流动资产合计	1 060	—	7 314	股本	600	6.96	4 176
				盈余公积	100		688
				未分配利润	270		1 842
				其他综合收益			−13
				股东权益合计	970		6 693
资产总计	1 880		12 972	负债及股东权益总计	1 880		12 972

说明：外币报表折算差额为以记账本位币反映的所有者权益减去以记账本位币反映的股本、资本公积、盈余公积及未分配利润后的余额。

二、外币财务报表折算的披露

企业应当在附注中披露与外币折算有关的下列信息：

（1）企业及境外经营选定的记账本位币及选定的原因，记账本位币发生变更的，说明变更理由。

（2）采用近似汇率的，近似汇率的确定方法。

（3）计入当期损益的汇总差额。

（4）处置境外经营对外币财务报表折算差额的影响。

三、境外经营的处置

企业在经营过程中，可能通过出售、清算、返还股本或放弃全部或部分权益等方式处置其在境外经营中的利益。对于企业处置境外经营，应当将资产负债表中的所有者权益项目下列示的、与该境外经营相关的外币财务报表折算差额，自所有者权益项目转入处置当期损益；部分处置境外经营的，应当按处置的比例计算处置部分的外币财务报表折算差额转入处置当期损益。

四、恶性通货膨胀下的财务报表折算

我国会计准则规定了处于恶性通货膨胀经济中的境外经营的财务报表折算。其中，恶性通货膨胀经济的判断特征如下：

（1）最近3年累计通货膨胀率接近或超过100%；

（2）利率、工资和物价与物价指数挂钩；

（3）公众不是以当地货币而是以相对稳定的外币为单位作为衡量货币金额的基础；

（4）公众倾向以非货币性资产或相对稳定的外币来保存自己的财富，持有的当地货币立即用于投资以保持购买力；

（5）即使信用期限很短，赊销、赊购交易仍按补偿信用期预计购买力损失的价格成交。

企业对处于恶性通货膨胀经济中的境外经营的财务报表，应当按照下列规定进行折算：

对资产负债表项目运用一般物价指数予以重述，对利润表项目运用一般物价指数变动予以重述，再按照最近资产负债表日的即期汇率进行折算。

在境外经营不再处于恶性通货膨胀经济中时，应当停止重述，按照停止之日的价格水平重述财务报表折算。

复习思考题

1. 什么是记账本位币？企业在确定记账本位币时应考虑哪些因素？

2. 外币货币性项目是什么？举例说明。

3. 外币非货币性项目是什么？举例说明。

4. 资产负债表日，外币货币性项目如何调整汇兑损益？

5. 我国外币财务报表折算的规定是什么？

真题 历年真题

一、单项选择题

1.【2016年注册会计师考试"会计"试题】下列各项关于外币财务报表折算的会计处理中，正确的是（　　）。

A.合并财务报表中各子公司之间存在实质上构成对另一子公司净投资的外币货币性项目，其产生的汇兑差额应由少数股东承担

B.以母公司记账本位币反映的实质上构成对境外经营子公司净投资的外币货币性项目，其产生的汇兑差额在合并财务报表中应转入其他综合收益

C.在合并财务报表中对境外经营子公司产生的外币报表折算差额应在归属于母公司的所有者权益中单列外币报表折算差额项目反映

D.以母、子公司记账本位币以外的货币反映的实质上构成对境外经营子公司净投资的外币货币性项目，其产生的汇兑差额在合并财务报表中转入当期财务费用

2.【2014年中级会计职称考试"中级会计实务"试题】企业将收到的投资者以外币投入的资本折算为记账本位币时，应采用的折算汇率是（　　）。

A.投资合同约定的汇率

B.投资合同签订时的即期汇率

C.收到投资款时的即期汇率

D.收到投资款当月的平均汇率

3.【2013年中级会计职称考试"中级会计实务"试题】下列各项外币资产发生的汇兑差额，不应计入财务费用的是（　　）。

A.应收账款　　　　　　　　　　B.银行存款

C.交易性金融资产　　　　　　　D.持有至到期投资

4.【2011年中级会计职称考试"中级会计实务"试题】下列各项外币资产发生的汇兑差额，不应计入当期损益的是（　　）。

A.应收账款

B.交易性金融资产

C.持有至到期投资

D.可供出售权益工具投资

5.【2010年注册会计师考试"会计"试题】甲公司持有在境外注册的乙公司100%股权，能够对乙公司的财务和经营政策实施控制。甲公司以人民币为记账本位币，乙公司以港币为记账本位币，发生外币交易时甲公司和乙公司均采用交易日的即期汇率进行折算。

（1）20×9年10月20日，甲公司以每股2美元的价格购入丙公司B股股票20万股，支付价款40万美元，另支付交易费用0.5万美元。甲公司将购入的上述股票作为交易性金融资产核算，当日即期汇率为1美元=6.84元人民币。20×9年12月31日，丙公司B股股票的市价为每股2.5美元。

（2）20×9年12月31日，除上述交易性金融资产外，甲公司其他有关资产、负债项目的期末余额见表3-6。

表3-6 甲公司其他有关资产、负债项目的期末余额

项 目	外币金额（万美元）	按照20×9年12月31日汇率 调整前的人民币账面余额（万元）
银行存款	600	4 102
应收账款	300	2 051
预付款项	100	683
长期应收款	1 500	1 323
持有至到期投资	50	342
短期借款	450	3 075
应付账款	256	1 753
预收款项	82	560

上述长期应收款实质上构成了甲公司对乙公司境外经营的净投资，除长期应收款外，其他资产、负债均与关联方无关。20×9年12月31日，即期汇率为1美元=6.82元人民币，1港元=0.88元人民币。

要求：根据上述资料，不考虑其他因素，回答下列第（1）题至第（3）题。

（1）下列各项中，不属于外币货币性项目的是（ ）。

A.应付账款　　　　　B.预收款项　　　　　C.长期应收款　　　　　D.持有至到期投资

（2）甲公司在20×9年度个别财务报表中因外币货币性项目期末汇率调整应当确认的汇兑损失是（ ）。

A.5.92万元　　　　　B.6.16万元　　　　　C.6.72万元　　　　　D.6.96万元

（3）上述交易或事项对甲公司20×9年度合并营业利润的影响是（ ）。

A.57.82万元　　　　　B.58.06万元　　　　　C.61.06万元　　　　　D.63.98万元

6.【2010年中级会计职称考试"中级会计实务"试题】下列关于外币财务报表折算的表述中，不正确的是（ ）。

A.资产和负债项目应当采用资产负债表日的即期汇率进行折算

B.所有者权益项目，除"未分配利润"项目外，其他项目均应采用发生时的即期汇率进行折算

C.利润表中的收入和费用项目，应当采用交易发生日的即期汇率折算，也可以采用与交易发生日即期汇率近似的汇率进行折算

D.在部分处置境外经营时，应将资产负债表中所有者权益项目下列示的、与境外经营相关的全部外币财务报表折算差额转入当期损益

7.【2009年注册会计师考试"会计"试题（旧制度）】甲公司为境内注册的公司，其控股80%的乙公司注册地为英国伦敦。甲公司生产产品的30%销售给乙公司，由乙公司在英国销售；同时，甲公司生产所需原材料的30%自乙公司采购。甲公司以人民币作为记账本位币，出口产品和进口原材料均以英镑结算。乙公司除了销售甲公司的产品以及向甲公司出售原材料外，在英国建有独立的生产基地，其生产的产品全部在英国销售，生产所需

原材料在英国采购。

20×7年12月31日，甲公司应收乙公司账款为1 500万英镑；应付乙公司账款为1 000万英镑；实质上构成对乙公司净投资的长期应收款为2 000万英镑。当日，英镑与人民币的汇率为1：10.00。

20×8年，甲公司向乙公司出口销售形成应收乙公司账款5 000万英镑，按即期汇率折算的人民币金额为49 400万元；自乙公司进口原材料形成应付乙公司账款3 400英镑，按即期汇率折算的人民币金额为33 728万元。20×8年12月31日，甲公司应收乙公司账款6 500万英镑，应付乙公司账款4 400万英镑，长期应收乙公司款项2 000英镑，英镑与人民币的汇率为1：9.94。

20×9年3月31日，根据甲公司的战略安排，乙公司销售产品、采购原材料开始以欧元结算。20×9年4月1日，乙公司变更记账本位币，当日英镑与欧元的汇率为1：0.98。

要求：

根据上述资料，不考虑其他因素，回答下列第（1）题至第（4）题。

（1）乙公司在选择记账本位币时，下列各项中应当考虑的主要因素是（　　）。

A.纳税使用的货币

B.母公司的记账本位币

C.注册地使用的法定货币

D.主要影响商品销售价格以及生产商品所需人工、材料和其他费用的货币

（2）下列各项关于甲公司20×8年度因期末汇率变动产生汇兑损益的表述中，正确的是（　　）。

A.应付乙公司账款产生汇兑损失8万元

B.计入当期损益的汇兑损失共计98万元

C.应收乙公司账款产生汇兑损失210万元

D.长期应收乙公司款项产生汇兑收益120万元

（3）下列各项关于甲公司编制20×8年度合并财务报表时会计处理的表述中，正确的是（　　）。

A.长期应收乙公司款项所产生的汇兑差额在合并资产负债表未分配利润项目列示

B.甲公司应收乙公司账款与应付乙公司账款以抵销后的净额在合并资产负债表中列示

C.采用资产负债表日即期汇率将乙公司财务报表折算为以甲公司记账本位币表示的财务报表

D.乙公司外币报表折算差额中归属于少数股东的部分在合并资产负债表少数股东权益项目列示

（4）下列各项关于乙公司变更记账本位币会计处理的表述中，正确的是（　　）。

A.记账本位币变更日所有者权益项目按照历史汇率折算为变更后的记账本位币

B.记账本位币变更日资产负债项目按照当日的即期汇率折算为变更后的记账本位币

C.记账本位币变更当年年初至变更日的利润表项目按照交易发生日的即期汇率折算为变更后的记账本位币

D.记账本位币变更当年年初至变更日的现金流量表项目按照与交易发生日即期汇率

近似的汇率折算为变更后的记账本位币

8.【2009年中级会计职称考试"中级会计实务"试题】企业发生的下列外币业务中，即使汇率变动不大，也不得使用即期汇率的近似汇率进行折算的是（　　）。

A.取得的外币借款

B.投资者以外币投入的资本

C.以外币购入的固定资产

D.销售商品取得的外币营业收入

9.【2008年中级会计职称考试"中级会计实务"试题】下列各项中，不得使用即期汇率的近似汇率进行折算的是（　　）。

A.接受投资收到的外币　　　　　　　B.购入原材料应支付的外币

C.取得借款收到的外币　　　　　　　D.销售商品应收取的外币

10.【2007年中级会计职称考试"中级会计实务"试题】企业对境外经营的子公司外币资产负债表折算时，在不考虑其他因素的情况下，下列各项中，应采用交易发生时的即期汇率折算的是（　　）。

A.存货　　　　　　B.固定资产　　　　　　C.实收资本　　　　　　D.未分配利润

二、多项选择题

1.【2015年注册会计师考试"会计"试题】下列各项中，在对境外经营财务报表进行折算时选用的有关汇率，符合会计准则规定的有（　　）。

A.股本采用股东出资日的即期汇率折算

B.可供出售金融资产采用资产负债表日即期汇率折算

C.未分配利润项目采用报告期平均汇率折算

D.当期提取的盈余公积采用当期平均汇率折算

2.【2014年注册会计师考试"会计"试题】对外币财务报表进行折算时，下列项目中，应当采用期末资产负债表日的即期汇率进行折算的有（　　）。

A.盈余公积　　　　　　　　　　　　B.未分配利润

C.长期股权投资　　　　　　　　　　D.交易性金融资产

3.【2014年中级会计职称考试"中级会计实务"试题】下列关于工商企业外币交易会计处理的表述中，正确的有（　　）。

A.结算外币应收账款形成的汇兑差额应计入财务费用

B.结算外币应付账款形成的汇兑差额应计入财务费用

C.出售外币交易性金融资产形成的汇兑差额应计入投资收益

D.出售外币可供出售金融资产形成的汇兑差额应计入其他综合收益

4.【2013年中级会计职称考试"中级会计实务"试题】下列关于资产负债表外币折算的表述中，正确的有（　　）。

A.外币报表折算差额应在所有者权益项目下列示

B.采用历史成本计量的资产项目应按资产确认时的即期汇率折算

C.采用公允价值计量的资产项目应按资产负债表日即期汇率折算

D."未分配利润"项目以外的其他所有者权益项目应按发生时的即期汇率折算

5.【2012年注册会计师考试"会计"试题】下列关于外币资产负债表折算的表述中，

不符合企业会计准则规定的有（　　）。

　　A.实收资本项目按交易发生日的即期汇率折算

　　B.未分配利润项目按交易发生日的即期汇率折算

　　C.资产项目按交易发生日即期汇率的近似汇率折算

　　D.负债项目按资产负债表日即期汇率的近似汇率折算

　　6.【2011年中级会计职称考试"中级会计实务"试题】下列各项中，属于企业在确定记账本位币时应考虑的因素有（　　）。

　　A.取得借款使用的主要计价货币

　　B.确定商品生产成本使用的主要计价货币

　　C.确定商品销售价格使用的主要计价货币

　　D.从经营活动中收取货款使用的主要计价货币

三、判断题

　　1.【2014年中级会计职称考试"中级会计实务"试题】企业当期产生的外币报表折算差额，应在利润表"财务费用"项目中列示。　　　　　　　　　　　　　　　（　　）

　　2.【2013年中级会计职称考试"中级会计实务"试题】企业编制的合并财务报表涉及境外经营时，实质上构成对境外经营净投资的外币货币性项目产生的汇兑差额应先相互抵销，抵销后仍有余额的，再将该余额转入外币报表折算差额。　　　　　　（　　）

　　3.【2012年中级会计职称考试"中级会计实务"试题】企业对境外经营财务报表进行折算时，资产负债表各项目均采用资产负债表日的即期汇率折算，利润表各项目均采用交易发生日的即期汇率或与交易发生日即期汇率近似的汇率折算。　　　　（　　）

　　4.【2011年中级会计职称考试"中级会计实务"试题】外币财务报表折算产生的折算差额，应在资产负债表"未分配利润"项目列示。　　　　　　　　　　　　　（　　）

　　5.【2010年中级会计职称考试"中级会计实务"试题】企业收支以人民币以外的货币为主的企业，可以选定其中一种货币作为记账本位币，但编制的财务报表应当折算为人民币金额。　　　　　　　　　　　　　　　　　　　　　　　　　　　　　（　　）

　　6.【2008年中级会计职称考试"中级会计实务"试题】企业对境外子公司的外币利润表进行折算时，可以采用交易发生日即期汇率，也可以采用按照系统合理的方法确定的、与交易日即期汇率近似的汇率。　　　　　　　　　　　　　　　　　　　（　　）

四、计算分析题

　　【2012年中级会计职称考试"中级会计实务"试题】甲公司系增值税一般纳税人，开设有外汇账户，会计核算以人民币作为记账本位币，外币交易采用交易发生日的即期汇率折算。该公司2011年12月份发生的外币业务及相关资料如下：

　　（1）5日，从国外乙公司进口原料一批，货款200 000欧元，当日即期汇率为1欧元=8.50元人民币，按规定应交进口关税170 000元人民币，应交进口增值税317 900元人民币。货款尚未支付，进口关税及增值税当日以银行存款支付，并取得海关完税凭证。

　　（2）14日，向国外丙公司出口销售商品一批（不考虑增值税），货款40 000美元，当日即期汇率为1美元=6.34元人民币，商品已经发出，货款尚未收到，但满足收入确认条件。

　　（3）16日，以人民币从银行购入200 000欧元并存入银行，当日欧元的卖出价为1欧元=8.30元人民币，中间价为1欧元=8.26元人民币。

（4）20日，因增资扩股收到境外投资者投入的1 000 000欧元，当日即期汇率为1欧元=8.24元人民币，其中，8 000 000元人民币作为注册资本入账。

（5）25日，向乙公司支付部分前欠进口原材料款180 000欧元，当日即期汇率为1欧元=8.51元人民币。

（6）28日，收到丙公司汇来的货款40 000美元，当日即期汇率为1美元=6.31元人民币。

（7）31日，根据当日即期汇率对有关外币货币性项目进行调整并确认汇兑差额，当日有关外币的即期汇率为1欧元=8.16元人民币，1美元=6.30元人民币。有关项目的余额见表3-7。

表3-7　　　　　　　　　　　　　有关项目的余额

项　目	外币金额	调整前的人民币金额
银行存款（美元）	40 000美元（借方）	252 400元（借方）
银行存款（欧元）	1 020 000欧元（借方）	8 360 200元（借方）
应付账款（欧元）	20 000欧元（贷方）	170 000元（贷方）
应收账款（美元）		

要求：

（1）根据资料（1）至（6），编制甲公司与外币业务相关的会计分录。

（2）根据资料（7），计算甲公司2011年12月31日确认的汇兑差额，并编制相应的会计分录。

练习题

一、单项选择题

1.我国境内某企业以美元作为记账本位币，下列说法中不正确的是（　　）。

A.该企业发生的以人民币计价和结算的交易属于外币交易

B.该企业发生的以美元计价和结算的交易不属于外币交易

C.该企业财务报表的编报货币为美元

D.该企业财务报表的编报货币为人民币

2.关于记账本位币，下列描述中正确的是（　　）。

A.企业选定的记账本位币一经确定，不得变更

B.企业的记账本位币只能是人民币

C.如果企业经营所处的主要经济环境发生重大变化，选定的记账本位币可以变更

D.企业的编报货币可以是人民币以外的币种

3.企业因经营所处的主要经济环境发生重大变化，确需变更记账本位币的，应将所有项目折算为变更后的记账本位币，该折算汇率是（　　）。

A.变更当日的即期汇率

B.变更当期期初的即期汇率

C.按照系统合理的方法确定的、与交易发生日即期汇率近似的汇率

D.资产负债表日汇率

4.某外商投资企业收到外商投入的生产设备一台，协议作价80万美元，投资合同约定汇率为1美元=6.88元人民币。当日即期汇率为1美元=6.82元人民币。另发生运杂费3万元、进口关税4万元、安装调试费2万元。该设备的入账价值为（　　）万元。

A.559.4　　　　　　B.550.4　　　　　　C.554.6　　　　　　D.545.6

5.企业收到投资者以外币投入的资本，应当采用交易日即期汇率折算，不得采用合同约定汇率和即期汇率的近似汇率折算。因此，外币投入资本与相应的货币性项目折算记账本位币金额之间不产生（　　）。

A.财务费用　　　　B.汇兑损益　　　　C.未分配利润　　　D.资本折算差额

6.对于借入的外币，企业应将其折算为记账本位币，选取的折算汇率为交易发生（　　）的即期汇率。

A.当日　　　　　　B.月末　　　　　　C.年初　　　　　　D.年末

7.由于业务需要，企业将一种货币兑换成另一种货币的业务称为（　　）。

A.外币借贷　　　　B.外币交易　　　　C.外币兑换　　　　D.外币核算

8.假设甲企业以人民币作为记账本位币，采用外币业务交易发生日的即期汇率作为折算汇率的，将人民币兑换成外币时所产生的汇兑损益，是指（　　）。

A.银行买入价与交易发生日的即期汇率之差所引起的折算差额

B.银行卖出价与交易发生日的即期汇率之差所引起的折算差额

C.账面汇率与交易发生日的即期汇率之差所引起的折算差额

D.账面汇率与当日银行卖出价之差所引起的折算差额

9.2016年12月11日，甲公司因业务需要到银行买入200 000美元，银行当日卖出价为1美元=6.84元人民币，银行当日买入价为1美元=6.80元人民币，当日即期汇率为1美元=6.81元人民币。该项外币兑换业务导致企业汇兑损益是（　　）元。

A.2 000（收益）　　B.2 000（损失）　　C.6 000（收益）　　D.6 000（损失）

10.2016年12月11日，甲公司将200 000美元到银行兑换为人民币，银行当日卖出价为1美元=6.84元人民币，银行当日买入价为1美元=6.80元人民币，当日即期汇率为1美元=6.81元人民币。该项外币兑换业务导致企业汇兑损益是（　　）元。

A.2 000（收益）　　B.2 000（损失）　　C.6 000（收益）　　D.6 000（损失）

11.下列选项中，属于外币非货币性项目的是（　　）。

A.应收账款　　　　　　　　　　　B.交易性金融资产

C.库存现金　　　　　　　　　　　D.银行存款

12.以公允价值计量的股票等非货币性项目，对于以公允价值按当日即期汇率折算的记账本位币金额，与原记账本位币金额之间的差额，应计入（　　）。

A.资本公积　　　　　　　　　　　B.财务费用

C.其他综合收益　　　　　　　　　D.公允价值变动损益

13.2016年12月3日，甲企业以每股1.5美元购入境外公司股票40 000股，当日汇率为1美元=6.86元人民币，该公司将其作为交易性金融资产。2016年12月3日，该股票市价为每股1.6美元，当日汇率为1美元=6.82元人民币。对于该股票的公允价值变动应确认

（　　）元。

    A.汇兑损益2 400（损失）

    B.公允价值变动损益4 000（收益）

    C.公允价值变动损益24 880（收益）

    D.汇兑损益1 600（损失）

14.在资产负债表日，对于外币货币性项目，采用当日即期汇率折算后的金额与初始确认时或者前一资产负债表日即期汇率不同而产生的差额，应当计入（　　）。

    A.资产减值损失　　　　　　　　　　B.管理费用

    C.营业外收入（支出）　　　　　　　D.财务费用

15.编制合并报表时，需要将（　　）的外币报表予以折算。

    A.债权人　　　　　　B.关联方　　　　　　C.母公司　　　　　　D.子公司

16.按照现行汇率法进行外币报表折算时，应采用历史汇率折算的项目是（　　）。

    A.交易性金融资产　　B.股本　　　　　　　C.应付账款　　　　　D.存货

17.如果在合并报表编制时，涉及外币报表折算差额，应将这一差额在（　　）中予以反映。

    A.合并资产负债表　　　　　　　　　　B.合并利润表

    C.合并所有者权益变动表　　　　　　　D.合并现金流量表

二、多项选择题

1.下列交易中，属于外币交易的有（　　）。

    A.买入以外币计价的商品或者劳务

    B.卖出以外币计价的商品或者劳务

    C.借入或借出外币资金

    D.向国外购买和销售以记账本位币计价和结算的商品

2.企业对于发生的外币交易，在初始确认时，应将外币折算为记账本位币，通常可以采用的汇率有（　　）。

    A.交易发生日的即期汇率　　　　　　B.交易发生日年末的汇率

    C.交易发生日年初的汇率　　　　　　D.与交易发生日即期汇率近似的汇率

3.下列各项中，不属于外币兑换业务的有（　　）。

    A.从中国银行取得美元借款　　　　　B.从银行购入美元外汇

    C.归还中国银行欧元借款　　　　　　D.销售商品发生的外币应收账款

4.2016年12月11日，甲公司将200 000美元到银行兑换为人民币，银行当日卖出价为1美元=6.84元人民币，银行当日买入价为1美元=6.80元人民币，当日即期汇率为1美元=6.81元人民币。该项外币兑换业务不正确的会计处理有（　　）。

    A.借：银行存款——人民币　　　　　　　　　　　　　　　　1 360 000

          财务费用　　　　　　　　　　　　　　　　　　　　2 000

        贷：银行存款——美元　　　　　　　　　　　　　　　　　　1 362 000

    B.借：银行存款——人民币　　　　　　　　　　　　　　　　1 362 000

        贷：银行存款——美元　　　　　　　　　　　　　　　　　　1 360 000

          财务费用　　　　　　　　　　　　　　　　　　　　　　2 000

  C.借：银行存款——人民币   1 362 000

    财务费用   6 000

     贷：银行存款——美元   1 368 000

  D.借：银行存款——人民币   1 368 000

     贷：银行存款——美元   1 362 000

      财务费用   6 000

  5.2016年12月11日，甲公司因业务需要到银行买入200 000美元，银行当日卖出价为1美元=6.84元人民币，银行当日买入价为1美元=6.80元人民币，当日即期汇率为1美元=6.81元人民币。该项外币兑换业务不正确的会计处理有（ ）。

  A.借：银行存款——美元   1 362 000

     贷：银行存款——人民币   1 360 000

      财务费用   2 000

  B.借：银行存款——人民币   1 362 000

     贷：银行存款——美元   1 360 000

      财务费用   2 000

  C.借：银行存款——人民币   1 362 000

    财务费用   6 000

     贷：银行存款——美元   1 368 000

  D.借：银行存款——美元   1 362 000

    财务费用   6 000

     贷：银行存款——人民币   1 368 000

  6.根据现行外币核算规定，后期不改变其原记账本位币金额的项目包括（ ）。

  A.交易性金融资产   B.固定资产

  C.无形资产   D.主营业务收入

  7.根据现行会计准则，在资产负债表日，需要对其期末余额进行调整的账户包括（ ）。

  A.资产类   B.负债类   C.收入类   D.费用类

  8.资产负债表日，在对外币项目余额进行调整时，汇率变动的影响可能记入的会计科目有（ ）。

  A."资产减值损失"   B."财务费用"

  C."公允价值变动损益"   D."投资收益"

  9.当期末即期汇率上升时，下列外币账户会产生汇兑收益的有（ ）。

  A.实收资本   B.应收账款   C.应付账款   D.银行存款

  10.当期末即期汇率下降时，下列外币账户会产生汇兑收益的有（ ）。

  A.实收资本   B.短期借款   C.应付账款   D.银行存款

  11.下列选项中，属于外币非货币性项目的有（ ）。

  A.存货   B.固定资产   C.无形资产   D.长期股权投资

  12.外币报表折算时，下列项目中，应当按照交易发生时的即期汇率折算的有（ ）。

  A.固定资产   B.预收账款   C.资本公积   D.实收资本

  13.外币报表折算时，下列项目中，应按照资产负债表日即期汇率折算的有（ ）。

A.货币资金　　　　　B.存货　　　　　C.应付账款　　　　D.盈余公积

14.外币报表折算时，对于所有者权益类项目，采用发生时的即期汇率折算的有（　　　）。

A.资本公积　　　　　B.盈余公积　　　　C.其他综合收益　　　D.未分配利润

15.根据现行会计准则，利润表中的收入和费用项目可以采用的折算汇率有（　　　）。

A.交易发生日的即期汇率

B.资产负债日的即期汇率

C.平均汇率

D.按照系统合理的方法确定的、与交易发生日即期汇率近似的汇率

三、判断题

1.根据我国现行企业会计准则的有关规定，我国境内企业应当以人民币作为记账本位币。　　　　　　　　　　　　　　　　　　　　　　　　　　　　　　（　　）

2.企业因经营所处的主要经济环境发生重大变化，确需变更记账本位币的，应当将有关项目折算为变更后的记账本位币，折算差额单独列示。　　　　　　　　　（　　）

3.外币统账制是企业在外币业务发生时，即折算为记账本位币入账，与外币分账制的折算时间不同。　　　　　　　　　　　　　　　　　　　　　　　　　　（　　）

4.外币交易应当在初始确认时，采用交易发生日的即期汇率将外币金额折算为记账本位币金额，也可以采用按照系统合理的方法确定的、与交易发生日即期汇率近似的汇率折算。　　　　　　　　　　　　　　　　　　　　　　　　　　　　　（　　）

5.企业通常应当采用即期汇率进行折算。汇率变动不大的，也可以采用即期汇率的近似汇率进行折算。　　　　　　　　　　　　　　　　　　　　　　　　　（　　）

6.以人民币作为记账本位币的企业，对于外币现金、外币存款、外汇借款、以外币结算的债权债务等账户，应采用复币式记载，除了登记外币金额、汇率外，还应同时折算为人民币记账。　　　　　　　　　　　　　　　　　　　　　　　　　（　　）

7.企业发生的外币兑换业务或涉及外币兑换的交易或事项，应当按照交易实际采用的汇率（即银行买入价或卖出价）折算。　　　　　　　　　　　　　　　　（　　）

8.对于外币交易后续计量，应当区分外币货币性项目和外币非货币性项目进行处理，它们的会计核算是有区别的。　　　　　　　　　　　　　　　　　　　　（　　）

9.对于有些以历史成本计量的外币非货币性项目，资产负债表日可以不改变其原记账本位币金额，不产生汇兑差额。　　　　　　　　　　　　　　　　　　　（　　）

10.对于以成本与可变现净值孰低计量的存货，如果其可变现净值涉及以外币计价，那么，首先应将可变现净值折算为记账本位币。然后，再与以记账本位币记载的存货成本进行比较，对于两者的差额，计入存货跌价准备。　　　　　　　　　　（　　）

11.对于以公允价值计量的股票，期末的公允价值按照当日的即期汇率折算为记账本位币的金额与原记账本位币金额之间的差额，计入财务费用。　　　　　　（　　）

12.我国现行会计准则中，关于外币折算，综合使用时态法和现行汇率法两种财务报表折算方法。　　　　　　　　　　　　　　　　　　　　　　　　　　　（　　）

13.在外币报表折算中，只需处理好对外币报表中的各个项目选择什么汇率进行折算，不会涉及报表折算差额的问题。　　　　　　　　　　　　　　　　　　（　　）

14.外币报表折算差额，是指在外币报表折算时，由于不同项目所采用的汇率不同而

产生的差额，它是一种未实现汇兑损益。 （ ）

15.外币折算差额的大小，与所选用的报表折算方法无关。 （ ）

16.外币财务报表折算差额，在编制合并财务报表时，应在合并资产负债表中"未分配利润"项目下单独列示。 （ ）

四、会计处理题

1.N公司以人民币为记账本位币，2016年12月至2017年1月发生下列外币业务：

（1）2016年12月1日，进口不需要安装的设备一台，价款为500万美元，款项以美元存款支付，当日的即期汇率为￥6.37=$1，不考虑增值税等相关税费。

（2）2016年12月2日，进口A商品10件，每件1 000美元，货款以美元存款支付，当日的即期汇率为￥6.47=$1。

（3）2016年12月4日，以每股2美元的价格购入G公司B股1 000股作为交易性金融资产，当日的即期汇率为￥6.58=$1，款项已用美元存款付清。

（4）2016年12月31日，原进口的A商品存货还余5件，当天的即期汇率为￥6.30=$1，国内市场仍无A商品供货，但在国际市场上该种商品价格已降至每件900美元。

（5）2016年12月31日，由于股市价格变动，G公司B股的市价为每股2.5美元，当日的即期汇率为￥6.30=$1。

（6）2017年1月5日，将所购G公司B股股票以每股2.7美元全部售出，已收到美元，当日的即期汇率为￥6.31=$1。

要求：根据上述外币业务逐一进行会计处理（答案以元为单位）。

2.A有限责任公司对外币业务采用交易发生日的即期汇率折算，按月计算汇兑损益。2016年6月30日市场汇率为1美元=6.95元人民币。2016年6月30日有关外币账户期末余额见表3-8。

表3-8　　　　　**2016年6月30日有关外币账户期末余额**

项　目	外币金额（美元）	折算汇率	折合人民币金额（元）
银行存款	100 000	6.95	695 000
应收账款	500 000	6.95	3 475 000
应付账款	200 000	6.95	1 390 000

A公司2016年7月发生以下外币业务（不考虑增值税等相关税费，答案以元为单位）：

（1）7月15日收到某外商投入的外币资本500 000美元，当日的即期汇率为1美元=6.90元人民币，投资合同约定的汇率为1美元=6.96元人民币，款项已由银行收存，编制该项外币业务的会计分录。

（2）7月18日，进口一台机器设备，设备价款400 000美元，尚未支付，当日的即期汇率为1美元=6.93元人民币。该机器设备正处在安装调试过程中，预计将于2016年9月完工交付使用，编制该项外币业务的会计分录。

（3）7月20日，对外销售产品一批，价款共计200 000美元，当日的即期汇率为1美元=6.88元人民币，款项尚未收到，编制该项外币业务的会计分录。

（4）7月28日，向银行购入200 000美元，用于偿还6月发生的应付账款，当日的即期汇率为1美元=6.91元人民币，银行卖出价为1美元=6.93元人民币，编制该项外币业务的会计分录。

（5）7月31日，收到6月份发生的应收账款300 000美元，收到后将其结售给银行，当日的即期汇率为1美元=6.90元人民币，银行卖入价为1美元=6.87元人民币，编制该项外币业务的会计分录。

（6）编制期末记录汇兑损益的会计分录。

3.A有限责任公司对外币业务采用交易发生日的即期汇率折算，按月计算汇兑损益。2016年6月30日市场汇率为1美元=6.31元人民币。2016年6月30日有关外币账户期末余额见表3-9。

表3-9　　　　　　　　　　2016年6月30日有关外币账户期末余额

项　目	外币金额（美元）	折算汇率	折合人民币金额（元）
银行存款	100 000	6.31	611 000
应收账款	500 000	6.31	3 055 000
应付账款	200 000	6.31	1 262 000

A公司2016年7月发生以下外币业务（不考虑增值税等相关税费，答案以元为单位）：

（1）7月15日收到某外商投入的外币资本500 000美元，当日的即期汇率为1美元=6.32元人民币，投资合同约定的汇率为1美元=6.33元人民币，款项已由银行收存，编制该项外币业务的会计分录。

（2）7月18日，进口一台不需要安装的机器设备，设备价款400 000美元，尚未支付，当日的即期汇率为1美元=6.33元人民币，编制该项外币业务的会计分录。

（3）7月20日，对外销售产品一批，价款共计200 000美元，当日的即期汇率为1美元=6.31元人民币，款项尚未收到，编制该项外币业务的会计分录。

（4）7月28日，向银行购入200 000美元，以偿还6月发生的应付账款，当日的即期汇率为1美元=6.32元人民币，银行卖出价为1美元=6.35元人民币，编制该项外币业务的会计分录。

（5）7月31日，收到6月份发生的应收账款300 000美元，当即结售给银行，当日的即期汇率为1美元=6.30元人民币，银行卖入价为1美元=6.28元人民币，编制该项外币业务的会计分录。

（6）编制期末记录汇兑损益的会计分录。

4.M公司以人民币为记账本位币，2016年发生下列外币业务：

（1）2016年5月10日，将其所持有的2 000美元卖给银行，当日银行买入价为¥6.30=$1，当日即期汇率为¥6.32=$1。

（2）2016年6月20日，从银行买入美元20 000元，当日银行卖出价为¥6.32=$1，当日即期汇率为¥6.30=$1。

（3）2016年7月1日，从银行借入1年期贷款10 000美元，年利率为5%，当日即期汇率为¥6.31=$1。

（4）2016年12月3日，以每股1.5美元的价格购入A公司B股1 000股作为交易性金融资产，当日即期汇率为￥6.35=$1，款项以美元付清。

（5）2016年12月31日，预提银行借款的利息250美元，当日即期汇率为￥6.36=$1。

（6）2016年12月31日，由于股市价格变动，本月3日购入A公司B股的市价为每股2美元，当日即期汇率为￥6.36=$1。

要求：根据上述外币业务逐一进行会计处理（答案以元为单位）。

5.甲公司以人民币为记账本位币，2016—2017年发生下列外币业务：

（1）2016年12月2日，从美国采购A商品10 000件，单价100美元，当日即期汇率为￥6.25=$1。

（2）2016年12月10日，以每股3美元的价格购入乙公司B股100万股作为交易性金融资产，当日即期汇率为￥6.24=$1，款项已付。

（3）2016年12月31日，由于市价价格变动，当月购入的乙公司B股的市价变为每股2美元，当日即期汇率为￥6.23=$1。

（4）2016年12月31日，尚有10 000件A商品未销售出去，国内市场仍无A商品供应，A商品在国际市场的价格降至90美元，当日即期汇率为￥6.23=$1。

（5）2017年1月10日，甲公司将所购乙公司B股股票按当日市价每股2.4美元全部售出，当日即期汇率为1美元=6.22元人民币。

要求：根据上述外币业务逐一进行会计处理（答案以元为单位）。

第三章练习题参考答案

企业合并会计

学习目标

在学习和理解本章内容时，应当关注：（1）企业合并的定义。企业合并是将两个或两个以上单独的企业合并形成一个报告主体的交易或事项，其结果通常是一个企业取得对一个或多个业务的控制权。（2）企业合并类型的划分，包括按照合并后主体的法律形式不同、合并双方合并前后最终控制方是否变化、合并双方涉及行业不同这三种不同分类。（3）同一控制下企业合并的处理，包括合并方取得资产和负债的确认和计量、合并对价的确认和计量，以及两者之间差额的处理等。（4）非同一控制下企业合并的处理，包括购买方及购买日的确定，企业合并成本的确定，购买方取得的可辨认资产、负债的确认和计量，合并差额的确认和计量等。除了学习本章的内容外，还应当认真阅读《企业会计准则第20号——企业合并》《企业会计准则第2号——长期股权投资》及相关指南和解释。

重点难点

企业合并不同类型的划分；同一控制下合并方取得资产和负债的确认和计量及合并差额的处理；非同一控制下购买方取得可辨认资产和负债的确认和计量、企业合并成本及合并差额的确认和计量。

第一节 企业合并概述

一、企业合并的含义

合并是企业在竞争日益激烈的市场经济环境下扩张规模、拓展经营业务和市场的有效途径。自20世纪以来，西方发达国家出现了多次企业合并浪潮。近年来，我国的企业合并案例也越来越多。2015年互联网科技企业著名的合并案例包括58同城和赶集网、美团和大众点评、携程和去哪儿、滴滴打车和快的打车合并等。什么是企业合并？我国《企业会计准则第20号——企业合并》将企业合并定义为：将两个或两个以上单独的企业合并形成一个报告主体的交易或事项。

假设有A、B两个企业进行合并，可能存在以下三种类型：

（1）A企业支付对价取得B企业的全部净资产，该交易事项发生后，撤销B企业，只留下A企业。两个独立主体合并后只剩一个A企业，A企业既是一个法律主体，也是一个报告主体。

（2）A企业和B企业分别以自身所持有的全部净资产出资，投资成立新的C企业。A企业和B企业全部撤销，只剩一个C企业，C企业既是一个法律主体，也是一个报告主体。

（3）A企业通过增发自身的普通股自B企业原股东处取得B企业的全部股权，该交易事项发生后，B企业仍独立存在、继续经营。也就是说，A企业成为B企业的控股股东，两个企业还是两个独立的法律主体，但是A企业作为B企业的母公司构成了一个经济意义上的整体，A企业和B企业可以合并披露财务报表，构成一个财务报告主体。

根据上述案例，我们在理解企业合并定义时，需要把握三个关键词：第一，两个或两个以上单独的企业。这两个企业在合并之前是独立的法律主体，也是独立的报告主体。第二，一个报告主体。合并之后不管是只剩一个企业还是两个企业，从经济意义上来说，都只剩一个报告主体，也就是单独以一个会计主体对外提供财务报告。上述案例的前两种合并都只剩一个企业，当然也是一个报告主体。如果属于第三种情况，A和B虽然还是独立的法律主体，但A和B可以合并形成一份财务报告对外披露。第三，交易或事项。企业合并对于合并双方来说，可能是一项交易行为，也可能仅是一个事项而不是一项交易，这主要取决于合并的性质。具体可见企业合并分类中合并双方合并前后是否同受一方控制的分析。

二、企业合并的类型

企业合并可以用不同的标准来进行分类：按合并后主体的法律形式不同进行分类、按合并双方合并前后最终控制方是否变化进行分类、按涉及行业的不同进行分类。前两种分类与会计处理相关，而按涉及行业的不同进行分类是指横向合并、纵向合并和混合合并，这种分类与会计处理相关性很小，所以本章只介绍前两种分类方式。

（一）按合并后主体的法律形式不同进行分类

企业合并按照法律形式可以分为吸收合并、新设合并和控股合并。

1.吸收合并

吸收合并是指合并方（或购买方）通过企业合并交易或事项取得被合并方（或被购买方）的全部净资产，合并后被合并方（或被购买方）不再具有独立的法人资格，被合并方的资产和负债由合并方（或购买方）承接，在新的基础上继续经营。如2015年中国南车吸收合并中国北车，合并后中国南车更名为中国中车，中国北车注销法人资格。吸收合并后，合并方作为一个独立的法律主体，继续经营合并双方在合并后的各项业务，接受被合并方的资产，并承担其负债，作为一个独立报告主体披露合并后的会计信息。

2.新设合并

新设合并是指参与合并的各方注销各自的法人资格，合并组成一个新的企业，由新企业持有参与合并各方的资产，承担各自的负债，并在新的基础上继续经营。20世纪90年代上海著名的申银证券和万国证券两家证券公司合并组成申银万国一家证券公司，就属典型的新设合并。合并后，申银证券和万国证券都撤销了自己的法人资格，申银万国证券公司作为新的独立法律主体和报告主体，拥有原两家证券公司的资产并承担其负债。

3.控股合并

控股合并是指合并方（或购买方）通过合并交易或事项取得对被合并方（或被购买方）的控制权，被合并方（或被购买方）在合并后仍保持其独立的法人资格并继续经营，合并方（或购买方）将对被合并方（或被购买方）的控制权确认为一项资产。目前企业合并大多采用这种方式，参与合并的各方在合并后还是保持独立的法人资格，独立经营。控股合并并不是法律意义上的合并，但是控股企业和被控股企业构成了母子关系，母子企业可以作为一个独立的报告主体对外披露会计信息。

需要注意的是，吸收合并和新设合并，合并方（或购买方）在企业合并中都取得了其他参与合并企业的控制权，只是这种控制权表现为合并方（或购买方）取得的是被合并方（或被购买方）的净资产，也就是合并后的存续企业将其他方的资产和负债并入自己的个别报表。而控股合并下合并方（或购买方）取得的控制权，表现为取得被合并方（或被购买方）的股权，这个股权在合并方（或购买方）的个别报表上表现为长期股权投资。

提示

第一，会计准则所称的"企业合并"与公司法所称的"公司合并"有所不同。《中华人民共和国公司法》第九章"公司合并、分立、增资、减资"规定，公司合并可以采取吸收合并或者新设合并。一个公司吸收其他公司为吸收合并，被吸收的公司解散。两个以上公司合并设立一个新的公司为新设合并，合并各方解散。公司法所称公司合并将控股合并排除在外。同学们可延伸阅读《中华人民共和国公司法》第一百七十二条至第一百七十四条内容。

第二，中级财务会计中介绍的长期股权投资，按照影响程度分为控制、共同控制、重大影响。当投资方购买被投资方股权比例达到控制时，投资方和被投资方构成了母子关系，这种投资就称为控制性投资，也称为控股合并。而企业合并中的吸收合并和新设合并，合并双方不构成母子关系，因而与长期股权投资无关。同学们需要思考长期股权投资中的控制性投资与企业合并中的控股性合并之间的联系。

（二）按合并双方合并前后最终控制方是否变化进行分类

企业合并按照合并双方合并前后最终控制方是否变化划分为两大基本类型——同一控制下的企业合并与非同一控制下的企业合并。

1.两类合并的概念比较

同一控制下的企业合并是指参与合并的企业在合并前后均受同一方或相同多方最终控制且该控制并非暂时性的。

非同一控制下的企业合并是指参与合并的各方在合并前后不属于同一方或相同的多方最终控制。

所谓控制，是指有权决定一个企业的财务和经营政策，并能据以从该企业的经营活动中获取利益。控制并非暂时性是指参与合并各方在合并前后较长的时间内受同一方或相同多方控制的时间通常在1年及以上。所谓同一方，是指对参与合并的企业在合并前后均实施最终控制的投资者。而相同多方是指根据投资者之间的协议约定，在对被投资单位的生产经营决策行使表决权时发表一致意见的两个或两个以上的投资者。

【例4-1】甲公司和乙公司是两个归属不同母公司的企业。A、C、D、E、F、G均为股份有限公司，其中，甲公司直接拥有 A 公司 70% 的表决权，直接拥有 B 公司 60% 的表决权；A 公司直接拥有 C 公司 51% 的表决权；乙公司直接拥有 D 公司 60% 的表决权，直接拥有 E 公司 80% 的表决权；D 公司直接拥有 F 公司 100% 的表决权。以上各项表决权的拥有期间都超过 1 年。根据上述资料，分析合并前存在的最终控制关系以及合并后下列各种合并关系的类别：甲、乙合并；A、B 合并；B、C 合并；A、乙合并；D、E 合并；C、D 合并。

解析：

第一，合并前存在的最终控制关系：

甲公司直接控制 A 公司和 B 公司，间接控制 C 公司；A 公司直接控制 C 公司；甲公司是 A 公司、B 公司和 C 公司的最终控制方。

乙公司直接控制 D 公司和 E 公司，间接控制 F 公司；D 公司直接控制 F 公司；乙公司是 D 公司、E 公司和 F 公司的最终控制方。

第二，甲公司和乙公司及其所属公司之间的上述合并归属类型见表 4-1。

4-1   **合并归属类型表**

同一控制下的企业合并		非同一控制下的企业合并
合并前后均受甲公司最终控制	合并前后均受乙公司最终控制	
A、B 合并 B、C 合并	D、E 合并	甲、乙合并 A、乙合并 C、D 合并

2.两类合并的实质比较

同一控制下的企业合并，由于合并双方的合并行为是在一方或相同多方的最终控制主导下完成的，该合并行为可能不完全是自愿进行和完成的，合并时的作价也可能不是按照市场公允价值确定其支付对价。也就是说，同一控制下的企业合并不是在公平交易基础上的一项真正购并交易，只是一个对合并各方资产、负债进行重新组合的经济事项。因此，同一控制下的企业合并，其实质不是一桩"交易"，而是一桩"事项"。同时，在合并日取得对其他参与合并企业控制权的一方为"合并方"，而不是"购买方"；参与合并的其他企业为"被合并方"，而不是"被购买方"。合并方实际取得对被合并方净资产或生产经营决策的控制权的日期，称为"合并日"，而不是"购买日"。这里控制权转移要同时满足以下条件：（1）企业合并合同已获股东大会等通过；（2）企业合并事项需要经过国家有关主管部门审批的，已获得批准；（3）参与合并各方已办理了必要的财产交接手续；（4）合并方（或购买方）已支付了合并价款的大部分（一般应超过 50%），并且有能力支付剩余款项；（5）合并方（或购买方）实际上已经控制了被合并方（或被购买方）的财务和经营政策，并享有相应的利益及承担相应的风险。

非同一控制下的企业合并，由于参与合并各方在合并前后不属于同一方或相同多方最终控制，不属于关联企业之间的合并，是合并各方自愿进行的交易，其合并作价是以市价为基础的，相对公允。因此，其实质上是一种"交易"，在合并日取得对其他参与合并企业控制权的一方为"购买方"，参与合并的其他企业为"被购买方"。合并方实际取得对被合并方净资产或生产经营决策的控制权的日期，称为"购买日"。确定"购买方"是非同一控制下企业合并会计核算的前提，如何在参与合并的企业中确定"购买方"，主要是判断哪一方取得控股权。这一判断标准将在企业合并报表的范围中介绍。

> **提示**
>
> 需要注意这两种分类的逻辑关系：按合并后主体的法律形式划分的吸收合并、新设合并和控股合并，都有可能是在同一控制下或非同一控制下实施的合并。也就是说，同一控制下的合并也可分为吸收合并、新设合并和控股合并。非同一控制下的合并同样也存在这三种形式。第二节和第三节的内容就按此逻辑关系分别介绍同一控制和非同一控制下吸收合并、新设合并和控股合并这三种合并行为的会计处理。

三、企业合并会计处理的主要问题

无论是同一控制下的企业合并还是非同一控制下的企业合并，两类企业合并的结果都包括不形成母子公司关系和形成母子公司关系两种情况。无论哪种类型的企业合并，从企业合并实施中的合并方（或购买方）角度来看，都需要对取得的净资产或者股权进行确认和计量，都需要支付合并对价并进行确认和计量，都有可能发生合并费用并考虑如何确认。具体来说，企业合并会计处理需要解决的主要问题包括以下四个方面：

第一，合并方（或购买方）对合并日（或购买日）取得的净资产或者股权应如何计量？什么情况下确认为各项资产和负债，什么情况下确认为一项长期股权投资？

第二，合并方（或购买方）支付的合并对价会是哪种方式？如何确认和计量？

第三，合并方（或购买方）对确认的净资产或股权的计量金额与支付对价的计量金额之间是否存在差异？如果有差异，如何处理？

第四，合并方（或购买方）支付的合并费用如何界定和处理？

> **提示**
>
> 关于合并方（或购买方）对合并日（或购买日）取得的净资产或者股权应如何计量的问题，会计理论提出两种做法：一是"权益结合法"；二是"购买法"。目前国际会计准则不再使用权益结合法，我国会计准则对同一控制下企业合并采用"权益结合法"，非同一控制下企业合并采用"购买法"。两种方法的比较通过第二节和第三节的学习来加强理解。

第二节 同一控制下企业合并的会计处理

一、同一控制下企业合并确认和计量的处理原则

（一）合并方取得的净资产或股权投资——按账面价值入账

同一控制下企业合并的合并方，对吸收合并和新设合并中取得的资产和负债，按照合并日被合并方有关资产、负债的账面价值计量；对控股合并中取得的长期股权投资，按照合并日享有的被合并方所有者权益账面价值的份额作为其初始投资成本。

（二）合并方支付的合并对价——按账面价值转账

同一控制下企业合并的合并方为企业合并必须付出代价，支付代价的方式可能是付出

资产、发生或承担负债、发行权益性证券等。支付的资产和承担的负债按其账面价值结转；发行的股份按面值总额确认。不管是以哪种方式支付对价，合并方都不会因失去的资产、承担的负债及新发行的权益性证券而产生任何收益。

（三）合并方支付的合并对价与取得的净资产或股权之间的差额——调整资本公积

合并方取得的净资产或长期股权投资的账面价值与所支付的合并对价的账面价值（或发行股份面值总额）之间如有差额，应当调整资本公积（股本溢价）；需要调整减少资本公积时，资本公积（股本溢价）不足冲减的，调整减少留存收益。

（四）企业合并中支付的直接合并费用——计入当期损益

合并方为进行企业合并发生的费用、评估费用、法律服务费用等各项直接相关费用，应当于发生时计入当期损益。企业合并发生的直接合并费用要区别为合并发行债券、承担其他债务或发行股票所发生的手续费和佣金。这些手续费和佣金不属于企业合并的直接费用，不计入当期损益，应该按照以下原则处理：合并方为进行企业合并发行的债券或承担其他债务支付的手续费、佣金等，应当计入所发行债券或其他债务的初始计量金额，即构成有关债务的入账价值的组成部分；合并方在企业合并中发行权益性证券发生的手续费、佣金等，应当抵减权益性证券溢价收入，溢价收入不足冲减的，冲减留存收益。

二、同一控制下的吸收合并和新设合并

同一控制下的吸收合并和新设合并，都属于在合并后两个法人企业合并成一个独立的法人企业。合并的会计处理规则相同，基本的会计分录为：

借：接收的被合并方各种资产　　　　　　　　　　［被合并方的账面价值］

　　资本公积（盈余公积、未分配利润，依次冲减）　［若为借方差额］

　贷：接收的被合并方的各种负债　　　　　　　　　［被合并方的账面价值］

　　　各种对价（现金、非现金资产、负债、股本）　［账面价值］

　　　资本公积　　　　　　　　　　　　　　　　　［若为贷方差额］

【例4-2】2×17年1月1日，甲公司向乙公司的股东定向增发60万股普通股（每股面值1元，市价10元）对乙公司进行吸收合并，并于当日取得乙公司净资产。甲公司和乙公司的母公司都为A公司，甲、乙公司合并属同一控制下的企业合并。假设不考虑相关税费及其他因素。合并前甲公司和乙公司的资产负债表见表4-2和表4-3。

表4-2

甲公司资产负债表

2×16年12月31日

单位：万元

资　产	年末数	负债及所有者权益	年末数
货币资金	200	短期借款	130
应收账款	20	应付账款	55
存货	45	长期借款	200
固定资产原价	600	股本	300
减：累计折旧	100	资本公积	30
固定资产净值	500	盈余公积	40
无形资产	20	未分配利润	30
资产总计	785	负债及所有者权益总计	785

表4-3

乙公司资产负债表

2×16 年 12 月 31 日

单位：万元

资产	年末数		负债及所有者权益	年末数	
	账面价值	公允价值		账面价值	公允价值
货币资金	10	10	短期借款	15	15
应收账款	18	18	应付账款	35	35
存货	22	22	长期借款	100	100
固定资产原价	210	230	股本	50	50
减：累计折旧	30	30	资本公积	10	30
固定资产净值	180	200	盈余公积	10	10
无形资产	0	0	未分配利润	10	10
资产总计	230	250	负债及所有者权益总计	230	250

1. 双方的账务处理（简化）

(1) 乙公司注销净资产：

借：累计折旧	300 000	
短期借款	150 000	
应付账款	350 000	
长期借款	1 000 000	
股本	500 000	
资本公积	100 000	
盈余公积	100 000	
利润分配——未分配利润	100 000	
贷：库存现金等货币资金		100 000
应收账款		180 000
库存商品等存货		220 000
固定资产		2 100 000

(2) 甲公司取得净资产：

借：库存现金等货币资金	100 000	
应收账款	180 000	
库存商品等存货	220 000	
固定资产	1 800 000	
贷：短期借款		150 000
应付账款		350 000
长期借款		1 000 000
股本		600 000
资本公积		200 000

2.吸收合并后甲公司资产负债表（见表4-4）

表4-4

吸收合并后甲公司资产负债表

2×17年1月1日

单位：万元

资　产	年末数	负债及所有者权益	年末数
货币资金	210	短期借款	145
应收账款	38	应付账款	90
存货	67	长期借款	300
固定资产原价	780	股本	360
减：累计折旧	100	资本公积	50
固定资产净值	680	盈余公积	40
无形资产	20	未分配利润	30
资产总计	1 015	负债及所有者权益总计	1 015

合并后甲公司资产总计1 015万元，负债总计535万元，所有者权益总计480万元。这也是合并之前甲公司和乙公司个别财务报表上资产和权益之和。显然，甲公司对乙公司采用增发股票方式实施的吸收合并，并未增加合并后主体的资产和权益总额，是按照账面价值进行的合并。

提示

【例4-2】是以增发股票的方式进行的吸收合并，不会导致合并后主体的资产和权益总额高于合并前两个公司个别财务报表资产和权益总额之和，但如果是采用支付现金或非现金资产的方式进行吸收合并，合并后主体资产和权益总额是否还如【例4-2】的情况呢？另外，合并后的甲公司所有者权益各项并不包括乙公司的所有者权益数据，为什么？同学们可以自行设计案例进行思考。

三、同一控制下的控股合并

在企业合并分类介绍中，我们已经概括了控股合并和吸收合并及新设合并在合并后合并方（或购买方）不同的处理方式，【例4-2】体现了吸收合并方式下的合并方的账务处理，是由合并后的存续企业将其他方的资产和负债并入自己的个别财务报表。但是控股合并下合并方（或购买方）取得的控制权，表现为取得被合并方（或被购买方）的股权，这个股权在合并方（或购买方）的个别财务报表上表现为长期股权投资。基本的会计分录为：

借：长期股权投资　　　　　　　　　　　　　［按被合并方净资产账面价值×持股比例］

　　资本公积（盈余公积、未分配利润，依次冲减）　　　　　　　［若为借方差额］

　贷：各种对价（现金、非现金资产、负债、股本）　　　　　　　　　［账面价值］

　　资本公积　　　　　　　　　　　　　　　　　　　　　　　　［若为贷方差额］

1.企业合并后全资控股的情形

【例4-3】假设【例4-2】中的甲公司采用定向增发普通股的方式取得乙公司100%股权。我们将控股合并下的账务处理与吸收合并下的账务处理用表4-5加以比较。

表4-5　　　　　　　　　甲公司合并日两类合并方式会计处理比较

吸收合并		控股合并	
借：库存现金等货币资金	100 000	借：长期股权投资	800 000
应收账款	180 000	贷：股本	600 000
库存商品等存货	220 000	资本公积	200 000
固定资产	1 800 000		
贷：短期借款	150 000		
应付账款	350 000		
长期借款	1 000 000		
股本	600 000		
资本公积	200 000		

　　根据表4-5可知，无论哪种合并方式，合并方以发行股票作为对价都是按面值确认为股本，吸收合并取得的各项资产和负债都是按照对方账面价值确认和计量，净资产为80万元，差额20万元增加资本公积。控股合并取得的股权按对方净资产账面价值乘以持股比例确认为长期股权投资，差额20万元还是增加资本公积。控股合并后的甲公司资产负债表见表4-6。

表4-6　　　　　　　　　控股合并后甲公司个别资产负债表

2×17年1月1日　　　　　　　　　　　　　　　　　单位：万元

资　产	年末数	负债及所有者权益	年末数
货币资金	200	短期借款	130
应收账款	20	应付账款	55
存货	45	长期借款	200
长期股权投资	80	股本	360
固定资产原价	600	资本公积	50
减：累计折旧	100	盈余公积	40
固定资产净值	500	未分配利润	30
无形资产	20		
资产总计	865	负债及所有者权益总计	865

2.企业合并后非全资控股的情形

　　【例4-4】2×17年1月1日，甲公司用账面价值500万元、公允价值550万元的库存商品和200万元的银行存款对乙公司进行投资，取得乙公司80%的股权。甲公司和乙公司的母公司都为A公司，甲、乙公司合并属同一控制下的企业合并。假设不考虑相关税费及其他因素。合并前甲公司和乙公司的账户余额表见表4-7。

表4-7

合并前甲公司和乙公司账户余额表

2×16年12月31日   单位：万元

甲公司			乙公司		
	账面价值	公允价值		账面价值	公允价值
货币资金	600	600	货币资金	100	100
库存商品	1 000	1 100	原材料	200	200
固定资产	1 400	1 500	固定资产	900	1 100
资产总计	3 000	3 200	资产总计	1 200	1 400
应付账款	1 000	1 000	应付账款	400	400
股本	1 000	1 000	股本	500	500
资本公积	380	580	资本公积	100	300
盈余公积	300	300	盈余公积	60	60
未分配利润	320	320	未分配利润	140	140
负债及所有者权益总计	3 000	3 200	负债及所有者权益总计	1 200	1 400

借：长期股权投资　　　　　　　　　　　　　　　　　　6 400 000

　　资本公积　　　　　　　　　　　　　　　　　　　　600 000

　　贷：银行存款　　　　　　　　　　　　　　　　　　　　　2 000 000

　　　　库存商品　　　　　　　　　　　　　　　　　　　　　5 000 000

提示

同学们可以根据【例4-4】的资料，依照【例4-3】的表4-6的做法，自行编制非全资控股合并后合并方的资产负债表，并思考控股合并后的合并方个别财务报表与吸收合并后的合并方财务报表的区别。

3.企业合并费用的会计处理

本节在关于企业合并的确认和计量的处理原则中已经介绍了合并费用的种类及确认账户，并要求注意将合并费用与合并中发行债券和股票发生的费用进行区别。

【例4-5】假设【例4-3】中甲公司以发行普通股的方式取得乙公司100%股权时，发生审计费用、评估费用、法律服务费用等各项直接费用30 000元，发行股票手续费10 000元，均以存款支付。

借：长期股权投资　　　　　　　　　　　　　　　　　　800 000

　　管理费用　　　　　　　　　　　　　　　　　　　　 30 000

　　贷：股本　　　　　　　　　　　　　　　　　　　　　　　600 000

　　　　资本公积　　　　　　　　　　　　　　　　　　　　　190 000

　　　　银行存款　　　　　　　　　　　　　　　　　　　　　 40 000

提示

本节所介绍的案例都是一次投资实现企业合并的情形，但在控股合并时，可能存在多次股权投资分步实现同一控制下的控股合并情形，这就需要注意两个问题：一是在先期投资后还未达到控股时如果确认和计量长期股权投资；二是当再次投资达到控股合并时，合并日如何确定；三是达到控股合并后又如何确认和计量长期股权投资，对前期已经入账的长期股权投资是否需要作出调整。同学们可以继续深入学习。

第三节 非同一控制下企业合并的会计处理

一、非同一控制下企业合并确认和计量的处理原则

（1）非同一控制下的企业合并，实质上是一项"交易"，其合并作价以市价为基础，相对公允。所以，作为购买交易中取得的资产、承担的负债或取得的股权，需要采用公允价值计量，而不应该用账面价值计量。具体情况可以分为以下两种：

①吸收合并和新设合并情况下，购买方将取得的各项可辨认资产、承担的各项负债以公允价值确认和计量。对需要确认的资产，其所带来的未来经济利益预期能够流入企业且公允价值能够可靠计量；对需要确认的负债，履行有关的义务预期会导致经济利益流出企业且公允价值能够可靠计量。有些被合并企业会存在一些未在财务报表中确认的无形资产，如商标、版权、特许权、分销权、专利技术、专有技术等。对其中可辨认的部分应确认为无形资产。

②控股合并情况下，购买方按合并成本作为长期股权投资的初始投资成本确认和计量。合并成本也就是购买方在合并中支付的代价。企业合并成本包括购买方为进行企业合并支付的现金或非现金资产、发行或承担的债务、发行的权益性证券等在购买日的公允价值。对于以非现金资产为支付对价的情况，该非现金资产账面价值与公允价值之间的差额，视同资产转让收益或损失，计入当期损益。合并成本并不包括合并费用和发行债务或权益性证券产生的费用。合并费用和发行债务或权益性证券产生的费用的会计处理原则与同一控制下会计处理原则相同。合并费用计入当期损益；合并方为进行企业合并发行的债券或承担其他债务支付的手续费、佣金等，应当计入所发行债券或其他债务的初始计量金额，即构成有关债务的入账价值的组成部分；合并方在企业合并中发行权益性证券发生的手续费、佣金等，应当抵减权益性证券溢价收入，溢价收入不足冲减的，冲减留存收益。

提示

上述合并成本的解释只是一般情况下企业合并的成本，还可能存在未来或有事项产生的成本以及因支付对价的公允价值暂时不能确定而发生的调整成本。同学们可参照《企业会计准则第20号——企业合并》作深入学习。

（2）购买方对合并成本与取得的被购买方可辨认净资产或股权的公允价值份额之间的差额分不同情况确认为合并商誉或计入当期损益。

①合并成本大于取得的可辨认净资产或股权的公允价值份额的差额，确认为合并商誉。在控股合并的情况下，该差额是指在合并财务报表中应予列示的商誉；在吸收合并和新设合并的情况下，该差额是购买方在其账簿及个别财务报表中应确认的商誉。

②合并成本小于取得的可辨认净资产或股权的公允价值份额的差额，确认为合并日的当期损益。在控股合并的情况下，合并成本小于取得的可辨认净资产或股权的公允价值份额的差额部分，体现在购买方合并当期的合并利润表的营业外收入项目，不影响购买方的个别利润表；在吸收合并和新设合并的情况下，该差额应计入购买方合并当期的个别利润表的营业外收入项目。

（3）递延所得税的处理。非同一控制下的企业合并如果属于税法规定的减免征收所得税的情况，会因商誉和净资产公允价值计量问题产生暂时性差异。

①按照税法规定，企业合并中确认的合并商誉计税基础应该为零，这就导致合并商誉账面价值大于计税基础的应纳税暂时性差异。但是，根据会计准则的规定，该暂时性差异的未来纳税影响不应予以确认，即不确认与该商誉的暂时性差异有关的递延所得税负债。

②按照税法规定，企业合并中购买方取得的按公允价值进行初始计量的被购买方可辨认净资产，其计税基础应等于被购买方的原计税基础，这就会产生暂时性差异，该暂时性差异属于应纳税暂时性差异还是属于可抵扣暂时性差异视差额的方向确认。不管是哪种暂时性差异，其对所得税的影响都要予以确认，并调整合并商誉。

二、非同一控制下的吸收合并和新设合并

非同一控制下的吸收合并和新设合并，都属于在合并后两个法人企业合并成一个独立的法人企业。合并的会计处理规则相同，基本的会计分录为：

借：接收的被合并方各种资产　　　　　　　　　　［被合并方的公允价值］
　　商誉　　　　　　　　　　　　　　　　　　　［若为借方差额］
　贷：接收的被合并方的各种负债　　　　　　　　　［被合并方的公允价值］
　　　各种对价（现金、非现金资产、负债、股本）　　　　　　［公允价值］
　　　营业外收入　　　　　　　　　　　　　　　　［若为贷方差额］

【例4-6】假设【例4-2】中的甲公司与乙公司不属同一方控制。甲公司对乙公司的合并属于非同一控制下的合并。2×17年1月1日，甲公司向乙公司的股东定向增发60万股普通股（每股面值1元，市价10元）对乙公司进行吸收合并，并于当日取得乙公司净资产。合并前甲公司和乙公司的资产负债表见表4-2和表4-3。

1.同一控制和非同一控制下的两种账务处理比较（见表4-8）

表4-8　　　　合并日（购买日）两类合并方式下甲公司会计处理比较

同一控制下吸收合并		非同一控制下吸收合并	
借：库存现金等货币资金	100 000	借：库存现金等货币资金	100 000
应收账款	180 000	应收账款	180 000
库存商品等存货	220 000	库存商品等存货	220 000
固定资产	1 800 000	固定资产	2 000 000
贷：短期借款	150 000	商誉	5 000 000
应付账款	250 000	贷：短期借款	150 000
其他应付款	100 000	应付账款	250 000
长期借款	1 000 000	其他应付款	100 000
股本	600 000	长期借款	1 000 000
资本公积	200 000	股本	600 000
		资本公积——资本溢价	5 400 000

2.同一控制和非同一控制下的合并日（购买日）资产负债表比较（见表4-9）

表4-9　　　　合并日（购买日）两类合并方式下甲公司个别资产负债表比较

2×17年1月1日　　　　　　　　　　　　　　　　　单位：万元

资产（年末数）			负债及所有者权益（年末数）		
	同一控制下	非同一控制下		同一控制下	非同一控制下
货币资金	210	210	短期借款	145	145
应收账款	38	38	应付账款	60	60
存货	67	67	其他应付款	30	30
固定资产原价	780	800	长期借款	300	300
减：累计折旧	100	100	股本	360	360
固定资产净值	680	700	资本公积	50	570
无形资产	20	20	留存收益	70	70
商誉	0	500			
资产总计	1 015	1 535	负债及所有者权益总计	1 015	1 535

非同一控制下吸收合并后，甲公司个别财务报表上的固定资产原价为800万元，商誉为500万元，资本公积为570万元。资产和权益总额为1 535万元，相对于原1 015万元增加了520万元，正好是固定资产公允价值增值和商誉价值之和。

根据【例4-6】资料，假设甲公司向乙公司的股东定向增发60万股普通股（每股面值1元，市价1.5元）对乙公司进行吸收合并。当甲公司发行的股票市价为1.5元时，其合并成本为90万元，取得的乙公司净资产公允价值为100万元，合并成本小于取得的净资产公允价值10万元，该差额应确认为营业外收入。具体比较分析见表4-10。

表4-10　　　　合并日（购买日）两种不同的合并成本下甲公司会计处理比较

非同一控制下吸收合并（股票公允价值600万元）		非同一控制下吸收合并（股票公允价值90万元）	
借：库存现金等货币资金	100 000	借：库存现金等货币资金	100 000
应收账款	180 000	应收账款	180 000
库存商品等存货	220 000	库存商品等存货	220 000
固定资产	2 000 000	固定资产	2 000 000
商誉	5 000 000	贷：短期借款	150 000
贷：短期借款	150 000	应付账款	250 000
应付账款	250 000	其他应付款	100 000
其他应付款	100 000	长期借款	1 000 000
长期借款	1 000 000	股本	600 000
股本	600 000	资本公积——资本溢价	300 000
资本公积——资本溢价	5 400 000	营业外收入	100 000

三、非同一控制下的控股合并

1.企业合并后全资控股的情形

【例4-7】假设【例4-3】中的甲公司与乙公司不属于同一控制下的两个企业。甲公司采用定向增发普通股的方式取得乙公司100%股权。现将同一控制和非同一控制下的控股合并的账务处理用表4-11作比较。

表4-11 甲公司合并日（购买日）两类合并方式下的会计处理比较

同一控制下控股合并		非同一控制下控股合并	
借：长期股权投资	800 000	借：长期股权投资	6 000 000
贷：股本	600 000	贷：股本	600 000
资本公积	200 000	资本公积——资本溢价	5 400 000

根据表4-11，我们需要注意以下三点：

第一，非同一控制下的控股合并，甲公司的合并成本是定向发行股票的公允价值600万元，由于股本账户要求按照面值计价，所以产生的资本溢价计入资本公积，这与同一控制下控股合并产生的资本公积含义不同。

第二，非同一控制下的控股合并，甲公司确认的长期股权投资不是按照对方乙公司净资产账面价值乘以享有的份额计量的80万元，而是以甲公司支付的合并成本600万元计量。这样的计量要求，购买方似乎不会出现前文所说的差额，并将差额确认为一项商誉或营业外收入。实际上，这样理解是片面的，前文所说的差异不是合并成本与长期股权投资入账价值的差额，而是合并成本与取得的被购买方可辨认净资产或股权的公允价值份额之间的差额。如果我们根据表4-3中乙公司净资产的公允价值重新考虑这个问题，乙公司被购买时净资产账面价值80万元，公允价值100万元，公允价值增值的部分是固定资产价值的增值，那么合并成本与取得的被购买方可辨认净资产或股权的公允价值份额之间的差额是500万元（600-100）。这500万元实质上就是乙公司的商誉。这与【例4-6】非同一控制下的吸收合并确认的商誉是相等的。但是非同一控制下吸收合并是甲公司在编制合并分录时就确认了该商誉，而在非同一控制下控股合并时没有确认该商誉，主要是因为我国会计准则要求在控股合并的情况下，该商誉不在购买方个别财务报表中反映，而是在购买方的合并财务报表中应予列示。关于合并财务报表中商誉确认的问题在第五章合并财务报表中讲解。

第三，在非同一控制下控股合并时，如果合并成本与取得的被购买方可辨认净资产或股权的公允价值份额之间的差额不是正差，即合并成本小于被购买方可辨认净资产或股权的公允价值份额，按照我国会计准则规定，体现在购买方合并当期的合并利润表的营业外收入项目，不影响购买方的个别利润表。

2.企业合并后非全资控股的情形

【例4-8】根据【例4-4】资料，2×17年1月1日，甲公司用账面价值500万元、公允价值550万元的库存商品和200万元的银行存款对乙公司进行投资，取得乙公司80%的股权。甲公司和乙公司不属同一控制下的合并。合并前甲公司和乙公司的账户余额表见表4-7。现将同一控制和非同一控制下的非全资控股合并账务处理用表4-12作比较。

表4-12　　　　　甲公司合并日（购买日）两类合并方式下的会计处理比较

同一控制下控股合并（控股80%）		非同一控制下控股合并（控股80%）	
借：长期股权投资	6 400 000	借：长期股权投资	7 500 000
资本公积	600 000	贷：银行存款	2 000 000
贷：银行存款	2 000 000	主营业务收入	5 500 000
库存商品	5 000 000	借：主营业务成本	5 000 000
		贷：库存商品	5 000 000

甲公司用商品换回股权，会计准则称此交易行为为非货币性资产交换。在非同一控制下进行非货币性资产交换，符合会计准则要求的具有商业实质，且公允价值能够可靠计量，所以甲公司要按照公允价值确认商品销售，并同时结转成本。

提示

上述案例都未考虑增值税的因素，实务中用库存商品交换股权，税法上此交易行为属视同销售，需要考虑销项税额。另外，如果购买方用固定资产、无形资产或拥有的其他企业的股权、债权等非货币性资产作为合并对价，同样要按照非货币性资产交换准则的要求进行换出资产的账务处理。具体思路请同学们复习中级财务会计中非货币性资产交换业务的内容。

四、合并中的递延所得税处理

根据《企业会计准则第18号——所得税》规定，企业应采用资产负债表债务法进行所得税核算，如果资产或负债的账面价值与计税基础不等，那么形成的暂时性差异对所得税的影响数，要确认为一项递延所得税资产或递延所得税负债。在本节前文已经介绍了非同一控制企业合并中存在暂时性差异的两种情况及处理原则。合并商誉账面价值与计税基础产生的暂时性差异对未来纳税影响不确认为递延所得税负债。但企业合并中购买方取得的按公允价值进行初始计量的被购买方可辨认净资产，不管是应纳税暂时性差异还是可抵扣暂时性差异，其对所得税的影响都要予以确认，并调整合并商誉。

【例4-9】假设【例4-6】中甲公司对乙公司的合并属于非同一控制下的合并。合并中需要考虑账面价值与计税基础产生的暂时性差异对所得税的影响。2×17年1月1日，甲公司向乙公司的股东定向增发60万股普通股（每股面值1元，市价10元）对乙公司进行吸收合并，并于当日取得乙公司净资产。合并前甲公司和乙公司的资产负债表见表4-2和4-3。购买日甲公司是否考虑暂时性差异对所得税的影响的会计处理比较见表4-13。

表4-13　　　　购买日甲公司是否考虑暂时性差异对所得税的影响的会计处理比较

不考虑暂时性差异对所得税的影响		考虑暂时性差异对所得税的影响	
借：库存现金等货币资金	100 000	借：库存现金等货币资金	100 000
应收账款	180 000	应收账款	180 000
库存商品等存货	220 000	库存商品等存货	220 000
固定资产	2 000 000	固定资产	2 000 000
商誉	5 000 000	商誉	5 250 000
贷：短期借款	150 000	贷：短期借款	150 000
应付账款	250 000	应付账款	250 000
其他应付款	100 000	其他应付款	100 000
长期借款	1 000 000	长期借款	1 000 000
股本	600 000	股本	600 000
资本公积——资本溢价	5 400 000	资本公积——资本溢价	5 400 000
		递延所得税负债（10×25%）	25 000

提示

　　本章内容只介绍了企业合并的基本规则要求，所举案例比较直观简单，而实务中企业合并远比书中案例复杂，还有一些规则要求未作介绍，如通过多次交易分步实现企业合并的处理要求、反向购买的处理要求、被购买方可辨认净资产公允价值确定的要求等。同学们可根据自己的学习目标，更深入地学习《企业会计准则第20号——企业合并》和注册会计师考试的内容。

复习思考题

1.什么是企业合并？

2.什么是吸收合并、新设合并和控股合并？

3.什么是同一控制下的企业合并？什么是非同一控制下的企业合并？

4.长期股权投资准则和企业合并准则的交叉点是什么？

5.同一控制和非同一控制下企业合并会计处理规则的主要差异是什么？

6.我国企业会计准则与国际会计准则关于企业合并处理规则有什么相同和不同之处？

历年真题

一、单项选择题

1.【2013年注册会计师考试"会计"试题】下列各项中，应当计入相关资产初始确认金额的是（　　）。

A.采购原材料过程中发生的装卸费

B.取得持有至到期投资时发生的交易费用

C.通过非同一控制下企业合并取得子公司过程中支付的印花税

D.融资租赁承租人签订租赁合同过程中发生的可归属于租赁项目的初始直接费用

2.【2013年注册会计师考试"会计"试题】2×14年1月1日，甲公司通过向乙公司股东定向增发1 500万股普通股（每股面值为1元，市价为6元），取得乙公司80%股权，并控制乙公司，另以银行存款支付财务顾问费300万元。双方约定，如果乙公司未来3年平均净利润增长率超过8%，甲公司需要另外向乙公司股东支付100万元的合并对价；当日，甲公司预计乙公司未来3年平均净利润增长率很可能达到10%。该项交易前，甲公司与乙公司及其控股股东不存在关联关系。不考虑其他因素，甲公司该项企业合并的合并成本是（　　）。

    A.9 000万元　　　　　　B.9 300万元　　　　　　C.9 100万元　　　　　　D.9 400万元

二、多项选择题

【2014年注册会计师考试"会计"试题】下列项目中应计入当期损益的有（　　）。

A.取得交易性金融资产发生的交易费用

B.非同一控制下的企业合并发生的评估费

C.同一控制下的企业合并发生的咨询费

D.取得持有至到期投资发生的交易费用

三、综合题

【2014年注册会计师考试"会计"试题】甲公司为生产加工企业，其在20×6年发生了以下与股权投资相关的交易：

（1）甲公司以前年度取得乙公司30%的股权，采用权益法核算。20×6年1月1日，甲公司自A公司（非关联方）购买了乙公司60%股权并取得控制权，购买价款为3 000万元，发生与合并直接相关费用100万元。20×6年1月1日，甲公司持有乙公司30%长期股权投资的账面价值为600万元（长期股权投资账面价值调整全部为乙公司实现利润）；当日乙公司可辨认净资产账面价值2 000万元，可辨认净资产公允价值3 000万元，乙公司100%股权的公允价值为5 000万元，30%股权的公允价值为1 500万元，60%股权的公允价值为3 000万元。

（2）20×6年6月20日，乙公司提取盈余公积10万元，分配现金股利90万元，以未分配利润200万元转增股本。

（3）20×6年1月1日，甲公司与B公司出资设立丙公司。丙公司的注册资本是2 000万元，其中甲公司占50%。甲公司以公允价值为1 000万元的土地使用权出资，B公司以公允价值500万元的机器设备和500万元现金出资。该土地使用权系甲公司于10年前取得，原值为500万元，期限为50年，按直线法摊销，预计净残值为0。至投资设立时账面价值为400万元，后续仍可使用40年。丙公司20×6年实现净利润220万元。

（4）20×6年1月1日，甲公司自C公司购买丁公司40%的股权，并派人参与丁公司生产经营决策，购买价款为4 000万元。购买日，丁公司净资产账面价值为5 000万元，可辨认净资产公允价值为8 000万元，3 000万元为一栋办公楼的差额。办公楼原值2 000万元，预计净残值为0，预计使用寿命40年，采用年限平均法折旧，自甲公司取得丁公司股权之日起剩余年限20年。

20×6年丁公司实现净利润900万元，实现其他综合收益200万元。

不考虑所得税等相关因素影响。

要求：

（1）根据资料（1），计算甲公司进一步取得乙公司60%股权后，个别财务报表中对乙公司长期股权投资的账面价值，并编制相关会计分录；计算甲公司合并财务报表中与乙公司投资相关的商誉金额，计算该交易对甲公司合并财务报表损益的影响。

（2）根据资料（2），针对乙公司20×6年利润分配方案，说明甲公司个别财务报表中相关会计处理，并编制相关会计分录。

（3）根据资料（3），编制甲公司对丙公司出资及确认20×6年投资收益相关的会计分录。

（4）根据资料（4），计算甲公司对丁公司的初始投资成本，并编制相关会计分录。计算甲公司20×6年因持有丁公司股权应确认的投资收益金额，并编制调整长期股权投资账面价值相关的会计分录。

练习题

一、单项选择题

1.关于企业合并的含义，下列说法正确的是（　　）。

A.企业合并必须产生长期股权投资

B.非同一控制下的企业合并就是控股合并

C.企业合并的结果是取得被合并方资产和负债

D.合并后形成母子公司关系即控股合并

2.按照企业合并后主体的法律形式不同，企业合并的方式不包括（　　）。

A.吸收合并　　　　　　　　　　　B.同一控制下的合并

C.控股合并　　　　　　　　　　　D.创立合并

3.合并后，被合并方仍保持其独立的法人资格继续经营，合并方确认此项投资的合并形式是（　　）。

A.吸收合并　　　　B.新设合并　　　　C.控股合并　　　　D.三种形式均是

4.我国企业会计准则规定，同一控制下的企业合并，参与合并的企业在合并前后均受同一方或相同的多方最终控制且该控制并非暂时性的，这种"非暂时性"的期限是指在（　　）。

A.3个月以上　　　　　　　　　　B.6个月以上

C.1年以上　　　　　　　　　　　D.1年以上（含12个月）

5.下列属于同一控制下企业合并的是（　　）。

A.合并双方在合并前属于不同的集团

B.合并双方在合并前属于不同的主体控制

C.合并双方在合并后未形成母子公司关系

D.合并双方在合并后仍同属于原企业集团控制

6.同一控制下企业合并进行过程中发生的各项直接相关的费用，在发生时计入当期损益，借记（　　）等科目，贷记"银行存款"等科目。

A."长期股权投资"　　　　　　　B."管理费用"

C."财务费用"　　　　　　　　　D."资本公积"

7.2×17年2月1日，甲公司以700万元的银行存款和一批库存商品（账面价值200万元、公允价值280万元），吸收合并同一控制下的乙公司，合并当日，乙公司的可辨认净资产账面价值800万元、公允价值900万元。乙公司对该项合并产生的差额，正确的确认为（　　）。

　　A.借记"资本公积"100万元　　　　　　B.借记"商誉"100万元

　　C.借记"资本公积"180万元　　　　　　D.借记"商誉"180万元

　　8.2017年8月1日，甲公司发行500万股普通股，取得乙公司80%的股权，每股面值1元，每股市价为1.7元，同日乙公司账面净资产总额为1 000万元，公允价值为1 200万元。假设甲公司和乙公司同为M集团的子公司，2017年8月1日甲公司取得的长期股权投资的入账价值为（　　）万元。

　　A.800　　　　　　　B.500　　　　　　　C.960　　　　　　　D.850

　　9.甲公司和乙公司同为A集团的子公司，2017年1月1日，甲公司以银行存款560万元和一批库存商品（账面价值为300万元，公允价值为400万元）取得乙公司所有者权益的60%，同日乙公司所有者权益的账面价值为1 100万元（其中"资本公积——资本溢价"为120万元），可辨认净资产公允价值为1 300万元。2017年1月1日，甲公司应调减的留存收益为（　　）万元。

　　A.200　　　　　　　B.80　　　　　　　C.140　　　　　　　D.20

　　10.对于吸收合并产生的合并商誉，下列说法正确的是（　　）。

　　A.不需要对商誉进行摊销，只需要进行减值测试，并确认相应的减值损失

　　B.确认为一项无形资产并予以摊销

　　C.增加"长期股权投资"的账面价值

　　D.减少合并方当期的股东权益

　　11.非同一控制下，一次交换实现的企业合并，其合并成本为（　　）。

　　A.合并方付出的资产、发生或承担的负债以及发行的权益性证券的公允价值

　　B.享有的被合并方可辨认净资产公允价值的份额

　　C.享有的被合并方可辨认净资产账面价值的份额

　　D.合并方付出的资产、发生或承担的负债以及发行的权益性证券的账面价值

　　12.甲公司和乙公司不属于同一控制下的公司，2017年1月1日，甲公司以银行存款2 000万元和一台固定资产取得乙公司80%的股权，该固定资产的公允价值为2 000万元，账面价值为1 800万元，同日乙公司所有者权益的账面价值为3 600万元，可辨认净资产公允价值为3 800万元。2017年1月1日，甲公司应确认的合并成本为（　　）万元。

　　A.4 000　　　　　　B.3 800　　　　　　C.2 880　　　　　　D.3 040

　　13.2×17年2月1日，甲公司以700万元的银行存款和一批库存商品（账面价值200万元、公允价值280万元），吸收合并非同一控制下的乙公司，合并当日，乙公司的可辨认净资产账面价值800万元、公允价值900万元。乙公司对该项合并产生的差额，正确的确认为（　　）。

　　A.借记"资本公积"100万元　　　　　　B.借记"商誉"100万元

　　C.借记"资本公积"80万元　　　　　　D.借记"商誉"80万元

　　14.2017年8月1日，甲公司发行500万股普通股，取得乙公司80%的股权，每股面值1元，每股市价为1.7元，同日乙公司账面净资产总额为1 000万元，公允价值为1 200万元。假设甲公司和乙公司分别为M、N集团的子公司，2017年8月1日甲公司取得的长期股权投资的入账价值为（　　）万元。

A.800   B.500   C.960   D.850

15.2017年8月1日，甲公司发行500万股普通股，取得乙公司80%的股权，每股面值1元，每股市价为1.7元，同日乙公司账面净资产总额为1 000万元，公允价值为1 200万元。假设甲公司和乙公司分别为M、N集团的子公司，2017年8月1日甲公司应确认的资本公积为（　　）万元。

A.110（贷方） B.350（贷方） C.0   D.460（贷方）

16.2017年8月1日，甲公司发行500万股普通股，取得乙公司80%的股权，每股面值1元，每股市价为1.7元，同日乙公司账面净资产总额为1 000万元，公允价值为1 200万元。假设甲公司和乙公司同为M集团的子公司，2017年8月1日甲公司应确认的资本公积为（　　）万元。

A.50（借方） B.350（贷方） C.300（贷方） D.460（贷方）

17.对于合并商誉的确认和计量，正确的是（　　）。

A.同一控制下的控股合并可能要确认合并商誉

B.合并商誉与被合并企业的净资产无关

C.非同一控制下的合并商誉在合并方的报表单独列示

D.确认合并商誉的前提是非同一控制下的企业合并

二、多项选择题

1.按照企业合并前后是否受同一方或相同的多方控制，企业合并的方式包括（　　）。

A.吸收合并   B.非同一控制下的合并

C.控股合并   D.同一控制下的合并

2.甲公司合并乙公司后，下列有关此项合并的结果中，不正确的有（　　）。

A.甲公司有可能取得了乙公司的有关资产和负债

B.甲公司必然取得了乙公司的大部分股权

C.甲公司有可能成为乙公司的母公司

D.甲公司必然成为乙公司的母公司

3.关于合并与长期股权投资两者之间的关系，下列表述中，正确的有（　　）。

A.控股合并必然产生新的长期股权投资

B.吸收合并不会形成新的长期股权投资

C.控股合并可能产生新的长期股权投资

D.新设合并可能形成新的长期股权投资

4.甲公司合并乙公司后，下列有关此项合并的结果中，正确的有（　　）。

A.甲公司有可能取得了乙公司的有关资产

B.甲公司有可能取得了乙公司的有关负债

C.甲公司有可能取得了乙公司的控股股权

D.甲公司有可能取得了乙公司的净资产

5.下列选项中，可以作为企业合并成本的有（　　）。

A.合并方为进行企业合并支付的现金资产

B.合并方为进行企业合并发行的权益性证券

C.合并方为进行企业合并支付的非现金资产

D.合并方为进行企业合并承担的债务

6.关于企业合并过程中，合并方发生的各项直接相关费用，下列说法错误的有（   ）。

A.同一控制下，应当计入企业合并成本

B.非同一控制下，应当计入企业当期损益

C.同一控制下，应当计入企业所有者权益

D.同一控制下，应当于发生时计入当期损益

7.以发行债券方式作为合并对价的企业合并，与发行债券相关的佣金、手续费的处理，不正确的说法有（   ）。

A.如果溢价发行的，该费用应减少合并成本

B.如果折价发行的，该费用应增加合并成本

C.如果溢价发行的，该费用应减少溢价的金额

D.如果折价发行的，该费用应增加折价的金额

8.同一控制下的企业合并，关于合并方的确认与计量，下列说法错误的有（   ）。

A.合并方取得的资产和负债，应当按照合并日在被合并方的账面价值计量

B.合并方取得的资产和负债，应当按照合并日在被合并方的公允价值计量

C.合并方取得的净资产账面价值与支付的合并对价账面价值的差额，应当调整资本公积；资本公积不足冲减的，调整留存收益

D.合并方取得的净资产公允价值与支付的合并对价账面价值的差额，应当调整资本公积；资本公积不足冲减的，调整留存收益

9.非同一控制下的企业合并，关于合并方的确认与计量，下列说法错误的有（   ）。

A.合并方取得的资产和负债，应当按照合并日在被合并方的账面价值计量

B.合并方取得的资产和负债，应当按照合并日在被合并方的公允价值计量

C.合并方取得的净资产账面价值与支付的合并对价账面价值的差额，应当调整资本公积

D.合并方取得的净资产公允价值与支付的合并对价公允价值的差额，应当调整资本公积

10.以下关于非同一控制下合并的确认和计量，正确的有（   ）。

A.将合并行为视为一项外部交易

B.合并对价以公允价值为基础

C.合并方必然确认合并商誉

D.可能会影响合并方当期损益

11.假设在非同一控制下，企业合并成本小于合并中取得的被购买方净资产公允价值份额的部分，（   ）。

A.如果是吸收合并的情形，应计入当期合并方个别利润表

B.如果是控股合并的情形，应计入当期的合并利润表

C.如果是吸收合并的情形，应计入当期的合并利润表

D.如果是控股合并的情形，应计入当期合并方个别利润表

12.假设在非同一控制下，企业合并成本大于合并中取得的被购买方净资产公允价值份额的部分，下列说法不正确的有（   ）。

A.如果是吸收合并的情形，应计入当期合并方个别资产负债表

B.如果是控股合并的情形，应计入当期的合并资产负债表

C.如果是吸收合并的情形，应计入当期的合并资产负债表

D.如果是控股合并的情形，应计入当期合并方个别资产负债表

13.非同一控制下的吸收合并，有关合并日的确认和计量正确的有（　　）。

A.合并方取得的资产和负债应当按照合并日被合并方的账面价值计量

B.合并方取得的资产和负债应当按照合并日被合并方的公允价值计量

C.以支付现金、非现金资产作为合并对价的情况下，因合并发生的各项直接相关费用计入管理费用

D.合并方取得净资产账面价值份额与支付的合并对价公允价值的差额调整未分配利润

14.甲、乙两个企业合并前分属于两个不同的企业集团。2017年2月6日，甲企业吸收合并乙企业，乙企业的可辨认净资产的账面价值为5 000万元。甲企业承担的合并成本为4 620万元，下列有关说法中正确的有（　　）。

A.假如乙企业可辨认净资产公允价值为4 800万元，甲应确认180万元的当期损益

B.假如乙企业可辨认净资产公允价值为4 800万元，甲应确认380万元的当期损益

C.假如乙企业可辨认净资产公允价值为4 500万元，甲应确认120万元的当期损益

D.假如乙企业可辨认净资产公允价值为4 500万元，甲应确认120万元的合并商誉

15.关于我国合并商誉的会计处理规定，下列描述正确的有（　　）。

A.确认为资产并且不予以摊销，但要进行减值测试

B.合并方应将合并商誉单独列示在个别报表中

C.不确认与商誉相关的暂时性差异

D.合并商誉有可能包含在"长期股权投资"项目中

三、判断题

1.控股合并也称为兼并，企业进行兼并，只能采用支付现金的方式。（　　）

2.新设合并结束后，新企业只接受已解散的各企业的资产，无须承担其债务。（　　）

3.对于合并，如果合并方确认了取得的有关资产和负债，则该合并必然是吸收合并。（　　）

4.合并方为进行企业合并发生的费用、评估费用、法律服务费用等各项直接相关费用，应当于发生时计入当期损益。（　　）

5.吸收合并和新设合并情况下，合并方将取得的各项可辨认资产、承担的各项负债以公允价值确认和计量。（　　）

6.吸收合并中，如果合并方支付的合并对价与取得的净资产或股权之间存在差额，则调整资本公积。（　　）

7.控股合并下，合并方合并成本以付出的资产、承担的负债及发行的权益性证券的公允价值计量。（　　）

8.控股合并后，合并前的企业仍然以各自独立的法律实体身份从事生产经营活动。（　　）

9.控股合并情况下，控股企业被称为母公司，被控股企业被称为子公司，以母公司为中心，连同它所控股的子公司，被称为企业集团，都是具有独立法人资格地位的企业组织形式。（　　　）

10.控股合并情况下，合并方按合并成本作为长期股权投资的初始投资成本确认和计量。（　　　）

11.合并成本也就是合并方在合并中支付的代价，应当包括合并费用和发行债务或权益性证券产生的费用。（　　　）

12.合并后的企业取得对被合并企业的所有资产，并对其实行直接控制和管理，但无须承担被合并企业的负债。（　　　）

13.合并方在企业合并中发行权益性证券发生的手续费、佣金等，应当于发生时计入当期损益。（　　　）

14.合并方为进行企业合并发行的债券或承担其他债务支付的手续费、佣金等，应当于发生时计入当期损益。（　　　）

15.同一控制下企业合并的合并方，对吸收合并和新设合并中取得的资产和负债，按照合并日被合并方有关资产、负债的账面价值计量。（　　　）

16.同一控制下企业合并的合并方，对控股合并中取得的长期股权投资，按照合并日享有的被合并方所有者权益账面价值的份额作为其初始投资成本。（　　　）

17.非同一控制下的控股合并，购买方按合并成本作为长期股权投资的初始投资成本确认和计量。（　　　）

18.非同一控制下的控股合并，合并成本大于取得的可辨认净资产或股权的公允价值份额的差额，确认为合并商誉。（　　　）

19.非同一控制下企业合并的合并方，对控股合并中取得的长期股权投资，按照合并日享有的被合并方所有者权益公允价值的份额作为其初始投资成本。（　　　）

20.非同一控制下的吸收合并和新设合并，都属于在合并后两个法人企业合并成一个独立的法人企业，合并的会计处理规则相同。（　　　）

21.对于合并，如果合并方确认了合并商誉，则该合并必然是控股合并。（　　　）

四、会计处理题

1.2016年6月30日，甲公司向乙公司的股东定向增发1 000万股普通股（每股面值为1元，市价为每股9.8元）对乙公司进行合并，合并时以银行存款支付审计、评估等费用100万元，并于当日取得乙公司70%的股权。参与合并企业在2016年6月30日企业合并前，有关资产、负债情况见表4-14。

假定甲公司和乙公司为同一集团内两个全资子公司，合并前其共同控制的母公司为丙公司。该项合并中参与合并的企业在合并前及合并后均由丙公司最终控制。甲公司与丙公司在合并前未发生任何交易。

要求（答案以万元为单位）：

（1）编制甲公司对乙公司控股合并的会计分录（不考虑支付的审计、评估等费用）。

（2）承接（1），编制甲公司对乙公司控股合并时支付的审计、评估等费用的会计分录。

（3）若甲公司发行1 000万股普通股对乙公司进行吸收合并，并于当日取得乙公司净资产。编制甲公司对乙公司吸收合并的会计分录（不考虑支付的审计、评估等费用）。

表4-14 甲、乙公司资产、负债情况 单位：万元

项 目	甲公司	乙公司	
	账面价值	账面价值	公允价值
货币资金	2 000	300	300
应收账款	8 000	800	800
存货	10 000	4 000	4 100
长期股权投资	6 000	1 000	1 000
固定资产	15 000	8 000	8 200
无形资产	4 000	1 000	1 000
短期借款	5 000	2 000	2 000
应付账款	3 000	1 000	1 000
其他负债	2 000	1 000	1 000
股本	20 000	7 000	
资本公积	5 000	2 000	
盈余公积	1 000	300	
未分配利润	9 000	2 700	

（4）承接（3），编制甲公司对乙公司吸收合并时支付审计、评估等费用的会计分录。

（5）假设甲公司与乙公司不存在任何关联。若甲公司发行1 000万股普通股对乙公司进行吸收合并，并于当日取得乙公司净资产。编制甲公司对乙公司吸收合并的会计分录（不考虑支付的审计、评估等费用）。

2.2017年4月，A公司增发股份2 000万股，每股面值1元。A公司用增发股份中的1 600万股吸收合并B公司，另400万股按每股1.6元的价格对外出售。合并当时，B公司净资产的账面价值为2 500万元（其中固定资产等有关资产7 300万元，应付账款等有关负债为4 800万元；股本2 000万元，资本公积100万元，盈余公积和未分配利润分别为160万元和240万元），经评估公允价值为2 700万元（200万元为固定资产的评估增值）。A公司增发股份的有关费用中与合并B公司有关的部分为10万元，以银行存款支付。此项企业合并之前，A、B两公司之间没有发生任何交易。其他因素略。

要求（答案以万元为单位）：

（1）假设A、B公司合并前为同一控制下，编制A公司吸收合并B公司的会计分录。

（2）假设A、B公司合并前为非同一控制下，编制A公司吸收合并B公司的会计分录。

（3）假设A、B公司合并前为同一控制下的两个公司，而且A公司吸收合并B公司时另加付1 100万元的银行存款。编制A公司吸收合并B公司的会计分录。

（4）假设A、B公司合并前为非同一控制下的两个公司，而且A公司吸收合并B公司时另加付1 100万元的银行存款。编制A公司吸收合并B公司的会计分录。

3.2016年6月末，A公司用账面价值500万元、公允价值600万元的库存商品（考虑增值税）和100万元的银行存款实施与B公司的合并，取得B公司股权。合并前B公司净资产账面价值700万元，公允价值800万元。

要求（答案以万元为单位，应交税费注明二级明细科目）：

（1）假设A公司和B公司合并前分属不同的主管单位，A取得B公司80%的股权，编制2016年6月末合并当初取得股权的会计分录。

（2）假设A公司和B公司合并前属同一主管单位，A取得B公司80%的股权，编制2016年6月末合并当初取得股权的会计分录。

（3）假设A公司和B公司合并前分属不同的主管单位，A取得B公司70%的股权，编制2016年6月末合并当初取得股权的会计分录。

（4）假设A公司和B公司合并前属同一主管单位，A取得B公司70%的股权，编制2016年6月末合并当初取得股权的会计分录。

4.A、B公司均为甲公司两年以前就拥有60%控股权的子公司。2016年2月，A公司增发股份1 500万股，每股面值1元。A公司用增发股份中的1 080万股与甲公司换取其持有的B公司的全部股权，另420万股按每股1.8元的价格出售。当时，B公司净资产的账面价值为2 000万元（其中股本1 800万元，资本公积100万元，盈余公积和未分配利润分别为40万元和60万元），经评估公允价值为2 500万元（500万元为固定资产的评估增值）。A公司增发股份的有关费用中与合并B公司有关的部分为9万元，以银行存款支付。此项企业合并之前，A、B两公司之间没有发生任何交易。其他因素略。

要求（答案以万元为单位）：

（1）假设不考虑A公司增发的费用，编制A公司合并B公司的会计分录。

（2）承接（1），编制A公司因合并B公司增发股份费用的会计分录。

（3）假设A公司为甲公司控股60%的子公司，B公司为乙公司控股60%的子公司，A公司用增发股份中的1 080万股与乙公司换取其持有的B公司的全部股权，假设不考虑A公司增发的费用，编制A公司合并B公司的会计分录。

（4）承接（3），编制A公司因合并B公司增发股份费用的会计分录。

5.A、B公司均为甲公司三年以前就拥有100%控股权的子公司。2016年4月，A公司增发股份1 000万股，每股面值1元。A公司用增发股份中的580万股吸收合并B公司，另420万股按每股1.5元的价格对外出售。当时，B公司净资产的账面价值为1 500万元（其中固定资产等有关资产6 500万元，应付账款等有关负债5 000万元；股本1 300万元，资本公积100万元，盈余公积和未分配利润分别为40万元和60万元），经评估公允价值为1 800万元（300万元为固定资产的评估增值）。A公司增发股份的有关费用中与合并B公司有关的部分为9万元，以银行存款支付。此项企业合并之前，A、B两公司之间没有发生任何交易。其他因素略。

要求（答案以万元为单位）：

（1）编制A公司吸收合并B公司的会计分录。

（2）假设A、B公司合并前为非同一控制下的两个公司，编制A公司吸收合并B公司的会计分录。

（3）假设A、B公司合并前为非同一控制下的两个公司，而且A公司吸收合并B公司时另加付1 000万元的银行存款，编制A公司吸收合并B公司的会计分录。

6.2016年6月末，A公司用账面原值500万元、已提折旧100万元、公允价值480元的固定资产和100万元的银行存款实施对B公司的控股合并，取得对方100%股权。合并前B公司净资产账面价值600万元，公允价值550万元。

要求（不考虑增值税，答案以万元为单位）：

（1）假设A和B公司在合并前后同属于同一方控制，编制A公司2016年6月30日结转固定资产账面价值的会计分录。

（2）承接（1），编制A公司2016年6月30日控股合并的会计分录。

（3）假设A和B公司在合并前后不属于同一方控制，编制A公司2016年6月30日结转固定资产账面价值的会计分录。

（4）承接（3），编制A公司2016年6月30日控股合并的会计分录。

7. 甲公司2016年12月31日的所有者权益总额为2 280万元，其构成为：股本1 600万元，资本公积430万元（其中股本溢价300万元），留存收益250万元。乙公司2016年12月31日的资产负债表（简表）见表4-15。

表4-15

资产负债表

编制单位：乙公司　　　　　　　　　　2016年12月31日　　　　　　　　　　单位：万元

资　　产	期末余额	负债及所有者权益	期末余额
流动资产：		流动负债：	
货币资金	550	短期借款	110
应收账款	120	应付账款	220
存货	230	其他应付款	80
固定资产：	2 100	非流动负债：	
固定资产原价	400	长期借款	1 160
减：累计折旧	1 700	所有者权益：	
固定资产净值		股本	700
		资本公积	150
		留存收益	180
资产总计	2 600	负债及所有者权益总计	2 600

2017年1月初，甲公司对乙公司进行吸收合并。合并日经评估乙公司固定资产的公允价值为1 800万元，其他各项可辨认资产和负债的公允价值等于账面价值。甲公司支付的合并对价资料见表4-16。

表4-16

甲公司支付的合并对价资料

　　　　　　　　　　　　　　　　　　　　　　　　　　　　　　　　　　　单位：万元

项　　目	货币额	账面价值	面　　值	公允价值
1.银行存款	560			
2.发行股票			200	260
3.发行股票手续费等	10			
4.无形资产		300		400

说明：甲公司用作合并对价的无形资产原价400万元，至企业合并时已累计摊销100万元。

要求（答案以万元为单位，不考虑递延所得税）：

（1）假定此合并为同一控制下企业合并，作出甲公司合并乙公司的账务处理（不考虑发行股票手续费）。

（2）承接（1），作出甲公司合并乙公司时发行股票手续费的账务处理。

（3）假定此合并为非同一控制下企业合并，作出甲公司合并乙公司的账务处理（不考虑发行股票手续费）。

（4）承接（3），作出甲公司合并乙公司时发行股票手续费的账务处理。

8.2017年1月1日，甲公司对乙公司进行控股合并，合并当日双方资产负债表期末数分别为：甲公司资产总额为4 800万元，负债总额为2 500万元，股本为1 500万元，资本公积（股本溢价）为300万元，资本公积（其他资本公积）为50万元，盈余公积为220万元，未分配利润为230万元；乙公司资产总额为3 000万元，负债总额为2 000万元，股本为600万元，资本公积（股本溢价）为100万元，留存收益为300万元。合并日经评估乙公司固定资产的公允价值为700万元（账面价值为600万元），其他各项可辨认资产和负债的公允价值等于账面价值。甲公司支付的合并对价资料见表4-17。

表4-17　　　　　　　　　　甲公司支付的合并对价资料　　　　　　　　　单位：万元

项　　目	货币额	账面价值	面　　值	公允价值
1.银行存款	800			
2.发行股票			300	500
3.发行股票手续费等	10			
4.无形资产		200		300

说明：甲公司用作合并对价的无形资产原价400万元，至企业合并时已累计摊销200万元。

要求（答案以万元为单位）：

（1）编制假设控股比例为80%且为同一控制下的企业合并的会计分录。

（2）编制假设控股比例为80%且为非同一控制下的企业合并的会计分录。

（3）编制假设控股比例为100%且为同一控制下的企业合并的会计分录。

（4）编制假设控股比例为100%且为非同一控制下的企业合并的会计分录。

第四章练习题参考答案

第五章

合并财务报表

学习目标

在学习和理解本章内容时，应当关注：（1）合并财务报表的定义。合并财务报表是指反映母公司及其全部子公司形成的企业集团整体财务状况、经营成果和现金流量的财务报表。（2）合并财务报表的范围。合并财务报表的合并范围应当以控制为基础予以确定。（3）合并财务报表的编制程序。合并财务报表是通过将个别报表数据加计，编制调整和抵销分录，计算合并数，形成合并报表。（4）需要调整的事项以及如何进行调整。如非同一控制下企业合并取得的子公司可辨认净资产按合并日公允价值为报告基础进行调整。（5）需要抵销的事项以及如何进行抵销。如与内部股权投资有关的抵销处理、与内部债权债务有关的抵销处理、与内部资产交易有关的抵销处理等。除了学习本章的内容外，还应当认真阅读《企业会计准则第2号——长期股权投资》《企业会计准则第20号——企业合并》《企业会计准则第33号——合并财务报表》及相关指南和解释。

重点难点

合并财务报表的范围；非同一控制下企业合并取得的子公司可辨认净资产按合并日公允价值为报告基础进行调整；与内部股权投资有关的抵销处理；与内部债权债务有关的抵销处理；与内部资产交易有关的抵销处理。

第一节 合并财务报表概述

一、合并财务报表的含义

我国《企业会计准则第33号——合并财务报表》将合并财务报表定义为：反映母公司和其全部子公司形成的企业集团整体财务状况、经营成果和现金流量的财务报表。

企业合并形成的控股性合并，合并双方构成了母子关系，母公司及其所属的子公司仍为独立的法人，仍需各自编制个别报表，反映各自的财务状况、经营成果和现金流量。但是，控股合并后若干具有法律主体地位的成员企业组成了一个企业集团，这个企业集团应该以一个合并的报告主体身份对外披露财务信息，以便于母公司及集团成员企业的投资人、债权人和其他报表使用者了解企业集团整体的财务状况、经营成果和现金流量，所以需要编制合并报表。

二、合并财务报表的构成

合并财务报表至少包括合并资产负债表、合并利润表、合并所有者权益变动表、合并现金流量表和附注，它们分别从不同的方面反映企业集团财务状况、经营成果及现金流量情况，构成一个完整的合并财务报表体系。

（1）合并资产负债表。合并资产负债表是母公司编制的，反映母公司和子公司所形成的企业集团某一特定日期财务状况的报表。

（2）合并利润表。合并利润表是母公司编制的，反映母公司和子公司所形成的企业集团整体在一定期间内经营成果的报表。

（3）合并所有者权益变动表。合并所有者权益变动表是母公司编制的，反映母公司在一定期间内所有者权益增减变动情况的报表。

（4）合并现金流量表。合并现金流量表是母公司编制的，反映母公司和子公司所形成的企业集团在一定期间现金流入、流出量以及现金净增减变动情况的报表。

（5）附注。附注是对在合并资产负债表、合并利润表、合并现金流量表和合并所有者权益变动表等报表中列示项目的文字描述或明细资料，以及对未能在这些报表中列示项目的说明等。

三、合并范围的确定

什么情况下需要编制合并财务报表？是否只要发生对外投资，投资企业就需要将被投资企业资产、负债纳入自己的报表中合并编制。下面通过【例5-1】来分析。

【例5-1】甲公司是一家大型企业集团，2×17年发生如下一些投资行为：

（1）甲公司在二级市场购入H公司股票10万股，每股面值1元，市价10元。甲公司将其确认为交易性金融资产。

（2）甲公司购买乙公司发行的3年期债券100万元，准备持有至到期。

（3）甲公司以货币资金5 000万元吸收合并丁公司。

（4）甲公司以现金方式购买L公司30%股权，并准备长期持有，甲公司获得的股权构成对L公司的重大影响，甲公司将其投资确认为长期股权投资。

（5）甲公司与M公司为非同一控制下的两个企业，甲公司以向M公司股东定向发行股票的方式获取M公司51%的股权，并达到实质上的控制。

要求：判断甲公司的上述投资行为，哪些应被纳入甲公司的合并报表范围。

解析：

（1）甲公司对H公司的投资属于短期投资，确认为交易性金融资产，H公司不应被纳入甲公司合并财务报表的范围。在短期投资的情况下，持有的目的是使暂时闲置的资金获得一定的投资收益，其投资不具有持续性，不会形成控制性投资，而且会计准则将此类投资划分为交易性金融资产或可供出售金融资产。投资人持有这类投资不会被要求纳入集团公司合并财务报表的范围。

（2）甲公司对乙公司的投资属于债权性投资，甲公司将此类投资确认为持有至到期投资，乙公司不被纳入甲公司合并财务报表的编制范围。长期债权投资的投资者是被投资企业的债权人而不是股权拥有者，这就决定了投资企业与被投资企业不构成一个经济整体，其投资产生的收益是固定回报。

（3）甲公司吸收合并丁公司，合并后丁公司不复存在，只有甲公司这一个独立的法律主体和会计主体，不需要编制合并财务报表。所以，合并财务报表与企业合并有必然的联系，但不是每一种合并方式都需要编制合并财务报表。吸收合并和新设合并因合并后只剩一个法律主体和会计主体，不存在编制合并财务报表的问题。只有在控股合并的情况下，合并后，合并方和被合并方仍为独立的法律主体和会计主体，但又属于一个经济意义上的企业集团，需要反映一个企业集团整体的财务状况、经营成果和现金流量，所以才需要编制合并财务报表。

（4）甲公司对L公司投资构成了重大影响，形成了长期股权投资，但因甲公司没有实现对L公司的实际控制，L公司不会被纳入甲公司合并财务报表的范围。

（5）甲公司对M公司投资超过了50%，并构成了实质性控制，所以，M公司应该被纳入甲公司合并财务报表的编制范围。长期股权投资按投资企业对被投资企业的影响程度不同分为控制、共同控制和重大影响三种情形。根据我国企业会计准则的规定，当投资企业对被投资企业能够实施控制，投资双方构成一个经济意义上的整体时，才需要编制合并财务报表。

通过对【例5-1】的分析，我们应该理解了合并财务报表与投资的关系、合并财务报表与按照合并后法律主体分类的三种企业合并的关系。只有当长期股权投资达到控股性投资时才需要编制合并财务报表；只有当企业合并属于控股性合并时才需要编制合并财务报表。这里的核心含义是"控制"，下面我们来详细阐述合并范围的理论问题。

（一）合并范围的确定原则

合并范围是指可纳入合并财务报表的主体范围。我国《企业会计准则第33号——合并财务报表》规定：合并财务报表的合并范围应当以控制为基础予以确定。母公司应当将其控制的所有子公司。无论是小规模的子公司还是经营业务性质特殊的子公司，均应被纳入合并财务报表的合并范围。母公司是指控制一个或一个以上主体（含企业、被投资单位中可分割的部分，以及企业所控制的结构化主体等）的主体。子公司是指被母公司控制的主体。

提示

关于子公司主体除了企业这种类型之外，还有"被投资单位中可分割部分""结构化主体"等类型，对这些概念的理解本书未作介绍，同学们可参考注册会计师考试教材对这些概念作深入理解。

（二）控制的基本内涵

什么是控制？是否只有【例5-1】中的第五种情况，投资方拥有被投资方50%以上股权时才算是控制？我们先来看一下《企业会计准则第33号——合并财务报表》中对控制的定义：控制是指投资方拥有对被投资方的权力，通过参与被投资方的相关活动而享有可变回报，并且有能力运用对被投资方的权力影响其回报金额。这个定义并没有给出一个定量的标准，如何理解？我们需要把握以下两个关键要素：

1.通过参与被投资方的相关活动获得可变回报

可变回报是不固定且可能随着被投资方业绩而变化的回报，可以是正面、负面或者两者兼有。可变回报的形式主要包括：股利、投资方对被投资方的投资的价值变动、因向被投资方的资产或负债提供服务而得到的报酬、因提供信用支持或流动性支持收取的费用或承担的损失、被投资方清算时在其剩余净资产中所享有的权益、税务利益、因参与被投资方而获得的未来流动性等。

2.拥有对被投资方的权力，并能利用该权力获得可变回报

投资方能够主导被投资方的相关活动时，称为投资方对被投资方享有"权力"。这里所指的相关活动，会计准则给出的解释是：对被投资方的回报产生重大影响的活动，通常包括商品或劳务的销售和购买、金融资产的管理、资产的购买和处置、研究与开发活动以及融资活动等。除非有确凿的证据表明其不能主导被投资方相关活动，下列情况，表明投资方对被投资方拥有权力：

（1）投资方持有被投资方半数以上的表决权。

（2）投资方持有被投资方半数或以下表决权，但通过与其他表决权持有人之间的协议能够控制半数以上的表决权。

表决权是对被投资方经营计划、投资方案、年度财务预算方案和决算方案、利润分配方案和弥补亏损方案、内部管理机构的设置、聘任或解聘公司经理及确定其报酬、公司的基本管理制度等事项进行表决而持有的权利。表决权比例通常与其出资比例或持股比例是一致的，但公司章程另有规定的除外。投资方拥有被投资方半数以上表决权的方式，包括直接拥有、间接拥有、直接和间接合计拥有三种方式。图5-1显示甲集团公司成员企业间的股权结构，我们来判断一下甲集团公司存在半数以上表决权的投资方有哪些。

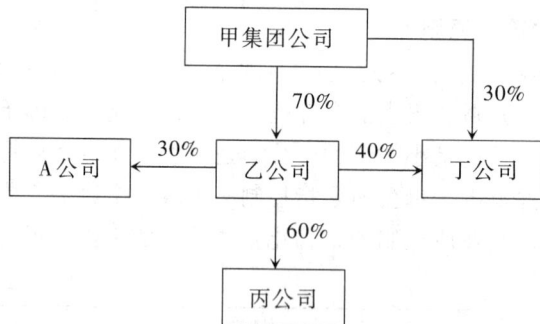

图5-1 甲集团公司的股权结构图

直接拥有半数以上表决权的有：甲公司持有乙公司70%表决权；乙公司持有丙公司60%的表决权。

间接拥有半数以上表决权的有：甲公司通过乙公司间接持有丙公司60%的表决权。这里需要注意的是：甲公司间接持有的丙公司表决权数量不是采用乘法70%×60%计算得出的42%，而就是间接拥有60%。当甲公司编制合并财务报表时，对丙公司的合并就按照60%计算持股比例。

直接和间接合计拥有半数以上表决权的有：甲直接拥有丁公司30%表决权，又通过乙公司间接拥有丁公司40%的表决权，合计拥有70%表决权。

A公司也是甲集团公司内部的成员企业，甲公司通过乙公司间接拥有A公司30%的表

决权，在这种情形下，甲公司并不能形成对A公司的控制。如果没有其他实质上可以拥有"权力"的情形存在，甲公司在编制合并报表时，是不能将A公司纳入合并范围的。

在判断投资方是否拥有对被投资方权力时需要注意两个问题：

一是有半数以上表决权不一定代表有权力。确定持有半数以上表决权的投资方是否拥有权力，关键在于该投资方是否拥有主导被投资方相关活动的现时能力。在被投资方相关活动被政府、法院、管理人、接管人、清算人或监管人等其他方主导时，投资方无法凭借其拥有的表决权主导被投资方的相关活动，此类情况下，即便投资方拥有被投资方半数以上表决权，也不拥有对被投资方的权力。

二是没有半数以上表决权也不一定代表没有权力。当投资方对被投资方只持有半数以下表决权时，需要考虑下列情况判断投资方是否拥有对被投资方的权力：

①投资方持有的表决权相对于其他投资方持有的表决权份额的大小，以及其他投资方持有的表决权的分散程度。如A投资者持有B上市公司48%的表决权，剩余表决权由数千位股东持有，除A之外，没有任何股东持有超过1%的表决权，没有任何股东与其他股东达成协议或能够作出共同决策。

②投资方和其他投资方持有的被投资方的潜在表决权，如可转换公司债券、可执行认股权证等。

③其他合同安排产生的权利。如合同安排赋予投资方主导被投资方经营活动和财务活动的权利，从而对被投资方的回报产生重大影响。

④被投资方以往的表决权行使情况等其他相关事实和情况。如投资方能否任命或批准被投资方的关键管理人员；投资方能否出于其自身利益决定或否决被投资方的重大交易；投资方能否掌控被投资方董事会等类似权力机构成员的任命程序，或者从其他表决权持有人手中获得代理权；投资方与被投资方的关键管理人员或董事会等类似权力机构中的多数成员是否存在关联方关系。

提示

关于控制的问题，《企业会计准则第33号——合并财务报表》给出了很多相关的专用术语，表述非常抽象，如潜在表决权、实质性权利、保护性权利、结构化主体、合同安排、被投资方可分割部分、投资性主体等。真正要理解控制的实质，准确判断控制的范围，需要较强的职业判断能力。本书在编写时未能穷尽准则列示的对控制进行判断的所有情形，同学们可以参照注册会计师考试教材进行更深入的学习。

四、合并财务报表的编制原则

合并财务报表作为财务报表，必须符合财务报表编制的一般原则和基本要求。这些基本要求包括真实可靠、内容完整。但合并财务报表是反映母公司及其控制的所有子公司作为一个整体的财务状况、经营成果和现金流量，因此，合并财务报表的编制除要遵循财务报表编制的一般原则和要求之外，还需要遵循以下原则：

（一）以个别报表为基础原则

公司个别资产负债表是根据总账及所属明细账户的期末余额分析计算填列的；公司个别利润表是根据损益类账户本期发生额分析计算填列的；公司个别现金流量表是依据个别

资产负债表、个别利润表及相关资料分析计算填列的；公司个别所有者权益变动表是依据公司所有者权益账户的余额及发生额分析计算填列的。而合并财务报表的编制原理与个别报表不同，并不是直接根据母公司和子公司的账簿余额及发生额分析计算编制的，而是将母公司和子公司已经编制完成的个别报表，通过合并财务报表的特有方法进行编制，也就是说，是以纳入合并范围的各母子公司个别财务报表为基础编制的。

（二）一体性原则

合并财务报表反映的是企业集团整体的财务状况、经营成果和现金流量情况，也就是反映母公司和若干个能够实际控制的子公司组成的一个会计主体的整体财务情况。合并资产负债表体现的是企业集团从外部企业获得的剩余资产、承担的外部债务和外部股东的所有者权益；合并利润表体现的是企业集团向外部企业销售产品、提供劳务而产生的收入和承担的成本费用，进而赚取的外部企业的利润；合并现金流量表反映的是企业集团与外部企业之间因经营活动、投资活动和筹资活动而产生的现金净流量。但是企业集团母子公司、子公司与子公司之间也会发生各种交易活动，这些活动也会导致个别报表发生变化，在编制合并报表时，就需要将内部之间发生的交易对报表的影响数加以剔除，视同该项交易并未发生。这一原则决定了在编制合并财务报表时对集团内部交易和事项要予以抵销。

（三）重要性原则

合并财务报表涉及母、子公司多个法人主体，母、子公司可能处于不同行业，其经营范围不尽相同，有些甚至跨度很大，还有些企业集团存在境外子公司，编制合并报表时需要对子公司报表选择合适的汇率进行折算后再合并，这就会使合并财务报表的相关性和可理解性受到影响，这就更需要突出重要性原则。对某个公司重要，而对于企业集团整体来说不一定重要，在编制合并财务报表时就要进行取舍。此外，母公司与子公司、子公司相互之间发生的经济业务，对整个企业集团财务状况和经营成果影响不大的，可以不编制抵销分录而直接编制合并财务报表。

五、合并财务报表编制的前期基础工作

合并财务报表的编制涉及若干个子公司，有些大型企业集团甚至包括数百个子公司。为了快捷、准确地编制合并财务报表，就必须做好前期基础工作，主要包括以下三点：

（一）统一母子公司的会计政策

会计政策是指企业进行会计核算和编制财务报表时所采用的会计原则、会计程序和会计处理方法，是编制财务报表的基础，统一母公司和子公司的会计政策是保证母子公司财务报表各项目反映内容一致的基础。母公司应当统一子公司所采用的会计政策，使子公司采用的会计政策与母公司的会计政策保持一致。如果子公司采用的会计政策与母公司的不一致，譬如境外子公司会受到所在国法律和会计准则的限制，不能采用与母公司统一的会计政策进行编报，记账本位币也采用所在国的外币，与母公司记账本位币不同，也应当按照母公司的会计政策对子公司财务报表进行必要的调整，选择恰当的汇率调整成与母公司一致的记账本位币，或者要求子公司按照母公司的会计政策另行编制财务报表，在此基础上再行编制合并财务报表。

（二）统一母子公司的会计期间

财务报表总是反映一定日期财务状况和一定会计期间经营成果及现金流量变动情况的。母公司和子公司的财务报表只有在会计期间相一致的基础上才能进行合并。有些境外子公司，因所在国的会计年度与我国不同，如美国的会计年度为10月1日至次年9月30日，英国的会计年度为4月1日至次年3月31日。如果母公司有在美国或英国的子公司，其会计期间就会与母公司的不一致，这就需要按照母公司会计期间对子公司财务报表进行必要的调整，或者要求子公司按照母公司的会计期间另行编制财务报表。

（三）备齐与编制合并财务报表相关的资料

合并财务报表是以母公司和其子公司的财务报表及相关资料为依据编制的，这就要求母公司在编制合并财务报表时要准备好所需要的报表和其他资料。特别是子公司，除了要向母公司提供自己的个别报表以外，还需要提供至少以下一些资料：采用的与母公司不一致的会计政策及其影响金额；与母公司不一致的会计期间说明；与母公司、其他子公司之间发生的所有内部交易的相关资料；所有者权益变动的有关资料；编制合并财务报表需要的其他有关资料。

六、合并财务报表的编制步骤

合并财务报表的编制可以由图5-2所示的五个步骤完成。

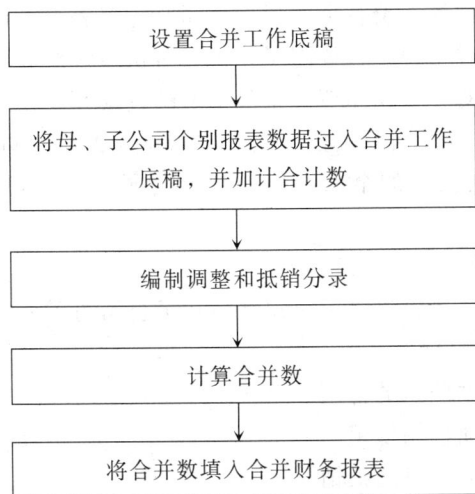

```
┌──────────────────────────────┐
│      设置合并工作底稿        │
└──────────────────────────────┘
               ↓
┌──────────────────────────────┐
│ 将母、子公司个别报表数据过入合并工作│
│         底稿，并加计合计数    │
└──────────────────────────────┘
               ↓
┌──────────────────────────────┐
│      编制调整和抵销分录      │
└──────────────────────────────┘
               ↓
┌──────────────────────────────┐
│        计算合并数            │
└──────────────────────────────┘
               ↓
┌──────────────────────────────┐
│   将合并数填入合并财务报表    │
└──────────────────────────────┘
```

图5-2 合并财务报表的编制步骤

（一）设置合并工作底稿

合并工作底稿是合并财务报表编制的前期底稿，其格式如表5-1所示。表格纵向设置资产负债表、利润表和所有者权益变动表的项目，横向分别设置"个别报表""合计数""调整与抵销分录""合并数"四大栏。合并工作底稿中不包括现金流量表项目，合并现金流量表工作底稿单独设置。

（二）将母、子公司个别报表数据过入合并工作底稿，并加计合计数

将母公司、纳入合并范围的子公司个别资产负债表、利润表及所有者权益变动表各项目的数据誊写到合并工作底稿对应项目，并对各项目的母、子公司个别数据进行加总，计算出合计数。

表5-1 合并财务报表工作底稿 单位：元

项 目	个别报表		合计数	调整与抵销分录		合并数
	母公司	子公司		借方	贷方	
资产负债表项目：						
利润表项目：						
所有者权益变动表项目：						

（三）编制调整和抵销分录

编制调整分录和抵销分录，进行调整和抵销处理是合并财务报表编制的关键和主要内容。

1.需要调整的事项

在进行抵销处理之前，需要对个别报表有关项目进行调整，包括：

（1）为统一会计政策、统一会计期间对子公司会计报表进行调整。

（2）在非同一控制合并情况下，要将子公司可辨认净资产计价基础调整为合并日的公允价值，以保持合并报表对子公司净资产报告价值的连续性。

（3）将母公司对子公司长期股权投资按成本法确认的结果调整成按权益法确认的结果。调整之后，长期股权投资的金额正好反映母公司在子公司所有者权益中所拥有的份额。

2.需要抵销的事项

对相关项目进行调整之后，母、子公司之间，子公司与子公司之间因内部交易需要抵销的事项主要包括：

（1）内部股权投资相关项目的抵销。

（2）内部债权、债务项目的抵销。

（3）内部资产交易相关项目的抵销。

（4）内部现金流动相关项目的抵销。

（四）计算合并数

根据工作底稿上"合计数"栏与"调整与抵销分录"栏数据计算资产、负债、所有者权益、收入和费用项目的合并数。具体计算方法如下：

（1）资产类项目、成本费用类项目和有关利润分配项目，用"合计数"加上"调整与抵销分录"栏的借方金额，减去"调整与抵销分录"栏的贷方金额，得出合并数。

（2）负债类项目、所有者权益类项目、收益类项目，用"合计数"加上"调整与抵销分录"栏的贷方金额，减去"调整与抵销分录"栏的借方金额，得出合并数。

（五）将合并数填入合并财务报表

根据合并财务报表工作底稿中计算出的各项资产、负债、所有者权益、收入、成本费用类各项目的"合并数"栏数据，填列正式的合并财务报表。

七、合并财务报表的格式

合并财务报表包括合并的资产负债表、合并的利润表、合并的现金流量表、合并的所有者权益变动表。与个别报表相比，合并财务报表在个别报表基础上会增加如下一些项目：

（一）合并资产负债表

在所有者权益项目下增加"归属于母公司所有者权益合计"，用于反映企业集团的所有者权益中归属于母公司所有者权益的部分；在所有者权益项目下增加"少数股东权益"项目，用于反映非全资子公司的所有者权益中不属于母公司的份额。

（二）合并利润表

在净利润项目下增加"归属于母公司所有者的净利润"项目，用于反映净利润中属于母公司所有者享有的份额；在净利润项目下增加"少数股东损益"项目，用于反映净利润中归属于少数股东的份额；同一控制合并时，在净利润项下增加"其中：被合并方在合并前实现的净利润"；在"综合收益总额"项目下增加"归属于母公司所有者的综合收益总额"和"归属于少数股东的综合收益总额"。

（三）合并现金流量表

格式与个别企业编制的现金流量表基本相同。

（四）合并所有者权益变动表

增加"少数股东权益"项目。

|第二节|　与内部股权投资有关的调整抵销处理

在编制合并财务报表时产生抵销是源于内部交易的产生。依据一体性原则，企业集团作为一个整体对外报告会计信息时，母、子公司之间，子公司与子公司之间发生各种交易活动引起的个别报表各项目的变化数，在编制合并报表时就需要加以剔除，视同该项交易并未发生。在母公司对子公司形成控股性投资的开始日，母公司与子公司没有发生除投资以外的内部交易，母子公司在投资开始日发生的第一笔交易就是母公司对子公司的投资，母公司形成长期股权投资，子公司形成股本或实收资本。那么母子公司的投资与被投资交易是否属于内部交易？是否需要抵销？抵销什么？我们来比较表5-2和表5-3。

在表5-2中，乙公司未成立，甲公司拥有的资产总额为3 000万元，其中货币资金600万元。表5-3显示甲公司出资500万元货币资金投资成立乙公司，乙公司的资产和所有者权益同时增加500万元。而这500万元在甲公司的报表中显示出货币资金减少500万元，长期股权投资增加500万元。就甲公司而言，虽然将500万元货币资金投资给了乙公司，但甲公司的资产总额并未减少，只是从货币资金转为了长期股权投资。同一笔货币因投资行为，在两个公司的报表中都作了披露。就单个资产负债表而言，这样的披露没有问题，但如果我们将甲、乙两个公司合并到一张报表上时，如表5-4所示，资产和所有者权益总额的合计数变成了3 500万元。

表5-2   **乙公司未成立前的甲公司简要资产负债表**   单位：万元

甲公司		乙公司	
货币资金	600	货币资金	
存货	1 000	存货	
固定资产	1 400	固定资产	
资产总计	3 000	资产总计	0
应付账款	1 000	应付账款	
股本	1 000	股本	
资本公积	380	资本公积	
盈余公积	300	盈余公积	
未分配利润	320	未分配利润	
负债及所有者权益总计	3 000	负债及所有者权益总计	0

表5-3   **甲公司出资500万元成立乙公司后的简要资产负债表**   单位：万元

甲公司		乙公司	
货币资金	100	货币资金	500
存货	1 000	存货	
长期股权投资	500	固定资产	
固定资产	1 400		
资产总计	3 000	资产总计	500
应付账款	1 000	应付账款	
股本	1 000	股本	500
资本公积	380	资本公积	
盈余公积	300	盈余公积	
未分配利润	320	未分配利润	
负债及所有者权益总计	3 000	负债及所有者权益总计	500

将甲、乙公司看成一个整体时，其资产和所有者权益总额还应该是甲公司投资前的3 000万元。而长期股权投资属于内部投资，不属于对外部的投资，在合并后的报表里不应该体现，股本总数不应该是1 500万元，其中属于接受外部投资的还只是1 000万元，500万元属于内部投资形成的。基于上述分析，甲公司的长期股权投资和乙公司的股本属于内部交易形成的，需要抵销，这样甲、乙公司在编制合并财务报表时合并数才能体现真正的资产和所有者权益总额。

| 表5-4 | 甲、乙公司合计后资产负债表 | | 单位：万元 |

项 目	个别报表		合计数
	甲公司	乙公司	
货币资金	100	500	600
存货	1 000		1 000
长期股权投资	500		500
固定资产	1 400		1 400
资产总计	3 000	500	3500
应付账款	1 000		1 000
股本	1 000	500	1 500
资本公积	380		380
盈余公积	300		300
未分配利润	320		320
负债及所有者权益总计	3 000	500	3 500

如表5-5所示，通过编制抵销分录，将长期股权投资和股本抵销之后，合并后的资产和所有者权益总额还是3 000万元。根据上述对四张表的分析，我们可以回答前面提出的几个问题，即母子公司的投资与被投资交易属于内部交易，需要抵销，要将母公司的长期股权投资与子公司的股本进行抵销。

| 表5-5 | 甲、乙公司合并后合并资产负债表工作底稿 | | | | 单位：万元 |

项 目	个别报表		调整抵销分录		合并数
	甲公司	乙公司	借方	贷方	
货币资金	100	500			600
存货	1 000				1 000
长期股权投资	500			500	0
固定资产	1 400				1 400
资产总计	3 000	500			3000
应付账款	1 000				1 000
股本	1 000	500	500		1 000
资本公积	380				380
盈余公积	300				300
未分配利润	320				320
负债及所有者权益总计	3 000	500			3 000

上述的案例非常简单直观，只是为了讲清长期股权投资和所有者权益抵销的原理。而与内部股权投资相关的抵销不仅仅是长期股权投资与股本的抵销，如果投资后，母公司获得来自于子公司利润分配的投资收益，也属于内部交易，也需要抵销。所以，与投资相关的抵销在合并日与合并日后需要抵销的事项会有不同。

合并日当期编制合并报表时只需要将长期股权投资与被投资方的股东权益归属于母公司的部分相抵销；合并日后再编制合并报表时，不仅需要抵销长期股权投资与被投资方的股东权益归属于母公司的部分，还需要抵销母公司来自于子公司的投资收益和子公司股利分配中母公司应享有的部分。由于控制合并又分为同一控制下合并和非同一控制下合并，不同合并方式，其抵销的数额有所不同。而且除了需要抵销的事项，还有需要调整的事项。下面我们将分合并日和合并日后对与内部股权投资有关的调整和抵销处理作详细介绍。

一、合并日与内部股权投资有关的调整和抵销处理

（一）同一控制下企业合并

在合并日，同一控制下企业合并需要编制合并的资产负债表，此时需要考虑调整和抵销的事项有哪些。

就调整事项来看，前面我们总结过可能需要调整的三个方面：第一要考虑会计政策和会计期间统一的问题。如果子公司与母公司会计政策和会计期间相同，就不需要调整。本章所举案例都是假设两者是一致的情形。第二要考虑将子公司可辨认净资产计价基础调整为合并日公允价值的问题。公允价值的调整只存在于非同一控制合并的情况。因为，同一控制下控股合并，长期股权投资当时是按照对方净资产账面价值为基础确认的，合并后在编制合并财务报表时依据的个别财务报表也是按照原账面价值体现的，所以不需要调整。第三要考虑成本法调整为权益法的问题。在合并日，长期股权投资还没有出现因成本法和权益法核算方法不同而产生的差异问题，所以合并日不需要将成本法调整为权益法。总体来说，在合并日，同一控制下企业合并如果母、子公司会计政策和会计期间一致，也就不存在调整事项。

就抵销事项来看，在合并日，因母、子公司除了发生投资和被投资业务之外，还没有发生其他内部交易活动，所以需要抵销的也就是母公司的长期股权投资与子公司的所有者权益项目。基本的抵销分录为：

借：股本
　　资本公积
　　其他综合收益　　　　　　　　　　　　　　　［子公司账面价值］
　　盈余公积
　　未分配利润
　　贷：长期股权投资　　　　　　　　　　　　　　［母公司对子公司投资账面价值］
　　　　少数股东权益　　　　　　　　［合并日子公司股东权益乘以少数股东持股比例］

1.企业合并后全资控股的情形

【例5-2】甲公司全资控股合并乙公司，资料与【例4-3】相同。2×17年1月1日，甲公司向乙公司的股东定向增发60万股普通股（每股面值1元，市价10元）对乙公司进行控股合并，并于当日取得乙公司净资产。甲公司和乙公司的母公司都为A公司，甲、乙公

司合并属同一控制下的企业合并。假设不考虑相关税费及其他因素。合并前甲公司和乙公司的资产负债表见表5-6和表5-7。

表5-6

甲公司资产负债表

2×16年12月31日 单位：万元

资　产	年末数	负债及所有者权益	年末数
货币资金	200	短期借款	130
应收账款	20	应付账款	55
存货	45	长期借款	200
固定资产原价	600	股本	300
减：累计折旧	100	资本公积	30
固定资产净值	500	盈余公积	40
无形资产	20	未分配利润	30
资产总计	785	负债及所有者权益总计	785

表5-7

乙公司资产负债表

2×16年12月31日 单位：万元

资产	年末数		负债及所有者权益	年末数	
	账面价值	公允价值		账面价值	公允价值
货币资金	10	10	短期借款	15	15
应收账款	18	18	应付账款	35	35
存货	22	22	长期借款	100	100
固定资产原价	210	230	股本	50	50
减：累计折旧	30	30	资本公积	10	30
固定资产净值	180	200	盈余公积	10	10
无形资产	0	0	未分配利润	10	10
资产总计	230	250	负债及所有者权益总计	230	250

甲公司控股合并后的会计分录在第四章的【例4-3】中已经介绍。为了便于理解、掌握知识的逻辑关系，我们将甲公司合并当时的会计分录和个别资产负债表（见表5-8）再列示出来：

借：长期股权投资 800 000
　　贷：股本 600 000
　　　　资本公积 200 000

表5-8　　　　　　　　　控股合并后甲公司个别资产负债表

2×17年1月1日　　　　　　　　　　　　　　单位：万元

资　产	年末数	负债及所有者权益	年末数
货币资金	200	短期借款	130
应收账款	20	应付账款	55
存货	45	长期借款	200
长期股权投资	80	股本	360
固定资产原价	600	资本公积	50
减：累计折旧	100	盈余公积	40
固定资产净值	500	未分配利润	30
无形资产	20		
资产总计	865	负债及所有者权益总计	865

提示

在学习抵销分录之前，根据【例5-2】资料，同学们先行思考：乙公司的个别报表会有什么变化？为什么？抵销分录怎样编制？合并工作底稿怎么填？合并数的资产和所有者权益总额是多少？

编制合并日合并财务报表时需要编制的抵销分录为：

借：股本 500 000
　　资本公积 100 000
　　盈余公积 100 000
　　未分配利润 100 000
　　贷：长期股权投资 800 000

甲公司控股合并乙公司后，作为母公司，需要编制合并财务报表，将乙公司的个别资产负债表纳入合并财务报表范围。具体编制过程见表5-9所示的合并日合并财务报表工作底稿。

表5-9　　　　　　　　　合并日合并财务报表工作底稿（简表）　　　　　　　　单位：万元

项　目	个别报表		合计数	调整与抵销分录		合并数
	母公司（甲）	子公司（乙）		借方	贷方	
货币资金	200	10	210			210
应收账款	20	18	38			38
存货	45	22	67			67

项目	个别报表		合计数	调整与抵销分录		合并数
	母公司（甲）	子公司（乙）		借方	贷方	
长期股权投资	80		80		80	0
固定资产净值	500	180	680			680
无形资产	20		20			20
资产总计	865	230	1 095			1 015
短期借款	130	15	145			145
应付账款	55	35	90			90
长期借款	200	100	300			300
股本	360	50	410	50		360
资本公积	50	10	60	10		50
盈余公积	40	10	50	10		40
未分配利润	30	10	40	10		30
负债及所有者权益总计	865	230	1 095			1 015

2.企业合并后非全资控股的情形

【例5-3】甲公司非全资控股合并乙公司，资料与【例4-4】相同。2×17年1月1日，甲公司用账面价值500万元、公允价值550万元的库存商品和200万元的银行存款对乙公司进行投资，取得乙公司80%的股权。甲公司和乙公司的母公司都为A公司，甲、乙公司合并属同一控制下的企业合并。假设不考虑相关税费及其他因素。合并前甲公司和乙公司的账户余额表见表5-10。

表5-10

甲公司和乙公司账户余额表

2×16年12月31日   单位：万元

甲公司			乙公司		
项　目	账面价值	公允价值	项　目	账面价值	公允价值
货币资金	600	600	货币资金	100	100
库存商品	1 000	1 100	原材料	200	200
固定资产	1 400	1 500	固定资产	900	1 100
资产总计	3 000	3 200	资产总计	1 200	1 400
应付账款	1 000	1 000	应付账款	400	400
股本	1 000	1 000	股本	500	500
资本公积	380	580	资本公积	100	300
盈余公积	300	300	盈余公积	60	60
未分配利润	320	320	未分配利润	140	140
负债及所有者权益总计	3 000	3 200	负债及所有者权益总计	1 200	1 400

甲公司在合并日编制分录如下：

借：长期股权投资　　　　　　　　　　　　　　　　　　6 400 000
　　资本公积　　　　　　　　　　　　　　　　　　　　　600 000
　　贷：银行存款　　　　　　　　　　　　　　　　　　　　2 000 000
　　　　库存商品　　　　　　　　　　　　　　　　　　　　5 000 000

甲公司在个别资产负债表中将对上述分录涉及的项目进行调整，可以通过对比表5-10和表5-11中的甲公司个别资产负债表项目找出差异。

编制合并日合并财务报表时需要编制的抵销分录为：

借：股本　　　　　　　　　　　　　　　　　　　　　　5 000 000
　　资本公积　　　　　　　　　　　　　　　　　　　　1 000 000
　　盈余公积　　　　　　　　　　　　　　　　　　　　　600 000
　　未分配利润　　　　　　　　　　　　　　　　　　　1 400 000
　　贷：长期股权投资　　　　　　　　　　　　　　　　　　6 400 000
　　　　少数股东权益　　　　　　　　　　　　　　　　　　1 600 000

什么是少数股东权益？也就是非全资子公司的所有者权益中不属于母公司的份额。少数股东权益只有在合并资产负债表中才会体现。【例5-3】中甲公司只拥有乙公司80%的股权，还有20%属于其他少数股东的权益。由于母公司在编制合并报表的抵销分录时，将子公司100%的股东权益全部冲销，但实际上，乙公司股东权益中20%部分是从集团外部少数股东获得的投资，这部分不应该抵销，所以，还需要将乙公司股东权益中20%部分单独在合并资产负债表中的股东权益部分增加列示。那么少数股东权益如何计算？在同一控制合并的情况下，少数股东权益根据乙公司股东权益账面价值乘以少数股东享受股权比例计算，即160万元（800×20%）。

根据上述抵销分录，甲公司编制合并日合并财务报表工作底稿如表5-11所示。

表5-11　　　　　　　　合并日合并财务报表工作底稿（简表）　　　　　　单位：万元

项目	个别报表		合计数	调整与抵销分录		合并数
	母公司（甲）	子公司（乙）		借方	贷方	
货币资金	400	100	500			500
存货	500	200	700			700
长期股权投资	640		640		640	0
固定资产	1 400	900	2 300			2 300
资产总计	2 940	1 200	4 140			3 500
应付账款	1 000	400	1 400			1 400
股本	1 000	500	1 500	500		1 000
资本公积	320	100	420	100		320
盈余公积	300	60	360	60		300
未分配利润	320	140	460	140		320
少数股东权益					160	160
负债及所有者权益总计	2 940	1 200	4 140			3 500

> **提示**
>
> 在学习抵销分录之前，根据【例5-3】资料，同学们先行思考：甲公司的合并分录是怎么编制的？乙公司的个别报表会有什么变化？乙公司报表中会披露甲公司付出对价的存货和银行存款吗？为什么？甲公司抵销分录会怎样编制？合并工作底稿怎么填？合并数的资产和所有者权益总额是多少？

（二）非同一控制下企业合并

在合并日，非同一控制下企业合并同样需要编制合并的资产负债表，只是由于非同一控制下企业合并与同一控制下企业合并的计量基础不同，具体的调整和抵销方法也有所不同。

就调整事项来看，我们分析过同一控制下企业合并的调整问题。在合并日，同一控制下企业合并如果母、子公司会计政策和会计期间一致，也就不存在调整事项。但是，非同一控制下企业合并，由于母公司在合并时对子公司可辨认净资产计价按照合并日公允价值作为计价基础，但子公司个别报表上反映的还是原账面价值，这样在编制合并财务报表时，就需要将子公司个别报表上的净资产调整为合并日的公允价值计价。基本的调整分录为：

借：有关资产　　　　　　　　［子公司公允价值与账面价值之差］
　　贷：资本公积
　　　　有关负债　　　　　　　［子公司公允价值与账面价值之差］

就抵销事项来看，在合并日，因母、子公司除了发生投资和被投资业务之外，还没有发生其他内部交易活动，所以需要抵销的也就是母公司的长期股权投资与子公司的所有者权益项目。但是由于母公司的长期股权投资是按照合并成本计量的，在将长期股权投资与子公司净资产公允价值按照享受份额抵销时可能存在差额，如果差额属于母公司对子公司的长期股权投资大于母公司在子公司的所有者权益按公允价值计量的部分，应调整为商誉；如果小于则应该调整营业外收入项目，由于合并日不编制利润表，所以直接计入资产负债表的未分配利润项目。基本的抵销分录为：

借：股本　　　　　　　　　　┐
　　资本公积
　　其他综合收益　　　　　　├［子公司公允价值］
　　盈余公积
　　未分配利润　　　　　　　┘
　　商誉　　　　　　　　　　　［若为借方差额］
　　贷：长期股权投资　　　　　　［母公司对子公司合并成本］
　　　　少数股东权益　［合并日子公司股东权益公允价值×少数股东持股比例］
　　　　未分配利润　　　　　　　［若为贷方差额］

1.企业合并后全资控股的情形

【例5-4】假设【例5-2】中的甲公司与乙公司不属于同一控制下的两个企业。甲公司全资控股合并乙公司，合并前甲、乙公司的报表数据见表5-6和表5-7。

我们将甲公司合并日的合并会计分录列示如下：

借：长期股权投资	6 000 000	
贷：股本		600 000
资本公积——资本溢价		5 400 000

提示

根据【例5-4】资料，同学们需要思考：在非同一控制下合并，甲公司在编制合并财务报表时需要调整和抵销的是什么项目？为什么？怎么调整？

甲公司编制合并日合并财务报表时需要编制的调整和抵销分录为：

①调整子公司固定资产公允价值。

合并日，子公司固定资产公允价值200万元，高于账面价值20万元。所以，甲公司在编制合并财务报表时，需要编制的调整分录为：

| 借：固定资产 | 200 000 | |
| 贷：资本公积 | | 200 000 |

②抵销母公司对子公司投资。

借：股本	500 000	
资本公积	300 000	
盈余公积	100 000	
未分配利润	100 000	
商誉	5 000 000	
贷：长期股权投资		6 000 000

这笔抵销分录中长期股权投资与子公司净资产公允价值之间的差额列作商誉。商誉如何形成？这个问题已经在第四章非同一控制下企业合并会计处理一节中介绍过。由于母公司的合并成本是以付出对价的公允价值计量的，取得的子公司净资产是以子公司各项可辨认资产和负债的公允价值计量的，两者之间可能会产生差额。如果合并成本大于取得的可辨认净资产或股权的公允价值份额，差额确认为合并商誉。如果合并成本小于取得的可辨认净资产或股权的公允价值份额，差额确认为合并日的当期损益。但是，在控股合并的情形下，合并商誉或者合并收益并没有在母公司个别资产负债表或利润表中列示，而是在编制合并财务报表时体现在合并的资产负债表或利润表中。例如，在【例5-4】中，甲公司合并日编制的合并分录中并没有体现这部分差额，但在编制合并报表时，抵销分录中体现了商誉500万元。合并财务报表中的商誉如何计算？合并商誉=600-100×100%=500（万元）。根据上述调整分录和抵销分录，甲公司编制合并日合并财务报表工作底稿如表5-12所示。

表5-12　　　　　　　**合并日合并财务报表工作底稿（简表）**　　　　　　单位：万元

项　目	个别报表		合计数	调整与抵销分录		合并数
	母公司（甲）	子公司（乙）		借方	贷方	
货币资金	200	10	210			210
应收账款	20	18	38			38
存货	45	22	67			67

续表

项 目	个别报表		合计数	调整与抵销分录		合并数
	母公司（甲）	子公司（乙）		借方	贷方	
长期股权投资	600		600		②600	0
固定资产净值	500	180	680	①20		700
无形资产	20		20			20
商誉				②500		500
资产总计	1 385	230	1 615			1 535
短期借款	130	15	145			145
应付账款	55	35	90			90
长期借款	200	100	300			300
股本	360	50	410	②50		360
资本公积	570	10	580	②30	①20	570
盈余公积	40	10	50	②10		40
未分配利润	30	10	40	②10		30
负债及所有者权益总计	1 385	230	1 615			1 535

提示

由于合并财务报表按照合并当初子公司净资产的公允价值体现，会导致合并财务报表中的某资产或负债的账面价值与计税基础不一致，如【例5-4】中合并财务报表体现的固定资产账面价值高于计税基础20万元，从而会产生应纳税暂时性差异，应该确认递延所得税负债，并在以后固定资产计提折旧时予以冲回。由于其复杂性，本章对涉及合并当初可辨认净资产公允价值与计税基础差异产生的所得税影响数未作考虑，只在内部交易存货和固定资产中涉及递延所得税处理。同学们对该部分内容可自学注册会计师考试教材。

2.企业合并后非全资控股的情形

【例5-5】假设【例5-3】中的甲公司与乙公司不属于同一控制下的两个企业。甲公司取得乙公司80%股权，合并前甲、乙公司的报表数据见表5-10。假设甲公司支付商品对价形成的利润直接体现为未分配利润。

甲公司合并日的合并会计分录列示如下：

借：长期股权投资　　　　　　　　　　　　　　　　　　　7 500 000

　　贷：银行存款　　　　　　　　　　　　　　　　　　　　　　2 000 000

　　　　主营业务收入　　　　　　　　　　　　　　　　　　　　5 500 000

借：主营业务成本　　　　　　　　　　　　　　　5 000 000

　　贷：库存商品　　　　　　　　　　　　　　　　　　　　　　5 000 000

甲公司编制合并日合并财务报表时需要编制的调整和抵销分录为：

①调整子公司固定资产公允价值。

借：固定资产 2 000 000

　　贷：资本公积 2 000 000

②抵销母公司对子公司投资。

借：股本 5 000 000

　　资本公积 3 000 000

　　盈余公积 600 000

　　未分配利润 1 400 000

　　贷：长期股权投资 7 500 000

　　　　少数股东权益 2 000 000

　　　　未分配利润 500 000

上述抵销分录需要注意两个问题：一是少数股东权益的计算。这里的少数股东权益是根据子公司净资产公允价值按照少数股东享受股权份额计算的。少数股东权益=1 000×20%=200（万元）。二是未分配利润的计算。这笔抵销分录中有两个未分配利润，借方的未分配利润是需要抵销的子公司净资产的一部分。贷方的未分配利润则是合并成本小于取得的乙公司可辨认净资产按公允价值份额的差额，在个别报表里体现为营业外收入，由于合并日不编制合并利润表，所以这个差额直接列示在合并资产负债表的未分配利润项。合并收益=1 000×80%-750=50（万元）。

提示

目前合并理论主要有母公司理论和实体理论两种。在不同理论指导下编制的合并财务报表部分项目会有差异，如合并商誉、少数股东权益等项目的计算有差异。我国会计准则介于母公司理论和实体理论之间。具体这两种理论有何不同，同学们可深入学习国际会计准则及相关理论文章。

根据上述调整分录和抵销分录，甲公司编制合并日合并财务报表工作底稿如表5-13所示。

表5-13　　　　　　　**合并日合并财务报表工作底稿（简表）**　　　　　　单位：万元

项　目	个别报表		合计数	调整与抵销分录		合并数
	母公司（甲）	子公司（乙）		借方	贷方	
货币资金	400	100	500			500
存货	500	200	700			700
长期股权投资	750		750		②750	0
固定资产	1 400	900	2 300	①200		2 500
资产总计	3 050	1 200	4 250			3 700
应付账款	1 000	400	1 400			1 400
股本	1 000	500	1 500	②500		1 000

续表

项 目	个别报表		合计数	调整与抵销分录		合并数
	母公司（甲）	子公司（乙）		借方	贷方	
资本公积	380	100	480	②300	①200	380
盈余公积	300	60	360	②60		300
未分配利润	370	140	510	②140	②50	420
少数股东权益					②200	200
负债及所有者权益总计	3 050	1 200	4 250			3 700

假设【例5-5】中甲公司支付的商品账面价值500万元、公允价值700万元，连同支付的200万元银行存款，合并成本共计900万元，则编制的抵销分录应为：

借：股本　　　　　　　　　　　　　　　　　　　　5 000 000

　　资本公积　　　　　　　　　　　　　　　　　　3 000 000

　　盈余公积　　　　　　　　　　　　　　　　　　　 600 000

　　未分配利润　　　　　　　　　　　　　　　　　 1 400 000

　　商誉　　　　　　　　　　　　　　　　　　　　 1 000 000

　贷：长期股权投资　　　　　　　　　　　　　　　　　　　　9 000 000

　　　少数股东权益　　　　　　　　　　　　　　　　　　　　2 000 000

甲公司编制的合并日合并财务报表工作底稿如表5-14所示。

表5-14　　　　　　　合并日合并财务报表工作底稿（简表）　　　　　单位：万元

项 目	个别报表		合计数	调整与抵销分录		合并数
	母公司（甲）	子公司（乙）		借方	贷方	
货币资金	400	100	500			500
存货	500	200	700			700
长期股权投资	900		900		②900	0
固定资产	1 400	900	2 300	①200		2 500
商誉				②100		100
资产总计	3 200	1 200	4 400			3 800
应付账款	1 000	400	1 400			1 400
股本	1 000	500	1 500	②500		1 000
资本公积	380	100	480	②300	①200	380
盈余公积	300	60	360	②60		300
未分配利润	520	140	660	②140		520
少数股东权益					②200	200
负债及所有者权益总计	3 200	1 200	4 400			3 800

二、合并日后与内部股权投资有关的调整和抵销处理

合并日后与内部股权投资有关的调整和抵销事项有哪些？我们已经分析了合并日编制合并财务报表时需要调整和抵销的具体事项，那么合并日之后再编制合并财务报表时需要调整和抵销的具体事项与合并日当期是否存在不同？合并日已经调整和抵销过的事项，在合并日后再编制合并财务报表时是否还需要调整和抵销？这是我们需要搞清楚的问题。

(一) 同一控制下的企业合并

就调整事项来看，如果子公司与母公司会计政策和会计期间相同，并且合并日净资产是以账面价值为基础计价的，则需要调整的只是将成本法调整为权益法。但这是一个烦琐的过程，如果涉及连续编制合并财务报表，则每年都需要将成本法与权益法核算方法不同而对长期股权投资与投资收益产生的累计差额进行调整，包括从合并日开始至当期编制合并财务报表日的累计差异。基本的调整分录为：

借：长期股权投资　　　　　　　　　　　　[子公司当年净利润×母公司持股比例]
　　贷：投资收益　　　　　　[子公司当年净利润×母公司持股比例–母公司分得的股利]
　　　　未分配利润（期初）　　　　　　　　　　[上年已经调整过的投资收益]

就抵销事项来看，与内部股权投资有关的抵销事项是：

(1) 母公司的长期股权投资与子公司所有者权益项目的抵销。在合并日编制合并财务报表时，已经将母公司的长期股权投资与子公司所有者权益项目进行了抵销，在合并日后的每个资产负债表日再次编制合并资产负债表时还需要再次抵销，而且是将长期股权投资余额调整为按权益法核算的余额后再行抵销。其抵销的会计分录与合并日的抵销分录类似。基本的抵销分录为：

借：股本
　　资本公积
　　其他综合收益　　　　　　　　　　　　　[子公司账面价值]
　　盈余公积
　　未分配利润（期末）
　　贷：长期股权投资　　　　　　　　　　[母公司对子公司投资调整后账面价值]
　　　　少数股东权益　　　　　　　[合并日子公司股东权益×少数股东持股比例]

(2) 母公司投资收益与子公司利润分配项目的抵销。合并日后再次编制合并财务报表时，母公司与子公司之间会产生股利确认的内部交易事项，所以与合并日相比，会增加这一事项的抵销，而且抵销时需要将母公司对子公司的投资收益调整为权益法计量的金额。基本的抵销分录为：

借：投资收益　　　　　　　　　　　　　[子公司当年净利润×母公司持股比例]
　　未分配利润（期初）　　　　　[连续编制时上年子公司期末未分配利润]
　　少数股东损益　　　　　　　　　　　[子公司当年净利润×子公司持股比例]
　　贷：提取盈余公积　　　　　　　　　　　　[子公司当年提取盈余公积数]
　　　　应付普通股股利　　　　　　　　　　　　[子公司当年分配股利数]
　　　　未分配利润（期末）　　　　　　　　　　[子公司年末未分配利润数]

由于合并日后第一年和以后若干年在编制抵销分录时复杂程度不同，所以下面从合并

日后当年年末和连续编制合并财务报表两种情形举例说明。

1.合并日后当年年末与内部股权投资有关的调整和抵销处理

【例5-6】假设2×16年1月1日,甲公司以现金方式出资500万元成立乙公司。甲、乙公司受同一方控制。到2×16年12月31日,乙公司获100万元净利,未分配现金股利。具体资料见表5-15。

表5-15　　　　　　　　甲公司出资500万元成立乙公司后简要资产负债表　　　　　　　　单位:万元

甲公司			乙公司		
项目	2×16年 1月1日	2×16年 12月31日	项目	2×16年 1月1日	2×16年 12月31日
货币资金	100	200	货币资金	500	180
存货	1 000	800	存货		200
长期股权投资	500	500			
固定资产	1 400	1 800	固定资产		250
资产总计	3 000	3 300	资产总计	500	630
应付账款	1 000	1 000	应付账款		30
股本	1 000	1 000	股本	500	500
资本公积	380	380	资本公积		
盈余公积	300	330	盈余公积		10
未分配利润	320	590	未分配利润		90
负债及所有者权益总计	3 000	3 300	负债及所有者权益总计	500	630

双方与此项投资有关的账务处理如表5-16所示。

表5-16　　　　　　　　　　　甲、乙公司与投资有关的账务处理

甲公司(成本法)	乙公司
①2×16年1月1日投资时: 借:长期股权投资　　　　　5 000 000 　贷:银行存款　　　　　　　　5 000 000	①2×16年1月1日接受投资时: 借:银行存款　　　　　　　5 000 000 　贷:股本　　　　　　　　　　5 000 000
②2×16年12月31日采用成本法核算,不确认投资收益	②2×16年12月31日不分配股利

> **提示**
>
> 表5-16中的甲公司采用成本法核算,同学们可列出权益法下甲公司在两个时点的账务处理,并比较两种方法之间的差异,从而就能够理解下面成本法调整为权益法的调整分录。

2×16年1月1日合并日的合并资产负债表工作底稿如表5-5所示。

2×16年12月31日合并日当年年末再次编制合并财务报表时需要调整和抵销处理

如下：

（1）母公司股权投资由成本法调整为权益法：

借：长期股权投资　　　　　　　　　　　　　　1 000 000

　　贷：投资收益　　　　　　　　　　　　　　　　　1 000 000

（2）与内部股权投资有关的抵销分录：

①将母公司长期股权投资与子公司净资产抵销：

借：股本　　　　　　　　　　　　　　　　　　5 000 000

　　盈余公积　　　　　　　　　　　　　　　　　100 000

　　未分配利润　　　　　　　　　　　　　　　　900 000

　　贷：长期股权投资　　　　　　　　　　　　　　6 000 000

②将母公司投资收益与子公司分配净利润进行抵销：

借：投资收益　　　　　　　　　　　　　　　　1 000 000

　　贷：提取盈余公积　　　　　　　　　　　　　　　100 000

　　　　未分配利润（期末）　　　　　　　　　　　　900 000

　　上述第二笔抵销分录是投资收益与子公司分配净利润进行的抵销。在全资情况下，母公司采用权益法核算时，投资收益对应的就是子公司的净利润，子公司净利润按照分配顺序，一般为提取盈余公积、分配股东股利，余下部分形成未分配利润。在【例5-6】中，子公司未分配股利，子公司净利润只提取了盈余公积10万元，其余表现为未分配利润90万元。子公司利润分配情况表现在所有者权益变动表的项目中。母公司从子公司获得的投资收益是内部收益，应该抵销，而对应抵销的就是子公司的利润分配项目。上述调整和抵销的事项见表5-17。

表5-17　　　　　　　　　合并日后当年年末合并财务报表工作底稿（简表）

2×16年12月31日　　　　　　　　　　　　　　单位：万元

项目	个别报表		合计数	调整与抵销分录		合并数
	母公司（甲）	子公司（乙）		借方	贷方	
资产负债表项目：						
货币资金	200	180	380			380
存货	800	200	1 000			1 000
长期股权投资	500		500	（1）100	①600	0
固定资产	1 800	250	2 050			2 050
资产总计	3 300	630	3 930			3 430
应付账款	1 000	30	1 030			1 030
股本	1 000	500	1 500	①500		1 000
资本公积	380		380			380
盈余公积	330	10	340	①10		330

续表

项 目	个别报表		合计数	调整与抵销分录		合并数
	母公司（甲）	子公司（乙）		借方	贷方	
未分配利润	590	90	680	190	200	690*
少数股东权益						0
负债及所有者权益总计	3 300	630	3 930			3 430
利润表项目：						
主营业务利润等	300	100	400			400
投资收益				②100	(1) 100	
净利润	300	100	400	<u>100</u>	<u>100</u>	400
其中：归属于母公司股东损益						400
少数股东损益						
其他综合收益的税后净额						
所有者权益变动表有关项目：						
年初未分配利润	320		320			320*
本年增减变动金额						
其中：利润分配						
提取盈余公积	30	10	40		②10	30
应付普通股股利						
未分配利润（期末）	590	90	680	①90 <u>190</u>	②90 <u>200</u>	690*

表5-17这张工作底稿比本章前几张的工作底稿要复杂一些，其中包括了资产负债表项目、利润表项目和所有者权益变动表项目。这里需要特别说明其中加*标记的未分配利润项目。工作底稿中的未分配利润项目有三行：一是资产负债表中的未分配利润项；二是所有者权益变动表中的年初未分配利润项；三是所有者权益变动表中的年末未分配利润项。这三项数据是关联变动的，具体填写时需要注意以下四点：

第一，调整和抵销分录中出现的未分配利润项目数，都应该填写在所有者权益变动表中的期末未分配利润项。如表5-17中的未分配利润（期末）借方填写第①调整分录中的借未分配利润90万元，表5-17中的未分配利润（期末）贷方填写第②调整分录中的贷未分配利润90万元。

第二，所有者权益变动表中的年初未分配利润项应该根据上年合并所有者权益变动表中的合并数填列。【例5-6】中甲公司编制合并报表是合并当年期末第一次编制，不涉及上年合并报表的期末数，所以表5-17中的年初未分配利润项直接为母公司的年初未分配利润余额，即320万元。关于连续编制合并财务报表而产生的变化，在下一个案例中讲解。

第三，所有者权益变动表中的期末未分配利润项目调整和抵销借贷方发生额合计数需要进行加计计算。表 5-17 中的未分配利润（期末）借方 190 = 100 + 90；表 5-17 中的未分配利润（期末）贷方 200 = 100 + 10 + 90；表 5-17 中的未分配利润（期末）合并数 690 = 680 + 200 - 190。

第四，资产负债表中的未分配利润项借贷方金额直接取自所有者权益变动表中的期末未分配利润项目借贷方发生额合计数。如表 5-17 中资产负债表部分的未分配利润借方填写 190，贷方填写 200。

这里需要说明的是，在表 5-9、表 5-11、表 5-12、表 5-13、表 5-14 工作底稿中调整和抵销分录涉及的未分配利润是直接填写在资产负债表的未分配利润项目的，主要原因是前面几个案例较为简单，还没有涉及利润表和所有者权益变动表的项目，所以采取了简化的做法，直接填列在资产负债表的未分配利润项目。

【例 5-7】假设 2×16 年 1 月 1 日，甲公司以现金 400 万元和 M 公司以现金 100 万元共同出资成立乙公司。甲公司拥有乙公司 80% 股权，甲、乙公司受同一方控制。到 2×16 年 12 月 31 日，乙公司获 100 万元净利，未分配现金股利。具体资料见表 5-18。

表 5-18 　　　　　　　　　　　甲、乙公司简要资产负债表　　　　　　　　　　单位：万元

甲公司			乙公司		
项　目	2×16 年 1 月 1 日	2×16 年 12 月 31 日	项　目	2×16 年 1 月 1 日	2×16 年 12 月 31 日
货币资金	200	300	货币资金	500	180
存货	1 000	800	存货		200
长期股权投资	400	400			
固定资产	1 400	1 800	固定资产		250
资产总计	3 000	3 300	资产总计	500	630
应付账款	1 000	1 000	应付账款		30
股本	1 000	1 000	股本	500	500
资本公积	380	380	资本公积		
盈余公积	300	330	盈余公积		10
未分配利润	320	590	未分配利润		90
负债及所有者权益总计	3 000	3 300	负债及所有者权益总计	500	630

双方与此项投资有关的账务处理如表 5-19 所示。

表 5-19 　　　　　　　　　　　甲、乙公司与投资有关的账务处理

甲公司（成本法）	乙公司
① 2×16 年 1 月 1 日投资时： 借：长期股权投资　　　　4 000 000 　　贷：银行存款　　　　　　　4 000 000	① 2×16 年 1 月 1 日接受投资时： 借：银行存款　　　　　5 000 000 　　贷：股本　　　　　　　　　5 000 000
② 2×16 年 12 月 31 日采用成本法核算，不确认投资收益	② 2×16 年 12 月 31 日不分配股利

2×16年1月1日合并日甲公司合并财务报表工作底稿如表5-20所示。

表5-20　　　　　　　　　　**合并日甲公司合并财务报表工作底稿**

2×16年1月1日　　　　　　　　　　　　　　单位：万元

项　目	个别报表		调整抵销分录		合并数
	甲公司	乙公司	借方	贷方	
货币资金	200	500			700
存货	1 000				1 000
长期股权投资	400			400	0
固定资产	1 400				1 400
资产总计	3 000	500			3 100
应付账款	1 000				1 000
股本	1 000	500	500		1 000
资本公积	380				380
盈余公积	300				300
未分配利润	320				320
少数股东权益				100	100
负债及所有者权益总计	3 000	500			3 100

2×16年12月31日合并日当年年末编制合并财务报表时需要调整和抵销处理如下：

（1）母公司股权投资由成本法调整为权益法：

借：长期股权投资　　　　　　　　　　　　　　　　　　　800 000

　　贷：投资收益　　　　　　　　　　　　　　　　　　　　　　800 000

（2）与内部股权投资有关的抵销分录：

①将母公司长期股权投资与子公司净资产抵销：

借：股本　　　　　　　　　　　　　　　　　　　　　　5 000 000

　　盈余公积　　　　　　　　　　　　　　　　　　　　　100 000

　　未分配利润　　　　　　　　　　　　　　　　　　　　900 000

　　贷：长期股权投资　　　　　　　　　　　　　　　　　　　4 800 000

　　　　少数股东权益　　　　　　　　　　　　　　　　　　　1 200 000

②将母公司投资收益与子公司分配净利润进行抵销：

借：投资收益　　　　　　　　　　　　　　　　　　　　800 000

　　少数股东损益　　　　　　　　　　　　　　　　　　　200 000

　　贷：提取盈余公积　　　　　　　　　　　　　　　　　　　100 000

　　　　未分配利润（期末）　　　　　　　　　　　　　　　　900 000

上述第二笔抵销分录中的少数股东损益是非全资子公司当期实现的净利润中归属于少数股东的份额。在【例5-7】中，子公司产生的100万元利润有归属于少数股东的20%净利。在编制抵销分录时，由于母公司对子公司提取盈余公积和未分配利润（期末）数的抵销是按照100%抵销的，将归属于少数股东的部分也加以了抵销，所以需要单独确认少数股东损益。这里需要注意少数股东损益和少数股东权益的区别。少数股东损益属于合并利润表项目，少数股东权益属于合并资产负债表项目。上述调整和抵销的事项见表5-21。

表5-21   合并日后当年合并财务报表工作底稿（简表）

2×16年12月31日   单位：万元

项　目	个别报表		合计数	调整与抵销分录		合并数
	母公司（甲）	子公司（乙）		借方	贷方	
资产负债表项目：						
货币资金	300	180	480			480
存货	800	200	1 000			1 000
长期股权投资	400		400	（1）80	①480	0
固定资产	1 800	250	2 050			2 050
资产总计	3 300	630	3 930			3 530
应付账款	1 000	30	1 030			1 030
股本	1 000	500	1 500	①500		1 000
资本公积	380		380			380
盈余公积	330	10	340	①10		330
未分配利润	590	90	680	190	180	670
少数股东权益					①120	120
负债及所有者权益总计	3 300	630	3 930			3 430
利润表项目：						
主营业务利润等	300	100	400			400
投资收益				②80	（1）80	
净利润	300	100	400	80	80	400
其中：归属于母公司股东损益						380
少数股东损益				②20		20
其他综合收益的税后净额						
所有者权益变动表有关项目：						
年初未分配利润	320		320			320
本年增减变动金额						
其中：利润分配						
提取盈余公积	30	10	40		②10	30
应付普通股股利						
未分配利润（期末）	590	90	680	①90 190	②90 180	670

2.合并日后第二年连续编制合并财务报表时与内部股权投资有关的调整和抵销处理

【例5-8】延续【例5-7】资料。假设至2×17年3月10日，乙公司以现金分配50万元股利，甲公司分得40万元现金股利。到2×17年12月31日，乙公司再获200万元净利润。

双方与此项业务有关的账务处理如表5-22所示。

表5-22 甲、乙公司与利润有关的账务处理

甲公司（成本法）	乙公司
①2×17年3月10日收到股利时： 借：银行存款 400 000 　贷：投资收益 400 000	①2×17年3月10日分配股利时： 借：利润分配 500 000 　贷：银行存款 500 000
②2×17年12月31日采用成本法核算，不确认投资收益	②2×17年12月31日不分配股利

2×17年12月31日再次编制合并财务报表时需要调整和抵销处理如下：

（1）母公司股权投资由成本法调整为权益法：

借：长期股权投资 2 000 000
　贷：投资收益 1 200 000
　　未分配利润（期初） 800 000

如何理解上述调整分录？我们先来看表5-23所示的甲公司采用成本法和权益法核算的比较。

表5-23 甲公司采用成本法和权益法账务处理比较

成本法	权益法
①2×16年1月1日投资时： 借：长期股权投资 4 000 000 　贷：银行存款 4 000 000	①2×16年1月1日投资时： 借：长期股权投资 4 000 000 　贷：银行存款 4 000 000
②2×16年12月31日不确认投资收益	②2×16年12月31日： 借：长期股权投资 800 000 　贷：投资收益 800 000
③2×17年3月10日收到股利时： 借：银行存款 400 000 　贷：投资收益 400 000	③2×17年3月10日收到股利时： 借：银行存款 400 000 　贷：长期股权投资 400 000
④2×17年12月31日不确认投资收益	④2×17年12月31日 借：长期股权投资 1 600 000 　贷：投资收益 1 600 000

根据表5-23，采用成本法核算，至2×17年12月31日长期股权投资余额为400万元，而采用权益法核算长期股权投资余额为600万元，两种方法相差200万元。就投资收益来

看，成本法下甲公司只在2×17年确认了40万元，而权益法下甲公司在2×16年确认了80万元，在2×17年确认了160万元，共计确认了240万元，两种方法相差200万元，这正好是长期股权投资的差额。所以，在编制2×17年合并财务报表时，将成本法调整为权益法，则要调增长期股权投资和投资收益200万元。

但是需要注意，调增的200万元长期股权投资中包括了2×16年在编制合并财务报表时已经调增的80万元。那么为什么在编制2×17年的合并财务报表时还需要再调增一次呢？这是理解合并财务报表的关键之一。在以前年度合并财务报表工作底稿中编制的任何调整和抵销分录，都只是用来确定当年合并财务报表的合并数，并没有调整母子公司各自的账目，也没有在母子公司个别财务报表上进行体现。母子公司个别财务报表各项目数据还是合并前的数据。在下年度再编制合并财务报表时，编制依据还是下年度的母子公司个别财务报表，合并财务报表合并的期初数依据个别财务报表期初数计算时就会导致与上年度合并财务报表的期末数不符。所以，在连续编制合并财务报表时，上年度已经调整和抵销过并对合并财务报表期末项目产生影响的事项，就需要在下年度再次调整和抵销，只是上年度调整和抵销涉及损益的，下年度再调整和抵销时对应调整未分配利润（期初），因为以前年度损益都已经结转到未分配利润项了。这就是为什么第（1）笔调整分录会贷记未分配利润（期初）80万元。

（2）与内部股权投资有关的抵销分录：

①将母公司长期股权投资与子公司净资产抵销。

依据表5-24中母子公司个别财务报表上的相关数据编制如下抵销分录：

借：股本	5 000 000	
盈余公积	300 000	
未分配利润（期末）	2 200 000	
贷：长期股权投资		6 000 000
少数股东权益		1 500 000

②将母公司投资收益与子公司分配净利润抵销。

依据表5-24中母子公司个别财务报表上的相关数据编制如下抵销分录：

借：投资收益	1 600 000	
未分配利润（期初）	900 000	
少数股东损益	400 000	
贷：提取盈余公积		200 000
应付普通股股利		500 000
未分配利润（期末）		2 200 000

第②抵销分录中借方未分配利润（期初）90万元，是对上年度抵销分录中的未分配利润（期末）90万元的再次抵销。贷方未分配利润（期末）220万元是期末未分配利润的余额，包括期初余额在内，与借方未分配利润（期初）相抵后的差额130万元，则为当年产生利润200万元分配掉70万元后的剩余额。上述调整和抵销的事项见表5-24。

表5-24中的未分配利润项目编制原理与表5-17相同，需要注意所有者权益变动表中的年初未分配利润项目调整和抵销后的合并数应该等于表5-21中未分配利润（期末）项目的670万元。

表5-24　　　　　　　　合并日后当年合并财务报表工作底稿（简表）

2×17年12月31日　　　　　　　　　　　　　　　　　单位：万元

项　目	个别报表		合计数	调整与抵销分录		合并数
	母公司（甲）	子公司（乙）		借方	贷方	
资产负债表项目：						
货币资金	350	160	510			510
存货	800	300	1 100			1 100
长期股权投资	400		400	(1) 200	①600	0
固定资产	2 100	310	2 410			2 410
资产总计	3 650	770	4 420			4 020
应付账款	950	20	970			970
股本	1 000	500	1 500	①500		1 000
资本公积	380		380			380
盈余公积	380	30	410	①30		380
未分配利润	940	220	1 160	510	490	1 140
少数股东权益					①150	150
负债及所有者权益总计	3 650	770	4 420			4 020
利润表项目：						
主营业务利润等	460	200	660			660
投资收益	40		40	②160	(1) 120	660
净利润	500	200	700	160	120	660
其中：归属于母公司股东损益						620
少数股东损益				②40		40
其他综合收益的税后净额						
所有者权益变动表有关项目：						
年初未分配利润	590	90	680	②90	(1) 80	670
本年增减变动金额						
其中：利润分配						
提取盈余公积	50	20	70		②20	50
应付普通股股利	100	50	150		②50	100
未分配利润（期末）	940	220	1 160	①220 510	②220 490	1 140

（二）非同一控制下的企业合并

在合并日后每个资产负债表日编制合并财务报表时，非同一控制下企业合并与同一控制下企业合并调整和抵销分录的主要不同是因计量基础不同而产生的。就调整事项来看，非同一控制下企业合并财务报表编制需要调整的事项有两个：

第一，子公司个别报表上的净资产调整为以合并日公允价值为基础的计价。基本的调整分录为：

借：有关资产　　　　　　　　　　　　　　［子公司公允价值与账面价值之差］
　　贷：资本公积
　　　　有关负债　　　　　　　　　　　　［子公司公允价值与账面价值之差］

第二，成本法调整为权益法。只是这里调整投资收益时依据的子公司净利润是根据合并日子公司净资产公允价值为基础重新计量后的净利润。基本的调整分录为：

借：长期股权投资　　　　　　　　　　［子公司调整后当年净利润×母公司持股比例］
　　贷：投资收益　　　　　　［子公司调整后当年净利润×母公司持股比例-母公司分得的股利］
　　　　未分配利润（期初）　　　　　　　　　　　　　［上年度已经调整过的投资收益］

就抵销事项来看，与内部股权投资有关的抵销事项包括：

第一，母公司的长期股权投资与子公司所有者权益项目的抵销。子公司的所有者权益项目是按照合并日子公司可辨认净资产公允价值为基础调整之后计量的数额。长期股权投资是按照成本法调整为权益法后的数额。基本的抵销分录为：

借：股本　　　　　　　　　　　⎫
　　资本公积　　　　　　　　　　⎪
　　其他综合收益　　　　　　　　⎬［子公司调整后的期末报告价值］
　　盈余公积　　　　　　　　　　⎪
　　未分配利润（期末）　　　　　⎭
　　商誉　　　　　　　　　　　　　　　　　　　　　　　　　　　　［若为借方差额］
　　贷：长期股权投资　　　　　　　　　　　　　　　［母公司对子公司投资调整后价值］
　　　　少数股东权益　　　　　　　　　　［子公司调整后的期末报告价值×少数股东持股比例］
　　　　未分配利润（期末）　　　　　　　　　　　　　　　　　　　　［若为贷方差额］

第二，母公司投资收益与子公司利润分配项目的抵销。投资收益抵销数的计算要考虑两个因素：一是要考虑合并日可辨认净资产公允价值对子公司净利润的影响数。二是将成本法下的投资收益调整为权益法下的投资收益。基本的抵销分录为：

借：投资收益　　　　　　　　　　　　［子公司调整后当年净利润×母公司持股比例］
　　未分配利润（期初）　　　　　　　　［连续编制时上年度子公司期末未分配利润］
　　少数股东损益　　　　　　　　　　　［子公司调整后当年净利润×子公司持股比例］
　　贷：提取盈余公积　　　　　　　　　　　　　　　　　　［子公司当年提取盈余公积数］
　　　　应付普通股股利　　　　　　　　　　　　　　　　　　　［子公司当年分配股利数］
　　　　未分配利润（期末）　　　　　　　　　　　　　　　　［子公司年末未分配利润数］

下面分合并日后当年年末和连续编制合并财务报表两种情形举例说明。

1.合并日后当年年末与内部股权投资有关的调整和抵销处理

【例5-9】甲公司与乙公司为非同一控制下的两个企业。2×17年1月1日，甲公司以现金出资 1 000 万元对乙公司进行投资，取得乙公司 80%的股权，购买日乙公司所有者权益账面价值合计 750 万元。合并当日，乙公司固定资产公允价值大于账面价值 30 万元，预计该固定资产还可使用 3 年。合并当年年末，乙公司获净利 200 万元。当年提取盈余公积 20 万元，未分配股利。2×17 年 12 月 31 日甲公司和乙公司的个别报表见表 5-25。

（1）甲公司 2×17 年年末编制合并财务报表时相关项目计算如下：

乙公司商誉=1 000-（750+30）×80%=376（万元）

乙公司公允价值计算的固定资产补提折旧=30÷3=10（万元）

乙公司调整后本年净利润=200-10=190（万元）

乙公司调整后本年年末未分配利润=90+190-20=260（万元）

权益法下甲公司对乙公司投资的投资收益=190×80%=152（万元）

权益法下甲公司对乙公司长期股权投资本年年末余额=1 000+152=1 152（万元）

少数股东损益=190×20%=38（万元）

少数股东权益年末余额=（750+30）×20%+38=194（万元）

上述计算中，合并日子公司商誉等于子公司当时可辨认净资产的公允价值乘以持股份额与支付对价的差额。子公司可辨认净资产的公允价值增值部分对应的是其持有的固定资产。该项固定资产在合并日后会在子公司的报表中逐步体现为折旧费用，影响后期子公司损益。由于子公司个别报表折旧费用是以该项固定资产的原账面价值为计算基础体现的，也就是说，乙公司获得的净利 200 万元中扣除的折旧费用没有按照公允价值计算，而母公司与子公司合并的计价基础是公允价值，所以就要求在编制合并财务报表时，将子公司以原账面价值计量的折旧费用改为以公允价值计量的折旧费用，从而乙公司调整后的本年净利润应该为 200 万元减去当年按照公允价值大于账面价值差额计算的折旧费用 10 万元。由此，其他所有与调整后净利润有关的计算都需要以此调整后的 190 万元净利计算。

（2）2×17 年年末编制合并财务报表时的调整和抵销处理如下：

①子公司个别报表上的净资产调整为以合并日公允价值为基础的计价：

借：固定资产	200 000
管理费用	100 000
贷：资本公积	300 000

②母公司股权投资由成本法调整为权益法：

借：长期股权投资	1 520 000
贷：投资收益	1 520 000

③将母公司长期股权投资与子公司净资产抵销：

借：股本	5 000 000	
资本公积	1 300 000	
盈余公积	800 000	
未分配利润（期末）	2 600 000	
商誉	3 760 000	
贷：长期股权投资		11 520 000
少数股东权益		1 940 000

④将母公司投资收益与子公司分配净利润抵销：

借：投资收益　　　　　　　　　　　　　　　　　　1 520 000
　　少数股东损益　　　　　　　　　　　　　　　　　380 000
　　未分配利润（期初）　　　　　　　　　　　　　　900 000
　　贷：提取盈余公积　　　　　　　　　　　　　　　　　　200 000
　　　　未分配利润（期末）　　　　　　　　　　　　　　2 600 000

（3）2×17年年末编制合并财务报表时工作底稿如表5-25所示。

表5-25　　　　　　　合并日后当年合并财务报表工作底稿（简表）

2×17年12月31日　　　　　　　　　　　　　　单位：万元

| 项　目 | 个别报表 | | 合计数 | 调整与抵销分录 | | 合并数 |
	母公司（甲）	子公司（乙）		借方	贷方	
资产负债表项目：						
货币资金	150	90	240			240
存货	800	300	1 100			1 100
长期股权投资	1 000		1 000	②152	③1 152	0
固定资产	2 100	780	2 880	①20		2 900
商誉				③376		376
资产总计	4 050	1 170	5 220			4 616
应付账款	1 150	220	1 370			1 370
股本	1 000	500	1 500	③500		1 000
资本公积	580	100	680	③130	①30	580
盈余公积	380	80	460	③80		380
未分配利润	940	270	1 210	550	432	1092
少数股东权益					③194	194
负债及所有者权益总计	4 050	1 170	5 220			4 616
利润表项目：						
主营业务利润等	500	200	700	①10		690
投资收益				④152	②152	
净利润	500	200	700	162	152	690
其中：归属于母公司股东损益						652
少数股东损益				④38		38
其他综合收益的税后净额						
所有者权益变动表有关项目：						
年初未分配利润	590	90	680	④90		590
本年增减变动金额						
其中：利润分配						
提取盈余公积	50	20	70		④20	50
应付普通股股利	100		100			100
未分配利润（期末）	940	270	1 210	③260 550	④260 432	1 092

2.合并日后第二年连续编制合并财务报表时与内部股权投资有关的调整和抵销处理

【例5-10】延续【例5-9】资料。假设至2×18年3月1日，乙公司以现金分配100万元股利，甲公司分得80万元现金股利。到2×18年12月31日，乙公司再获300万元净利润。2×18年12月31日甲公司和乙公司的个别报表见表5-26。

（1）甲公司2×18年年末编制合并财务报表时相关项目计算如下：

乙公司商誉=1 000-（750+30）×80%=376（万元）

乙公司公允价值计算的固定资产补提折旧=30÷3=10（万元）

乙公司调整后本年净利润=300-10=290（万元）

乙公司调整后本年年末未分配利润=260（上年年末调整后余额）+290-30-100=420（万元）

权益法下甲公司本年对乙公司投资应确认的投资收益=290×80%=232（万元）

权益法下甲公司本年需要调增的投资收益=232-100×80%=152（万元）

权益法下甲公司对乙公司
长期股权投资本年年末余额 =1 152（上年年末调整后余额）+232-80=1 304（万元）

少数股东损益=290×20%=58（万元）

少数股东权益年末余额=194（上年年末调整后余额）+58-100×20%=232（万元）

（2）2×18年年末编制合并财务报表时需要调整和抵销处理如下：

①子公司个别报表上的净资产调整为以合并日公允价值为基础的计价：

借：固定资产	100 000	
未分配利润（期初）	100 000	
管理费用	100 000	
贷：资本公积		300 000

②母公司股权投资由成本法调整为权益法：

借：长期股权投资	3 040 000	
贷：投资收益		1 520 000
未分配利润（期初）		1 520 000

③将母公司长期股权投资与子公司净资产抵销：

借：股本	5 000 000	
资本公积	1 300 000	
盈余公积	1 100 000	
未分配利润（期末）	4 200 000	
商誉	3 760 000	
贷：长期股权投资		13 040 000
少数股东权益		2 320 000

④将母公司投资收益与子公司分配净利润抵销：

借：投资收益	2 320 000	
少数股东损益	580 000	
未分配利润（期初）	2 600 000	
贷：提取盈余公积		300 000
应付普通股股利		1 000 000
未分配利润（期末）		4 200 000

（3）2×18年年末编制合并财务报表时工作底稿如表5-26所示。

表5-26 合并日后第二年合并财务报表工作底稿（简表）

2×18年12月31日 单位：万元

项 目	个别报表		合计数	调整与抵销分录		合并数
	母公司（甲）	子公司（乙）		借方	贷方	
资产负债表项目：						
货币资金	180	130	310			310
存货	920	320	1 240			1 240
长期股权投资	1 000		1 000	②304	③1 304	0
固定资产	2 350	920	3 270	①10		3 280
商誉				③376		376
资产总计	4 450	1 370	5 820			5 206
应付账款	1 150	220	1 370			1 370
股本	1 000	500	1 500	③500		1 000
资本公积	580	100	680	③130	①30	580
盈余公积	440	110	550	③110		440
未分配利润	1 280	440	1 720	550	432	1 584
少数股东权益					③232	232
负债及所有者权益总计	4 450	1370	5 820			5 206
利润表项目：						
主营业务利润等	520	300	900	①10		810
投资收益	80		80	④232	②152	0
净利润	600	300	900	242	152	810
其中：归属于母公司股东损益						752
少数股东损益				④58		58
其他综合收益的税后净额						
所有者权益变动表有关项目：						
年初未分配利润	940	270	1 210	①10 ④260	②152	1092
本年增减变动金额						
其中：利润分配						
提取盈余公积	60	30	90		④30	60
应付普通股股利	200	100	300		④100	200
未分配利润（期末）	1 280	440	1 720	③420 990	④420 854	1 584

提示

　　本节所讲的所有案例,在编制合并财务报表时都需要将成本法调整为权益法再行编制抵销分录。实际操作时是否一定需要调整?如果不将成本法调整为权益法是否就不能正确编制合并报表?同学们在学习中可以自行选择本节中出现的任一案例,试着以不调整的思路编制抵销分录,判断结果是否一样。

三、交叉持股的抵销处理

　　交叉持股是指在母子公司组成的集团企业中,母公司持有子公司一定比例股份,能够对其实施控制,同时子公司也持有母公司一定比例股份,或者子公司相互之间持有一定比例的股份。在集团企业成员之间出现交叉持股,编制合并财务报表时不仅要将母公司持有子公司的股权投资进行抵销,还需要将子公司持有的母公司股权或子公司持有的其他子公司股权进行抵销。抵销的基本思路是:子公司持有的母公司股权或其他子公司股权,按照子公司取得母公司或其他子公司股权日所确认的长期股权投资的初始投资成本,转为合并财务报表中的库存股,作为所有者权益的减项,在合并资产负债表中所有者权益项目下以"减:库存股"项目列示;同时对该投资产生的投资收益也要进行抵销。子公司将所持有的母公司或其他子公司的股票分类确认为可供出售金融资产,按照公允价值计量的,同时冲销子公司累计确认的公允价值变动。

　　【例5-11】2×17年1月1日,甲公司与乙公司以相互换股的方式实施企业合并。甲公司持有乙公司80%的股权,同时乙公司持有甲公司10%的股权。合并当日,甲公司对乙公司长期股权投资账面价值为640万元,乙公司股本等所有者权益为800万元;乙公司持有甲公司10%股权价值400万元,并确认为长期股权投资。假设公允价值等于账面价值,不考虑其他因素。

　　甲公司2×17年1月1日合并日编制合并财务报表时的抵销分录如下:

　　(1)将甲公司对乙公司的股权投资与子公司股东权益相抵销,并确认少数股权权益:

借:股本等子公司所有者权益项目　　　　　　　　　8 000 000
　贷:长期股权投资　　　　　　　　　　　　　　　　　6 400 000
　　　少数股东权益　　　　　　　　　　　　　　　　　1 600 000

　　(2)将乙公司持有的甲公司股权投资进行抵销:

借:库存股　　　　　　　　　　　　　　　　　　　4 000 000
　贷:长期股权投资　　　　　　　　　　　　　　　　4 000 000

　　(3)如果2×17年3月1日,乙公司从甲公司分得10万元现金股利。乙公司采用权益法核算并确认为投资收益。2×17年12月31日再编制合并财务报表时,除了上述两笔抵销分录需要再次抵销外,还需要将乙公司获得的投资收益进行抵销,抵销分录如下:

借:投资收益　　　　　　　　　　　　　　　　　　　100 000
　贷:长期股权投资　　　　　　　　　　　　　　　　　100 000

> **提示**
>
> 与长期股权投资有关的抵销处理是一个相对复杂的问题，本节还有一些特殊问题没有涉及，如追加投资或处置投资而导致母公司持有子公司股权比例发生变化、因子公司少数股东增资而导致母公司股权稀释、母公司持有的子公司股权发生减值并计提了减值准备等。同学们可以参考《企业会计准则第33号——合并财务报表》以及注册会计师考试教材深入学习。

第三节 与内部资产交易有关的抵销处理

内部资产交易主要包括母子公司之间或子公司与子公司之间下列两种类型交易：一是卖方出售自己生产的产品，买方买回后可能作存货自用或销售，也可能作固定资产或无形资产自用；二是卖方出售自用固定资产或无形资产，买方买回后继续作自用固定资产或无形资产，当然也可能出售。本节重点分析第一种类型的内部交易，并且分为两类介绍：一是内部存货交易；二是内部固定资产交易。

一、与内部存货交易有关的抵销处理

（一）内部交易买方至报告期末已将存货全部销售出企业集团

【例 5-12】假设甲公司出资 500 万元成立的乙公司就是甲公司的销售公司，甲公司所有产品销售都以内部价格出售给乙公司，再由乙公司对外销售。甲公司成立当年将 400 万元商品以 700 万元价格出售给乙公司，乙公司再以 800 万元价格全部对外出售，乙公司账面无期末存货。假设不考虑其他税费。乙公司成立当年甲、乙公司简要资产负债表和利润表如表 5-27 所示。

表5-27　　　　　甲公司出资500万元成立乙公司后的简要资产负债表和利润表　　　　单位：万元

甲公司			乙公司		
资产负债表：	2×16年1月1日	2×16年12月31日	资产负债表：	2×16年1月1日	2×16年12月31日
货币资金	300	400	货币资金	800	880
存货	500	300	存货		
长期股权投资	800	800			
固定资产	1 400	1 800	固定资产		20
资产总计	3 000	3 300	资产总计	800	900
应付账款	1 000	1 000	应付账款		
股本	1 000	1 000	股本	800	800
资本公积	380	380	资本公积		
盈余公积	300	330	盈余公积		10
未分配利润	320	590	未分配利润		90
负债及所有者权益总计	3 000	3 300	负债及所有者权益总计	800	900
利润表：	2×16年度		利润表：	2×16年度	
营业收入	700		营业收入	800	
减：营业成本	400		减：营业成本	700	
净利润	300		净利润	100	

甲公司2×16年年末编制合并财务报表工作底稿如表5-28所示。

表5-28   合并财务报表工作底稿（简表）

2×16年12月31日   单位：万元

项　　目	个别报表		合计数	调整与抵销分录		合并数
	母公司（甲）	子公司（乙）		借方	贷方	
资产负债表项目：						
货币资金	400	880	1 280			1 280
存货	300		300			300
长期股权投资	800		800	①100	②900	0
固定资产	1 800	20	1 820			1 820
资产总计	3 300	900	4 200			3 400
应付账款	1 000		1 000			1 000
股本	1 000	800	1 800	②800		1 000
资本公积	380		380			380
盈余公积	330	10	340	②10		330
未分配利润	590	90	680	190+700	200+700	690
少数股东权益						
负债及所有者权益总计	3 300	900	3 900			3 400
利润表项目：						
营业收入	700	800	1 500	④700		800
减：营业成本	400	700	1 100		④700	400
投资收益				③100	①100	0
净利润	300	100	400	800	800	400
所有者权益变动表有关项目：						
年初未分配利润	320		320			320
本年增减变动金额						
其中：利润分配						
提取盈余公积	30	10	40		③10	30
应付普通股股利						
未分配利润（期末）	590	90	680	②90 190+700	③90 200+700	690

根据前面学过的原理，表5-28中第①—③笔调整和抵销分录应该是能够理解的，这里我们只分析第④笔抵销分录。表中营业收入项的合计数是1500万元，营业成本是1100万元，净利润是400万元。但如果从甲、乙公司作为一个集团整体来看，甲、乙公司对集团外产生的营业收入只应该为800万元，营业成本只应该为400万元，当然产生的净利润还是400万元。甲公司将商品销售给乙公司从集团整体来看不能算作销售，只能视为产品转移了存放地点。在合并财务报表中不能算作收入、成本，所以，甲公司在编制合并财务报表时就需要抵销这项收入和成本，因而就产生了表5-28中的第④笔抵销分录：

借：营业收入   7 000 000

 贷：营业成本   7 000 000

抵销之后的营业收入合并数为800万元，体现集团整体对外实现的销售收入；抵销之后的营业成本合并数为400万元，体现集团整体对外销售结转的实际成本。但是，如果乙公司从甲公司购回的存货并没有全部销售，乙公司形成一定量的存货又如何抵销？

（二）内部交易买方至报告期末未将存货销售出企业集团

【例5-13】延续【例5-12】资料，如果当年乙公司未能将购回的产品出售，那么乙公司没有产生收入、成本和利润，乙公司存货700万元。假设不考虑其他税费。甲、乙公司资料如表5-29所示。

表5-29

合并财务报表工作底稿（简表）

2×16年12月31日

单位：万元

项　目	个别报表		合计数	调整与抵销分录		合并数
	母公司（甲）	子公司（乙）		借方	贷方	
资产负债表项目：						
货币资金	400	80	480			480
存货	300	700	1 000		②300	700
长期股权投资	800		800		①800	0
固定资产	1 800	20	1 820			1 820
资产总计	3 300	800	4 100			3 000
应付账款	1 000		1 000			1 000
股本	1 000	800	1 800	①800		1 000
资本公积	380		380			380
盈余公积	330		330			330
未分配利润	590		590	700	400	290
少数股东权益						
负债及所有者权益总计	3 300	800	4 100			3 000

续表

项目	个别报表		合计数	调整与抵销分录		合并数
	母公司（甲）	子公司（乙）		借方	贷方	
利润表项目：						
营业收入	700	0	700	②700		0
减：营业成本	400	0	400		②400	0
投资收益						
净利润	300	0	300	700	400	0
所有者权益变动表有关项目：						
年初未分配利润	320		320			320
本年增减变动金额						
其中：利润分配						
提取盈余公积	30		30			30
应付普通股股利						
未分配利润（期末）	590		590	700	400	290

乙公司从母公司买回的所有商品未能对外出售，当年利润为0，所以甲公司在编制合并财务报表时，不存在按照权益法确认利润的调整分录，也没有将投资收益与分配股利对应抵销的分录，只有将股本与长期股权投资对应抵销的处理。那么如何理解工作底稿中的第②笔抵销分录？

借：营业收入　　　　　　　　　　　　　　　　　　　　7 000 000
　　贷：营业成本　　　　　　　　　　　　　　　　　　　　　4 000 000
　　　　存货　　　　　　　　　　　　　　　　　　　　　　　3 000 000

乙公司从母公司取得的存货未对外销售时，该批存货在合并财务报表中体现的价值还应该是原成本400万元。而在乙公司个别报表中体现的价值是700万元，包含企业集团未对外销售实现的利润300万元。所以，需要将该笔存货中未实现利润300万元予以抵销。

内部存货交易的抵销也可以编制如下两笔分录：

借：营业收入　　　　　　　　　　　　　　　　　　　　7 000 000
　　贷：营业成本　　　　　　　　　　　　　　　　　　　　　7 000 000
借：营业成本　　　　　　　　　　　　　　　　　　　　3 000 000
　　贷：存货　　　　　　　　　　　　　　　　　　　　　　　3 000 000

如果该笔存货在第二年年末还未对外出售，还是表现在乙公司资产负债表的存货项，则在第二年年末编制合并财务报表时继续抵销，只是抵销分录中的营业收入和营业成本替换成期初未分配利润。

借：未分配利润（期初）　　　　　　　　　　　　　　　3 000 000
　　贷：存货　　　　　　　　　　　　　　　　　　　　　　　3 000 000

(三) 内部交易买方至报告期末只将存货部分销售出企业集团

【例5-14】延续【例5-12】资料。如果当年乙公司将购回的产品出售80%，实现销售收入640万元。假设不考虑其他税费。甲、乙公司资料如表5-30所示。

表5-30

合并财务报表工作底稿（简表）

2×16年12月31日   单位：万元

项 目	个别报表		合计数	调整与抵销分录		合并数
	母公司（甲）	子公司（乙）		借方	贷方	
资产负债表项目：						
货币资金	400	720	1 120			1 120
存货	300	140	440		④60	380
长期股权投资	800		800	①80	②880	0
固定资产	1 800	20	1 820			1 820
资产总计	3 300	880	4 180			3 320
应付账款	1 000		1 000			1 000
股本	1 000	800	1 800	②800		1 000
资本公积	380		380			380
盈余公积	330	8	338	②8		330
未分配利润	590	72	662	<u>852</u>	<u>800</u>	610
少数股东权益						
负债及所有者权益总计	3 300	880	4 180			3 320
利润表项目：						
营业收入	700	640	1 340	④700		640
减：营业成本	400	560	960		④640	320
投资收益				③80	①80	0
净利润	300	80	380	<u>780</u>	<u>720</u>	320
所有者权益变动表有关项目：						
年初未分配利润	320		320			320
本年增减变动金额						
其中：利润分配						
提取盈余公积	30	8	38		③8	30
应付普通股股利						
未分配利润（期末）	590	72	662	②72 <u>852</u>	③72 <u>800</u>	610

乙公司从母公司买回的商品只销售了80%,当年利润也只实现了80%。乙公司期末存货140万元中包含了未实现利润60万元（（700-400）×20%）。所以,甲公司在编制合并财务报表时,编制的第④笔抵销分录为:

借:营业收入 7 000 000

　贷:营业成本 6 400 000

　　存货 600 000

内部存货交易的抵销也可以编制如下两笔分录:

借:营业收入 7 000 000

　贷:营业成本 7 000 000

借:营业成本 600 000

　贷:存货 600 000

(四) 与内部交易存货相关的递延所得税处理

在编制合并财务报表时,由于对内部交易存货未实现利润的抵销,调低了存货在合并资产负债表中的报告价值,使得存货的账面价值低于计税基础,由此产生了可抵扣暂时性差异。该暂时性差异对所得税影响应该在合并财务报表中予以确认。

根据【例5-13】资料,存货抵销了300万元未实现利润,合并财务报表中的存货账面价值为700万元,计税基础为1 000万元。假设所得税税率为25%,则对所得税的影响数为75万元（300×25%）。编制的调整分录为:

借:递延所得税资产 750 000

　贷:所得税费用 750 000

根据【例5-14】资料,存货抵销了60万元的未实现利润,则对所得税的影响数为15万元（60×25%）。编制的调整分录为:

借:递延所得税资产 150 000

　贷:所得税费用 150 000

【例5-15】甲公司是乙公司的母公司,甲公司生产的A产品毛利率为30%,2×16年12月15日甲公司将一批A产品按照1 000万元的价格出售给乙公司。乙公司正常按照进货价格另加10%毛利出售,乙公司于进货当年还有40%的A产品未对集团外企业出售。2×17年全年,甲公司又销售3 000万元A产品给乙公司,毛利率仍为30%。乙公司于2×17年仍然将A产品按照进货价格另加10%毛利对集团外企业出售,至2×17年12月31日,乙公司还有A产品800万元未对集团外企业销售。甲、乙公司之间商品交易均以存款结清,假设所得税税率为25%。

（1）2×16年12月31日编制合并财务报表的抵销分录。

①抵销期末存货价值中包含的未实现内部交易利润:

借:营业收入 10 000 000

　贷:营业成本 8 800 000

　　存货 1 200 000

②调整内部交易存货相关的递延所得税:

借:递延所得税资产 300 000

　贷:所得税费用 300 000

（2）2×17 年 12 月 31 日编制合并财务报表的抵销分录。

①抵销上年内部存货交易未实现利润对期初未分配利润的影响：

借：未分配利润（期初）　　　　　　　　　　　　　　　　1 200 000

　　贷：营业成本　　　　　　　　　　　　　　　　　　　　　　　　1 200 000

②抵销当年期末存货价值中包含的未实现内部交易利润：

借：营业收入　　　　　　　　　　　　　　　　　　　　30 000 000

　　贷：营业成本　　　　　　　　　　　　　　　　　　　　　　　27 600 000

　　　　存货　　　　　　　　　　　　　　　　　　　　　　　　　2 400 000

③调整内部交易存货相关的递延所得税：

借：递延所得税资产　　　　　　　　　　　　　　　　　　600 000

　　贷：所得税费用　　　　　　　　　　　　　　　　　　　　　　　　300 000

　　　　未分配利润（期初）　　　　　　　　　　　　　　　　　　　　300 000

合并财务报表工作底稿见表 5-31。

表 5-31　　　　　　　　　　　　合并财务报表工作底稿（简表）　　　　　　　　　单位：万元

项　目	个别报表		合计数	调整与抵销分录		合并数
	母公司（甲）	子公司（乙）		借方	贷方	
2×16 年						
资产负债表项目：						
⋮						
存货		400	400	①120		280
递延所得税资产				②30		30
⋮						
利润表项目：						
营业收入	1 000	660	1 660	①1 000		660
减：营业成本	700	600	1 300		①880	420
⋮						
减：所得税费用					②30	−30
净利润	300	60	360	1 000	910	270
所有者权益变动表有关项目：						
年初未分配利润						
⋮						
未分配利润（期末）	300	60	360	1 000	910	270

续表

项目	个别报表		合计数	调整与抵销分录		合并数
	母公司（甲）	子公司（乙）		借方	贷方	
2×17年						
资产负债表项目：						
⋮						
存货		800	800		②240	560
递延所得税资产				③60		60
⋮						
利润表项目：						
营业收入	3 000	2 860	5 860	②3 000		2 860
减：营业成本	2 100	2 600	4 700		①120 ②2 760	1 820
⋮						
减：所得税费用					③30	−30
净利润	900	260	1 160	3 000	2 910	1 070
所有者权益变动表有关项目：						
年初未分配利润	300	60	360	①120	③30	270
⋮						
未分配利润（期末）	1 200	320	1 520	3 120	2 940	1 340

（五）内部交易存货属于逆流交易的抵销处理

如果母子公司之间发生的商品交易属于逆流交易，即子公司向母公司出售资产，则所发生的未实现内部交易损益，应当按照母公司对该子公司的分配比例在"归属于母公司所有者的净利润"和"少数股东损益"之间分配抵销。

【例5-16】甲公司持有乙公司80%的股权，2×16年10月13日乙公司将一批商品按照100万元售价出售给甲公司，该批商品毛利率30%，甲公司以存款支付所有货款，甲公司正常按照进货价格另加10%毛利出售，截至2×16年12月31日，甲公司仍有20%的存货未对企业集团外出售。假设所得税税率为25%。

（1）抵销内部交易存货中未实现的利润。

未出售存货所包含的未实现利润=100×30%×20%=6（万元）

借：营业收入　　　　　　　　　　　　　　　　　　　　　　　　1 000 000
　　贷：营业成本　　　　　　　　　　　　　　　　　　　　　　　　940 000
　　　　存货　　　　　　　　　　　　　　　　　　　　　　　　　　60 000

（2）调整内部交易存货相关的递延所得税。

未出售存货账面价值与计税差异对所得税影响=6×25%=1.5（万元）

借：递延所得税资产　　　　　　　　　　　　　　　　　　　　　　15 000

　　贷：所得税费用　　　　　　　　　　　　　　　　　　　　　　　　　　　　　15 000

　　（3）内部交易存货未实现利润在母公司和少数股东之间分摊。

　　内部交易存货未实现利润属于少数股东的利润＝（6−1.5）×20%＝0.9（万元）

　　借：少数股东权益　　　　　　　　　　　　　　　　　　　　　　　　　　　　9 000

　　　　贷：少数股东损益　　　　　　　　　　　　　　　　　　　　　　　　　　　9 000

　　合并财务报表工作底稿见表5−32。

表5−32　　　　　　　　　　　　　合并财务报表工作底稿（简表）

2×16年12月31日　　　　　　　　　　　　　　　单位：万元

项　目	个别报表		合计数	调整与抵销分录		合并数
	母公司（甲）	子公司（乙）		借方	贷方	
资产负债表项目：						
⋮						
存货	20		20		(1) 6	14
递延所得税资产				(2) 1.5		1.5
⋮						
少数股东权益				(3) 0.9		0.9
利润表项目：						
营业收入	88	100	188	(1) 100		88
减：营业成本	80	70	150		(1) 94	56
⋮						
减：所得税费用					(2) 1.5	−1.5
净利润	8	30	38	<u>100</u>	<u>95.5</u>	33.5
其中：少数股东损益					(3) 0.9	0.9
所有者权益变动表有关项目：						
年初未分配利润						
⋮						
未分配利润（期末）	8	30	38	<u>100</u>	<u>96.4</u>	<u>34.4</u>

（六）内部交易存货计提跌价准备抵销的处理

　　根据我国《企业会计准则第1号——存货》的规定，资产负债表日，企业存货应当按照成本与可变现净值孰低计量。当存货成本高于可变现净值时，应当计提存货跌价准备。企业会计准则所指存货包括从企业集团内部购入未消耗或未出售的存货。

　　1.可变现净值小于内部交易卖方卖出存货成本

　　【例5−17】甲公司是乙公司的母公司，2×16年12月15日甲公司将一批成本为700万元的A产品按照1 000万元的价格出售给乙公司。乙公司正常按照进货价格另加10%毛利出售，乙公司于进货当年未将A产品对集团外企业出售。当年年末，乙公司该批存货可变现净值为600万元，乙公司计提了400万元的存货跌价准备。甲、乙公司之间商品交易均以存款结清，假设所得税税率为25%。

从乙公司编制的个别报表来看，乙公司的进货成本为1 000万元，以此为基础确定的存货跌价准备=600-1 000=-400（万元）。

从甲公司编制的合并财务报表角度来看，将期末存货未实现利润予以抵销后列示在合并资产负债表中的存货报告价值应该为700万元，以此报告价值为基础确定的存货跌价准备=600-700=-100（万元）。

所以，在编制合并财务报表时，除了要抵销存货中未实现的利润400万元以外，还需要抵销因计价基础不同而产生的存货跌价准备的差异。乙公司个别报表中计提的存货跌价准备比合并财务报表中应计提的存货跌价准备多了300万元，需要予以抵销。

①抵销期末存货价值中包含的未实现内部交易利润：

借：营业收入   10 000 000
    贷：营业成本   7 000 000
        存货   3 000 000

②调整内部交易存货相关的递延所得税：

借：递延所得税资产   750 000
    贷：所得税费用   750 000

③抵销多计提的存货跌价准备：

借：存货——存货跌价准备   3 000 000
    贷：资产减值损失   3 000 000

合并财务报表工作底稿见表5-33。

表5-33

合并财务报表工作底稿（简表）

2×16年12月31日   单位：万元

项 目	个别报表		合计数	调整与抵销分录		合并数
	母公司（甲）	子公司（乙）		借方	贷方	
资产负债表项目：						
⋮						
存货		600	600	③300	①300	600
递延所得税资产				②75		75
⋮						
利润表项目：						
营业收入	1 000		1 000	①1 000		0
减：营业成本	700		700		①700	0
⋮						
减：资产减值损失		400	400		③300	100
⋮						
减：所得税费用					②75	-75
净利润	300	-400	-100	1 000	1 075	-25
所有者权益变动表有关项目：						
年初未分配利润						
⋮						
未分配利润（期末）	300	-400	-100	1 000	1 075	-25

2.可变现净值等于内部交易卖方卖出存货成本

【例5-18】如果【例5-17】中A产品的可变现净值为700万元，乙公司计提了300万元的存货跌价准备。

从甲公司编制的合并财务报表角度来看，将期末存货未实现利润予以抵销后列示在合并资产负债表中的存货报告价值应该为700万元，而A产品可变现净值也为700万元，不需要计提存货跌价准备，因而需要将个别报表中计提的300万元存货跌价准备予以抵销。

①抵销期末存货价值中包含的未实现内部交易利润：

借：营业收入　　　　　　　　　　　　　　　　　　　　　　　10 000 000

　　贷：营业成本　　　　　　　　　　　　　　　　　　　　　　　　7 000 000

　　　　存货　　　　　　　　　　　　　　　　　　　　　　　　　　3 000 000

②调整内部交易存货相关的递延所得税：

借：递延所得税资产　　　　　　　　　　　　　　　　　　　　　　750 000

　　贷：所得税费用　　　　　　　　　　　　　　　　　　　　　　　　750 000

③抵销多计提的存货跌价准备：

借：存货——存货跌价准备　　　　　　　　　　　　　　　　　　3 000 000

　　贷：资产减值损失　　　　　　　　　　　　　　　　　　　　　　3 000 000

合并财务报表工作底稿见表5-34。

表5-34　　　　　　　　　　　　**合并财务报表工作底稿（简表）**

2×16年12月31日　　　　　　　　　　　　　　　　　　单位：万元

项　目	个别报表		合计数	调整与抵销分录		合并数
	母公司（甲）	子公司（乙）		借方	贷方	
资产负债表项目：						
⋮						
存货		700	700	③300	①300	700
递延所得税资产				②75		75
⋮						
利润表项目：						
营业收入	1 000		1 000	①1 000		0
减：营业成本	700		700		①700	0
⋮						
减：资产减值损失		300	300		③300	0
⋮						
减：所得税费用					②75	−75
净利润	300	−300	0	1 000	1 075	75
所有者权益变动表有关项目：						
年初未分配利润						
⋮						
未分配利润（期末）	300	−300	0	1 000	1 075	75

3.可变现净值高于内部交易卖方卖出存货成本，低于卖方卖出存货价格

【例5-19】如果【例5-18】中A产品的可变现净值为900万元，乙公司计提了100万元的存货跌价准备。

从甲公司编制的合并财务报表角度来看，将期末存货未实现利润予以抵销后列示在合并资产负债表中的存货报告价值应该为700万元，而可变现净值为900万元，高于存货报告价值，不需要计提存货跌价准备，所以个别报表中计提的100万元存货跌价准备需要予以抵销。

①抵销期末存货价值中包含的未实现内部交易利润：

借：营业收入 10 000 000

  贷：营业成本 7 000 000

    存货 3 000 000

②调整内部交易存货相关的递延所得税：

借：递延所得税资产 750 000

  贷：所得税费用 750 000

③抵销多计提的存货跌价准备：

借：存货——存货跌价准备 1 000 000

  贷：资产减值损失 1 000 000

合并财务报表工作底稿见表5-35。

表5-35 　　　　　　　　**合并财务报表工作底稿（简表）**

2×16年12月31日 　　　　　　　　　　　　　单位：万元

项　目	个别报表		合计数	调整与抵销分录		合并数
	母公司（甲）	子公司（乙）		借方	贷方	
资产负债表项目：						
⋮						
存货		900	900	③100	①300	700
递延所得税资产				②75		75
⋮						
利润表项目：						
营业收入	1 000		1 000	①1 000		0
减：营业成本	700		700		①700	0
⋮						
减：资产减值损失		100	100		③100	0
⋮						
减：所得税费用					②75	−75
净利润	300	−100	200	1 000	875	75
所有者权益变动表有关项目：						
年初未分配利润						
⋮						
未分配利润（期末）	300	−100	200	1 000	875	75

提示

表5-31、表5-32、表5-33、表5-34、表5-35五张工作底稿是根据案例资料，在没有考虑母子公司其他业务情况下填写的，表中资产负债表项目、利润表项目和所有者权益变动表项目之间存在逻辑关系。请同学们自行思考内在存在怎样的逻辑关系，这样的思考更有助于对合并财务报表编制的深入理解。

二、与内部固定资产交易有关的抵销处理

集团内部企业将自身生产的产品或者不用的固定资产出售给其他成员企业作为固定资产使用，购入方以卖方的销售价值加上相关税费作为固定资产入账价值，入账价值包含了销售方的销售利润。这属于内部交易产生的利润，在编制合并财务报表时需要将该利润作为未实现利润予以抵销。从原则上来讲，固定资产内部交易属于内部商品交易，其抵销原理与内部存货交易相似。但是由于固定资产取得后要在买方存续多年，其价值是通过计提折旧的方法逐步转移入产品成本或当期费用中的，因而其抵销处理也有其特殊性。

从卖方的角度来看，如果是将自用的固定资产出售，则要将产生的出售净损益结转入营业外收支账户；如果是将产品出售，则要通过主营业务收入和主营业务成本计入当期利润。前一种情况较少出现，本节重点说明后一种情形下如何抵销的问题。

（一）内部交易固定资产取得当年期末的抵销处理

【例5-20】甲公司是乙公司的母公司。甲公司于2×17年1月1日将成本800万元的商品以1 000万元的价格销售给乙公司（不考虑增值税），乙公司将此作为管理部门的固定资产核算。假设该固定资产预计使用4年，没有净残值，不需要安装，当月投入使用。为简化核算，购入当年乙公司折旧按12个月计算。所得税税率为25%。

乙公司固定资产中含因内部交易而未实现利润=1 000-800=200（万元）

乙公司每年计提折旧=1 000÷4=250（万元）

乙公司每年因未实现利润而多计提折旧=200÷4=50（万元）

因合并财务报表固定资产报告价值与计税
基础差异应确认的递延所得税资产 $=\left[\left(1\,000-250\right)-\left(800-200\right)\right]\times25\%=37.5$（万元）

2×17年12月31日：

（1）抵销内部交易固定资产相关的销售收入、成本和未实现利润：

借：营业收入　　　　　　　　　　　　　　　　　　　　　10 000 000

　　贷：营业成本　　　　　　　　　　　　　　　　　　　　　　8 000 000

　　　　固定资产——原价　　　　　　　　　　　　　　　　　　2 000 000

（2）抵销内部交易固定资产因未实现利润而多计提折旧：

借：固定资产——累计折旧　　　　　　　　　　　　　　　　500 000

　　贷：管理费用　　　　　　　　　　　　　　　　　　　　　　 500 000

（3）调整与内部交易固定资产相关的递延所得税：

借：递延所得税资产　　　　　　　　　　　　　　　　　　　375 000

　　贷：所得税费用　　　　　　　　　　　　　　　　　　　　　 375 000

合并财务报表工作底稿见表5-36。

表 5-36   合并财务报表工作底稿（简表）   单位：万元

项　　目	个别报表		合计数	调整与抵销分录		合并数
	母公司（甲）	子公司（乙）		借方	贷方	
2×17年						
资产负债表项目：						
⋮						
固定资产		750	750	(2) 50	(1) 200	600
递延所得税资产				(3) 37.5		37.5
⋮						
利润表项目：						
营业收入	1 000		1 000	(1) 1 000		0
减：营业成本	800		800		(1) 800	0
管理费用		250	250		(2) 50	200
⋮						
减：所得税费用					(3) 37.5	−37.5
净利润	200	−250	−50	1 000	887.5	162.5
所有者权益变动表有关项目：						
年初未分配利润						
⋮						
未分配利润（期末）	200	−250	−50	1 000	887.5	162.5

（二）内部交易固定资产取得后至处置前期间的抵销处理

上述案例中的固定资产从第二年开始，在连续编制合并财务报表时，已经抵销过的固定资产包含未实现利润还需要再次抵销，每年因未实现利润而产生的折旧差异也需要再次抵销，同样每年因计税基础和合并财务报表中报告价值的差异对所得税的影响数也需要调整。

2×18年12月31日：

（1）抵销内部交易固定资产包含的未实现利润：

借：未分配利润（期初）　　　　　　　　　　　　　　　　　　　　　　　　2 000 000

　　贷：固定资产——原价　　　　　　　　　　　　　　　　　　　　　　　　　　2 000 000

（2）抵销内部交易固定资产因未实现利润而累计多提折旧：

借：固定资产——累计折旧　　　　　　　　　　　　　　　　　　　　　　　1 000 000

　　贷：管理费用　　　　　　　　　　　　　　　　　　　　　　　　　　　　　　500 000

　　　　未分配利润（期初）　　　　　　　　　　　　　　　　　　　　　　　　　500 000

（3）调整与内部交易固定资产相关的递延所得税：

借：递延所得税资产　　　　　　　　　　　　　　　　　250 000

　　所得税费用　　　　　　　　　　　　　　　　　　　125 000

　　贷：未分配利润（期初）　　　　　　　　　　　　　　　　　375 000

因合并财务报表固定资产报告价值与
计税基础差异应确认的递延所得税资产 $= [（1\ 000-500）-（800-400）]×25\%=25$（万元）

2×19年12月31日：

（1）抵销内部交易固定资产包含的未实现利润：

借：未分配利润（期初）　　　　　　　　　　　　　　　2 000 000

　　贷：固定资产——原价　　　　　　　　　　　　　　　　　2 000 000

（2）抵销内部交易固定资产因未实现利润而累计多提折旧：

借：固定资产——累计折旧　　　　　　　　　　　　　1 500 000

　　贷：管理费用　　　　　　　　　　　　　　　　　　　500 000

　　　　未分配利润（期初）　　　　　　　　　　　　　　1 000 000

（3）调整与内部交易固定资产相关的递延所得税：

借：递延所得税资产　　　　　　　　　　　　　　　　　125 000

　　所得税费用　　　　　　　　　　　　　　　　　　　125 000

　　贷：未分配利润（期初）　　　　　　　　　　　　　　　　　250 000

因合并财务报表固定资产报告价值与
计税基础差异应确认的递延所得税资产 $= [（1\ 000-750）-（800-600）]×25\%=12.5$（万元）

合并财务报表工作底稿见表5-37。

表5-37　　　　　　　　　　**合并财务报表工作底稿（简表）**　　　　　　　单位：万元

项　目	个别报表		合计数	调整与抵销分录		合并数
	母公司（甲）	子公司（乙）		借方	贷方	
2×18年						
资产负债表项目：						
⋮						
固定资产		500	500	（2）100	（1）200	400
递延所得税资产				（3）25		25
⋮						
利润表项目：						
⋮						
减：管理费用	250	250			（2）50	200
⋮						
减：所得税费用				（3）12.5		12.5

续表

| 项　目 | 个别报表 | | 合计数 | 调整与抵销分录 | | 合并数 |
	母公司（甲）	子公司（乙）		借方	贷方	
净利润		−250	−250	12.5	50	−212.5
所有者权益变动表有关项目：						
年初未分配利润	200	−250	−50	（1）200	（2）50 （3）37.5	−162.5
⋮						
未分配利润（期末）	200	−500	−300	212.5	137.5	−375
2×19年						
资产负债表项目：						
⋮						
固定资产		250	250	（2）150	（1）200	200
递延所得税资产				（3）12.5		12.5
⋮						
利润表项目：						
⋮						
减：管理费用		250	250		（2）50	200
⋮						
减：所得税费用				（3）12.5		12.5
净利润		−250	−250	12.5	50	−212.5
所有者权益变动表有关项目：						
年初未分配利润	200	−500	−300	（1）200	（2）100 （3）25	−375
⋮						
未分配利润（期末）	200	−750	−550	212.5	175	−587.5

（三）内部交易固定资产报废期间的抵销处理

内部交易固定资产在清理期间，个别财务报表中表现为固定资产、累计折旧的减少，该固定资产清理收入减去固定资产净值及清理费用后的净损益转入营业外收入或营业外支出。所以，在清理当年编制抵销分录时，与前面各年不同的是所有固定资产项目均替换成营业外收入。下面分三种情况说明：

1.使用期届满清理

【例5-21】假设【例5-20】中内部交易固定资产在2×20年12月使用期届满，乙公司于2×20年12月对其进行清理，乙公司将其净残值10万元处置后转入营业外收入。

（1）抵销内部交易固定资产包含的未实现利润：

借：未分配利润（期初）　　　　　　　　　　　　　　　　　　　2 000 000
　　贷：营业外收入　　　　　　　　　　　　　　　　　　　　　　　　2 000 000

（2）抵销内部交易固定资产因未实现利润而累计多提折旧：

借：营业外收入　　　　　　　　　　　　　　　　　　　　　　　2 000 000
　　贷：管理费用　　　　　　　　　　　　　　　　　　　　　　　　　500 000
　　　　未分配利润（期初）　　　　　　　　　　　　　　　　　　　1 500 000

（3）调整与内部交易固定资产相关的递延所得税：

借：递延所得税资产　　　　　　　　　　　　　　　　　　　　　　　　0
　　所得税费用　　　　　　　　　　　　　　　　　　　　　　　　125 000
　　贷：未分配利润（期初）　　　　　　　　　　　　　　　　　　　125 000

因合并财务报表固定资产报告价值与
计税基础差异应确认的递延所得税资产 $= \left[(1\,000-1\,000) - (800-800) \right] \times 25\% = 0$

合并财务报表工作底稿见表5-38。

表5-38　　　　　　　　　　　**合并财务报表工作底稿（简表）**　　　　　　　　　单位：万元

项　目	个别报表		合计数	调整与抵销分录		合并数
	母公司（甲）	子公司（乙）		借方	贷方	
2×20年						
资产负债表项目：						
⋮						
固定资产						
⋮						
利润表项目：						
⋮						
减：管理费用	250	250			(2) 50	200
⋮						
加：营业外收入	10	10		(2) 200	(1) 200	10
减：所得税费用				(3) 12.5		12.5
净利润	−240	−240		<u>212.5</u>	<u>250</u>	−202.5
所有者权益变动表有关项目：						
年初未分配利润	200	−750	−550	(1) 200	(2) 150 (3) 12.5	−587.5
⋮						
未分配利润（期末）	200	−990	−790	<u>412.5</u>	<u>412.5</u>	−790

2.超期使用进行清理

【例5-22】假设【例5-20】中内部交易固定资产在2×20年12月使用期满，但乙公司仍继续使用该固定资产。乙公司于2×20年12月提足固定资产折旧，后期不再提取，直到2×22年12月报废清理，乙公司将其净残值10万元处置后转入营业外收入。

2×20年12月31日：

（1）抵销内部交易固定资产包含的未实现利润：

借：未分配利润（期初）　　　　　　　　　　　　　　　　2 000 000

　　贷：固定资产——原价　　　　　　　　　　　　　　　　　　　2 000 000

（2）抵销内部交易固定资产因未实现利润而累计多提折旧：

借：固定资产——累计折旧　　　　　　　　　　　　　　　2 000 000

　　贷：管理费用　　　　　　　　　　　　　　　　　　　　　　　 500 000

　　　　未分配利润（期初）　　　　　　　　　　　　　　　　　 1 500 000

（3）调整与内部交易固定资产相关的递延所得税：

借：递延所得税资产　　　　　　　　　　　　　　　　　　　　　　 0

　　所得税费用　　　　　　　　　　　　　　　　　　　　　 125 000

　　贷：未分配利润（期初）　　　　　　　　　　　　　　　　　　 125 000

因合并财务报表固定资产报告价值与计税基础差异应确认的递延所得税资产 ＝［（1 000－1 000）－（800－800）］×25%＝0

2×21年12月31日：

（1）抵销内部交易固定资产包含的未实现利润：

借：未分配利润（期初）　　　　　　　　　　　　　　　　2 000 000

　　贷：固定资产——原价　　　　　　　　　　　　　　　　　　　2 000 000

（2）抵销内部交易固定资产因未实现利润而累计多提折旧：

借：固定资产——累计折旧　　　　　　　　　　　　　　　2 000 000

　　贷：未分配利润（期初）　　　　　　　　　　　　　　　　　　2 000 000

（3）调整与内部交易固定资产相关的递延所得税（可以不用编制）：

借：未分配利润（期初）　　　　　　　　　　　　　　　　 125 000

　　贷：未分配利润（期初）　　　　　　　　　　　　　　　　　　 125 000

2×22年12月报废清理后，由于固定资产实物已经不存在，不存在对固定资产原价中包含未实现内部销售利润的抵销问题，也不存在多计提折旧的抵销问题。在编制合并报表时不需要再对该项固定资产进行合并抵销。

合并财务报表工作底稿见表5-39。

表5-39　　　　　　　　　　　合并财务报表工作底稿（简表）　　　　　　　　单位：万元

项　目	个别报表		合计数	调整与抵销分录		合并数
	母公司（甲）	子公司（乙）		借方	贷方	
2×20年						
资产负债表项目：						
⋮						

续表

项 目	个别报表		合计数	调整与抵销分录		合并数
	母公司（甲）	子公司（乙）		借方	贷方	
固定资产				(2) 200	(1) 200	0
┆						
利润表项目：						
┆						
减：管理费用	250		250		(1) 50	200
┆						
减：所得税费用				(3) 12.5		12.5
净利润	−250		−250	<u>12.5</u>	<u>50</u>	−212.5
所有者权益变动表有关项目：						
年初未分配利润	200	−750	−550	(1) 200	(1) 150 (3) 12.5	−587.5
┆						
未分配利润（期末）	200	−1 000	−800	<u>212.5</u>	<u>212.5</u>	−800
2×21年						
资产负债表项目：						
┆						
固定资产				(2) 200	(1) 200	0
┆						
利润表项目：						
┆						
减：管理费用						
┆						
净利润						
所有者权益变动表有关项目：						
年初未分配利润	200	−1 000	−800	(1) 200 (3) 12.5	(2) 200 (3) 12.5	−800
┆						
未分配利润（期末）	200	−1 000	−800			−800

3.使用期限未满提前清理

【例5-23】假设【例5-20】中内部交易固定资产在2×19年12月提前报废，乙公司将其净残值10万元处置后转入营业外收入。

2×19 年 12 月 31 日：

（1）抵销内部交易固定资产包含的未实现利润：

借：未分配利润（期初）   2 000 000

  贷：营业外收入   2 000 000

（2）抵销内部交易固定资产因未实现利润而累计多提折旧：

借：营业外收入   1 500 000

  贷：管理费用   500 000

    未分配利润（期初）   1 000 000

（3）调整与内部交易固定资产相关的递延所得税：

借：所得税费用   250 000

  贷：未分配利润（期初）   250 000

合并财务报表工作底稿见表 5-40。

表 5-40　　　　　　　　　　　合并财务报表工作底稿（简表）　　　　　　　　　单位：万元

项　　目	个别报表		合计数	调整与抵销分录		合并数
	母公司（甲）	子公司（乙）		借方	贷方	
2×18 年						
资产负债表项目：						
⋮						
固定资产		500	500	(2) 100	(1) 200	400
递延所得税资产				(3) 25		25
⋮						
利润表项目：						
⋮						
减：管理费用		250	250		(2) 50	200
⋮						
减：所得税费用				(3) 12.5		12.5
净利润		−250	−250	12.5	50	−212.5
所有者权益变动表有关项目：						
年初未分配利润	200	−250	−50	(1) 200	(2) 50 (3) 37.5	−162.5
⋮						
未分配利润（期末）	200	−500	−300	212.5	137.5	−375

续表

项 目	个别报表		合计数	调整与抵销分录		合并数
	母公司（甲）	子公司（乙）		借方	贷方	
2×19年						
资产负债表项目：						
⋮						
固定资产						
⋮						
利润表项目：						
⋮						
减：管理费用	250		250		(2) 50	200
加：营业外收入	10		10	(2) 150	(1) 200	60
减：所得税费用				(3) 25		25
净利润	−240		−240	175	250	−165
所有者权益变动表有关项目：						
年初未分配利润	200	−500	−300	(1) 200	(2) 100 (3) 25	−375
⋮						
未分配利润（期末）	200	−740	−540	375	375	−540

> **提示**
>
> 　　与内部交易相关的资产还可能是无形资产，本节只介绍了内部交易存货和固定资产的调整抵销，而内部交易无形资产的调整抵销与固定资产调整抵销方法类似，同学们可参照注册会计师考试教材自行学习。

第四节　与内部债权债务有关的抵销处理

　　母公司与子公司、子公司与子公司之间会因商品交易款项未及时结算而产生应收款项与应付款项，会因内部借款产生其他应收款或其他应付款，会因内部发行债券而产生应付债券和债券投资等债权债务项目。这些债权债务不属于企业集团对外的债权债务，在编制合并财务报表时需要抵销，同时还要抵销因此债权债务而产生的利息收益、利息费用，以及与内部债权有关的坏账准备。具体需要抵销的与债权债务相关的项目主要包括：（1）应收账款与应付账款；（2）应收票据与应付票据；（3）预付账款与预收账款；（4）其他应收款与其他应付款；（5）持有至到期投资与应付债券；（6）应收利息与应付利息；（7）应收股利与应付股利；（8）投资收益与财务费用；（9）坏账准备与资产减值损失。

一、内部债权债务的抵销处理

1.内部应收账款与应付账款的抵销

借：应付账款

　　贷：应收账款

2.内部应收票据与应付票据的抵销

借：应付票据

　　贷：应收票据

3.内部预付账款与预收账款的抵销

借：预收账款

　　贷：预付账款

4.内部其他应收款与其他应付款的抵销

借：其他应付款

　　贷：其他应收款

5.内部持有至到期投资与应付债券的抵销

借：应付债券　　　　　　　　　　　　　　　　　　　［发行方账面价值］

　　财务费用　　　　　　　　　　　　　　　　　　　　　［借差］

　　贷：持有至到期投资　　　　　　　　　　　　　　　［购买方账面价值］

　　　　投资收益　　　　　　　　　　　　　　　　　　　　［贷差］

6.内部应收利息与应付利息的抵销

借：应付利息

　　贷：应收利息

7.内部应收股利与应付股利的抵销

借：应付股利

　　贷：应收股利

【例5-24】甲公司是乙公司的母公司。甲公司个别资产负债表中应收账款有100万元为应收乙公司账款；应收票据中有200万元为应收乙公司票据款；应收股利中有50万元为乙公司当年宣告而未发放的现金股利。乙公司个别资产负债表中其他应付款有160万元为占用甲公司的资金。甲公司在编制合并财务报表时需要编制的抵销分录为：

（1）抵销内部应收账款与应付账款：

借：应付账款　　　　　　　　　　　　　　　　　　　　1 000 000

　　贷：应收账款　　　　　　　　　　　　　　　　　　　　1 000 000

（2）抵销内部应收票据与应付票据：

借：应付票据　　　　　　　　　　　　　　　　　　　　2 000 000

　　贷：应收票据　　　　　　　　　　　　　　　　　　　　2 000 000

（3）抵销内部应收股利与应付股利：

借：应付股利　　　　　　　　　　　　　　　　　　　　500 000

　　贷：应收股利　　　　　　　　　　　　　　　　　　　　500 000

（4）抵销内部其他应收款与其他应付款：

借：其他应付款	1 600 000	
贷：其他应收款		1 600 000

二、内部利息收益与利息费用的抵销处理

集团成员企业之间会出现相互占用资金或者对内发行债券的业务。属于债务人的成员企业会向属于债权人的成员企业支付利息，从而债务人会因内部交易产生财务费用，债权人会因内部交易产生投资收益。债务人的财务费用和债权人的投资收益属于内部交易产生，在编制合并财务报表时必须抵销。基本的抵销分录为：

借：投资收益

贷：财务费用

【例 5-25】A 公司和 B 公司同属于甲公司控制的两个子公司。2×17 年 1 月 1 日，A 公司向 B 公司定向发行面值 500 万元的债券，发行价格 500 万元，票面利率 5%，期限 5 年，每年年末计息一次，到期还本。B 公司购入后准备长期持有，2×17 年年末未收到利息。

2×17 年 12 月 31 日，甲公司编制合并财务报表时相关的抵销分录为：

（1）抵销内部债权债务：

借：应付债券	5 000 000	
贷：持有至到期投资		5 000 000
借：应付利息	250 000	
贷：应收利息		250 000

（2）抵销内部利息收益和费用：

借：投资收益	250 000	
贷：财务费用		250 000

以后 4 年需要抵销的分录同上。

提示

【例 5-25】情况较为简单，如果 A 公司是折价或溢价发行，或者 B 公司是发行日后从第三方购入，则双方抵销的金额是多少？借贷抵销金额是否会存在不一致？同学们可深入思考。

三、内部应收账款计提的坏账准备的抵销处理

在内部应收款项计提坏账准备的情况下，编制合并财务报表时，随着内部应收款项的抵销，与此相关的内部应收账款坏账准备也应予以抵销。基本的抵销分录为：

借：应收账款——坏账准备	［内部应收账款计提的坏账准备期末余额］
借或贷：资产减值损失	［内部应收账款本年冲销或计提的坏账准备］
贷：未分配利润（期初）	［内部应收账款计提的坏账准备期初余额］

【例 5-26】甲公司为乙公司的母公司。甲公司每年年末对应收款项计提 0.5% 的坏账准备。2×17 年至 2×19 年，甲公司应收账款余额分别为 60 万元、80 万元、40 万元。该应收款均为应向乙公司收取的销货款，甲公司每年均按 0.5% 计提了坏账准备。2×17 年至 2×19 年，乙公司应付账款余额分别为 100 万元、120 万元、70 万元。三年年末编制合并财务报

表时应抵销的分录如下：

（1）2×17年年末：

①抵销内部应收账款与应付账款：

借：应付账款　　　　　　　　　　　　　　　　　600 000

　　贷：应收账款　　　　　　　　　　　　　　　　　　600 000

②抵销内部应收账款计提的坏账准备：

借：应收账款——坏账准备　　　　　　　　　　　3 000

　　贷：资产减值损失　　　　　　　　　　　　　　　　3 000

（2）2×18年年末：

①抵销内部应收账款与应付账款：

借：应付账款　　　　　　　　　　　　　　　　　800 000

　　贷：应收账款　　　　　　　　　　　　　　　　　　800 000

②抵销内部应收账款计提的坏账准备：

借：应收账款——坏账准备　　　　　　　　　　　4 000

　　贷：资产减值损失　　　　　　　　　　　　　　　　1 000

　　　　未分配利润（期初）　　　　　　　　　　　　　3 000

（3）2×19年年末：

①抵销内部应收账款与应付账款：

借：应付账款　　　　　　　　　　　　　　　　　400 000

　　贷：应收账款　　　　　　　　　　　　　　　　　　400 000

②抵销内部应收账款计提的坏账准备：

借：应收账款——坏账准备　　　　　　　　　　　2 000

　　资产减值损失　　　　　　　　　　　　　　　2 000

　　贷：未分配利润（期初）　　　　　　　　　　　　　4 000

合并财务报表工作底稿见表5-41。

表5-41　　　　　　　　　合并财务报表工作底稿（简表）　　　　　单位：万元

项　目	个别报表		合计数	调整与抵销分录		合并数
	母公司（甲）	子公司（乙）		借方	贷方	
2×17年						
资产负债表项目：						
⋮						
应收账款	59.7		59.7	②0.3	①60	0
⋮						
应付账款		100	100	①60		40
⋮						

续表

项　目	个别报表		合计数	调整与抵销分录		合并数
	母公司（甲）	子公司（乙）		借方	贷方	
利润表项目：						
⋮						
减：资产减值损失	0.3		0.3		②0.3	0
⋮						
净利润	-0.3		-0.3		0.3	0
所有者权益变动表有关项目：						
年初未分配利润						
⋮						
未分配利润（期末）	-0.3		-0.3		0.3	0
2×18年						
资产负债表项目：						
⋮						
应收账款	79.6		79.6	②0.4	①80	0
⋮						
应付账款		120		①80		40
⋮						
利润表项目：						
⋮						
减：资产减值损失	0.1		0.1		②0.1	0
⋮						
净利润	-0.1		-0.1		0.1	0
所有者权益变动表有关项目：						
年初未分配利润	-0.3		-0.3		②0.3	0
⋮						
未分配利润（期末）	-0.4		-0.4		0.4	0
2×19年						
资产负债表项目：						
⋮						

续表

项 目	个别报表		合计数	调整与抵销分录		合并数
	母公司（甲）	子公司（乙）		借方	贷方	
应收账款	39.8		39.8	②0.2	①40	0
⋮						
应付账款		70	70	①40		30
⋮						
利润表项目：						
⋮						
减：资产减值损失		−0.2	−0.2	②0.2		0
⋮						
净利润		0.2	0.2	0.2		0
所有者权益变动表有关项目：						
年初未分配利润	−0.4		−0.4		②0.4	0
⋮						
未分配利润（期末）	−0.4	0.2	−0.2	<u>0.2</u>	<u>0.4</u>	0

第五节 合并现金流量表的编制

一、合并现金流量表主表的编制

合并现金流量表是综合反映母公司及其子公司组成的企业集团在一定会计期间现金流入、现金流出数量及其增减变动情况的财务报表，分为合并现金流量表主表和补充资料两个部分。《企业会计准则第33号——合并财务报表》第四十条规定：合并现金流量表应当以母公司和子公司的现金流量表为基础，在抵销母公司与子公司、子公司相互之间发生的内部交易对合并现金流量表的影响后，由母公司编制。该准则第四十二条又规定：合并现金流量表及其补充资料也可以根据合并资产负债表和合并利润表编制。这一编制方法跟个别现金流量表的编制方法相同。在实务当中，第四十条规定的方法更为普遍、合理和简便，操作性强。

合并现金流量表的编制步骤与合并资产负债表、合并利润表及合并所有者权益变动表相同，也需要在工作底稿中编制抵销分录。不同的是，后三张表的编制是在同一张工作底稿中完成的，很多调整和抵销事项同时涉及资产负债表项目、利润表项目和所有者权益变动表项目。而合并现金流量表工作底稿可以单独设置，因为在编制现金流量表项目抵销分录时，借、贷方均是现金流量表项目，不涉及资产负债表、利润表和所有者权益变动表项目。在以母公司和子公司个别现金流量表为基础编制合并现金流量表主表时，需要抵销的内容主要有：

（一）成员企业之间以现金投资或收购股权增加的投资所产生的现金流量应当抵销

【例5-27】甲公司是乙公司的母公司。乙公司将持有的20%比例的A公司股权转让给甲公司。乙公司将A公司股权作为长期股权投资核算，账面价值50万元，以60万元现金方式出售给甲公司。

甲公司在编制合并现金流量表时需要编制的抵销分录：

借：投资活动产生的现金流量——投资支付的现金　　　　　　　　　　600 000

　　贷：投资活动产生的现金流量——收回投资收到的现金　　　　　　　　　　600 000

【例5-28】甲公司以现金方式直接出资500万元成立乙公司。

甲公司在投资当年编制合并现金流量表时需要编制的抵销分录：

借：投资活动产生的现金流量——投资支付的现金　　　　　　　　　5 000 000

　　贷：筹资活动产生的现金流量——吸收投资收到的现金　　　　　　　　5 000 000

（二）成员企业之间当期取得投资收益收到现金，应当与分配股利或偿付利息支付的现金相互抵销

【例5-29】甲公司是乙公司的母公司。甲公司当年收到乙公司分配现金股利20万元，收到甲公司持有的乙公司债券利息10万元。甲公司将两项收益均计入投资收益。

甲公司在编制合并现金流量表时需要编制的抵销分录：

借：筹资活动产生的现金流量——分配股利或偿付利息支付的现金　300 000

　　贷：投资活动产生的现金流量——取得投资收益收到的现金　　　　　　300 000

（三）成员企业之间以现金结算债权与债务所产生的现金流量应当抵销

【例5-30】甲公司是A公司和B公司的母公司。A公司将所欠B公司的销售款40万元以现金方式支付给B公司。甲公司收到B公司临时占用的往来款30万元。

甲公司在编制合并现金流量表时需要编制的抵销分录：

借：经营活动产生的现金流量——购买商品、接受劳务所支付的现金　400 000

　　贷：经营活动产生的现金流量——销售商品、提供劳务收到的现金　　　　400 000

借：经营活动产生的现金流量——支付其他与经营活动有关的现金　　300 000

　　贷：经营活动产生的现金流量——收到其他与经营活动有关的现金　　　　300 000

（四）成员企业之间销售商品所产生的现金流量应当抵销

【例5-31】甲公司是A公司和B公司的母公司。A公司销售产品60万元给B公司，款项以现金结清，B公司购回后准备出售。甲公司销售产品90万元给A公司，款项以现金结清，A公司购回后作固定资产使用。

甲公司在编制合并现金流量表时需要编制的抵销分录：

借：经营活动产生的现金流量——购买商品、接受劳务所支付的现金　600 000

　　贷：经营活动产生的现金流量——销售商品、提供劳务收到的现金　　　　600 000

借：投资活动产生的现金流量——购建固定资产、无形资产和其他长期

　　　　　　　　　　　　　　　资产所支付的现金　　　　　　　　　900 000

　　贷：经营活动产生的现金流量——销售商品、提供劳务收到的现金　　　　900 000

（五）成员企业之间处置固定资产、无形资产和其他长期资产收回现金净额，应当与购建固定资产、无形资产和其他长期资产支付的现金相互抵销

【例5-32】如果【例5-31】中甲公司是将自用的设备以90万元价格出售给A公司，款项以现金结清。

甲公司在编制合并现金流量表时需要编制的抵销分录：

借：投资活动产生的现金流量——购建固定资产、无形资产和其他长期
　　　　　　　　　　　资产所支付的现金　　　　　　　　　900 000
　贷：投资活动产生的现金流量——处置固定资产、无形资产和其他
　　　　　　　　　　　长期资产所收回的现金　　　　　　　　900 000

二、合并现金流量表补充资料的编制

合并现金流量表补充资料部分各项目的填列，无法按照主表部分的编制思路进行。该部分的大部分项目需要依据合并资产负债表和合并利润表的项目分析计算填列。如"净利润"合并数直接根据合并利润表中"净利润"项目数字填列；"投资收益""财务费用"合并数根据合并利润表中相应项目直接填列；"与经营活动有关的非现金流动资产的增减变动"各项目的合并数、"与经营活动有关的流动负债的增减变动"各项目的合并数，需要根据合并资产负债表中各该项目合并数的"年初余额"和"期末余额"及之差扣除其中与经营活动无关的变动数填列；"计提的资产损失准备"合并数、"计提的固定资产折旧"合并数、"无形资产摊销"合并数等，需要根据成员企业个别现金流量表中本项目数之和减去内部交易相应资产当年未实现利润对损失准备、折旧、摊销额的影响数填列。

提示

在编制合并财务报表时，需要考虑母公司购买子公司少数股东股权、通过多次交易分步投资最终控制、处置对子公司投资甚至失去控制权等一些特殊情况，对于具体处理规则，同学们可自学注册会计师考试教材相关内容。

第六节　合并财务报表编制综合举例

一、基本资料

甲公司于2×16年年末持有乙公司80%股权，成为乙公司的母公司。甲公司与乙公司在合并前后均不受同一方控制。甲公司和乙公司之间发生的经济业务和各自个别财务报表如下：

1.2×17年和2×18年，甲公司和乙公司之间发生的经济业务：

（1）2×16年12月31日，甲公司以100万元现金购买了乙公司80%的股权。购买时，乙公司净资产账面价值为100万元，净资产公允价值为110万元。公允价值大于账面价值增值的10万元是固定资产评估增值（该固定资产预计还可使用5年，按直线法计提折旧，不考虑净残值）。

（2）2×17年1月1日，乙公司按面值发行3年期、一次还本付息、年利率6%的债券50万元，甲公司购入其中的40%。甲公司分别于2×17年12月31日、2×18年12月31日计

提债券应收利息，并于次年1月收到该笔利息费用。

（3）甲公司销售产品的毛利率为20%。2×17年和2×18年分别有20%和30%是为乙公司提供配套产品而产生的销售。乙公司每年从甲公司购回的产品中有10%未形成对外销售。

（4）2×17年年末和2×18年年末，甲公司对乙公司的应收账款分别为10万元、20万元。甲公司每年按照应收账款余额的1%计提坏账准备。

（5）2×17年12月，甲公司将一台账面原价18万元、已提折旧5万元的设备，以10万元价格出售给乙公司，乙公司将其列作固定资产，并以现金结算。该设备尚可使用5年。

（6）乙公司自接受甲公司投资后，每年按净利润的10%提取法定盈余公积，按净利润的20%分配现金股利，并于2×18年3月和2×19年3月以现金支付上年应分配股利。

2.甲、乙公司个别比较资产负债表、利润表、所有者权益变动表、现金流量表见表5-42、表5-43、表5-44、表5-45和表5-46。

表5-42　　　　　　　　　　甲公司资产负债表比较报表　　　　　　　　　单位：万元

资　产	2×16年 12月31日	2×17年 12月31日	2×18年 12月31日	负债及股东权益	2×16年 12月31日	2×17年 12月31日	2×18年 12月3日
流动资产				流动负债			
货币资金	281.1	274	321.6	短期借款	600	600	600
应收账款	108.9	118.8	138.6	应付账款	80	132	154
应收利息		1.2	1.2	应付职工薪酬	6	5	5
应收股利		12	21.6	应交税费			
其他应收款	20	10		应付利息			
存货	620	720	890	应付股利		35	60
流动资产合计	1 030	1 136	1 373	流动负债合计	686	772	819
非流动资产				非流动负债			
持有至到期投资		20	20	长期借款	500	550	550
长期股权投资	100	100	100	应付债券			
固定资产	1 300	1 500	1 600	非流动负债合计	500	550	550
无形资产	500	450	400	负债合计	1 186	1 322	1 369
非流动资产合计	1 900	2 070	2 120	股东权益			
				股本	1 000	1 000	1 000
				资本公积	120	120	120
				其他综合收益			
				盈余公积	260	277.5	307.5
				未分配利润	364	486.5	696.5
				股东权益合计	1 744	1 884	2 124
资产总计	2 930	3 206	3 493	负债及股东权益总计	2 930	3 206	3 493

表5-43　　　　　　　　　　乙公司资产负债表比较报表　　　　　　　　　　单位：万元

资　产	2×16年 12月31日	2×17年 12月31日	2×18年 12月31日	负债及股东权益	2×16年 12月31日	2×17年 12月31日	2×18年 12月31日
流动资产				流动负债			
货币资金	10	38.8	64.6	短期借款	60	20	20
应收账款	19.8	29.7	39.6	应付账款	14	17	25
应收利息				应付职工薪酬	2	3.5	4.2
应收股利				应交税费			
其他应收款	6	10	13	应付利息		3	3
存货	40.2	80	100	应付股利		15	27
流动资产合计	76	158.5	217.2	流动负债合计	76	58.5	79.2
非流动资产				非流动负债			
持有至到期投资				长期借款			
长期股权投资				应付债券		50	50
固定资产	100	110	180	非流动负债合计	0	50	50
无形资产				负债合计	76	108.5	129.2
非流动资产合计	100	110	180	股东权益			
				股本	80	80	80
				资本公积			
				其他综合收益			
				盈余公积	5	12.5	26
				未分配利润	15	67.5	162
				股东权益合计	100	160	268
资产总计	176	268.5	397.2	负债及股东权益总计	176	268.5	397.2

表5-44 甲、乙公司利润表比较报表 单位：万元

项 目	甲公司		乙公司	
	2×17年	2×18年	2×17年	2×18年
一、营业收入	2 000	3 000	900	1 500
减：营业成本	1 600	2 400	720	1 200
税金及附加	6.1	8	1	2
销售费用	72	84.6	37	57
管理费用	62	60	34.9	53.9
财务费用	70	70	7	7
资产减值损失	0.1	0.2	0.1	0.1
加：投资收益	13.2	22.8		
公允价值变动损益				
二、营业利润	203	400	100	180
加：营业外收入				
减：营业外支出	3			
三、利润总额	200	400	100	180
减：所得税费用	25	100	25	45
四、净利润	175	300	75	135
五、每股收益				
六、其他综合收益				
七、综合收益总额	175	300	75	135

表5-45 甲、乙公司所有者权益变动表比较报表 单位：万元

项 目	甲公司		乙公司	
	2×17年	2×18年	2×17年	2×18年
一、上年年末余额	364	486.5	15	67.5
加：会计政策变更				
前期差错更正				
二、本年年初余额	364	486.5	15	67.5
三、本年增减变动				
（一）综合收益总额	175	300	75	135
（二）所有者投入资本				
（三）利润分配				
提取盈余公积	17.5	30	7.5	13.5
应付普通股股利	35	60	15	27
（四）所有者权益内部结转				
四、本年年末余额	486.5	696.5	67.5	162

表 5-46　　　　　　　　　　　　甲、乙公司现金流量表比较报表　　　　　　　　　　　单位：万元

项　目	甲公司		乙公司	
	2×17年	2×18年	2×17年	2×18年
一、经营活动产生的现金流量：				
销售商品、提供劳务收到的现金	1 990.1	2 980.2	890.1	1 490.1
收到的税费返还				
收到其他与经营活动有关的现金				
经营活动现金流入小计	1 990.1	2 980.2	890.1	1 490.1
购买商品、接受劳务支付的现金	1 648	2 548	756.8	1 212
支付给职工以及为职工支付的现金	28	32	19	21
支付的各项税费	31.1	108	26	47
支付其他与经营活动有关的现金	80.1	74.8	93.5	97.3
经营活动现金流出小计	1 787.2	2 762.8	895.3	1 377.3
经营活动产生的现金流量净额	202.9	217.4	−5.2	112.8
二、投资活动产生的现金流量：				
收回投资收到的现金	0	0	0	0
取得投资收益收到的现金	0	13.2	0	
处置固定资产、无形资产和其他长期资产收回的现金净额	10	0		0
处置子公司及其他营业单位收到的现金净额	0	0	0	0
收到其他与投资活动有关的现金	0	0	0	0
投资活动现金流入小计	10	13.2	0	0
购建固定资产、无形资产和其他长期资产支付的现金	180	78	12	65
投资支付的现金	20			
取得子公司及其他营业单位支付的现金净额	0	0	0	0
支付其他与投资活动有关的现金	0	0	0	0
投资活动现金流出小计	200	78	12	65
投资活动产生的现金流量净额	−190	−64.8	−12	−65
三、筹资活动产生的现金流量：				
吸收投资收到的现金	0	0	0	0

续表

项 目	甲公司		乙公司	
	2×17年	2×18年	2×17年	2×18年
取得借款收到的现金	650	600	70	20
收到其他与筹资活动有关的现金	0	0	0	0
筹资活动现金流入小计	650	600	70	20
偿还债务支付的现金	600	600	20	20
分配股利、利润或偿付利息支付的现金	70	105	4	22
支付其他与筹资活动有关的现金	0	0	0	0
筹资活动现金流出小计	670	705	24	42
筹资活动产生的现金流量净额	−20	−105	46	−22
四、汇率变动对现金及现金等价物的影响				
五、现金及现金等价物净增加额	−7.1	47.6	28.8	25.8
加：期初现金及现金等价物余额	281.1	274	10	38.8
六、期末现金及现金等价物余额	274	321.6	38.8	64.6

二、2×16年年末合并当日编制合并财务报表

（一）调整分录

子公司个别报表上的净资产调整为以合并日公允价值为基础的计价：

借：固定资产　　　　　　　　　　　　　　　　100 000

　　贷：资本公积　　　　　　　　　　　　　　　　　100 000

（二）抵销分录

将母公司长期股权投资与子公司净资产抵销：

借：股本　　　　　　　　　　　　　　　　　　800 000

　　资本公积　　　　　　　　　　　　　　　　100 000

　　盈余公积　　　　　　　　　　　　　　　　50 000

　　未分配利润　　　　　　　　　　　　　　　150 000

　　商誉　　　　　　　　　　　　　　　　　　120 000

　　贷：长期股权投资　　　　　　　　　　　　　1 000 000

　　　　少数股东权益　　　　　　　　　　　　　220 000

（三）合并工作底稿

甲公司合并财务报表工作底稿见表5-47。

表 5-47　　　　　　　　　　　**甲公司合并财务报表工作底稿**

2×16 年 12 月 31 日　　　　　　　　　　　　　　　　　单位：万元

项　目	个别报表		合计数	调整与抵销分录		合并数
	母公司（甲）	子公司（乙）		借方	贷方	
资产负债表项目：						
货币资金	281.1	10	291.1			291.1
应收账款	108.9	19.8	128.7			128.7
应收利息			0			0
应收股利			0			0
其他应收款	20	6	26			26
存货	620	40.2	660.2			660.2
流动资产合计	1 030	76	1 106			1 106
持有至到期投资			0			0
长期股权投资	100		100		（2）100	0
固定资产	1 300	100	1 400	（1）10		1 410
无形资产	500		500			500
商誉			0	（2）12		12
递延所得税资产			0			0
非流动资产合计	1 900	100	2 000			1 922
资产总计	2 930	176	3 106			3 028
短期借款	600	60	660			660
应付账款	80	14	94			94
应付职工薪酬	6	2	8			8
应交税费			0			0
应付利息			0			0
应付股利			0			0
流动负债合计	686	76	762			762
长期借款	500		500			500
应付债券			0			0
递延所得税负债			0			0
非流动负债合计	500	0	500			500
股本	1 000	80	1 080	（2）80		1 000
资本公积	120		120	（2）10	（1）10	120
其他综合收益			0			0
盈余公积	260	5	265	（2）5		260
未分配利润	364	15	379	（2）15		364
少数股东权益			0		（2）22	22
股东权益合计	1 744	100	1 844			1 766
负债及股东权益总计	2 930	176	3 106			3 028

（四）合并资产负债表

甲公司合并资产负债表见表5-48。

表5-48　　　　　　　　　　　**甲公司合并资产负债表**

2×16年12月31日　　　　　　　　　　　　单位：万元

资 产	期末余额	年初余额	负债及股东权益	期末余额	年初余额
流动资产		（略）	流动负债		（略）
货币资金	291.1		短期借款	660	
应收账款	128.7		应付账款	94	
应收利息	0		应付职工薪酬	8	
应收股利	0		应交税费	0	
其他应收款	26		应付利息	0	
存货	660.2		应付股利	0	
流动资产合计	1 106		流动负债合计	762	
非流动资产			非流动负债	500	
持有至到期投资	0		长期借款	0	
长期股权投资	0		应付债券	0	
固定资产	1 410		非流动负债合计	500	
无形资产	500		股东权益		
商誉	12		股本	1 000	
递延所得税资产	0		资本公积	120	
非流动资产合计	1 922		其他综合收益	0	
			盈余公积	260	
			未分配利润	364	
			少数股东权益	22	
			股东权益合计	1 766	
资产总计	3 028		负债及股东权益总计	3 028	

三、2×17年年末编制合并财务报表

（一）调整和抵销分录

1.甲公司2×17年年末编制合并财务报表时相关项目的计算

乙公司商誉=100-（100+10）×80%=12（万元）

乙公司以公允价值计算的固定资产补提折旧=10÷5=2（万元）

乙公司调整后本年净利润=75-2=73（万元）

乙公司调整后本年年末未分配利润=15+73-7.5-15=65.5（万元）

权益法下甲公司对乙公司投资的投资收益=73×80%=58.4（万元）

权益法下甲公司需要调增投资收益=58.4-15×80%=46.4（万元）

权益法下甲公司对乙公司长期股权投资本年年末余额=100+46.4=146.4（万元）

少数股东损益=73×20%=14.6（万元）

少数股东权益年末余额=（80+10+12.5+65.5）×20%=33.6（万元）

2.与股权投资有关的调整分录

（1）子公司个别报表上的净资产调整为以合并日公允价值为基础的计价：

借：固定资产	80 000	
管理费用	20 000	
贷：资本公积		100 000

（2）母公司股权投资由成本法调整为权益法：

借：长期股权投资	464 000	
贷：投资收益		464 000

3.与股权投资有关的抵销分录

（1）将母公司长期股权投资与子公司净资产抵销。

依据母子公司个别报表上的相关数据编制如下抵销分录：

借：股本	800 000	
资本公积	100 000	
盈余公积	125 000	
未分配利润（期末）	655 000	
商誉	120 000	
贷：长期股权投资		1 464 000
少数股东权益		336 000

（2）将母公司投资收益与子公司分配净利润抵销。

依据母子公司个别报表上的相关数据编制如下抵销分录：

借：投资收益	584 000	
未分配利润（期初）	150 000	
少数股东损益	146 000	
贷：提取盈余公积		75 000
应付普通股股利		150 000
未分配利润（期末）		655 000

（3）将母公司应收股利与子公司应付股利抵销：

借：应付股利	120 000	
贷：应收股利		120 000

4.与内部发行债券有关的抵销分录

甲公司购入的债券面值=50×40%=20（万元）

甲公司计提债券利息=20×6%=1.2（万元）

（1）将母公司持有至到期投资与子公司应付债券抵销：

借：应付债券 200 000

　　贷：持有至到期投资 200 000

（2）将母公司应收利息与子公司应付利息抵销：

借：应付利息 12 000

　　贷：应收利息 12 000

（3）将母公司债券收益与子公司债券利息费用抵销：

借：投资收益 12 000

　　贷：财务费用 12 000

5.与内部商品交易有关的抵销分录

甲公司内部商品交易产生营业收入=2 000×20%=400（万元）

乙公司内部商品交易未出售存货中包含未实现利润=400×10%×20%=8（万元）

甲公司对乙公司应收账款计提的坏账准备=10×1% =0.1（万元）

甲公司内部商品交易产生的现金流入=400-10=390（万元）

（1）将子公司存货中未实现利润抵销：

借：营业收入 4 000 000

　　贷：营业成本 3 920 000

　　　　存货 80 000

（2）调整内部交易存货相关的递延所得税：

借：递延所得税资产 20 000

　　贷：所得税费用 20 000

（3）将内部商品交易产生的债权债务抵销：

借：应付账款 100 000

　　贷：应收账款 100 000

（4）将内部债权计提的坏账准备抵销：

借：应收账款——坏账准备 1 000

　　贷：资产减值损失 1 000

6.与内部固定资产交易有关的抵销分录

（1）将固定资产交易中未实现的亏损抵销：

借：固定资产——原价 30 000

　　贷：营业外支出 30 000

（2）补提固定资产未实现亏损少计提折旧：

借：管理费用 3 000

　　贷：固定资产——累计折旧 3 000

（3）调整内部交易固定资产相关的递延所得税：

借：所得税费用 6 750

　　贷：递延所得税负债 6 750

7.与现金流量表相关的抵销分录

（1）与内部发行债券相关的现金流量抵销：

借：投资活动产生的现金流量——投资支付的现金　200 000
　　贷：筹资活动产生的现金流量——取得借款收到的现金　200 000

（2）与内部商品交易相关的现金流量抵销：

借：经营活动产生的现金流量——购买商品、接受劳务所支付的现金
　　　3 900 000
　　贷：经营活动产生的现金流量——销售商品、提供劳务收到的现金　3 900 000

（3）与内部处置固定资产相关的现金流量抵销：

借：投资活动产生的现金流量——购建固定资产、无形资产和其他长期
　　　资产所支付的现金　100 000
　　贷：投资活动产生的现金流量——处置固定资产、无形资产和其他
　　　长期资产所收回的现金　100 000

（二）合并工作底稿

甲公司合并财务报表工作底稿见表5-49。

表5-49　　　　　　　　　甲公司合并财务报表工作底稿

2×17年12月31日　　　　　　　　　　　　　单位：万元

项目	个别报表		合计数	调整与抵销分录		合并数
	母公司（甲）	子公司（乙）		借方	贷方	
资产负债表项目：						
货币资金	274	38.8	312.8			312.8
应收账款	118.8	29.7	148.5	(12) 0.1	(11) 10	138.6
应收利息	1.2		1.2		(7) 1.2	0
应收股利	12		12		(5) 12	0
其他应收款	10	10	20			20
存货	720	80	800		(9) 8	792
流动资产合计	1 136	158.5	1 294.5			1 263.4
持有至到期投资	20		20		(6) 20	0
长期股权投资	100		100	(2) 46.4	(3) 146.4	0
固定资产	1 500	110	1 610	(1) 8 (13) 3	(14) 0.3	1 620.7
无形资产	450		450			450
商誉			0	(3) 12		12
递延所得税资产			0	(10) 2		2
非流动资产合计	2 070	110	2 180			2 084.7
资产总计	3 206	268.5	3 474.5			3 348.1

续表

项 目	个别报表		合计数	调整与抵销分录		合并数
	母公司（甲）	子公司（乙）		借方	贷方	
短期借款	600	20	620			620
应付账款	132	17	149	（11）10		139
应付职工薪酬	5	3.5	8.5			8.5
应交税费			0			0
应付利息		3	3	（7）1.2		1.8
应付股利	35	15	50	（5）12		38
流动负债合计	772	58.5	830.5			807.3
长期借款	550		550			550
应付债券		50	50	（6）20		30
递延所得税负债			0		（15）0.675	0.675
非流动负债合计	550	50	600			580.675
股本	1 000	80	1 080	（3）80		1 000
资本公积	120		120	（3）10	（1）10	120
其他综合收益			0			0
盈余公积	277.5	12.5	290	（3）12.5		277.5
未分配利润	486.5	67.5	554	<u>557.675</u>	<u>532.7</u>	529.025
少数股东权益			0		（3）33.6	33.6
股东权益合计	1 884	160	2 044			1 960.125
负债及股东权益总计	3 206	268.5	3 474.5			3 348.1
利润表项目：						
一、营业收入	2 000	900	2 900	（9）400		2 500
减：营业成本	1 600	720	2 320		（9）392	1 928

续表

项　目	个别报表		合计数	调整与抵销分录		合并数
	母公司（甲）	子公司（乙）		借方	贷方	
税金及附加	6.1	1	7.1			7.1
销售费用	72	37	109			109
管理费用	62	34.9	96.9	（1）2 （14）0.3		99.2
财务费用	70	7	77		（8）1.2	75.8
资产减值损失	0.1	0.1	0.2		（12）0.1	0.1
加：投资收益	13.2		13.2	（4）58.4 （8）1.2	（2）46.4	0
公允价值变动损益			0			0
二、营业利润	203	100	303	<u>461.9</u>	<u>439.7</u>	280.8
加：营业外收入			0			0
减：营业外支出	3		3		（13）3	0
三、利润总额	200	100	300	<u>461.9</u>	<u>442.7</u>	280.8
减：所得税费用	25	25	50	（15）0.675	（10）2	48.675
四、净利润	175	75	250	<u>462.575</u>	<u>444.7</u>	232.125
其中：归属于母公司所有者利润						
少数股东损益				（4）14.6		14.6
五、每股收益			0			
六、其他综合收益			0			
七、综合收益总额	175	75	250	<u>477.175</u>	<u>444.7</u>	217.525
所有者权益变动表有关项目：						
一、上年年末余额	364	15	379	（4）15		364
加：会计政策变更			0			

续表

项目	个别报表		合计数	调整与抵销分录		合并数
	母公司（甲）	子公司（乙）		借方	贷方	
前期差错更正			0			
二、本年年初余额	364	15	379	15		364
三、本年增减变动			0			
（一）综合收益总额	175	75	250	<u>477.175</u>	<u>444.7</u>	217.525
（二）所有者投入资本			0			
（三）利润分配			0			
提取盈余公积	17.5	7.5	25		(4) 7.5	17.5
应付普通股股利	35	15	50		(4) 15	35
（四）所有者权益内部结转			0			
四、本年年末余额	486.5	67.5	554	(3) 65.5 <u>557.675</u>	(4) 65.5 <u>532.7</u>	529.025

甲公司合并现金流量表工作底稿见表5-50。

表5-50　　　　　　　　　　**甲公司合并现金流量表工作底稿**

2×17年　　　　　　　　　　　　　　　　　　　　　单位：万元

项　目	个别报表		合计数	调整与抵销分录		合并数
	甲公司	乙公司		借方	贷方	
一、经营活动产生的现金流量：						
销售商品、提供劳务收到的现金	1 990.1	890.1	2 880.2		(17) 390	2 490.2
收到的税费返还			0			0
收到其他与经营活动有关的现金			0			0
经营活动现金流入小计	1 990.1	890.1	2 880.2		390	2 490.2
购买商品、接受劳务支付的现金	1 648	756.8	2 404.8	(17) 390		2 014.8
支付给职工以及为职工支付的现金	28	19	47			47
支付的各项税费	31.1	26	57.1			57.1
支付其他与经营活动有关的现金	80.1	93.5	173.6			173.6
经营活动现金流出小计	1 787.2	895.3	2682.5	390		2 292.5

续表

项 目	个别报表		合计数	调整与抵销分录		合并数
	甲公司	乙公司	合计数	借方	贷方	
经营活动产生的现金流量净额	202.9	-5.2	197.7			197.7
二、投资活动产生的现金流量：			0			
收回投资收到的现金	0	0	0			0
取得投资收益收到的现金	0	0	0			0
处置固定资产、无形资产和其他长期资产收回的现金净额	10		10		(18) 10	0
处置子公司及其他营业单位收到的现金净额	0	0	0			0
收到其他与投资活动有关的现金	0	0	0			0
投资活动现金流入小计	10	0	10			0
购建固定资产、无形资产和其他长期资产支付的现金	180	12	192	(18) 10		182
投资支付的现金	20		20	(16) 20		0
取得子公司及其他营业单位支付的现金净额	0	0	0			0
支付其他与投资活动有关的现金	0	0	0			0
投资活动现金流出小计	200	12	212			182
投资活动产生的现金流量净额	-190	-12	-202			-182
三、筹资活动产生的现金流量：			0			
吸收投资收到的现金	0	0	0			0
取得借款收到的现金	650	70	720		(16) 20	700
收到其他与筹资活动有关的现金	0	0	0			0
筹资活动现金流入小计	650	70	720			700
偿还债务支付的现金	600	20	620			620
分配股利、利润或偿付利息支付的现金	70	4	74			74
支付其他与筹资活动有关的现金	0	0	0			0
筹资活动现金流出小计	670	24	694			694
筹资活动产生的现金流量净额	-20	46	26			6
四、汇率变动对现金及现金等价物的影响			0			
五、现金及现金等价物净增加额	-7.1	28.8	21.7			21.7
加：期初现金及现金等价物余额	281.1	10	291.1			291.1
六、期末现金及现金等价物余额	274	38.8	312.8			312.8

（三）合并财务报表

甲公司合并资产负债表见表5-51。

表5-51　　　　　　　　　　甲公司合并资产负债表

2×17年12月31日　　　　　　　　　　　　单位：万元

资　　产	期末余额	年初余额	负债及股东权益	期末余额	年初余额
流动资产			流动负债		
货币资金	312.8	291.1	短期借款	620	660
应收账款	138.6	128.7	应付账款	139	94
应收利息	0	0	应付职工薪酬	8.5	8
应收股利	0	0	应交税费	0	0
其他应收款	20	26	应付利息	1.8	0
存货	792	660.2	应付股利	38	0
流动资产合计	1 263.4	1 106	流动负债合计	807.3	762
非流动资产			非流动负债	550	500
持有至到期投资	0	0	长期借款	30	0
长期股权投资	0	0	应付债券	0.675	0
固定资产	1 620.7	1 410	非流动负债合计	580.675	500
无形资产	450	500	股东权益		
商誉	12	12	股本	1 000	1 000
递延所得税资产	2	0	资本公积	120	120
非流动资产合计	2 084.7	1 922	其他综合收益	0	0
			盈余公积	277.5	260
			未分配利润	529.025	364
			少数股东权益	33.6	22
			股东权益合计	1 960.125	1 766
资产总计	3 348.1	3 028	负债及股东权益总计	3 348.1	3 028

甲公司合并利润表见表5-52。

表 5-52

甲公司合并利润表

2×17年度　　　　　　　　　　　　　　　　　　　　　　单位：万元

项　目	本期金额	上期金额（略）
一、营业收入	2 500	
减：营业成本	1 928	
税金及附加	7.1	
销售费用	109	
管理费用	99.2	
财务费用	75.8	
资产减值损失	0.1	
加：投资收益	0	
公允价值变动损益	0	
二、营业利润	280.8	
加：营业外收入	0	
减：营业外支出	0	
三、利润总额	280.8	
减：所得税费用	48.675	
四、净利润	232.125	
其中：归属于母公司所有者利润		
少数股东损益	14.6	
五、每股收益		
六、其他综合收益		
七、综合收益总额	217.525	

甲公司合并所有者权益变动表见表5-53。

表 5-53

甲公司合并所有者权益变动表

2×17年

单位：万元

项目	本年金额							
	归属于母公司所有者的权益						少数股东权益	所有者权益合计
	股本	资本公积	其他综合收益	盈余公积	未分配利润	小计		
一、上年年末余额	1 000	120	0	260	364	1 744	22	1 766
加：会计政策变更								
前期差错更正								
二、本年年初余额	1 000	120	0	260	364	1 744	22	1 766
三、本年增减变动								
（一）综合收益总额					217.525	217.525	14.6	232.125
（二）所有者投入资本								
（三）利润分配								
提取盈余公积					-17.5	-17.5		-17.5
应付普通股股利					-35	-35	-3	-38
（四）所有者权益内部结转				17.5		17.5		17.5
四、本年年末余额	1 000	120	0	277.5	529.025	1 926.525	33.6	1 960.125

甲公司合并现金流量表见表 5-54。

表 5-54

甲公司合并现金流量表

2×17年度

单位：万元

项目	本期金额	上期金额（略）
一、经营活动产生的现金流量：		
销售商品、提供劳务收到的现金	2 490.2	
收到的税费返还		
收到其他与经营活动有关的现金		
经营活动现金流入小计	2 490.2	
购买商品、接受劳务支付的现金	2 014.8	
支付给职工以及为职工支付的现金	47	
支付的各项税费	57.1	
支付其他与经营活动有关的现金	173.6	

续表

项　　目	本期金额	上期金额（略）
经营活动现金流出小计	2 292.5	
经营活动产生的现金流量净额	197.7	
二、投资活动产生的现金流量：		
收回投资收到的现金		
取得投资收益收到的现金		
处置固定资产、无形资产和其他长期资产收回的现金净额		
处置子公司及其他营业单位收到的现金净额		
收到其他与投资活动有关的现金		
投资活动现金流入小计		
购建固定资产、无形资产和其他长期资产支付的现金	182	
投资支付的现金		
取得子公司及其他营业单位支付的现金净额		
支付其他与投资活动有关的现金		
投资活动现金流出小计	182	
投资活动产生的现金流量净额	−182	
三、筹资活动产生的现金流量：		
吸收投资收到的现金		
取得借款收到的现金	700	
收到其他与筹资活动有关的现金		
筹资活动现金流入小计	700	
偿还债务支付的现金	620	
分配股利、利润或偿付利息支付的现金	74	
支付其他与筹资活动有关的现金		
筹资活动现金流出小计	694	
筹资活动产生的现金流量净额	6	
四、汇率变动对现金及现金等价物的影响		
五、现金及现金等价物净增加额	21.7	
加：期初现金及现金等价物余额	291.1	
六、期末现金及现金等价物余额	312.8	

四、2×18年年末编制合并财务报表

（一）调整和抵销分录

1.甲公司2×18年年末编制合并财务报表时相关项目的计算

乙公司商誉=100-（100+10）×80%=12（万元）

乙公司以公允价值计算的固定资产补提折旧=10÷5=2（万元）

乙公司调整后本年净利润=135-2=133（万元）

乙公司调整后本年年末未分配利润=65.5+133-13.5-27=158（万元）

权益法下甲公司对乙公司投资的投资收益=133×80%=106.4（万元）

权益法下甲公司需要调增投资收益=106.4-27×80%=84.8（万元）

权益法下甲公司对乙公司长期股权投资本年年末余额=146.4+84.8=231.2（万元）

少数股东损益=133×20%=26.6（万元）

少数股东权益年末余额=（80+10+26+158）×20%=54.8（万元）

甲公司收到股利分配产生的现金流入=12（万元）

2.与股权投资有关的调整分录

（1）子公司个别报表上的净资产调整为以合并日公允价值为基础的计价：

借：固定资产	60 000	
管理费用	20 000	
未分配利润（期初）	20 000	
贷：资本公积		100 000

（2）母公司股权投资由成本法调整为权益法：

借：长期股权投资	1 312 000	
贷：未分配利润（期初）		464 000
投资收益		848 000

3.与股权投资有关的抵销分录

（1）将母公司长期股权投资与子公司净资产抵销：

依据母子公司个别报表上的相关数据编制如下抵销分录：

借：股本	800 000	
资本公积	100 000	
盈余公积	260 000	
未分配利润（期末）	1 580 000	
商誉	120 000	
贷：长期股权投资		2 312 000
少数股东权益		548 000

（2）将母公司投资收益与子公司分配净利润抵销：

依据母子公司个别报表上的相关数据编制如下抵销分录：

借：投资收益	1 064 000	
未分配利润（期初）	655 000	
少数股东损益	266 000	

贷：提取盈余公积	135 000
应付普通股股利	270 000
未分配利润（期末）	1 580 000

（3）将母公司应收股利与子公司应付股利抵销：

借：应付股利	216 000
贷：应收股利	216 000

4.与内部发行债券有关的抵销分录

甲公司购入的债券面值=50×40%=20（万元）

甲公司计提债券利息=20×6%=1.2（万元）

甲公司收到的利息收入现金流量=1.2万元

（1）将母公司持有至到期投资与子公司应付债券抵销：

借：应付债券	200 000
贷：持有至到期投资	200 000

（2）将母公司应收利息与子公司应付利息抵销：

借：应付利息	12 000
贷：应收利息	12 000

（3）将母公司债券收益与子公司债券利息费用抵销：

借：投资收益	12 000
贷：财务费用	12 000

5.与内部商品交易有关的抵销分录

甲公司内部商品交易产生营业收入=3 000×30%=900（万元）

乙公司内部商品交易未出售存货中包含未实现利润=900×10%×20%=18（万元）

甲公司对乙公司应收账款计提的坏账准备=（20-10）×1%=0.1（万元）

甲公司内部商品交易产生的现金流入=900-（20-10）=890（万元）

（1）将子公司存货中未实现利润抵销：

借：营业收入	9 000 000
未分配利润（期初）	80 000
贷：营业成本	8 900 000
存货	180 000

（2）调整内部交易存货相关的递延所得税：

借：递延所得税资产	45 000
贷：未分配利润（期初）	20 000
所得税费用	25 000

（3）将内部商品交易产生的债权债务抵销：

借：应付账款	200 000
贷：应收账款	200 000

（4）将内部债权计提的坏账准备抵销：

借：应收账款——坏账准备	2 000
贷：资产减值损失	1 000

　　　　贷：未分配利润（期初）　　　　　　　　　　　　　　　　　　　1 000

　　6.与内部固定资产交易有关的抵销分录

　　（1）将固定资产交易中未实现的亏损抵销：

　　借：固定资产——原价　　　　　　　　　　　　　　　　　　30 000

　　　　贷：未分配利润（期初）　　　　　　　　　　　　　　　　　30 000

　　（2）补提固定资产未实现亏损少计提折旧：

　　借：未分配利润（期初）　　　　　　　　　　　　　　　　　3 000

　　　　管理费用　　　　　　　　　　　　　　　　　　　　　3 000

　　　　贷：固定资产——累计折旧　　　　　　　　　　　　　　　6 000

　　（3）调整内部交易固定资产相关的递延所得税：

　　借：未分配利润（期初）　　　　　　　　　　　　　　　　6 750

　　　　贷：所得税费用　　　　　　　　　　　　　　　　　　　　750

　　　　　　递延所得税负债　　　　　　　　　　　　　　　　　6 000

　　7.与现金流量表相关的抵销分录

　　（1）与内部股利分配相关的现金流量抵销：

　　借：筹资活动产生的现金流量——分配股利或偿付利息所支付的现金　12 000

　　　　贷：投资活动产生的现金流量——分得投资收益收到的现金　　　12 000

　　（2）与内部债券利息收入相关的现金流量抵销：

　　借：筹资活动产生的现金流量——分配股利或偿付利息所支付的现金　120 000

　　　　贷：投资活动产生的现金流量——分得投资收益收到的现金　　　120 000

　　（3）与内部商品交易相关的现金流量抵销：

　　借：经营活动产生的现金流量——购买商品、接受劳务所支付的现金

　　　　　　　　　　　　　　　　　　　　　　　　　　　　8 900 000

　　　　贷：经营活动产生的现金流量——销售商品、提供劳务收到的现金　8 900 000

（二）合并工作底稿

甲公司合并财务报表工作底稿见表5-55。

表5-55　　　　　　　　　　　　甲公司合并财务报表工作底稿

2×18年12月31日　　　　　　　　　　　　　　　　　单位：万元

项　目	个别报表		合计数	调整与抵销分录		合并数
	母公司（甲）	子公司（乙）		借方	贷方	
资产负债表项目：						
货币资金	321.6	64.6	386.2			386.2
应收账款	138.6	39.6	178.2	（12）0.2	（11）20	158.4
应收利息	1.2		1.2		（7）1.2	0
应收股利	21.6		21.6		（5）21.6	0
其他应收款		13	13			13
存货	890	100	990		（9）18	972

续表

项 目	个别报表		合计数	调整与抵销分录		合并数
	母公司（甲）	子公司（乙）		借方	贷方	
流动资产合计	1 373	217.2	1 590.2			1 529.6
持有至到期投资	20		20		(6) 20	0
长期股权投资	100		100	(2) 131.2	(3) 231.2	0
固定资产	1 600	180	1 780	(1) 6 (13) 3	(14) 0.6	1 788.4
无形资产	400		400			400
商誉			0	(3) 12		12
递延所得税资产			0	(10) 4.5		4.5
非流动资产合计	2 120	180	2 300			2 204.9
资产总计	3 493	397.2	3 890.2			3 734.5
短期借款	600	20	620			620
应付账款	154	25	179	(11) 20		159
应付职工薪酬	5	4.2	9.2			9.2
应交税费			0			0
应付利息		3	3	(7) 1.2		1.8
应付股利	60	27	87	(5) 21.6		65.4
流动负债合计	819	79.2	898.2			855.4
长期借款	550		550			550
应付债券		50	50	(6) 20		30
递延所得税负债			0		(15) 0.6	0.6
非流动负债合计	550	50	600			580.6
股本	1 000	80	1 080	(3) 80		1 000
资本公积	120		120	(3) 10	(1) 10	120
其他综合收益			0			0
盈余公积	307.5	26	333.5	(3) 26		307.5
未分配利润	696.5	162	858.5	1 270.975	1 228.675	816.2
少数股东权益			0		(3) 54.8	54.8

续表

项 目	个别报表		合计数	调整与抵销分录		合并数
	母公司（甲）	子公司（乙）		借方	贷方	
股东权益合计	2 124	268	2 392			2 298.5
负债及股东权益总计	3 493	397.2	3 890.2			3 734.5
利润表项目：						
一、营业收入	3 000	1 500	4 500	(9) 900		3 600
减：营业成本	2 400	1 200	3 600		(9) 890	2 710
税金及附加	8	2	10			10
销售费用	84.6	57	141.6			141.6
管理费用	60	53.9	113.9	(1) 2 (14) 0.3		116.2
财务费用	70	7	77		(8) 1.2	75.8
资产减值损失	0.2	0.1	0.3		(12) 0.1	0.2
加：投资收益	22.8		22.8	(4) 106.4 (8) 1.2	(2) 84.8	0
公允价值变动损益			0			0
二、营业利润	400	180	580	1 009.9	976.1	546.2
加：营业外收入			0			0
减：营业外支出			0			0
三、利润总额	400	180	580	1 009.9	976.1	546.2
减：所得税费用	100	45	145		(10) 2.5 (15) 0.075	142.425
四、净利润	300	135	435	1 009.9	978.675	403.775
其中：归属于母公司所有者利润						
少数股东损益				(4) 26.6		26.6
五、其他综合收益			0			
六、综合收益总额	300	135	435	1 036.5	978.675	377.175
七、每股收益			0			

续表

项 目	个别报表		合计数	调整与抵销分录		合并数
	母公司（甲）	子公司（乙）		借方	贷方	
所有者权益变动表有关项目：						
一、上年年末余额	486.5	67.5	554	(1) 2 (4) 65.5 (9) 8 (14) 0.3 (15) 0.675	(2) 46.4 (10) 2 (12) 0.1 (13) 3	529.025
加：会计政策变更			0			
前期差错更正			0			
二、本年年初余额	486.5	67.5	554	<u>76.475</u>	<u>51.5</u>	529.025
三、本年增减变动			0			
（一）综合收益	300	135	435	<u>1 036.5</u>	<u>978.675</u>	377.175
（二）所有者投入资本			0			
（三）利润分配			0			
提取盈余公积	30	13.5	43.5		(4) 13.5	30
应付普通股股利	60	27	87		(4) 27	60
（四）所有者权益内部结转			0			
四、本年年末余额	696.5	162	858.5	(3) 158 1 270.975	(4) 158 1 228.675	816.2

甲公司合并现金流量表工作底稿见表5-56。

表5-56　　　　　　　　　　**甲公司合并现金流量表工作底稿**

2×18年　　　　　　　　　　　　　　　　　　　　　　　　单位：万元

项 目	个别报表		合计数	调整与抵销分录		合并数
	甲公司	乙公司		借方	贷方	
一、经营活动产生的现金流量：						
销售商品、提供劳务收到的现金	2 980.2	1 490.1	4 470.3		(3) 890	3 580.3
收到的税费返还			0			0
收到其他与经营活动有关的现金			0			0
经营活动现金流入小计	2 980.2	1 490.1	4 470.3			3 580.3
购买商品、接受劳务支付的现金	2 548	1 212	3 760	(3) 890		2 870

续表

项目	个别报表		合计数	调整与抵销分录		合并数
	甲公司	乙公司		借方	贷方	
支付给职工以及为职工支付的现金	32	21	53			53
支付的各项税费	108	47	155			155
支付其他与经营活动有关的现金	74.8	97.3	172.1			172.1
经营活动现金流出小计	2 762.8	1 377.3	4 140.1			3 250.1
经营活动产生的现金流量净额	217.4	112.8	330.2			330.2
二、投资活动产生的现金流量:			0			
收回投资收到的现金	0	0	0			0
取得投资收益收到的现金	13.2		13.2		(1) 1.2 (2) 12	26.4
处置固定资产、无形资产和其他长期资产收回的现金净额	0	0	0			0
处置子公司及其他营业单位收到的现金净额	0	0	0			0
收到其他与投资活动有关的现金	0	0	0			0
投资活动现金流入小计	13.2	0	13.2			26.4
购建固定资产、无形资产和其他长期资产支付的现金	78	65	143			143
投资支付的现金			0			0
取得子公司及其他营业单位支付的现金净额	0	0	0			0
支付其他与投资活动有关的现金	0	0	0			0
投资活动现金流出小计	78	65	143			143
投资活动产生的现金流量净额	-64.8	-65	-129.8			-116.6
三、筹资活动产生的现金流量:			0			
吸收投资收到的现金	0	0	0			0
取得借款收到的现金	600	20	620			620
收到其他与筹资活动有关的现金	0	0	0			0
筹资活动现金流入小计	600	20	620			620
偿还债务支付的现金	600	20	620			620
分配股利、利润或偿付利息支付的现金	105	22	127	(1) 1.2 (2) 12		140.2
支付其他与筹资活动有关的现金	0	0	0			0

续表

项 目	个别报表		合计数	调整与抵销分录		合并数
	甲公司	乙公司		借方	贷方	
筹资活动现金流出小计	705	42	747			760.2
筹资活动产生的现金流量净额	-105	-22	-127			-140.2
四、汇率变动对现金及现金等价物的影响			0			
五、现金及现金等价物净增加额	47.6	25.8	73.4			73.4
加：期初现金及现金等价物余额	274	38.8	312.8			312.8
六、期末现金及现金等价物余额	321.6	64.6	386.2			386.2

（三）合并财务报表

甲公司合并资产负债表见表5-57。

表5-57 甲公司合并资产负债表

2×18年12月31日 单位：万元

资 产	年 初	期 末	负债及股东权益	年 初	期 末
流动资产			流动负债		
货币资金	312.8	386.2	短期借款	620	620
应收账款	138.6	158.4	应付账款	139	159
应收利息	0	0	应付职工薪酬	8.5	9.2
应收股利	0	0	应交税费	0	0
其他应收款	20	13	应付利息	1.8	1.8
存货	792	972	应付股利	38	65.4
流动资产合计	1 263.4	1 529.6	流动负债合计	807.3	855.4
非流动资产			非流动负债	550	550
持有至到期投资	0	0	长期借款	30	30
长期股权投资	0	0	应付债券	0.675	0.6
固定资产	1 620.7	1 788.4	非流动负债合计	580.675	580.6
无形资产	450	400	股东权益		
商誉	12	12	股本	1 000	1 000
递延所得税资产	2	4.5	资本公积	120	120
非流动资产合计	2 084.7	2 204.9	其他综合收益	0	0
			盈余公积	277.5	307.5
			未分配利润	529.025	816.2
			少数股东权益	33.6	54.8
			股东权益合计	1 960.125	2 298.5
资产总计	3 348.1	3 734.5	负债及股东权益总计	3 348.1	3 734.5

甲公司合并利润表见表5-58。

表5-58

甲公司合并利润表

2×18年度

单位：万元

项　目	本期金额	上期金额
一、营业收入	3 600	2 500
减：营业成本	2 710	1 928
税金及附加	10	7.1
销售费用	141.6	109
管理费用	116.2	99.2
财务费用	75.8	75.8
资产减值损失	0.2	0.1
加：投资收益	0	0
公允价值变动损益	0	0
二、营业利润	546.2	280.8
加：营业外收入	0	0
减：营业外支出	0	0
三、利润总额	546.2	280.8
减：所得税费用	142.425	48.675
四、净利润	403.775	232.125
其中：归属于母公司所有者利润		
少数股东损益	26.6	14.6
五、其他综合收益		
六、综合收益总额	377.175	217.525
七、每股收益		

甲公司合并所有者权益变动表见表5-59。

表 5-59

甲公司合并所有者权益变动表

2×18年度

单位：万元

项　目	本年金额							
	归属于母公司所有者的权益						少数股东权益	所有者权益合计
	股本	资本公积	其他综合收益	盈余公积	未分配利润	小计		
一、上年年末余额	1 000	120	0	277.5	529.025	1 926.525	33.6	1 960.125
加：会计政策变更								
前期差错更正								
二、本年年初余额	1 000	120	0	277.5	529.025	1 926.525	33.6	1 960.125
三、本年增减变动								
（一）综合收益总额					377.175	377.175	26.6	403.775
（二）所有者投入资本								
（三）利润分配								
提取盈余公积				30	−30	−30		−30
应付普通股股利					−60	−60	−5.4	−65.4
（四）所有者权益内部结转				30		30		30
四、本年年末余额	1 000	120	0	307.5	816.2	2 243.7	54.8	2 298.5

甲公司合并现金流量表见表 5-60。

表 5-60

甲公司合并现金流量表

2×18年度

单位：万元

项　目	本期金额	上期金额
一、经营活动产生的现金流量：		
销售商品、提供劳务收到的现金	3 580.3	2 490.2
收到的税费返还		
收到其他与经营活动有关的现金		
经营活动现金流入小计	3 580.3	2 490.2
购买商品、接受劳务支付的现金	2 870	2 014.8
支付给职工以及为职工支付的现金	53	47
支付的各项税费	155	57.1
支付其他与经营活动有关的现金	172.1	173.6

项　目	本期金额	上期金额
经营活动现金流出小计	3 250.1	2 292.5
经营活动产生的现金流量净额	330.2	197.7
二、投资活动产生的现金流量：		
收回投资收到的现金		
取得投资收益收到的现金	26.4	
处置固定资产、无形资产和其他长期资产收回的现金净额		
处置子公司及其他营业单位收到的现金净额		
收到其他与投资活动有关的现金		
投资活动现金流入小计	26.4	
购建固定资产、无形资产和其他长期资产支付的现金	143	182
投资支付的现金		
取得子公司及其他营业单位支付的现金净额		
支付其他与投资活动有关的现金		
投资活动现金流出小计	143	182
投资活动产生的现金流量净额	-116.6	-182
三、筹资活动产生的现金流量：		
吸收投资收到的现金		
取得借款收到的现金	620	700
收到其他与筹资活动有关的现金		
筹资活动现金流入小计	620	700
偿还债务支付的现金	620	620
分配股利、利润或偿付利息支付的现金	140.2	74
支付其他与筹资活动有关的现金		
筹资活动现金流出小计	760.2	694
筹资活动产生的现金流量净额	-140.2	6
四、汇率变动对现金及现金等价物的影响		
五、现金及现金等价物净增加额	73.4	21.7
加：期初现金及现金等价物余额	312.8	291.1
六、期末现金及现金等价物余额	386.2	312.8

复习思考题

1.什么是合并财务报表？相对于个别财务报表，合并财务报表的编制原则是什么？

2.我国企业会计准则对合并财务报表的合并范围是怎么规定的？如何理解控制的概念？

3.合并财务报表的编制程序是怎样的？合并工作底稿的基本格式是怎样的？

4.为什么母公司的长期股权投资要与子公司的净资产进行抵销？与长期股权投资相关的调整和抵销分别有哪些？同一控制与非同一控制下调整和抵销有什么区别？

5.企业合并当年及以后连续编制合并财务报表时，如何抵销内部交易产生的存货包含的未实现利润？在连续编制合并财务报表时，如何抵销未实现利润对期初未分配利润的影响数？如何调整内部交易存货账面价值和计税基础不同而产生的所得税影响数？

6.企业合并当年及以后连续编制合并财务报表时，如何抵销内部交易产生的固定资产包含的未实现利润？在连续编制合并财务报表时，如何抵销未实现利润对期初未分配利润的影响数？如何调整内部交易固定资产账面价值和计税基础不同而产生的所得税影响数？在固定资产的折旧期内，如何调整因未实现利润而对当期计提折旧的影响数及对期初未分配利润的影响数？

7.企业合并当年及以后连续编制合并财务报表时，如何抵销内部交易产生的各项应收和应付款项？如何抵销内部应收账款计提的坏账准备？连续编制合并财务报表时如何抵销对期初未分配利润的影响数？

8.合并现金流量表如何编制？编制方法与合并资产负债表、合并利润表、合并所有者权益变动表有何不同？

历年真题

一、多项选择题

1.【2016年注册会计师考试"会计"试题】甲公司（非投资性主体）为乙公司、丙公司的母公司。乙公司为投资性主体，拥有两家全资子公司，两家子公司均不为乙公司的投资活动提供相关服务，丙公司为股权投资基金，拥有两家联营企业，丙公司对其拥有的两家联营企业按照公允价值考核和评价管理层业绩。不考虑其他因素，下列关于甲公司、乙公司和丙公司对其所持股权投资的会计处理中，正确的有（　　）。

A.乙公司不应编制合并财务报表

B.丙公司在个别财务报表中对其拥有的两家联营企业的投资应按照公允价值计量，公允价值变动计入当期损益

C.乙公司在个别财务报表中对其拥有的两家子公司应按照公允价值计量，公允价值变动计入当期损益

D.甲公司在编制合并财务报表时，应将通过乙公司间接控制的两家子公司按公允价值计量，公允价值变动计入当期损益

2.【2016年注册会计师考试"会计"试题】不考虑其他因素，下列关于合营安排的表述中，正确的有（　　）。

A.合营安排要求所有参与方都对该安排实施共同控制

B.能够对合营企业施加重大影响的参与方，应当对其投资采用权益法核算

C.两个参与方组合能够集体控制某项安排的，该安排不构成共同控制

D.合营安排为共同经营的，合营方按一定比例享有该安排相关资产且承担该安排相关负债

3.【2013年注册会计师考试"会计"试题】甲公司持有乙公司70%股权并控制乙公司，甲公司20×3年度合并财务报表中少数股东权益为950万元，20×4年度，乙公司发生净亏损3 500万元。无其他所有者权益变动，除乙公司外，甲公司没有其他子公司。不考虑其他因素，下列关于甲公司在编制20×4年度合并财务报表的处理中，正确的有（　　　）。

A.母公司所有者权益减少950万元

B.少数股东承担乙公司亏损950万元

C.母公司承担乙公司亏损2 450万元

D.少数股东权益的列报金额为-100万元

4.【2011年注册会计师考试"会计"试题】甲公司20×0年1月1日购入乙公司80%股权，能够对乙公司的财务和经营政策实施控制。除乙公司外，甲公司无其他子公司。20×0年度，乙公司按照购买日可辨认净资产公允价值为基础计算实现的净利润为2 000万元，无其他所有者权益变动。20×0年年末，甲公司合并财务报表中少数股东权益为825万元。20×1年度，乙公司按购买日可辨认净资产公允价值为基础计算的净亏损为5 000万元，无其他所有者权益变动。20×1年年末，甲公司个别财务报表中所有者权益总额为8 500万元。下列各项关于甲公司20×0年度和20×1年度合并财务报表列报的表述中，正确的有（　　　）。

A.20×1年度少数股东损益为0

B.20×0年度少数股东损益为400万元

C.20×1年12月31日少数股东权益为0

D.20×1年12月31日股东权益总额为5 925万元

E.20×1年12月31日归属于母公司股东权益为6 100万元

二、综合题

1.【2016年注册会计师考试"会计"试题】甲公司为境内上市公司，专门从事能源生产业务。2×15年，甲公司发生的企业合并及相关交易或事项如下：

（1）2×15年2月20日，甲公司召开董事会，审议通过了以换股方式购买专门从事新能源开发业务的乙公司80%股权的议案。2×15年3月10日，甲公司、乙公司及其控股股东丙公司各自内部决策机构批准了该项交易方案。2×15年6月15日，证券监管机构核准了甲公司以换股方式购买乙公司80%股权的方案。2×15年6月30日，甲公司以3∶1的比例向丙公司发行6 000万股普通股，取得乙公司80%股权，有关股份登记和股东变更手续当日完成；同日，甲公司、乙公司的董事会进行了改选，丙公司开始控制甲公司，甲公司开始控制乙公司，甲公司、乙公司普通股每股面值均为1元，2×15年6月30日，甲公司普通股的公允价值为每股3元，乙公司普通股的公允价值为每股9元。2×15年7月16日，甲公司支付为实施上述换股合并而发生的会计师、律师、评估师等费用350万元，支付财务顾问费1 200万元。

（2）甲公司、乙公司资产、负债等情况如下：

2×15 年 6 月 30 日，甲公司账面资产总额 17 200 万元，其中固定资产账面价值 4 500 万元，无形资产账面价值 1 500 万元；账面负债总额 9 000 万元；账面所有者权益（股东权益）合计 8 200 万元，其中：股本 5 000 万元（每股面值 1 元），资本公积 1 200 万元，盈余公积 600 万元，未分配利润 1 400 万元。

2×15 年 6 月 30 日，甲公司除一项无形资产外，其他资产、负债的公允价值与其账面价值相同，该无形资产为一项商标权，账面价值 1 000 万元，公允价值 3 000 万元，按直线法摊销，预计尚可使用 5 年，预计净残值为零。

2×15 年 6 月 30 日，乙公司账面资产总额 34 400 万元，其中固定资产账面价值 8 000 万元，无形资产账面价值 3 500 万元，账面负债总额 13 400 万元，账面所有者权益（股东权益）合计 21 000 万元。其中，股本 2 500 万元（每股面值 1 元），资本公积 500 万元，盈余公积 1 800 万元，未分配利润 16 200 万元。2×15 年 6 月 30 日，乙公司除一项固定资产外，其他资产、负债的公允价值与其账面价值相同，该固定资产为一栋办公楼，账面价值 3 500 万元，公允价值 6 000 万元，按年限平均法计提折旧。预计尚可使用 20 年，预计净残值为零。

（3）2×15 年 12 月 20 日，甲公司向乙公司销售一批产品，销售价格（不含增值税）为 100 万元，成本为 80 万元，款项已收取。截至 2×15 年 12 月 31 日，乙公司确认甲公司购入的产品已对外出售 50%，其余 50% 形成存货。

其他相关资料如下：

合并前，丙公司、丁公司分别持有乙公司 80% 和 20% 股权，甲公司与乙公司、丙公司、丁公司不存在任何关联方关系；合并后，甲公司与乙公司除资料（3）所述内部交易外，不存在其他任何内部交易。

甲公司和乙公司均按照年度净利润的 10% 计提法定盈余公积，不计提任意盈余公积。企业合并后，甲公司和乙公司没有向股东分配利润。

甲公司和乙公司适用的企业所得税税率均为 25%，甲公司以换股方式购买乙公司 80% 股权的交易适用特殊税务处理规定，即收购企业、被收购企业的原有各项资产和负债的计税基础保持不变，甲公司和乙公司合并前的各项资产、负债的账面价值与其计税基础相同。不存在其他未确认暂时性差异所得税影响的事项。甲公司和乙公司预计未来年度均有足够的应纳税所得额用以抵扣可抵扣暂时性差异。

除所得税外，不考虑增值税及其他相关税费，不考虑其他因素。

要求：

（1）根据资料（1）、资料（2）及其他有关资料，判断该项企业合并的类型及会计上的购买方和被购买方，并说明理由。

（2）根据资料（1）、资料（2）及其他有关资料，确定该项企业合并的购买日（或合并日），并说明理由。

（3）根据资料（1）、资料（2）及其他有关资料，计算甲公司取得乙公司 80% 股权投资的成本，并编制相关会计分录。

（4）根据资料（1）、资料（2）及其他有关资料，计算该项企业合并的合并成本和商誉（如有）。

（5）根据资料（1）、资料（2）及其他有关资料，计算甲公司购买日（或合并日）合并资产负债表中固定资产、无形资产、递延所得税资产（或负债）、盈余公积和未分配利润的列报金额。

（6）根据资料（3），编制甲公司2×15年合并财务报表相关的抵销分录。

2.【2015年注册会计师考试"会计"试题】（1）2014年甲公司和其控股股东P公司以及无关联第三方丙公司签订协议，分别从P公司处购买其持有乙公司60%的股权，以发行1 800万股股票作为对价，发行价4元/股；从丙公司处购买少数股权40%，以银行存款支付5 000万元，7月1日办理完毕交接手续，改选董事会成员。当日乙公司所有者权益账面价值8 000万元（其中：股本2 000万元，资本公积3 200万元，盈余公积1 600万元，未分配利润1 200元）。

（2）2014年1月1日，甲公司账上有应收乙公司账款560万元，已计提坏账准备34万元；乙公司的存货中有300万元是自甲公司购入拟出售的，但尚未出售，甲公司出售时账面价值500万元，乙公司未计提跌价准备。

（3）7月8日，甲公司将其自用的无形资产以500万元出售给乙公司，无形资产原价200万元，已计提摊销40万元，尚可使用年限5年，乙公司购入后作为管理用无形资产，款项未付。

（4）2014年12月31日，甲公司应收乙公司的两次账款均未收回，甲公司再一次计提坏账准备59万元（累计共计提93万元），乙公司年初账上的存货已全部对外出售。

（5）乙公司下半年实现净利润800万元，其他综合收益增加120万元，所有者权益项目：股本2 000万元，资本公积3 200万元，其他综合收益120万元，盈余公积1 680万元，未分配利润1 920万元。

（1）问题一：甲公司合并乙公司属于什么类型的合并？说明理由。

（2）问题二：甲公司应确认的长期股权投资的初始投资金额是多少？编制相关的会计分录。

（3）问题三：编制甲公司2014年度合并报表中有关的调整抵销分录。

3.【2015年注册会计师考试"会计"试题】甲公司与股权投资相关资料如下：

（1）甲公司原持有乙公司30%的股权。1月1日，甲公司进一步取得乙公司50%的股权，支付银行存款13 000万元，原投资账面价值为5 400万元，投资成本明细4 500万元，损益调整840万元，其他权益变动60万元，原投资在购买日的公允价值为6 200万元。

（2）购买日，乙公司的所有者权益的账面价值18 000万元，股本10 000万元，资本公积为100万元，盈余公积为1 620万元，未分配利润6 280万元，公允价值为20 000万元，该差异是由一项无形资产评估增值引起的，使用年限为10年，净残值为0，采用直线法摊销。

（3）乙公司在当年实现净利润500万元，由于可供出售金融资产公允价值上升产生其他综合收益60万元。

（4）在下一年年初出售持有乙公司股权70%，出售价款为20 000万元，剩下10%股权的公允价值为2 500万元，对乙公司不具有控制、共同控制和重大影响。

提取10%的法定盈余公积，不提取任意盈余公积。不考虑相关税费。

要求：

（1）确认个别报表的投资成本，并编制取得该投资的相关分录。

（2）确定合并报表中的合并成本并计算合并报表中商誉的金额。

（3）计算合并报表进一步取得50%投资确认的投资收益并作出相关的会计处理。

（4）编制资产负债表日的合并报表调整和抵销分录。

（5）个别报表中处置70%的投资确认的投资收益。

（6）确认合并报表中处置70%的投资确认的收益。

4.【2014年注册会计师考试"会计"试题】甲股份有限公司（以下简称"甲公司"）20×2年及20×3年发生了以下交易事项：

（1）20×2年4月1日，甲公司以定向发行本公司普通股2 000万股为对价，自乙公司取得A公司30%股权，并于当日向A公司派出董事，参与A公司生产经营决策。当日，甲公司发行股份的市场价格为5元/股，另支付中介机构佣金1 000万元；A公司可辨认净资产公允价值为30 000万元，除一项固定资产公允价值为2 000万元、账面价值为800万元外，其他资产、负债的公允价值与账面价值相同。A公司增值的固定资产原取得成本为1 600万元，原预计使用年限为20年。自甲公司取得A公司股权时起仍可使用10年，采用年限平均法计提折旧，预计净残值为零。

A公司20×2年实现净利润2 400万元，假定A公司有关损益在年度中均衡实现，20×2年4月至12月产生其他综合收益600万元。

甲公司与乙公司及A公司在发生该项交易前不存在关联方关系。

（2）20×3年1月2日，甲公司追加购入A公司30%股权并自当日起控制A公司。购买日，甲公司用作合并对价的是本公司一项土地使用权及一项专利技术，土地使用权和专利技术的原价合计为6 000万元，已累计摊销1 000万元，公允价值合计为12 600万元。

购买日，A公司可辨认净资产公允价值为36 000万元，A公司所有者权益账面价值为26 000万元，具体构成为：股本6 667万元，资本公积（资本溢价）4 000万元，其他综合收益2 400万元，盈余公积6 000万元，未分配利润6 933万元。

甲公司原持有的A公司30%股权于购买日的公允价值为12 600万元。

（3）20×3年6月20日，甲公司将其生产的产品出售给A公司，该产品在甲公司成本为800万元，销售给A公司的售价为1 200万元（不含增值税市场价格）。

A公司将取得的该产品作为管理用固定资产。预计可使用10年，预计净现值为零，采用年限平均法计提折旧。

截至20×3年12月31日，甲公司应收A公司上述货款尚未收到。甲公司对1年以内应收账款（含应收关联方款项）按照期末余额的2%计提坏账准备。

甲公司应收A公司货款于20×4年3月收到。A公司从甲公司购入的产品处于正常使用中。

不考虑所得税等相关费用。

要求：

（1）确定甲公司20×2年4月1日对A公司30%股权的投资成本，说明甲公司对该项投资应采用的核算方法及理由；编制与确认该项投资相关的会计分录。

（2）计算甲公司20×2年因持有A公司30%股权应确认的投资收益，并编制20×2年与调整该项股权投资账面价值相关的会计分录。

（3）确定甲公司合并A公司的购买日、企业合并成本及应确认的商誉金额，分别计算甲公司个别财务报表、合并财务报表中因持有A公司60%股权投资应计入损益的金额，确定购买日甲公司个别财务报表中对A公司60%股权投资的账面价值并编制购买日甲公司合并A公司的抵销分录。

（4）编制甲公司20×3年合并财务报表时，与A公司内部交易相关的抵销分录。

（5）编制甲公司20×4年合并财务报表时，与A公司20×3年内部交易相关的抵销分录。

5.【2013年注册会计师考试"会计"试题】甲上市公司（以下简称"甲公司"）20×1年至20×3年发生的有关交易或事项如下：

（1）20×1年8月30日，甲公司公告购买丁公司持有的乙公司60%股权。购买合同约定，以20×1年7月31日经评估确定的乙公司净资产价值52 000万元为基础，甲公司以每股6元的价格定向发行6 000万股本公司股票作为对价，收购乙公司60%股权。

12月26日，该交易取得证券监管部门核准；12月30日，双方完成资产交接手续；12月31日，甲公司向乙公司董事会派出7名成员，能够控制乙公司的财务和经营决策；该项交易后续不存在实质性障碍。

12月31日，乙公司可辨认净资产以7月31日评估值为基础进行调整后的公允价值为54 000万元（有关可辨认资产、负债的公允价值与账面价值相同）。当日，乙公司股本为10 000万元，资本公积为20 000万元，盈余公积为9 400万元，未分配利润为14 600万元；甲公司股票收盘价为每股6.3元。

20×2年1月5日，甲公司办理完毕相关股份登记，当日甲公司股票收盘价为每股6.7元，乙公司可辨认净资产公允价值为54 000万元；1月7日，完成该交易相关验资程序，当日甲公司股票收盘价为每股6.8元，期间乙公司可辨认净资产公允价值未发生变化。

该项交易中，甲公司为取得有关股权以银行存款支付评估费100万元、法律费300万元，为发行股票支付券商佣金2 000万元。

甲、乙公司在该项交易前不存在关联关系。

（2）20×2年3月31日，甲公司支付2 600万元取得丙公司30%股权并能对丙公司施加重大影响。当日，丙公司可辨认净资产的账面价值为8 160万元，可辨认净资产公允价值为9 000万元，其中，有一项无形资产公允价值为840万元，账面价值为480万元，该无形资产预计仍可使用5年，预计净残值为零，采用直线法摊销；一项固定资产公允价值为1 200万元，账面价值为720万元，预计仍可使用6年，预计净残值为零，采用年限平均法计提折旧。假定上述固定资产或无形资产均自甲公司取得丙公司30%股权后的下月开始计提折旧或摊销。

丙公司20×2年实现净利润2 400万元，其他综合收益减少120万元，假定有关利润和其他综合收益在年度中均匀实现。

（3）20×2年6月20日，甲公司将本公司生产的A产品出售给乙公司，售价为300万元，成本为216万元。乙公司将取得的A产品作为管理用固定资产，取得时即投入使用，预计使用5年，预计净残值为零，采用年限平均法计提折旧。至20×2年年底，甲公司尚未收到乙公司购买A产品价款。甲公司对账龄在1年以内的应收账款（含应收关联方款项）按照账面余额的5%计提坏账准备。

（4）乙公司20×2年实现净利润6 000万元，其他综合收益增加400万元。乙公司20×2

年12月31日股本为10 000万元，资本公积为20 400万元，盈余公积为10 000万元，未分配利润为20 000万元。

（5）甲公司20×2年向乙公司销售A产品形成的应收账款于20×3年结清。

其他有关资料：甲、乙公司均为增值税一般纳税人，适用的增值税税率均为17%，本题不考虑除增值税外其他相关税费；售价均不含增值税；本题中有关公司均按净利润的10%提取法定盈余公积，不提取任意盈余公积。

要求：

（1）确定甲公司合并乙公司的购买日，并说明理由；计算该项合并中应确认的商誉，并编制相关会计分录。

（2）确定甲公司对丙公司投资应采用的核算方法，并说明理由；编制甲公司确认对丙公司长期股权投资的会计分录；计算甲公司20×2年持有丙公司股权应确认的投资收益，并编制甲公司个别财务报表中对该项股权投资账面价值调整相关的会计分录。

（3）编制甲公司20×2年12月31日合并乙公司财务报表相关的调整和抵销分录。

（4）编制甲公司20×3年12月31日合并乙公司财务报表时，抵销上年双方未实现内部交易对期初未分配利润影响的会计分录。

6.【2012年注册会计师考试"会计"试题】甲公司、乙公司20×1年有关交易或事项如下：

（1）1月1日，甲公司向乙公司控股股东丙公司定向增发本公司普通股股票1 400万股（每股面值为1元，市价为15元），以取得丙公司持有的乙公司70%股权，实现对乙公司财务和经营政策的控制，股权登记手续于当日办理完毕，交易后丙公司拥有甲公司发行在外普通股的5%。甲公司为定向增发普通股股票，支付券商佣金及手续费300万元；为核实乙公司资产价值，支付资产评估费20万元；相关款项已通过银行支付。

当日，乙公司净资产账面价值为24 000万元，其中：股本6 000万元，资本公积5 000万元，盈余公积1 500万元，未分配利润11 500万元；乙公司可辨认净资产的公允价值为27 000万元。乙公司可辨认净资产账面价值与公允价值的差额系由以下两项资产所致：①一批库存商品，成本为8 000万元，未计提存货跌价准备，公允价值为8 600万元；②一栋办公楼，成本为20 000万元，累计折旧6 000万元，未计提减值准备，公允价值为16 400万元。上述库存商品于20×1年12月31日前全部实现对外销售；上述办公楼预计自20×1年1月1日起剩余使用年限为10年，预计净残值为零，采用年限平均法计提折旧。

（2）2月5日，甲公司向乙公司销售产品一批，销售价格为2 500万元（不含增值税税额，下同），产品成本为1 750万元。至年末，乙公司已对外销售70%，另30%形成存货，未发生跌价损失。

（3）6月15日，甲公司以2 000万元的价格将其生产的产品销售给乙公司，销售成本为1 700万元，款项已于当日收存银行。乙公司取得该产品后作为管理用固定资产并于当月投入使用，采用年限平均法计提折旧，预计使用5年，预计净残值为零。至当年年末，该项固定资产未发生减值。

（4）10月2日，甲公司以一项专利权交换乙公司生产的产品。交换日，甲公司专利权的成本为4 800万元，累计摊销1 200万元，未计提减值准备，公允价值为3 900万元；乙公司换入的专利权作为管理用无形资产使用，采用直线法摊销，预计尚可使用5年，预计净残值为零。乙公司用于交换的产品成本为3 480万元，未计提跌价准备，交换日的公允价值为3 600万元，乙公司另支付了300万元给甲公司；甲公司换入的产品作为存货，至年末尚未出售。上述两项资产已于10月10日办理了资产划转和交接手续，且交换资产未发生减值。

（5）12月31日，甲公司应收账款账面余额为2 500万元，计提坏账准备200万元。该应收账款系2月份向乙公司赊销产品形成。

（6）20×1年度，乙公司利润表中实现净利润9 000万元，提取盈余公积900万元，因持有的可供出售金融资产公允价值上升计入当期其他综合收益的金额为500万元。当年，乙公司向股东分配现金股利4 000万元，其中甲公司分得现金股利2 800万元。

（7）其他有关资料：

①20×1年1月1日前，甲公司与乙公司、丙公司均不存在任何关联方关系。

②甲公司与乙公司均以公历年度作为会计年度，采用相同的会计政策。

③假定不考虑所得税及其他因素，甲公司和乙公司均按当年净利润的10%提取法定盈余公积，不提取任意盈余公积。

要求：

（1）计算甲公司取得乙公司70%股权的成本，并编制相关会计分录。

（2）计算甲公司在编制购买日合并财务报表时因购买乙公司股权应确认的商誉。

（3）编制甲公司20×1年12月31日合并乙公司财务报表时按照权益法调整对乙公司长期股权投资的会计分录。

（4）编制甲公司20×1年12月31日合并乙公司财务报表相关的抵销分录（不要求编制与合并现金流量表相关的抵销分录）。

7.【2012年注册会计师考试"会计"试题】20×8年1月2日，甲公司以发行1 200万股本公司普通股（每股面值1元）为对价，取得同一母公司控制的乙公司60%股权，甲公司该项合并及合并后有关交易或事项如下：

（1）甲公司于20×8年1月2日控制乙公司，当日甲公司净资产账面价值为35 000万元，其中：股本15 000万元，资本公积12 000万元，盈余公积3 000万元，未分配利润5 000万元；乙公司净资产账面价值为8 200万元，其中：实收资本2 400万元，资本公积3 200万元，盈余公积1 000万元，未分配利润1 600万元。

（2）甲公司20×7年至20×9年与其子公司发生的有关交易或事项如下：

①20×9年10月，甲公司将生产的一批A产品出售给乙公司。该批产品在甲公司的账面价值为1 300万元，出售给乙公司的销售价格为1 600万元（不含增值税额，下同）。乙公司将该商品作为存货，至20×9年12月31日尚未对集团外独立第三方销售，相关货款亦未支付。

甲公司对1年以内的应收账款按余额的5%计提坏账。

②20×9年6月20日，甲公司以2 700万元自子公司（丙公司）购入丙公司原自用的设备作为管理用固定资产，并于当月投入使用。该设备系丙公司于20×6年12月以2 400万元取得，原预计使用10年，预计净残值为零，采用年限平均法计提折旧，未发生减值。甲公司取得该资产后，预计尚可使用7.5年，预计净残值为零，采用年限平均法计提折旧。

③20×9年12月31日，甲公司存货中包括一批原材料，系于20×8年自其子公司（丁公司）购入，购入时甲公司支付1 500万元，在丁公司的账面价值为1 000万元。

20×9年用该原材料生产的产品市场萎缩，甲公司停止了相关产品生产。至12月31日，甲公司估计其可变现净值为700万元，计提了800万元存货跌价准备。

④20×9年12月31日，甲公司有一笔应收子公司（戊公司）款项3 000万元，系20×7年向戊公司销售商品形成，戊公司已将该商品于20×7年对集团外独立第三方销售。甲公司20×8年对该笔应收款计提了800万元坏账，考虑到戊公司20×9年财务状况进一步恶化，甲公司20×9年对该应收款进一步计提了400万元坏账。

（3）其他有关资料：

①以20×8年1月2日甲公司合并乙公司时确定的乙公司净资产账面价值为基础，乙公司后续净资产变动情况如下：20×8年实现净利润1 100万元、其他综合收益200万元；20×9年实现净利润900万元、其他综合收益300万元。上述期间乙公司未进行利润分配。

②本题中有关公司适用的所得税税率均为25%，且预计未来期间能够产生足够的应纳税所得额用于抵减可抵扣暂时性差异的所得税影响。不考虑除所得税以外的其他相关税费。

③有关公司均按净利润的10%提取法定盈余公积，不提取任意盈余公积。

④甲公司合并乙公司交易符合免税重组条件，在计税时交易各方选择进行免税处理。

要求：根据上述资料，编制甲公司20×9年合并财务报表有关的抵销分录。

8.【2012年注册会计师考试"会计"试题】甲公司为我国境内的上市公司，该公司20×6年经股东大会批准处置部分股权，其有关交易或事项如下：

（1）甲公司于20×6年7月1日出售其所持子公司（乙公司）股权的60%，所得价款10 000万元收存银行，同时办理了股权划转手续。当日，甲公司持有乙公司剩余股权的公允价值为6 500万元。甲公司出售乙公司股权后，仍持有乙公司28%股权并在乙公司董事会中派出1名董事。

甲公司原所持乙公司70%股权系20×5年6月30日以11 000万元从非关联方购入，购买日乙公司可辨认净资产的公允价值为15 000万元，除办公楼的公允价值大于账面价值4 000万元外，其余各项可辨认资产、负债的公允价值与账面价值相同。上述办公楼按20年、采用年限平均法计提折旧，自购买日开始尚可使用16年，预计净残值为零。20×5年7月1日至20×6年6月30日，乙公司按其资产、负债账面价值计算的净资产增加2 400万元，其中：净利润增加2 000万元，可供出售金融资产公允价值增加400万元。

（2）甲公司于20×6年9月30日出售其所持子公司（丙公司）股权的10%，所得价款3 500万元收存银行，同时办理了股权划转手续。甲公司出售丙公司股权后，仍持有丙公司90%股权并保持对丙公司的控制。

甲公司持有100%股权的丙公司系20×4年3月1日以30 000万元投资设立，丙公司注册资本为30 000万元，自丙公司设立起至出售股权止，丙公司除实现净利润4 500万元外，无其他所有者权益变动。

（3）甲公司于20×6年12月30日出售其所持联营企业（丁公司）股权的50%，所得价款1 900万元收存银行，同时办理了股权划转手续。甲公司出售丁公司股权后持有丁公司12%的股权，对丁公司不再具有重大影响。

甲公司所持丁公司24%股权系20×3年1月5日购入，初始投资成本为2 000万元。投资日丁公司可辨认净资产公允价值为8 000万元，除某项无形资产的公允价值大于账面价值900万元外，其他各项可辨认资产、负债的公允价值与账面价值相同。上述无形资产自取得投资起按5年、直线法摊销，预计净残值为零。

20×6年12月30日，按甲公司取得丁公司投资日确定的丁公司各项可辨认资产、负债的公允价值持续计算的丁公司净资产为12 500万元，其中：实现净利润4 800万元，可供出售金融资产公允价值减少300万元；按原投资日丁公司各项资产、负债账面价值持续计算的丁公司净资产为12 320万元，其中：实现净利润5 520万元，可供出售金融资产公允价值减少300万元。

（4）其他有关资料：

①甲公司实现净利润按10%提取法定盈余公积后不再分配。

②本题不考虑税费及其他因素。

要求：

（1）根据资料（1）：①说明甲公司出售乙公司股权后对乙公司的投资应当采用的后续计量方法，并说明理由；②计算甲公司出售乙公司股权在其个别财务报表中应确认的投资收益，并编制相关会计分录；③计算甲公司出售乙公司股权在其合并财务报表中应确认的投资收益，并编制相关的调整分录；④编制甲公司因持有乙公司股权比例下降对其长期股权投资账面价值调整相关的会计分录。

（2）根据资料（2）：①计算甲公司出售丙公司股权在其个别财务报表中应确认的投资收益；②说明甲公司出售丙公司股权在合并财务报表中的处理原则；③计算甲公司出售丙公司股权在合并资产负债表中应记入相关项目（指出项目名称）的金额。

（3）根据资料（3）：①计算甲公司对丁公司投资于出售日前的账面价值；②计算甲公司出售丁公司股权在其个别财务报表中应确认的投资收益；③编制甲公司出售丁公司股权相关的会计分录。

🖊️练习题

一、单项选择题

1.根据我国企业会计准则，合并财务报表的编制主体是（　　）。

A.企业集团　　　　　　　　　　B.母公司

C.子公司　　　　　　　　　　　D.以上主体都有可能

2.关于合并方式与合并财务报表编制之间的关系，下列表述错误的是（　　）。

A.吸收合并不会产生合并财务报表的编制

B.控股合并必须编制合并财务报表

C.新设合并不涉及合并财务报表的编制

D.非同一控制下的合并不必编制合并财务报表

3.甲公司直接拥有A公司60%股权，直接拥有B公司40%股权，A公司直接拥有B公司40%股权，则甲公司合计拥有B公司的股权为（　　）。

A.40%　　　　　　B.60%　　　　　　C.80%　　　　　　D.100%

4.根据我国企业会计准则规定，下列关于母公司合并财务报表的合并范围的说法，正确的是（　　）。

A.不包括小规模的子公司

B.不包括经营业务性质特殊的子公司

C.不包括母公司为特殊目的设立的特殊目的实体

D.包括其控制的所有子公司

5.甲公司直接拥有A公司60%股权，直接拥有B公司15%股权，A公司直接拥有B公司52%股权，则以下说法中不正确的是（　　）。

A.甲企业拥有A公司半数以上的表决权

B.甲公司和A公司都要提供合并报表

C.甲公司应将A、B公司纳入合并范围

D.甲公司直接加间接合计拥有B公司62%的股权

6.合并报表工作底稿中，"合并数"的一栏须用"合计数"栏的数字，加上"抵销分录"栏的贷方数字，减去借方数字的项目是（　　）。

A."应收账款"　　　　　　　　　　B."应付账款"

C."固定资产"　　　　　　　　　　D."营业成本"

7.非同一控制下的控股合并，母公司在合并日编制的合并报表有（　　）。

A.合并利润表　　　　　　　　　　B.合并资产负债表

C.合并现金流量表　　　　　　　　D.合并所有者权益变动表

8.2×17年2月1日，甲公司以500万元的银行存款和一批库存商品（账面价值200万元、公允价值280万元），取得非同一控制下的乙公司80%的股权，合并当日，乙公司的可辨认净资产账面价值800万元、公允价值900万元。如果按现行会计准则，合并当日，合并资产负债表中"商誉"的报告价值为（　　）。

A.140万元　　　　　B.60万元　　　　　C.80万元　　　　　　　D.0

9.2×17年2月1日，甲公司以500万元的银行存款和一批库存商品（账面价值200万元、公允价值280万元），取得非同一控制下的乙公司80%的股权，合并当日，乙公司的可辨认净资产账面价值800万元、公允价值900万元。如果按现行会计准则，合并当日，合并资产负债表中"少数股东权益"的报告价值为（　　）。

A.160万元　　　　　B.20万元　　　　　　C.180万元　　　　　　D.0

10.合并报表编制时，涉及内部债权债务的抵销分录有（　　）。

A.借：应付账款

　　贷：预付账款

B.借：应收账款

　　贷：预收账款

C.借：财务费用

　　贷：应收利息

D.借：应付债券

　　贷：持有至到期投资

11.连续编制合并财务报表时，对于上期因内部应收账款而计提的坏账准备，在本期应抵销其对本年年初未分配利润的影响，应编制的抵销分录为（　　）。

A.借记或贷记"坏账准备"项目　　　　　B.贷记"资产减值损失"项目

C.借记或贷记"未分配利润"项目   D.贷记"年初未分配利润"项目

12.在连续编制合并财务报表时,对于上期存在的未实现内部销售利润,本期合并财务报表工作底稿中需编制的抵销分录为(　　)。

A.借记"年初未分配利润"项目,贷记"存货"项目

B.借记"年初未分配利润"项目,贷记"营业成本"项目

C.借记"年初未分配利润"项目,贷记"固定资产"项目

D.A、B、C均有可能

13.上期,子公司从母公司购入一批成本为60万元、销售价格为90万元的存货,截至上期期末未对外销售。本期,全部对外销售,取得100万元的销售收入。母公司在编制本期合并报表时,关于该项内部交易所作的抵销分录应该是(　　)。

A.借:未分配利润(期初)   300 000

    贷:存货   300 000

B.借:未分配利润(期初)   100 000

    贷:存货   100 000

C.借:未分配利润(期初)   300 000

    贷:营业成本   300 000

D.借:营业收入   300 000

    贷:营业成本   300 000

14.本期,子公司从母公司购入一批成本为400万元、销售价格为500万元的存货,截至本期期末未对外销售。假设所得税税率为25%,母公司在编制本期合并报表时,关于该项内部交易引起的所得税的抵销分录应该是(　　)。

A.借:递延所得税资产   250 000

    贷:所得税费用   250 000

B.借:所得税费用   250 000

    贷:未分配利润(期初)   250 000

C.借:递延所得税资产   1 250 000

    贷:未分配利润(期初)   1 250 000

D.借:递延所得税资产   1 250 000

    贷:营业收入   1 250 000

15.上期,子公司从母公司购入一批成本为400万元、销售价格为500万元的存货,截至上期期末未对外销售。本期对外销售其80%,假设所得税税率为25%,母公司在编制本期合并报表时,关于该项内部交易引起的所得税的抵销分录应该是(　　)。

A.借:递延所得税资产   1 000 000

    贷:未分配利润(期初)   1 000 000

B.借:所得税费用   800 000

    贷:递延所得税资产   800 000

C.借:递延所得税资产   200 000

    贷:未分配利润(期初)   200 000

D.借:递延所得税资产   200 000

借：所得税费用　　　　　　　　　　　　　　　　　　　　　　800 000

　　贷：未分配利润（期初）　　　　　　　　　　　　　　　　　　　1 000 000

16.2×17年2月1日，母公司将其生产的一批产品出售给子公司，该批产品的成本为50 000元，销售价格为60 000元，子公司将其作为固定资产使用。2×17年合并财务报表工作底稿中，对于该项内部交易形成的固定资产原价中所包含的未实现利润应予以抵销，其抵销分录为（　　）。

A.借：营业外收入　　　　　　　　　　　　　　　　　　　　　　10 000

　　贷：固定资产　　　　　　　　　　　　　　　　　　　　　　　　10 000

B.借：营业收入　　　　　　　　　　　　　　　　　　　　　　　60 000

　　贷：营业成本　　　　　　　　　　　　　　　　　　　　　　　　60 000

B.借：营业收入　　　　　　　　　　　　　　　　　　　　　　　50 000

　　贷：营业成本　　　　　　　　　　　　　　　　　　　　　　　　50 000

D.借：营业收入　　　　　　　　　　　　　　　　　　　　　　　60 000

　　贷：营业成本　　　　　　　　　　　　　　　　　　　　　　　　50 000

　　　　固定资产　　　　　　　　　　　　　　　　　　　　　　　　10 000

17.2×17年2月1日，母公司将其生产的一批产品出售给子公司，该批产品的成本为50 000元，销售价格为60 000元，子公司将其作为存货使用。2×17年合并财务报表工作底稿中，对于该项内部交易形成的存货中所包含的未实现利润应予以抵销，其抵销分录为（　　）。

A.借：营业收入　　　　　　　　　　　　　　　　　　　　　　　10 000

　　贷：存货　　　　　　　　　　　　　　　　　　　　　　　　　　10 000

B.借：营业收入　　　　　　　　　　　　　　　　　　　　　　　60 000

　　贷：营业成本　　　　　　　　　　　　　　　　　　　　　　　　60 000

B.借：营业收入　　　　　　　　　　　　　　　　　　　　　　　50 000

　　贷：营业成本　　　　　　　　　　　　　　　　　　　　　　　　50 000

D.借：营业收入　　　　　　　　　　　　　　　　　　　　　　　60 000

　　贷：营业成本　　　　　　　　　　　　　　　　　　　　　　　　50 000

　　　　存货　　　　　　　　　　　　　　　　　　　　　　　　　　10 000

18.2×17年2月1日，甲公司以700万元的银行存款和一批库存商品（账面价值200万元、公允价值280万元），吸收合并非同一控制下的乙公司，合并当日，乙公司的可辨认净资产账面价值800万元、公允价值900万元。因该项合并乙公司个别资产负债表中"商誉"的报告价值为（　　）。

A.100万元　　　　　　B.80万元　　　　　　C.20万元　　　　　　D.0

19.2×17年7月1日，母公司将其生产的一批产品出售给子公司，该批产品的成本为500 000元，销售价格为620 000元，子公司将其作为管理用固定资产使用。预计使用年限为4年，预计净残值为4 000元，按直线法计提折旧。2×17年合并财务报表工作底稿中，与该项内部交易形成的固定资产折旧相关的抵销分录为（　　）。

A.借：固定资产　　　　　　　　　　　　　　　　　　　　　　　15 000

　　贷：管理费用　　　　　　　　　　　　　　　　　　　　　　　　15 000

  B.借：固定资产 12 500

    贷：管理费用 12 500

  C.借：营业收入 15 000

    贷：管理费用 15 000

  D.借：营业收入 12 500

    贷：管理费用 12 500

20.母公司与子公司的内部固定资产交易，在固定资产存续期间涉及抵销处理，到了清理期，如果不需要编制与该固定资产有关的任何抵销分录。这种情况属于（   ）。

A.提前报废   B.期满报废

C.超期报废   D.A、B、C三种情况都有可能

二、多项选择题

1.与个别财务报表相比，合并财务报表的特点在于（   ）。

A.反映的对象不同   B.编制主体不同

C.编制基础不同   D.编制方法不同

2.合并财务报表与投资之间的关系，下列表述中，你认为正确的是（   ）。

A.短期投资与编制合并财务报表无关

B.交易性投资与编制合并财务报表无关

C.持有至到期的债券投资与编制合并财务报表无关

D.长期股权投资与编制合并财务报表无关

3.根据我国现行企业会计准则，合并财务报表的种类包括（   ）。

A.合并利润表   B.合并资产负债表

C.合并所有者权益变动表   D.合并现金流量表

4.按照编制的时间和目的不同，合并财务报表可以分为（   ）。

A.同一控制下的合并财务报表   B.非同一控制下的合并财务报表

C.合并日合并财务报表   D.合并日后合并财务报表

5.非同一控制下的控股合并，母公司在合并日不需要编制的合并报表有（   ）。

A.合并资产负债表   B.合并利润表

C.合并现金流量表   D.合并所有者权益变动表

6.在编制合并资产负债表时，因母公司的长期股权投资与子公司所有者权益应予以抵销，在合并财务报表工作底稿中编制该项抵销分录时，有可能（   ）。

A.借记或贷记"商誉"   B.借记或贷记"少数股东权益"

C.借记"商誉"   D.贷记"少数股东权益"

7.下列关于股权取得日合并资产负债表的阐述中，不正确的有（   ）。

A.一般要抵销合并前发生的内部交易影响

B.一般只需编制一个抵销分录

C.必然涉及对子公司的股东权益予以抵销

D.必然涉及对合并商誉和少数股东权益的确认

8.在编制合并报表时，下列项目应予以抵销的有（   ）。

A.母子公司间权益性投资收益

B.母子公司间债权性投资收益

C.子公司计提的坏账准备

D.子公司计提的资产减值损失

9.非同一控制下，在编制合并日合并财务报表时，合并工作底稿中涉及的会计分录可能包括（　　）。

A.将子公司账面价值调整成公允价值

B.将成本法调整成权益法

C.将内部股权投资与子公司所有者权益抵销

D.将内部股权投资收益与股利分配抵销

10.非同一控制下，合并日合并财务报表的编制需要将子公司的可辨认净资产调整至公允价值，可能进行的调整处理有（　　）。

A.借：有关资产

　　贷：资本公积

B.借：有关资产

　　贷：营业外收入

C.借：资本公积

　　贷：有关资产

D.借：营业外支出

　　贷：有关资产

11.在连续编制合并报表时，有关内部股权投资抵销方面，非同一控制下与同一控制下相比，主要区别在于（　　）

A.子公司各项可辨认净资产需按其在合并日的公允价值为基础进行调整

B.少数股东权益也要根据子公司合并日的所有者权益公允价值为基础延续计算的份额确认

C.可能涉及合并商誉的确认

D.以上选项都对

12.在编制合并财务报表时，关于内部股权投资与子公司所有者权益的抵销，下列说法中不正确的有（　　）。

A.应将母公司的长期股权投资与子公司的所有者权益百分之百予以抵销

B.应将子公司的所有者权益与母公司的长期股权投资百分之百予以抵销

C.非百分之百控股的情况下，必然产生少数股东权益和商誉

D.非百分之百控股的情况下，少数股东权益以享有被合并方净资产账面价值的份额计量

13.根据我国现行企业会计准则，非同一控制下，在编制合并日合并财务报表时，合并工作底稿中正确的会计处理有（　　）。

A.按合并成本抵销母公司的长期股权投资

B.按公允价值抵销子公司的所有者权益

C.母公司合并成本与取得的子公司可辨认净资产公允价值份额的差额列作商誉

D.合并商誉中未包含子公司归属于少数股东的商誉

14.根据我国现行企业会计准则，在编制合并财务报表时，关于少数股东相关内容说法正确的有（　　）。

A.少数股东权益作为合并股东权益的一部分

B.少数股东权益在合并资产负债表中单项列示

C.少数股东损益作为合并净利润的一部分

D.少数股东损益在合并利润表中单项列示

15.在年末编制合并财务报表时，如果母公司应收账款余额包含对子公司的应收账款，应（　　）。

A.抵销母公司的应收账款

B.抵销母公司因子公司而计提的坏账准备

C.抵销子公司的应付账款

D.抵销子公司对母公司的应付账款

16.合并当期期末，母公司个别报表含有对子公司的应收账款，并且，母公司对该项应收账款计提了坏账准备，在编制合并报表时，应该（　　）。

A.抵销母公司应收账款期末余额

B.抵销母公司对子公司部分的应收账款期末余额

C.抵销母公司当期计提的坏账准备

D.抵销母公司对子公司部分当期计提的坏账准备

17.在编制合并财务报表时，关于合并工作底稿中的抵销分录，下列说法中不正确的有（　　）。

A.应将母公司的长期股权投资与子公司的所有者权益百分之百予以抵销

B.应抵销母公司的应收账款及按该应收账款计提的坏账准备

C.应抵销母公司对子公司的预付账款

D.应抵销子公司内部固定资产交易包含的未实现利润

18.在编制合并财务报表时，关于集团内部存货销售交易，下列说法中，正确的有（　　）。

A.内部存货销售产生的未实现利润不必抵销

B.内部存货销售产生的未实现利润应予抵销

C.该内部存货销售交易可能会影响合并利润表

D.该内部存货销售交易可能会影响合并现金流量表

19.本期，母公司将一批产品销售给其子公司，该批产品的成本为100万元，销售价格为110万元。期末，子公司未将该批存货对外售出。在合并工作底稿中，与该项内部存货交易相关的抵销为（　　）。

A.借记"营业收入"110万元　　　　　　B.贷记"营业成本"110万元

C.贷记"营业成本"100万元　　　　　　D.贷记"存货"10万元

20.本期，母公司将一批产品销售给其子公司，该批产品的成本为100万元，销售价格为110万元。期末，子公司未将该批存货对外售出，并为该项存货计提了25万元存货跌价准备。在合并工作底稿中，与该项内部存货交易的跌价准备相关的抵销为（　　）。

A.借记"存货——存货跌价准备"25万元

B. 贷记"资产减值损失"25万元

C. 借记"存货——存货跌价准备"15万元

D. 贷记"资产减值损失"15万元

21. 内部交易形成的固定资产，在后续存续期间，合并财务报表工作底稿中（　　）。

A. 必须抵销固定资产原价中包含的未实现利润

B. 必须抵销期初未分配利润

C. 必须抵销以前年度累计多计提的折旧

D. 必须抵销当年多计提的折旧

22. 在连续编制合并财务报表的情况下，影响"年初未分配利润"项目的情形可能包含（　　）。

A. 上期未实现的存货内部销售利润

B. 上期未实现的固定资产内部销售利润

C. 内部应收账款计提的坏账准备期初余额

D. 内部交易形成的固定资产多提的累计折旧

三、判断题

1. 控股合并后，母公司与子公司构成一个经济意义上的整体，母公司只需要编制一份合并报表。（　　）

2. 合并报表的编制采用合并工作底稿这一特殊方法，对个别报表的数据进行加总、抵销、调整，整理出合并数。（　　）

3. 合并范围是指可纳入合并财务报表的主体范围。根据我国企业会计准则规定，合并范围的确定应当以控制为基础。（　　）

4. 合并报表编制中的抵销分录，涉及的会计科目应转化成相应的报表项目予以抵销。（　　）

5. 通过多次股权投资分步实现的控股合并，合并日合并工作底稿的抵销分录与一次投资实现的合并报表的抵销处理不同。（　　）

6. 对内部股权投资予以抵销后，合并资产负债表"长期股权投资"项目能够反映企业集团对外长期股权投资价值。（　　）

7. 如果A企业只拥有B企业50%以下的持股比例，那么，A企业不可能控制B企业，也就不可能涉及合并报表的编制。（　　）

8. 编制合并报表时，要以个别报表为基础这一原则，是指合并报表主要以母公司和其子公司的财务报表为编制依据，并辅以其他资料。（　　）

9. 在编制合并报表时，如果母公司与子公司所采用的会计期间不一致，子公司应当另行编制财务报表，与母公司的会计期间保持一致，从而实现抵销前数据的可比性。（　　）

10. 在编制合并报表时，如果母公司与子公司所采用的会计政策不一致，子公司应当另行编制财务报表，与母公司的会计政策保持一致，从而实现抵销前数据的可比性。（　　）

11. 为了编制合并报表的需要，子公司除了向母公司提供自身的财务报表以外，还应提供与母公司、其他子公司之间发生的所有内部交易的相关资料。（　　）

12. 编制合并财务报表时，对内部交易和事项的抵销，是因为合并报表是以个别报表

为基础编制的，需要将其调整成一个经济整体，即一体性原则的要求。　　　　　（　　）

13.在编制合并财务报表时，子公司应当根据合并财务报表工作底稿中编制的有关抵销分录，调整其财务报告。　　　　　（　　）

14.根据我国现行企业会计准则，非同一控制下，在编制合并日合并财务报表时，母公司合并成本小于取得的子公司可辨认净资产公允价值份额的差额调整未分配利润。

（　　）

15.子公司当年实现的净收益，按子公司应享有的份额计入少数股东损益。　（　　）

16.根据现行企业会计准则，少数股东损益在合并利润表中的合并资产负债表下单独列示。　　　　　（　　）

17.根据现行企业会计准则，子公司持有母公司的长期股权投资，应当作为整个企业集团的库存股，在编制合并报表时，作为所有者权益的减项。　　　　　（　　）

18.A公司以600万元的货币资金和一批库存商品（账面价值为300万元，计税价格为400万元）取得B公司70%的股权，A、B同属于M集团下的子公司。合并当日，在编制合并工作底稿时，"固定资产"项目的合并数必定为两公司合并当日"固定资产"账面价值之和。　　　　　（　　）

19.A公司以600万元的货币资金和一批库存商品（账面价值为300万元，计税价格为400万元）取得B公司70%的股权，A、B分别属于M、N集团下的子公司。合并当日，在编制合并工作底稿时，"固定资产"项目的合并数必定为A、B两公司合并当日"固定资产"账面价值之和。　　　　　（　　）

20.A公司以600万元的货币资金和一批库存商品（账面价值为300万元，计税价格为400万元）取得B公司70%的股权，A、B分别属于M、N集团下的子公司。合并当日，在编制合并工作底稿时，"长期股权投资"项目的合并数必定为A、B两公司合并当日"长期股权投资"账面价值之和。　　　　　（　　）

21.A公司以600万元的货币资金和一批库存商品（账面价值为300万元，计税价格为400万元）取得B公司70%的股权，A、B同属于M集团下的子公司。合并当日，在编制合并工作底稿时，"长期股权投资"项目的合并数必定为A、B两公司合并当日"长期股权投资"账面价值之和。　　　　　（　　）

22.A公司以600万元的货币资金和一批库存商品（账面价值为300万元，计税价格为400万元）取得B公司70%的股权。合并当日，在编制合并工作底稿时，"货币资金"项目的合并数必定为A、B两公司合并当日"货币资金"账面价值之和。　（　　）

23.编制合并报表时，考虑到重要性原则，母公司与子公司之间的债权债务需要抵销，子公司与子公司之间的债权债务可以不予抵销。　　　　　（　　）

24.在连续编制合并财务报表的情况下，对于内部存货购销交易，如果该项交易的买方在上期期末已将存货售出企业集团，则本期不需要编制抵销分录。　　　　　（　　）

25.对于内部存货购销交易，如果该项交易的买方在交易当期期末已将存货售出企业集团，则交易当期不需要编制抵销分录。　　　　　（　　）

26.内部固定资产交易中包含的未实现利润的抵销，将会调低固定资产在合并报表中的报告价值，由此会产生应纳税暂时性差异。　　　　　（　　）

27.抵销内部固定资产交易各期多计提的折旧费，实际上就是抵销购买方对该固定资

产按内部固定资产交易的未实现利润为基数多计提的折旧费。　　　　　（　　）

28.企业集团内部交易的固定资产，在到期后至清理前各使用期间，合并财务报表工作底稿中不需要编制有关的抵销分录。　　　　　　　　　　　　　　（　　）

29.合并现金流量表的贷方一般抵销有关应收项目，借方一般抵销有关应付项目。

（　　）

30.在编制合并现金流量表时，一方经营活动的现金流入（或流出）必然对应另一方投资活动的现金流出（或流入）。　　　　　　　　　　　　　　　　（　　）

31.根据母子公司提供的有关资料：母公司在报告期末向子公司销售商品一批，子公司将其20%作为存货，80%作为固定资产，共计2 600 000元。在编制合并现金流量表时，有关的抵销分录为：

借：经营活动产生的现金流量

——购买商品、接受劳务支付的现金　　　　　　　　2 600 000

贷：经营活动产生的现金流量——销售商品、提供劳务收到的现金

2 600 000（　　）

四、会计处理题

1.2015年11月，母公司将一批产品销售给子公司，该批产品成本为1 800万元，销售价格为2 000万元。对于购入的存货，子公司仍按存货进行核算。2015年年末，子公司仍未将该批存货对外售出。2016年年末，子公司已将该批存货中的30%售出企业集团，价款为成本价加10%。所得税税率为25%，其他资料略。

要求编制合并工作底稿中涉及的以下会计分录（答案以万元为单位）：

（1）2015年年末，抵销存货价值中包含的未实现内部交易利润；

（2）承接（1），调整内部交易存货相关的递延所得税；

（3）2016年年末，抵销上年存货价值中包含的未实现内部交易利润；

（4）承接（3），调整内部交易存货相关的递延所得税。

2.2015年10月，某母公司将一批产品销售给子公司，成本2 000万元，销售价格2 300万元。2015年年末，子公司仍未将该批产品对外销售，不考虑所得税影响。

要求编制以下会计分录（答案以万元为单位）：

（1）假定子公司估计2015年年末该批存货可变现净值为1 800万元，编制合并工作底稿中与跌价准备相关的会计分录；

（2）假定子公司估计2015年年末该批存货可变现净值为2 000万元，编制合并工作底稿中与跌价准备相关的会计分录；

（3）假定子公司估计2015年年末该批存货可变现净值为2 200万元，编制合并工作底稿中与跌价准备相关的会计分录；

（4）承接（1），2016年年末，子公司仍未将该批产品对外销售，编制合并工作底稿中抵销内部交易利润的会计分录；

（5）承接（4），假定子公司估计2016年年末该批存货可变现净值为1 600万元，编制2016年合并工作底稿中与跌价准备相关的会计分录。

3.甲、乙公司合并当初及以后有关交易事项如下：2016年12月31日甲公司以账面价值500万元的库存商品（应税消费品，增值税税率17%，消费税税率10%，计税价格400

万元）和300万元的银行存款购入乙公司90%的股权，从而成为乙公司的母公司。取得该项股权之前，乙公司的股东权益为1 100万元（其中股本600万元、资本公积200万元、盈余公积和未分配利润各150万元），甲公司的股东权益为5 000万元，假定股权购买日乙公司可辨认净资产公允价值为1 110万元（增值部分为固定资产评估价值大于账面价值）。

要求（答案以万元为单位，应交税费写到二级明细）：

（1）假设甲公司和乙公司合并前属同一主管单位，编制2016年12月31日合并当初取得股权的会计分录；

（2）承接（1），编制股权取得日合并报表工作底稿中的有关抵销分录；

（3）假设甲公司和乙公司合并前分属不同的主管单位，编制2016年12月31日合并当初取得股权的会计分录；

（4）承接（3），编制股权取得日合并报表工作底稿中的有关调整分录；

（5）承接（3），编制股权取得日合并报表工作底稿中的有关抵销分录。

4.甲、乙公司合并当初及以后有关交易事项如下：2016年12月31日甲公司以账面价值500万元的库存商品（应税消费品，增值税税率17%，消费税税率10%，计税价格400万元）和300万元的银行存款购入乙公司70%的股权，从而成为乙公司的母公司。取得该项股权之前，乙公司的股东权益为1 100万元（其中股本600万元、资本公积200万元、盈余公积和未分配利润各150万元），甲公司的股东权益为5 000万元，假定股权购买日乙公司可辨认净资产公允价值为1 110万元（增值部分为固定资产评估价值大于账面价值）。

要求（答案以万元为单位，应交税费写到二级明细）：

（1）假设甲公司和乙公司合并前属同一主管单位，编制2016年12月31日合并当初取得股权的会计分录；

（2）承接（1），编制股权取得日合并报表工作底稿中的有关抵销分录；

（3）假设甲公司和乙公司合并前分属不同的主管单位，编制2016年12月31日合并当初取得股权的会计分录；

（4）承接（3），编制股权取得日合并报表工作底稿中的有关调整分录；

（5）承接（3），编制股权取得日合并报表工作底稿中的有关抵销分录。

5.A股份有限公司（以下简称A公司）2013年2月2日从其拥有80%股权的被投资企业B公司购进其生产的设备一台。B公司销售该产品的销售成本为84万元，销售价款为120万元，销售毛利率为30%，于2013年5月20日竣工验收交付使用。A公司采用直线法计提折旧，该设备用于行政管理，使用年限为3年，预计净残值为原价的4%（注：抵销该固定资产包含的未实现内部销售利润时不考虑净残值）。假定该设备在使用期满时进行清理，不考虑内部交易产生的递延所得税。

要求（答案以万元为单位）：

（1）编制A公司2013年年末合并工作底稿中有关该设备原价的抵销分录；

（2）编制A公司2013年年末合并工作底稿中有关该设备折旧的抵销分录；

（3）编制A公司2014年年末合并工作底稿中有关该设备原价的抵销分录；

（4）编制A公司2014年年末合并工作底稿中有关该设备折旧的抵销分录；

（5）编制A公司2015年年末合并工作底稿中有关该设备原价的抵销分录；

（6）编制A公司2015年年末合并工作底稿中有关该设备折旧的抵销分录；

（7）编制A公司2016年年末合并工作底稿中有关该设备的抵销分录。

6.乙公司与甲公司是非同一控制下的两个企业。2016年1月1日，乙公司以账面价值6 300万元、已摊销840万元、未计提减值准备、公允价值5 775万元的无形资产和4 725万元的银行存款作为合并对价合并甲公司。2015年12月31日，甲公司有关资产、负债和所有者权益的账面价值资料为：流动资产5 250万元，固定资产等非流动资产10 500万元，负债6 300万元，所有者权益为9 450万元，其中，股本为7 350万元，资本公积为840万元，留存收益1 260万元。经评估，合并日甲公司资产的公允价值为16 000万元，高于账面价值的250万元系固定资产增值，其他资产和负债的公允价值等于账面价值，其他资料略。

要求（答案以万元为单位）：

（1）编制假设为100%控股合并时乙公司合并日合并报表的调整分录；

（2）编制假设为100%控股合并时乙公司合并日合并报表的抵销分录；

（3）编制假设为80%控股合并时乙公司合并日合并报表的调整分录；

（4）编制假设为80%控股合并时乙公司合并日合并报表的抵销分录。

7.企业集团母公司坏账损失采用备抵法，坏账比例为应收账款余额的0.5%。2013年年末，母子公司内部应收应付款项余额为60 000元。2014年年末，母子公司内部应收应付款项余额为80 000元。2015年年末，母子公司内部应收应付款项余额为40 000元。

要求（答案以元为单位）：

（1）编制2013年年合并工作底稿中内部债权债务的抵销分录；

（2）编制2013年年合并工作底稿中内部坏账准备的抵销分录；

（3）编制2014年年合并工作底稿中内部债权债务的抵销分录；

（4）编制2014年年合并工作底稿中内部坏账准备的抵销分录；

（5）编制2015年年合并工作底稿中内部债权债务的抵销分录；

（6）编制2015年年合并工作底稿中内部坏账准备的抵销分录。

第五章练习题参考答案

第六章

股份支付

学习目标

在学习和理解本章内容时，应当关注：（1）股份支付的相关概念。股份支付是指企业为获取职工和其他方提供服务而授予权益工具或者承担以权益工具为基础确定的负债的交易。（2）以权益结算的股份支付的会计处理。以权益结算的股份支付换取职工服务的，应当以授予职工权益工具的公允价值计量。（3）以现金结算的股份支付的会计处理。以现金结算的股份支付，应当按照企业承担的以股份或其他权益工具为基础计算确定的负债的公允价值计量。除了学习本章内容外，还应当认真阅读《企业会计准则第11号——股份支付》及相关指南和解释。

重点难点

以权益结算的股份支付的会计处理；以现金结算的股份支付的会计处理。

第一节　股份支付概述

一、股份支付的概念

股份支付，是"以股份为基础的支付"的简称，是指企业为获取职工和其他方提供的服务而授予权益工具或者承担以权益工具为基础确定的负债的交易。

二、股份支付的分类

按照股份支付的方式和工具类型，主要可划分为两类：

（一）以权益结算的股份支付

以权益结算的股份支付，是指企业为获取服务而以股份或其他权益工具作为对价进行结算的交易。

（二）以现金结算的股份支付

以现金结算的股份支付，是指企业为获取服务承担的以股份或其他权益工具为基础计算确定的交付现金或其他资产义务的交易。

提示

本章所指的权益工具是企业自身权益工具。下列各项适用于其他相关会计准则：

企业合并中发行权益工具取得其他净资产的交易，适用《企业会计准则第20号——企业合并》；

以权益工具作为对价取得其他金融工具等交易，适用《企业会计准则第22号——金融工具确认和计量》。

三、股份支付的时点期间

股份支付不是一个时点上的交易，可能跨越很长一段时间。从时点和期间来看，主要包括以下时点和期间（具体关系如图6-1所示）：

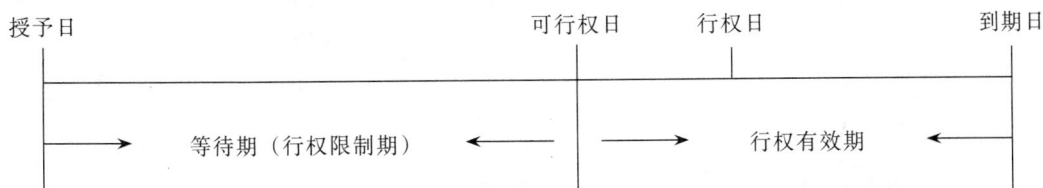

图6-1 股份支付的时点和期间关系

授予日是指股份支付协议获得批准的日期。其中"获得批准"是指企业与职工或其他方就股份支付的协议条款和条件已达成一致，该协议获得股东大会或类似机构的批准。

可行权日是指可行权条件得到满足、职工或其他方具有从企业取得权益工具或现金等权利的日期。

行权日是指职工或其他方行使权利、获取现金或权益工具的日期。

等待期是指可行权条件得到满足的期间，又称"行权限制期"。

企业根据国家有关规定实行股权激励的，股份支付协议中确定的相关条件，不得随意变更。其中，可行权条件是指能够确定企业是否得到职工或其他方提供的服务，且该服务使职工或其他方具有获取股份支付协议规定的权益工具或现金等权利的条件；反之，为非可行权条件。可行权条件包括服务期限条件或业绩条件。服务期限条件是指职工或其他方完成规定服务期限才可行权的条件。业绩条件是指职工或其他方完成规定服务期限且企业已达到特定业绩目标才可行权的条件，具体包括市场条件和非市场条件。市场条件是指行权价格、可行权条件以及行权可能性与权益工具的市场价格相关的业绩条件，如股份支付协议中关于股价至少上升至何种水平才可行权的规定。非市场条件是指除市场条件之外的其他业绩条件，如股份支付协议中关于达到最低盈余目标或销售目标才可行权的规定。

对于可行权条件为服务期间的股份支付，等待期为授予日至可行权日的期间；对于可行权条件为规定业绩的股份支付，应当在授予日根据最可能的业绩结果预计等待期的长度。

等待期长度确定后，业绩条件为非市场条件的，如果后续信息表明需要调整等待期长度，应对前期确定的等待期长度进行修改；业绩条件为市场条件的，不应因此改变等待期长度。

企业在确定权益工具授予日的公允价值时，应当考虑股份支付协议规定的可行权条件中的市场条件和非可行权条件的影响。股份支付存在非可行权条件的，只要职工或其他方满足了所有可行权条件中的非市场条件（如服务期限等），企业应当确认已得到服务相对应的成本费用。

第二节　以权益结算的股份支付

我国《企业会计准则第11号——股份支付》规定：以权益结算的股份支付换取职工服务的，应当以授予职工权益工具的公允价值计量。权益工具的公允价值，应当按照《企业会计准则第22号——金融工具确认和计量》确定。股份支付的会计处理必须以完整、有效的股份支付协议为基础。

> **提示**
> 上述规定是针对职工服务，其实，根据定义，股份支付换取的服务包括职工服务和其他方服务。对于其他方服务，《企业会计准则第11号——股份支付》第八条另有规定。鉴于准则对有关其他方服务方面的规定很少，而且实务案例也比较缺乏，本书主要讲解职工服务。

一、以权益结算的股份支付会计处理原则

（一）授予日
除了立即可行权的股份支付外，权益结算的股份支付在授予日不作会计处理。

对于授予后立即可行权的换取职工服务的以权益结算的股份支付，应当在授予日按照权益工具的公允价值计入相关成本或费用，相应增加资本公积。

（二）等待期内每个资产负债表日
完成等待期内的服务或达到规定的业绩条件才可行权的换取职工服务的以权益结算的股份支付，在等待期内的每个资产负债表日，应当以对可行权权益工具数量的最佳估计为基础，按照权益工具授予日的公允价值，将当期取得的服务计入相关成本或费用和资本公积。

在资产负债表日，后续信息表明可行权权益工具的数量与以前估计不同的，应当进行调整，并在可行权日调整至实际可行权的权益工具。

（三）行权日
在行权日，企业根据实际行权的权益工具数量，计算确定应转入实收资本或股本的金额，将其转入实收资本或股本，即根据行权情况，确认股本和股本溢价，同时结转等待期内确认的资本公积。

（四）可行权日之后
企业在可行权日之后不再对已确认的成本费用进行调整，也不对资本公积进行调整。

二、以权益结算的股份支付应用举例

（一）可行权条件为服务期间的权益结算股份支付
【例6-1】甲公司为一上市公司。2×14年1月1日，该公司股东大会批准董事会此前审议通过并提请审议的股权激励方案，决定向其300名管理人员每人授予100份股票期权。如果这些管理人员从2×14年1月1日起能够在该公司连续服务3年，则可以6元/股购

买100股本公司股票，从而获益。该公司估计该股票期权在授予日的公允价值为每股9元，股票每股面值为1元。

截至2×14年12月31日，有12名管理人员离开，该公司估计3年累计离开比例将达到10%；截至2×15年12月31日，又有18名管理人员离开，该公司将3年累计离开比例修正为15%；截至2×16年12月31日，又有16名管理人员离开，未离开的管理人员全部行权获得股票。

各期费用计算过程见表6-1。

表6-1 各期费用计算表 单位：元

资产负债表日	累计应确认费用 ①	累计已确认费用 ②	本期应确认费用 ①-②=③
2×14年12月31日	300×100×（1-10%）×9×1/3=81 000	0	81 000
2×15年12月31日	300×100×（1-15%）×9×2/3=153 000	81 000	72 000
2×16年12月31日	（300-12-18-16）×100×9=228 600	153 000	75 600

甲公司上述业务的会计处理如下：

1.授予日

2×14年1月1日授予日不作账务处理。

2.等待期内每个资产负债表日的账务处理

（1）2×14年12月31日：

借：管理费用 81 000

　　贷：资本公积——其他资本公积 81 000

（2）2×15年12月31日：

借：管理费用 72 000

　　贷：资本公积——其他资本公积 72 000

（3）2×16年12月31日：

借：管理费用 75 600

　　贷：资本公积——其他资本公积 75 600

3.行权日

假设全部254名管理人员都在2×16年12月31日行权，甲公司股票每股面值为1元：

借：银行存款 152 400

　　资本公积——其他资本公积 228 600

　　贷：股本 25 400

　　　　资本公积——股本溢价 355 600

提示

企业会计准则规定：对于授予的存在活跃市场的期权等权益工具，应当按照活跃市场中的报价确定公允价值。对于授予的不存在活跃市场的期权等权益工具，应当采用期权定价模型等确定其公允价值。选定的期权定价模型至少应考虑以下因素：（1）期权的行权价格；（2）期权的有效期；（3）标的股份的现行价格；（4）股价预计波动率；（5）股份的预计股利；（6）期权有效期限内的无风险利率。

这一规定所提及的考虑因素，实际上是Black-Scholes-Merton的估值公式的几项参数，涉及美式期权与欧式期权的划分等，同学们可以进行深入学习。

（二）可行权条件为规定业绩的权益结算股份支付

【例6-2】2×14年1月1日，甲公司希望通过股票期权来拉升公司的市场业绩，因此股东大会批准董事会此前提请审议的股权激励计划，为其300名管理人员每人授予100份股票期权，即如果达到规定的可行权条件，该公司这些管理人员可以以每股10元购买公司股票100股。其中，第1年年末的可行权条件为公司净利润增长12%；第2年年末的可行权条件为公司净利润两年平均增长11%；第3年年末的可行权条件为公司净利润3年平均增长10%。该期权在2×14年1月1日的公允价值为每股12元。

2×14年12月31日，公司净利润增长了11%，未达到行权条件。但公司预计2×15年将以同样速度增长，预计将满足2×15年12月31日的行权条件。同时，当年有12名管理人员离开，预计2×15年12月31日又将有14名管理人员离开。

2×15年12月31日，公司净利润增长了9%，净利润两年平均增长不足11%，未达到行权条件。但公司预计2×16年将有大幅增长，预计将满足2×16年12月31日的行权条件。同时，当年有18名管理人员离开，预计2×16年12月31日又将有16名管理人员离开。

2×16年12月31日，公司净利润增长了12%，3年平均增长率超过10%，达到可行权条件。当年有10名管理人员离开。

各期费用计算过程如表6-2所示。

表6-2 各期费用计算表 单位：元

资产负债表日	累计应确认费用 ①	累计已确认费用 ②	本期应确认费用 ①-②=③
2×14年12月31日	（300-12-14）×100×12×1/2=164 400	0	164 400
2×15年12月31日	（300-12-18-16）×100×12×2/3=203 200	164 400	38 800
2×16年12月31日	（300-12-18-10）×100×12=312 000	203 200	108 800

提示

对比【例6-1】和【例6-2】，首先，各期费用计算所体现的逻辑关系已在表头标注，两个例题是否一样？其次，两个例题的可行权条件不同，是否影响各期间累计应确认费用的计算？具体体现在表格中的哪部分？

该公司上述业务的会计处理如下：

1.授予日的账务处理

2×14年1月1日授予日不作账务处理。

2.等待期内每个资产负债表日的账务处理

（1）2×14年12月31日：

借：管理费用 164 400

　　贷：资本公积——其他资本公积 164 400

（2）2×15年12月31日：
借：管理费用 38 800
　　贷：资本公积——其他资本公积 38 800
（3）2×16年12月31日：
借：管理费用 108 800
　　贷：资本公积——其他资本公积 108 800

3.行权日的账务处理

假设全部260名管理人员都在2×16年12月31日行权，公司股票每股面值为1元：

借：银行存款 260 000
　　资本公积——其他资本公积 312 000
　　贷：股本 26 000
　　　　资本公积——股本溢价 546 000

三、回购股份进行职工期权激励

企业以回购股份形式奖励本企业职工的，属于权益结算的股份支付，应当进行以下处理：

（一）回购股份

企业回购股份时，应当按照回购股份的全部支出作为库存股处理，同时进行备查登记。

（二）确认成本费用

按照准则对职工权益结算股份支付的规定，企业应当在等待期内每个资产负债表日按照权益工具在授予日的公允价值，将取得的职工服务计入成本费用，同时增加资本公积（其他资本公积）。

（三）职工行权

企业应于职工行权购买本企业股份收到价款时，转销交付职工的库存股成本和等待期内资本公积（其他资本公积）累计金额，同时，按照其差额调整资本公积（股本溢价）。

第三节　以现金结算的股份支付

《企业会计准则第11号——股份支付》规定：以现金结算的股份支付，应当按照企业承担的以股份或其他权益工具为基础计算确定的负债的公允价值计量。

一、以现金结算的股份支付会计处理原则

（一）授予日

除了立即可行权的以现金股份支付外，现金结算的股份支付在授予日不作会计处理。

授予后立即可行权的以现金结算的股份支付，应当在授予日以企业承担负债的公允价值计入相关成本或费用，相应增加负债。

（二）等待期内每个资产负债表日

完成等待期内的服务或达到规定的业绩条件才可行权的股份支付，在等待期内的每个资产负债表日，应当以对可行权情况的最佳估计为基础，按照企业承担负债的公允价值金额，将当期取得的服务计入相关成本或费用和相应的负债（应付职工薪酬）。

如果在资产负债表日，后续信息表明企业当期承担债务的公允价值与以前估计不同的，应当进行调整，并在可行权日调整至实际可行权水平。

（三）可行权日

在可行权日，如果当期承担债务的公允价值与以前估计不同的，企业应当对此进行调整，并在可行权日调整至实际可行权水平。

（四）可行权日之后

企业在可行权日之后，不再确认相关成本或费用，应当在相关负债结算前的每个资产负债表日以及结算日，对负债（应付职工薪酬）公允价值重新计量，其变动计入当期损益（公允价值变动损益）。

二、以现金结算的股份支付应用举例

【例6-3】2×12年1月1日，甲公司为其300名管理人员每人授予100份现金股票增值权。如果这些人员从2×12年起能够在该公司连续服务3年，即可按照当时股价的增长幅度获取现金，但该项现金股票增值权必须在2×16年12月31日之前行使。截至2×12年12月31日，有30名管理人员离开公司，甲公司估计未来两年还将有55名管理人员离开；截至2×13年12月31日，又有26名管理人员离开公司，甲公司估计未来一年还将有20名管理人员离开；截至2×14年12月31日，又有14名管理人员离开。2×14年年末，有80人行使股票增值权取得了现金。2×15年年末，有60人行使了股票增值权。2×16年年末，剩余90人也行使了股票增值权。

甲公司对该负债结算之前的每一资产负债表日以及结算日的公允价值、可行权后的每份增值权现金支出额进行估计，见表6-3。

表6-3   现金股票增值权估值情况表   单位：元

资产负债表日	公允价值	支付现金
2×12年12月31日	15	
2×13年12月31日	18	
2×14年12月31日	19	17
2×15年12月31日	22	21
2×16年12月31日		23

1.各资产负债表日负债和费用计算

各资产负债表日负债和费用计算过程见表6-4。

表6-4　　　　　　　　　　　各资产负债表日负债和费用计算表　　　　　　　　单位：元

资产负债表日	本期末负债应有余额 ①	本期行权冲减金额 ②	期初累积已 确认金额 ③	本期应调整 ①+②-③=④
2×12年12月31日	(300-30-55)×100×15×1/3=107 500	0	0	107 500
2×13年12月31日	(300-30-26-20)×100×18×2/3=268 800	0	107 500	161 300
2×14年12月31日	(300-30-26-14-80)×100×19=285 000	80×100×17=136 000	268 800	152 200
2×15年12月31日	(300-30-26-14-80-60)×100×22=198 000	60×100×21=126 000	285 000	39 000
2×16年12月31日	300-30-26-14-80-60-90=0	90×100×23=207 000	198 000	9 000

提示

【例6-3】和【例6-1】分别是两种结算方式下股份支付的例题，对比各期费用的计算，所体现的逻辑关系有什么不同？相对权益结算，现金结算从可行权日开始，各期应确认费用需要额外考虑哪一因素？这一因素与下面账务处理中的哪一账户有关联？

2.账务处理

（1）2×12年12月31日：

借：管理费用　　　　　　　　　　　　　　　　　　　　　107 500

　　贷：应付职工薪酬——股份支付　　　　　　　　　　　　　　　107 500

（2）2×13年12月31日：

借：管理费用　　　　　　　　　　　　　　　　　　　　　161 300

　　贷：应付职工薪酬——股份支付　　　　　　　　　　　　　　　161 300

（3）2×14年12月31日：

借：管理费用　　　　　　　　　　　　　　　　　　　　　152 200

　　贷：应付职工薪酬——股份支付　　　　　　　　　　　　　　　152 200

借：应付职工薪酬——股份支付　　　　　　　　　　　　　136 000

　　贷：银行存款　　　　　　　　　　　　　　　　　　　　　　　136 000

（4）2×15年12月31日：

借：公允价值变动损益　　　　　　　　　　　　　　　　　39 000

　　贷：应付职工薪酬——股份支付　　　　　　　　　　　　　　　39 000

借：应付职工薪酬——股份支付　　　　　　　　　　　　　126 000

　　贷：银行存款　　　　　　　　　　　　　　　　　　　　　　　126 000

（5）2×16年12月31日：

借：公允价值变动损益　　　　　　　　　　　　　　　　　9 000

　　贷：应付职工薪酬——股份支付　　　　　　　　　　　　　　　9 000

借：应付职工薪酬——股份支付　　　　　　　　　　　　　207 000

　　贷：银行存款　　　　　　　　　　　　　　　　　　　　　　　207 000

|第四节| 股份支付的信息披露及企业集团股份支付

一、股份支付的信息披露

企业应当在附注中披露与股份支付有关的下列信息：

（1）当期授予、行权和失效的各项权益工具总额。

（2）期末发行在外的股份期权或其他权益工具行权价格的范围和合同剩余期限。

（3）当期行权的股份期权或其他权益工具以其行权日价格计算的加权平均价格。

（4）权益工具公允价值的确定方法。

企业应当在附注中披露股份支付交易对当期财务状况和经营成果的影响，至少包括下列信息：

（1）当期因以权益结算的股份支付而确认的费用总额。

（2）当期因以现金结算的股份支付而确认的费用总额。

（3）当期以股份支付换取的职工服务总额及其他方服务总额。

二、企业集团内股份支付

企业集团（由母公司和其全部子公司构成）内发生的股份支付交易，应当按照以下规定进行会计处理：

（1）结算企业以其本身权益工具结算的，应当将该股份支付交易作为权益结算的股份支付处理；除此之外，应当作为以现金结算的股份支付处理。

结算企业是接受服务企业的投资者的，应当按照授予日权益工具的公允价值或应承担负债的公允价值确认为对接受服务企业的长期股权投资，同时确认资本公积（其他资本公积）或负债。

（2）接受服务企业没有结算义务或授予本企业职工的是其本身权益工具的，应当将该股份支付交易作为权益结算的股份支付处理；接受服务企业具有结算义务且授予本企业职工的是企业集团内其他企业权益工具的，应当将该股份支付交易作为现金结算的股份支付进行处理。

❓复习思考题

1.什么是股份支付？股份支付有哪些时点？

2.对以权益结算的股份支付，如何进行确认和计量？

3.对以现金结算的股份支付，如何进行确认和计量？

4.以权益结算的股份支付和以现金结算的股份支付在确认和计量上有何异同？

真题 历年真题

一、单项选择题

1.【2014年注册会计师考试"会计"试题】下列各项中，应当作为以现金结算的股份支付进行会计处理的是（   ）。

A.以低于市价向员工出售限制性股票的计划

B.授予高管人员低于市价购买公司股票的期权计划

C.公司承诺达到业绩条件时向员工无对价定向发行股票的计划

D.授予研发人员以预期股价相对于基准日股价的上涨幅度为基础支付奖励款的计划

2.【2014年中级会计职称考试"中级会计实务"试题】在可行权日之后，与现金结算的股份支付有关的应付职工薪酬的公允价值发生变动的，企业应将该变动金额计入（　　）。

A.当期损益　　　　B.盈余公积　　　　C.资本公积　　　　D.未分配利润

3.【2013年中级会计职称考试"中级会计实务"试题】以现金结算的股份支付，企业应在可行权日之后的每个资产负债表日重新计量相关负债的公允价值，并将其与账面价值的差额列示在利润表中的（　　）项目。

A.投资收益　　　　　　　　　　　B.管理费用

C.营业外收入　　　　　　　　　　D.公允价值变动收益

4.【2012年中级会计职称考试"中级会计实务"试题】2010年1月1日，甲公司向50名高管人员每人授予2万份股票期权，这些人员从被授予股票期权之日起连续服务满2年，即可按每股6元的价格购买甲公司2万股普通股股票（每股面值1元）。该期权在授予日的公允价值为每股12元。2011年10月20日，甲公司从二级市场以每股15元的价格回购本公司普通股股票100万股，拟用于高管人员股权激励。在等待期内，甲公司没有高管人员离职。2011年12月31日，高管人员全部行权，当日甲公司普通股市场价格为每股16元。2011年12月31日，甲公司因高管人员行权应确认的股本溢价为（　　）万元。

A.200　　　　　　B.300　　　　　　C.500　　　　　　D.1 700

5.【2010年中级会计职称考试"中级会计实务"试题】下列关于股份支付会计处理的表述中，不正确的是（　　）。

A.股份支付的确认和计量，应以符合相关法规要求、完整有效的股份支付协议为基础

B.对以权益结算的股份支付换取职工提供服务的，应按所授予权益工具在授予日的公允价值计量

C.对以现金结算的股份支付，在可行权日之后应将相关负债的公允价值变动计入当期损益

D.对以权益结算的股份支付，在可行权日之后应将相关的所有者权益按公允价值进行调整

6.【2009年注册会计师考试"会计"试题（新制度）】20×6年12月20日，经股东大会批准，甲公司向100名高管人员每人授予2万股普通股（每股面值1元）。根据股份支付协议的规定，这些高管人员自20×7年1月1日起在公司连续服务满3年，即可于20×9年12月31日无偿获得授予的普通股。甲公司普通股20×6年12月20日的市场价格为每股12元，20×6年12月31日的市场价格为每股15元。

20×7年2月8日，甲公司从二级市场以每股10元的价格回购本公司普通股200万股，拟用于高管人员股权激励。

在等待期内，甲公司没有高管人员离开公司。20×9年12月31日，高管人员全部行

权。当日，甲公司普通股市场价格为每股13.5元。

要求：根据上述资料，不考虑其他因素，回答下列第（1）题至第（2）题。

（1）甲公司在确定与上述股份支付相关的费用时，应当采用的权益性工具的公允价值是（　　）。

A.20×6年12月20日的公允价值　　　　　B.20×6年12月31日的公允价值

C.20×7年2月8日的公允价值　　　　　　D.20×9年12月31日的公允价值

（2）甲公司因高管人员行权增加的股本溢价金额是（　　）。

A.-2 000万元　　　　B.0　　　　C.400万元　　　　D.2 400万元

7.【2009年中级会计职称考试"中级会计实务"试题】下列关于企业以现金结算的股份支付的会计处理中，不正确的是（　　）。

A.初始确认时确认所有者权益

B.初始确认时以企业所承担负债的公允价值计量

C.等待期内按照所确认负债的金额计入成本或费用

D.可行权日后相关负债的公允价值变动计入公允价值变动损益

二、多项选择题

1.【2014年注册会计师考试"会计"试题】下列关于附等待期的股份支付会计处理的表述中，正确的有（　　）。

A.以权益结算的股份支付，相关权益性工具的公允价值在授予日后不再调整

B.附市场条件的股份支付，应在市场及非市场条件均满足时确认相关成本费用

C.现金结算的股份支付在授予日不作会计处理，权益结算的股份支付应予处理

D.业绩条件为非市场条件的股份支付，等待期内应根据后续信息调整对可行权情况的估计

2.【2013年注册会计师考试"会计"试题】甲公司为母公司，其所控制的企业集团内20×3年发生以下与股份支付相关的交易或事项：

（1）甲公司与其子公司（乙公司）高管签订协议，授予乙公司高管100万份股票期权，待满足行权条件时，乙公司高管可以每股4元的价格自甲公司购买乙公司股票；

（2）乙公司授予其研发人员20万份现金股票增值权，这些研发人员在乙公司连续服务2年，即可按照乙公司股价的增值幅度获得现金；

（3）乙公司自市场回购本公司股票100万股，并与销售人员签订协议，如未来3年销售业绩达标，销售人员将无偿取得该部分股票；

（4）乙公司向丁公司发行500万股本公司股票，作为支付丁公司为乙公司提供咨询服务的价款。

不考虑其他因素，下列各项中，乙公司应当作为以权益结算的股份支付的有（　　）。

A.乙公司高管与甲公司签订的股份支付协议

B.乙公司与本公司销售人员签订的股份支付协议

C.乙公司与本公司研发人员签订的股份支付协议

D.乙公司以定向发行本公司股票取得咨询服务的协议

3.【2012年中级会计职称考试"中级会计实务"试题】下列关于股份支付的会计处理中，正确的有（　　）。

A.以回购股份奖励本企业职工的，应作为以权益结算的股份支付进行处理

B.在等待期内的每个资产负债表日，将取得职工提供的服务计入成本费用

C.权益结算的股份支付应在可行权日后对已确认成本费用和所有者权益进行调整

D.为换取职工提供服务所发生的以权益结算的股份支付，应以所授予权益工具的公允价值计量

三、判断题

1.【2013年中级会计职称考试"中级会计实务"试题】企业集团内的母公司直接向其子公司高管人员授予母公司股份的，母公司应在结算前的每个资产负债表重新计量相关负债的公允价值，并将其公允价值的变动额计入当期损益。　　　　　　　　　（　　）

2.【2011年中级会计职称考试"中级会计实务"试题】公司回购股份形成库存股用于职工股权激励的，在职工行权购买本公司股份时，所收款项和等待期内根据职工提供服务所确认的相关资本公积的累计金额之和，与交付给职工库存股成本的差额，应计入营业外收支。　　　　　　　　　　　　　　　　　　　　　　　　　　　　　（　　）

3.【2010年中级会计职称考试"中级会计实务"试题】以权益结算的股份支付和以现金结算的股份支付，无论是否可以立即行权，在授予日企业均不需要进行会计处理。
　　　　　　　　　　　　　　　　　　　　　　　　　　　　　　　　　（　　）

四、计算分析题

1.【2015年注册会计师考试"会计"试题】甲股份有限公司（以下简称"甲公司"）于20×3年开始对高管人员进行股权激励。具体情况如下：

（1）20×3年1月2日，甲公司与50名高管人员签订股权激励协议并经股东大会批准。协议约定：甲公司向每名高管授予120 000份股票期权，每份期权于到期日可以8元/股的价格购买甲公司1股普通股。该股票期权自股权激励协议签订之日起3年内分三期平均行权，即该股份支付协议包括等待期分别为1年、2年和3年的三项股份支付安排：20×3年年末甲公司实现的净利润较上一年度增长8%（含8%）以上，在职的高管人员持有的股票期权中每人可行权40 000份；20×4年年末，如果甲公司20×3年、20×4年连续两年实现的净利润增长率达到8%（含8%）以上，在职的高管人员持有的股票期权中每人可行权40 000份；20×5年年末，如果甲公司连续3年实现的净利润增长率达到8%（含8%）以上，则高管人员持有的剩余股票期权可以行权。当日甲公司估计授予高管人员的股票期权公允价值为5元/份。

（2）20×3年，甲公司实现净利润12 000万元，较20×2年增长9%，预计股份支付剩余等待期内净利润仍能够以同等速度增长。20×3年甲公司普通股平均市场价格为12元/股。20×3年12月31日，甲公司所授予股票期权的公允价值为4.5元/份。20×3年，与甲公司签订了股权激励协议的高管人员没有离职，预计后续期间也不会离职。

（3）20×4年，甲公司50名高管人员将至20×3年年末到期可行权的股票期权全部行权。20×4年，甲公司实现净利润13 200万元，较20×3年增长10%。20×4年没有高管人员离职，预计后续期间也不会离职。20×4年12月31日，甲公司所授予股票期权的公允价值为3.5元/份。

其他有关资料：甲公司20×3年1月1日发行在外普通股为5 000万股，假定各报告期末发生其他影响发行在外普通股股数变动的事项，且公司不存在除普通股以外的其他权益

工具。不考虑相关税费及其他因素。

要求：

（1）确定甲公司该项股份支付的授予日。计算甲公司20×3年、20×4年就该股份支付应确认的费用金额，并编制相关会计分录。

（2）编制甲公司高管人员20×4年就该股份支付行权的会计分录。

（3）计算甲公司20×3年基本每股收益。

2.【2009年注册会计师考试"会计"试题（旧制度）】20×8年1月1日，经股东大会批准，甲上市公司（以下简称"甲公司"）与50名高级管理人员签署股份支付协议。协议规定：①甲公司向50名高级管理人员每人授予10万股股票期权，行权条件为这些高级管理人员从授予期权之日起连续服务满3年，公司3年平均净利润增长率达到12%；②符合行权条件后，每持有1股普通股股票期权可以自20×9年1月1日起1年内，以每股5元的价格购买公司1股普通股票，在行权期间内未行权的股票期权将失效。甲公司估计授予日每股股票期权的公允价值为15元。20×6年至20×9年，甲公司与股票期权有关的资料如下：

（1）20×6年5月，甲公司自市场回购本公司股票500万股，共支付价款4 025万元，作为库存股待行权时使用。

（2）20×6年，甲公司有1名高级管理人员离开公司，本年净利润增长率为10%。该年年末，甲公司预计未来两年将有1名高级管理人员离开公司，预计3年平均净利润增长率将达到12%；每股股票期权的公允价值为16元。

（3）20×7年，甲公司没有高级管理人员离开公司，本年净利润增长率为14%。该年年末，甲公司预计未来1年将有2名高级管理人员离开公司，预计3年平均净利润增长率将达到12.5%；每股股票期权的公允价值为18元。

（4）20×8年，甲公司有1名高级管理人员离开公司，本年净利润增长率为15%。该年年末，每股股票期权的公允价值为20元。

（5）20×9年3月，48名高级管理人员全部行权，甲公司收到款项2 400万元，相关股票的变更登记手续已办理完成。

要求：

（1）编制甲公司回购本公司股票时的相关会计分录。

（2）计算甲公司20×6年、20×7年、20×8年因股份支付确认的费用，并编制相关会计分录。

（3）编制甲公司高级管理人员行权时的相关会计分录。

✐练习题

一、单项选择题

1.在股份支付中，行权日是指（　　　）。

A.股份支付协议获得批准的日期

B.可行权条件得到满足的日期

C.可行权条件得到满足、职工或其他方具有从企业取得权益工具或现金等权利的日期

D.职工和其他方行使权利、获取现金或权益工具的日期

2.对于等待期的判断，下列说法不正确的是（　　）。

A.等待期是指可行权条件得到满足的期间

B.对于可行权条件为规定业绩的股份支付，应当在授予日根据最可能的业绩结果预计等待期的长度

C.对于可行权条件为规定业绩的股份支付，应当在可行权日根据最可能的业绩结果预计等待期的长度

D.对于可行权条件为服务期间的股份支付，等待期为授予日至可行权日的期间

3.在股份支付的确认和计量中，关于可行权条件的描述不正确的是（　　）。

A.企业根据国家有关规定实行股权激励的，可以根据市场条件对股份支付协议中确定的相关条件进行单方变更

B.可行权条件是企业确定是否得到职工或其他方提供的服务的条件

C.可行权条件包括服务期限条件和业绩条件

D.可行权条件是使职工或其他方具有获取股份支付协议规定的权益工具或现金等权利的条件

4.有关以权益结算的股份支付的特点，下列描述不正确的是（　　）。

A.最终将给企业形成一项所有者权益

B.企业最终不需要承担交付现金或其他资产的义务

C.这种股份结算方式会导致经济利益流出企业

D.这种股份结算方式不会导致经济利益流出企业

5.有关以现金结算的股份支付的特点，下列描述不正确的是（　　）。

A.将给企业形成一项负债

B.企业最终要承担交付现金或其他资产的义务

C.这种股份结算方式会导致经济利益流出企业

D.这种股份结算方式不会导致经济利益流出企业

6.有关现金结算和权益结算的股份支付的描述，下列说法不正确的是（　　）。

A.两种结算方式都是企业的激励手段

B.两种结算方式都是以获取职工或其他方服务为目的

C.两者都涉及权益工具

D.两者都需要以授予日的公允价值计量

7.下列关于以现金结算的股份支付的说法，正确的是（　　）。

A.是指为获取职工和其他方服务而支付现金的交易

B.是指为获取职工和其他方服务而支付现金或其他资产义务的交易

C.是指企业为获取服务而承担的以股份或其他权益工具为基础计算的交付现金的交易

D.是指企业为获取服务而承担的以股份或其他权益工具为基础计算的交付现金或其他资产等义务的交易

8.以现金结算的股份支付，应当按照企业承担的以股份或其他权益工具为基础计算确定的（　　）计量。

A.负债在授予日的公允价值   B.负债在授予日的账面价值

C.负债在行权日的公允价值   D.负债的公允价值

9.在等待期内的每个资产负债表日，按照股份支付的相关规定，应当将当期取得的服务计入成本或费用。对于以权益结算和以现金结算在此项业务的会计处理中，涉及的贷方科目分别为（   ）。

A."资本公积——其他资本公积""资本公积——其他资本公积"

B."应付职工薪酬——股份支付""应付职工薪酬——股份支付"

C."资本公积——其他资本公积""应付职工薪酬——股份支付"

D."应付职工薪酬——股份支付""资本公积——其他资本公积"

10.在可行权日，下列关于股份支付的论断中，不正确的是（   ）。

A.以现金结算的股份支付需要确认承担债务的公允价值

B.以权益结算的股份支付需要确认股本和股本溢价

C.以现金结算的股份支付需要结转等待期内确认的累计应付职工薪酬

D.以权益结算的股份支付需要结转等待期内确认的累计资本公积

11.在可行权日后，下列关于股份支付的论断中，不正确的是（   ）。

A.以权益结算的股份支付不再调整已确认的成本费用

B.以现金结算的股份支付不再调整已确认的成本费用

C.以权益结算的股份支付不再调整已确认的所有者权益总额

D.以现金结算的股份支付不再调整已确认的应付职工薪酬总额

二、多项选择题

1.股份支付不是一个时点上的交易，主要的时点和期间包括（   ）。

A.授予日   B.可行权日   C.行权日   D.等待期

2.股份支付中一般会涉及可行权条件，可以作为可行权条件的有（   ）。

A.服务期限   B.行业环境   C.发展前景   D.经营业绩

3.股份支付中要求企业达到的业绩条件分为市场条件和非市场条件。下列属于市场条件的有（   ）。

A.最低盈利额   B.股价增长率   C.最低股东报酬率   D.最低市盈率

4.对于以权益结算的股份支付，在等待期内的每个资产负债表日，应当以对可行权权益工具数量的最佳估计为基础，按照权益工具授予日的公允价值，可以将当期取得的服务计入（   ）。

A.生产成本   B.制造费用   C.研发支出   D.管理费用

5.下列关于股份支付的确认和计量，说法不正确的有（   ）。

A.以权益结算的股份支付换取职工服务的，应当以授予职工权益工具的公允价值计量

B.以权益结算的股份支付换取职工服务的，应当以授予职工权益工具的账面价值计量

C.以现金结算的股份支付，应当按照企业承担的以股份或其他权益工具为基础计算确定的负债的公允价值计量

D.以现金结算的股份支付，应当按照企业承担的以股份或其他权益工具为基础计算

确定的负债的账面价值计量

6.在授予日，下列关于权益结算和现金结算两种股份支付的会计处理，说法不正确的有（　　）。

A.以权益结算的股份支付在授予日不作会计处理

B.对于授予后立即可行权换取职工服务的以权益结算的股份支付，应当在授予日按照权益工具的公允价值计入相关成本或费用，相应增加负债

C.以现金结算的股份支付在授予日不作会计处理

D.对于授予后立即可行权的以现金结算的股份支付，应当在授予日以企业承担负债的公允价值计入相关成本或费用，相应增加资本公积

7.立即可行权的股份支付，下列关于权益结算和现金结算两种股份支付的会计处理，说法正确的有（　　）。

A.以权益结算的立即可行权的股份支付在授予日不作会计处理

B.以现金结算的立即可行权的股份支付在授予日不作会计处理

C.以权益结算的立即可行权的股份支付，应当在授予日按照权益工具的公允价值计量

D.以现金结算的立即可行权的股份支付，应当在授予日以企业承担负债的公允价值计量

8.在等待期内的每个资产负债表日，下列关于权益结算和现金结算两种股份支付的会计处理，说法正确的有（　　）。

A.以权益结算的股份支付是按照权益工具授予日的公允价值计量

B.以现金结算的股份支付是按照权益工具在等待期内的每个资产负债表日的公允价值计量

C.两种股份支付结算方式选取的公允价值计量时点不同

D.上述说法均不正确

9.等待期内的每个资产负债表日，下列关于股份支付的会计处理，说法正确的有（　　）。

A.以权益结算的股份支付确认的公允价值后期不会存在变动，不需要进一步确认公允价值变动损益

B.以现金结算的股份支付确认的公允价值后期可能存在变动，需要进一步确认公允价值变动损益

C.以权益结算的股份支付确认的公允价值后期可能存在变动，但不需要进一步确认公允价值变动损益

D.以现金结算的股份支付确认的公允价值后期不会存在变动，但需要进一步确认公允价值变动损益

10.等待期内的每个资产负债表日，下列关于股份支付的会计处理，说法正确的有（　　）。

A.以权益结算的股份支付按照确定的公允价值将当期取得的服务计入应付职工薪酬

B.以现金结算的股份支付按照确定的公允价值将当期取得的服务计入资本公积

C.以权益结算的股份支付按照确定的公允价值将当期取得的服务计入相关成本或

费用

D.以现金结算的股份支付按照确定的公允价值将当期取得的服务计入相关成本或费用

11.可行权日之后，在行权前的每个资产负债表日，下列关于股份支付的会计处理，说法正确的有（　　　）。

A.以权益结算的股份支付不再调整已确认的相关成本或费用，也不再调整所有者权益

B.以现金结算的股份支付不再调整已确认的相关成本或费用，也不再调整相关负债

C.以权益结算的股份支付仍需要根据可行权的最佳估计调整已确认的相关成本或费用，同时调整所有者权益

D.以现金结算的股份支付不再调整已确认的相关成本或费用，但需要调整相关负债

三、判断题

1.行权日是指职工和其他方行使权利、获取现金或权益工具的日期，一般只能是一个日期。（　　　）

2.一般情况下，股份支付需要满足一定的可行权条件。（　　　）

3.对于可行权条件为服务期间的股份支付，等待期为授予日至可行权日的期间。（　　　）

4.业绩条件是指职工或其他方完成规定服务期限且企业已达到特定业绩目标才可行权的条件，即业绩条件通常指非市场条件。（　　　）

5.无论业绩条件为非市场条件还是市场条件的，可能都需要对前期确定的等待期长度进行修改。（　　　）

6.以权益结算的股份支付，其最终结算是以股份为基础的支付；而以现金结算的股份支付，其最终结算是以现金为基础的支付。（　　　）

7.以权益结算的股份支付，是以股份或其他权益工具进行结算的交易。（　　　）

8.对于授予后立即可行权的以权益结算的股份支付，应当在授予日以企业承担负债的公允价值计入相关成本或费用，相应增加负债。（　　　）

9.以权益结算的股份支付，在等待期内的每个资产负债表日，应当以对可行权权益工具数量的最佳估计为基础，按照权益工具授予日的公允价值，将当期取得的服务计入相关成本或费用和资本公积。（　　　）

10.以现金结算的股份支付应当在相关负债结算前的每个资产负债表日以及结算日，对负债公允价值重新计量。（　　　）

11.以权益结算的股份支付换取职工服务的，应当以可行权日职工权益工具的公允价值计量。（　　　）

12.可行权日以后，以权益结算的股份支付应当将相关负债公允价值的变动计入当期营业外收入或营业外支出。（　　　）

13.以现金结算的股份支付，是以股份或其他权益工具为基础计算的支付现金或其他资产等义务的交易，不属于股份支付。（　　　）

14.以现金结算的股份支付和以权益结算的股份支付，都是企业激励职工、获取服务的一种手段。（　　　）

15.无论是以现金结算的股份支付还是以权益结算的股份支付，可行权日以后不再对

已确认的相关成本或费用进行调整。　　　　　　　　　　　　　　　　　　　（　　）

16.无论是以现金结算的股份支付还是以权益结算的股份支付，两者都是以公允价值计量。　　　　　　　　　　　　　　　　　　　　　　　　　　　　　　　　（　　）

四、会计处理题

1.甲公司为一上市公司。2×14年1月1日，该公司向其200名管理人员每人授予100份股票期权。如果这些管理人员从2×14年1月1日起能够在该公司连续服务4年，则可以每股10元购买100股本公司股票，从而获益。该公司估计该股票期权在授予日的公允价值为每份12元，股票每股面值为1元。截至2×14年12月31日，有15名管理人员离开，该公司估计4年累计离开比例将达到30%；截至2×15年12月31日，又有8名管理人员离开，该公司将4年累计离开比例修正为20%；截至2×16年12月31日，又有8名管理人员离开，该公司将4年累计离开比例修正为15%；截至2×17年12月31日，又有5名管理人员离开，未离开的管理人员全部行权获得股票。假设全部164名管理人员都在2×17年12月31日行权。

要求：编制该公司与上述股份支付业务相关的会计分录：

（1）2×14年12月31日因股份支付确认费用的会计分录；

（2）2×15年12月31日因股份支付确认费用的会计分录；

（3）2×16年12月31日因股份支付确认费用的会计分录；

（4）2×17年12月31日因股份支付确认费用的会计分录；

（5）2×17年12月31日164名管理人员行权时的会计分录。

2.2×14年1月1日，甲公司希望通过股票期权来提升公司的市场业绩，因此股东大会为其200名管理人员每人授予100份股票期权，即如果达到规定的可行权条件，该公司这些管理人员可以以每股10元购买公司股票。其中，第1年年末的可行权条件为公司净利润增长率达到12%；第2年年末的可行权条件为公司净利润两年平均增长11%；第3年年末的可行权条件为公司净利润3年平均增长10.5%；第4年年末的可行权条件为公司净利润4年平均增长10%。该期权在2×14年1月1日的公允价值为每份12元。

2×14年12月31日，公司净利润增长了10%，未达到行权条件。但公司预计2×15年将会超速增长，预计将满足2×15年12月31日的行权条件。同时，当年有14名管理人员离开，预计2×15年将有18名管理人员离开。

2×15年12月31日，公司净利润又增长了10%，两年平均增长不足11%，未达到行权条件。但公司预计2×16年将有大幅增长，预计将满足2×16年12月31日的行权条件。同时，当年有16名管理人员离开，预计2×16年又将有14名管理人员离开。

2×16年12月31日，公司净利润只增长了9.8%，3年平均增长率未超过10.5%，未达到可行权状态。同时，当年有16名管理人员离开，预计2×17年又将有12名管理人员离开。

2×17年12月31日，公司净利润增长了12%，4年平均增长率超过10%，达到可行权状态。当年有8名管理人员离开。假设全部146名管理人员都在2×17年12月31日行权，公司股票面值为1元/股。

要求：编制该公司与上述股份支付业务相关的会计分录：

（1）2×14年12月31日因股份支付确认费用的会计分录；

（2）2×15年12月31日因股份支付确认费用的会计分录；

（3）2×16年12月31日因股份支付确认费用的会计分录；

（4）2×17年12月31日因股份支付确认费用的会计分录；

（5）2×17年12月31日146名管理人员行权时的会计分录。

3.2×12年1月1日，甲公司为其300名管理人员每人授予100份现金股票增值权。如果这些人员从该日起能够在该公司连续服务3年，即可按照当时股价的增长幅度获取现金，但该项增值权必须在2×16年12月31日之前行使。截至2×12年12月31日，有35名管理人员离开公司，甲公司估计未来两年还将有50名管理人员离开；截至2×13年12月31日，又有30名管理人员离开公司，甲公司未来一年还将有40名管理人员离开；截至2×14年12月31日，又有25名管理人员离开。2×14年年末，有60人行使股票增值权取得了现金。2×15年年末，有70人行使了股票增值权。2×16年年末，剩余80人也行使了股票增值权。

甲公司对该负债结算之前的每一资产负债表日以及结算日的公允价值、可行权后的每份增值权现金支出额进行估计，如表6-5所示。

表6-5 现金股票增值权估值情况表 单位：元

资产负债表日	公允价值	支付现金
2×12年12月31日	21	
2×13年12月31日	24	
2×14年12月31日	25	24
2×15年12月31日	27	25
2×16年12月31日		28

要求：编制该公司与上述股份支付业务相关的会计分录：

（1）2×12年12月31日因股份支付确认费用的会计分录；

（2）2×13年12月31日因股份支付确认费用的会计分录；

（3）2×14年12月31日与股份支付相关的会计分录；

（4）2×15年12月31日与股份支付相关的会计分录；

（5）2×16年12月31日与股份支付相关的会计分录。

第六章练习题参考答案

第七章

衍生金融工具会计

学习目标

在学习和理解本章内容时，应当关注：（1）金融工具的定义。金融工具是指形成一方的金融资产并形成其他方的金融负债或权益工具的合同。（2）衍生金融工具的特征及常见的类型。衍生金融工具是从基本（传统）金融工具中派生出来的创新的金融工具，具有衍生性、杠杆性等特征。常见的衍生金融工具有金融远期、金融期货、金融期权和金融互换。（3）常见的衍生金融工具的会计处理。（4）衍生金融工具用于套期保值的会计处理。除了学习本章的内容外，还应当认真阅读《企业会计准则第22号——金融工具确认和计量》《企业会计准则第23号——金融资产转移》《企业会计准则第24号——套期保值》及相关指南和解释。

重点难点

常见的衍生金融工具的会计处理；衍生金融工具用于套期保值的会计处理。

第一节 衍生金融工具概述

一、金融工具的内容

（一）金融工具的含义

我国《企业会计准则第22号——金融工具确认和计量》中将金融工具定义为：形成一方的金融资产，并形成其他方的金融负债或权益工具的合同。

假设有A、B两个企业进行金融工具的买卖，它们的交易活动及形成的内容如图7-1所示。

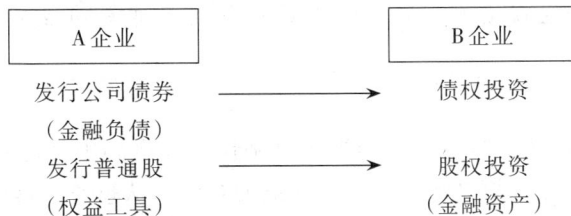

图7-1 金融工具含义的理解图

（二）金融资产、金融负债、权益工具

通过上述金融工具的含义，可以看出金融工具的内容有金融资产、金融负债和权益工具。那么金融资产、金融负债和权益工具又各包括哪些内容呢？

1.金融资产

我国《企业会计准则第22号——金融工具确认和计量》中规定：金融资产是指企业的下列资产：

（1）现金。

（2）持有的其他方的权益工具。

（3）从其他方收取现金或其他金融资产的合同权利。

（4）在潜在有利条件下，与其他方交换金融资产或金融负债的合同权利。

（5）将来须用或可用企业自身权益工具进行结算的非衍生工具的合同权利。

（6）将来须用或可用企业自身权益工具进行结算的衍生工具的合同权利。

提示

第一，判断金融资产与非金融资产的主要标准：是否形成收取现金或其他金融资产（或交换金融负债或权益工具）的合约权利。

第二，在会计实务中，金融资产的主要内容有：（1）通常指企业的下列资产：现金、银行存款、应收账款、应收票据、应收债券、股权投资、债权投资等。（2）融资租赁被视为一项金融工具，融资租赁的出租方租赁合同下的长期应收款也是金融资产；经营租赁不被视为金融工具。（3）企业的下列资产不是金融资产：存货、固定资产、无形资产、租入资产、预付费用等。

2.金融负债

我国《企业会计准则第22号——金融工具确认和计量》中规定：金融负债是指企业的下列负债：

（1）向其他方交付现金或其他金融资产的合同权利。

（2）在潜在不利条件下，与其他方交换金融资产或金融负债的合同权利。

（3）将来须用或可用企业自身权益工具进行结算的非衍生工具的合同权利。

（4）将来须用或可用企业自身权益工具进行结算的衍生工具的合同权利。

提示

第一，判断金融负债与非金融负债的主要标准：是否形成支付现金或其他金融资产、金融负债或自身权益工具的合同义务。

第二，会计实务中，金融负债的主要内容有：（1）通常指企业的下列负债：应付账款、应付票据、应付贷款、应付债券等。（2）融资租赁的承租方在租赁合同下的系列应付金额，构成一部分金融负债。（3）企业的所得税等非合同性的负债，不属于金融负债。

3.权益工具

我国《企业会计准则第22号——金融工具确认和计量》中规定：权益工具是指能证明在扣除所有负债后的企业资产中拥有剩余权益的合同。从权益工具的发行方看，权益工具属于所有者权益的组成内容。比如，企业发行的普通股，以及企业发行的、使持有者有

权以固定价格购入固定数量本企业普通股的认股权证等。

二、衍生金融工具的内容

(一) 衍生金融工具的含义

衍生金融工具是指衍生于基础金融工具,并能够相对独立而存在的金融工具,又称衍生工具、衍生金融产品、派生金融产品或衍生品。

我国《企业会计准则第22号——金融工具确认和计量》中规定,衍生金融工具是同时满足以下3个条件的金融工具:①其价值随相关标的(特定利率、金融价格、商品价格汇率、价格指数、汇率指数、信用等级、信用指数或其他类似变量)变动而变动;②不要求初始净投资或要求很少的初始净投资;③在未来某一日期结算,在形式上表现为在将来执行的经济合同。"在未来某一日期结算"不能理解为只在未来某一日期进行一次结算,可能涉及多个结算日期。

【例7-1】A公司与B公司签订了一项按2亿元名义本金确定的利率互换合同,该合同要求A公司按5%的固定利率向B公司支付利息,B公司按与6个月期伦敦银行同业存款利率相关的浮动利率向A公司支付利息,双方并不交换名义本金。该合同是否属于衍生金融工具?

分析:该合同属于衍生金融工具,因为合同价值随基础变量(伦敦银行同业存款利率)的变动而变动,而且没有初始净投资,在未来某一日期结算。

【例7-2】A公司与B公司签订了一项远期合约,约定1年后按每股60元的价格购入现行市价为每股55元的X股票200万股,A公司在合同开始时按约定预付15 000万元。此项远期合约是否属于衍生金融工具?

分析:该合约不属于衍生金融工具,因为合同开始时预付的15 000万元不符合衍生金融工具的"不要求初始净投资或要求很少的初始净投资"这个条件。

(二) 衍生金融工具的特点

与基本金融工具相比,衍生金融工具最主要的特点是:

1. 杠杆性和高风险性

在以衍生金融工具为投资对象时,只需交纳较少的押金或保证金,从而以小博大,具有杠杆性;而杠杆性也使衍生金融工具的收益与风险被数倍放大,从而具备了高风险性。

2. 契约性

衍生金融工具实质上是以金融工具为对象的经济合同,是尚未履行或正在履行中的合约,并且该合约一般不得取消。

3. 套期保值和投机套利共存

衍生金融工具出现的根本动因是为了规避金融价格波动的风险,而由于其以小博大的特点,使其同样成为投机套利的工具。

4. 较高的价值波动性

衍生金融工具的价值在相当大的程度上受制于原生性金融工具的价格,并受多种因素的影响,呈现较高的价值波动性。

(三) 衍生金融工具的种类

目前,国际金融市场上已知的衍生金融工具已有成千上万种。尽管品目繁多,创新不断，但它的基本形式不外乎以下几类：

1.金融远期

金融远期属于远期合约。远期合约是指买卖双方现在约定的在未来特定日期以约定价格交割特定数量的标的物的合约。金融远期是指合约双方现在约定的在将来某一特定日期按照事先商定的方式买卖约定数量的某种金融工具的合约。金融远期作为其他衍生金融工具基础的衍生工具，是衍生金融工具中的最基本类别。金融远期主要包括远期外汇合约、远期利率协议等。

例如，某中国出口商在外币交易中形成了60天期的应收美元账款100 000美元，为规避这一期间汇率变动的风险，其可以与外汇经纪银行签订一项按60天远期汇率1美元＝6.85元人民币这个锁定的汇率将美元兑换为人民币的金融远期合同。

2.金融期货

金融期货属于期货合约。期货合约是远期合约的标准化。金融期货是指买卖双方在有组织的交易所内，根据交易规则，以公开竞价形式达成的、在未来某一固定日期收付标准数量特定金融工具的一种标准化合约。期货合约与远期合约都是"先买卖、后交割"，但两者的合约形式、交易方式、交易目的、交易标的物均有所不同。金融期货主要包括外汇期货、利率期货、股指期货等。

例如，以某一股票市场的股票指数为例，假定当前有一个"12月底到期的指数期货合约"，其报出的期货价格是1 100点。市场上大多数投资者看涨。假如你认为将来这一指数的"价格"会超过1 100点，你就可以买入这一股指期货。过后，股指期货继续上涨到一定价格，假设是1 150点，这时，你有两个选择，要么继续持有你的期货合约以等待它将来可能涨得更高；要么以当前新的"价格"，也就是1 150点卖出这一期货从而完成平仓，你就获得了50点的差价收益。

3.金融期权

金融期权亦称选择权，是指持权人有权选择是否买卖一定数量的标的物的合约。金融期权指合约双方达成的在约定日（或以前）按约定价格买卖特定数量某种金融工具的合约。为了得到这种权利，期权的持有者需要支付给期权出售者一定的费用即期权费。金融期权包括外汇期权、利率期权、股票期权、股指期权。

金融期权按执行时间不同分为欧式期权与美式期权。①欧式期权：赋予持有者仅在到期日买入或卖出相关工具的权利而非义务，这意味着该种期权不可以提前执行。②美式期权：赋予持有者在到期日或此前的时间里买入或卖出相关工具的权利而非义务，这意味着该种期权可以提前执行。美式期权和欧式期权不是以地理位置来划分的，这两种方式在全世界范围内都可以使用。

金融期权按照合约授予期权持有人的类别分为看涨期权（买权）、看跌期权（卖权）。①看涨期权：是指持有者有权在某一特定时间以某一确定的价格购买某项标的资产。②看跌期权：是指持有者有权在某一特定时间以某一确定的价格出售某项标的资产。

4.金融互换

金融互换亦称掉期，指两个或两个以上当事人经专业性的磋商后，按一定条件在金融市场上进行不同金融工具的交换，从而在一定时间内互相发生一系列款项收付的金融交易。金融互换主要有利率互换和货币互换。利率互换是指债务双方在债务币种一样的情况下交换不同形式的利率。最基本、最常用的利率互换形式是固定利率对浮动利率互换。货币互换是指交易双方交换不同币种但期限相同的固定利率贷款。在外汇互换中，贷款的本金和利率是一起交换的。

综上所述，金融远期是衍生金融工具中的最基本类别。金融互换是金融远期的结合。金融期货标志着衍生金融工具的成型，金融期权更加拓宽了衍生金融工具的应用领域。金融远期是衍生金融工具的最早形态，金融期货、金融期权标志着衍生金融工具的成熟和发展，金融互换是衍生金融工具的新兴力量。金融远期、金融期货、金融期权主要被用来规避风险和投机套利；金融互换很少用于投机。金融远期、金融期货、金融期权只导致单方获利，金融互换将带来双赢。

提示

第一，同学们需要思考上述4种衍生金融工具的特点、区别与联系。

第二，同学们需要思考衍生金融工具会给人们带来哪些风险。可阅读《国际会计准则第39号》和国际证券监管委员会发布的《衍生工具管理指南》。

第二节　衍生金融工具的确认与计量

本小节的会计核算主要是非套期性衍生金融工具的确认与计量。有关套期性衍生金融工具的核算将在第三节讲解。

一、衍生金融工具的会计确认

衍生金融工具的会计确认主要包括初始确认、后续确认、终止确认三个基本过程。

（一）衍生金融工具的初始确认

我国《企业会计准则第22号——金融工具确认和计量》中规定，当企业成为金融工具合同的一方时，应当确认一项金融资产或金融负债。这条标准同样适于衍生金融工具的初始确认。

考虑到衍生金融工具巨大交易额的确认会不合理地扩大企业资产和负债的规模，在签订合同时，只以实际交付金额计价，即以取得该项资产所付出或产生该项负债所得到补偿的实际价值作为衍生金融工具的入账金额。

（二）衍生金融工具的后续确认

衍生金融工具的后续确认是指对经过初始确认的衍生金融工具项目发生价值变动的确认。衍生金融工具从签约到最终履约其价值并非恒定不变，而呈现出较高的价值波动性。为了及时反映市场参与者所持有的衍生金融工具的真实价值，传递财务状况和经营业绩的动态信息，在每一会计报表结算日，有必要对衍生金融工具进行再确认，例如衍生金融工具的公允价值变动等。

（三）衍生金融工具的终止确认

1.衍生金融工具的终止确认的定义

衍生金融工具的终止确认是指将已确认的金融资产或金融负债从企业的账户和资产负债表内予以转销。当合同约定的未来交易发生时，企业也即丧失了对衍生金融工具及其风险和报酬的控制权，就要进行衍生金融工具的终止确认。终止确认后，衍生金融工具及其会计后果就从财务报表中消除了。

2.衍生金融工具的终止确认的条件

我国《企业会计准则第22号——金融工具确认和计量》中规定，当金融工具满足下列条件之一的，应当终止确认：①收取该金融资产现金流量的合同权利结束；②该金融资产已经转移，且符合《企业会计准则第23号——金融资产转移》规定的金融资产终止确认条件；③当金融负债的现时义务部分或全部解除时，应当终止确认该金融负债或其一部分。

二、衍生金融工具的会计计量

在我国的会计实务操作中，对衍生金融工具的会计计量也分为初始确认时的计量、后续确认时的计量、终止确认时的计量，并呈现公允价值与历史成本计量并用的局面。

（一）衍生金融工具的初始计量

衍生金融工具初始计量的总体原则是公允价值，即按照取得时的公允价值作为初始确认金额，相关的交易费用在发生时计入当期损益。在初始确认时，为了防止资产和负债规模的不合理扩大，以实际交付的金额计价。从本质上说，这一时点的计量采用的仍然是历史成本计量方式，而后续确认和终止确认的计量则采用公允价值的计量方式。

（二）衍生金融工具的后续计量

衍生金融工具后续计量实际上就是对衍生金融工具价值的调整。

对于衍生金融资产，企业应当按照公允价值进行后续计量，且不扣除将来处置该金融资产时可能发生的交易费用。但与在活跃市场中没有报价且其公允价值不能可靠计量的权益工具挂钩并须通过交付该权益工具结算的衍生金融资产，应当按照成本计量。

对于衍生金融负债，企业应当采用实际利率法，按摊余成本进行后续计量。但与在活跃市场中没有报价且其公允价值不能可靠计量的权益工具挂钩并须通过交付该权益工具结算的衍生金融负债，应当按照成本计量。

三、非套期性衍生金融工具的会计核算

（一）主要科目设置

1.“衍生工具”科目

该科目是一个共同类会计科目，应该按照衍生金融工具的类别进行明细核算，分别设置“期货合约”“期权合约”“远期合约”“互换合约”等明细科目。

2.“公允价值变动损益”科目

该科目是一个损益类科目，期末将余额全部转入“本年利润”科目，结转后该科目无余额。

（二）基本核算程序

1.企业取得衍生金融工具

借：衍生工具——××合约　　　　　　　　　　　　　　××（公允价值）

　　投资收益　　　　　　　　　　　　　　　　　　　××（交易费用）

　贷：银行存款等　　　　　　　　　　　　　　　　　　　　　××

2.资产负债表日

借：衍生工具——××合约 ××

　　贷：公允价值变动损益 ××

或者相反会计分录。

3.处置衍生金融工具

借：银行存款等 ××

　　贷：衍生工具——××合约 ××

　　　　投资收益 ××

借：公允价值变动损益 ××

　　贷：投资收益 ××

或者相反会计分录，将公允价值变动转出。

（三）会计处理示例——以金融期货为例

【例7-3】假设2×16年1月5日乙公司与期货经纪人签订承诺购入2个月期限的国债期货合约200万元（当日市价），交纳初始保证金20万元。1月31日该国债期货价格升高至250万元，因此需要追缴保证金5万元。2月25日该国债期货价格跌至220万元，于是将期货合约转手平仓，并取回保证金余额。请编制乙公司相关的会计分录。

（1）1月5日立仓，在经纪公司存入期货交易保证金。

借：衍生工具——国债期货合约 200 000

　　贷：银行存款 200 000

（2）1月31日，因期货价格上升确认公允价值变动收益50万元（250-200）并追加保证金5万元。

借：衍生工具——国债期货合约 500 000

　　贷：公允价值变动损益 500 000

借：衍生工具——国债期货合约 50 000

　　贷：银行存款 50 000

（3）2月25日平仓，因期货价格下降先确认公允价值变动损失30万元（250-220），然后终止该国债期货，最后将原计入的公允价值变动损益转入"投资收益"科目。

借：公允价值变动损益 300 000

　　贷：衍生工具——国债期货合约 300 000

借：银行存款（2 200 000＋250 000－2 000 000） 450 000

　　贷：衍生工具——国债期货合约（200 000＋500 000＋50 000－300 000） 450 000

借：公允价值变动损益（500 000－300 000） 200 000

　　贷：投资收益 200 000

提示

第一，上述第一个分录中衍生工具的入账价值为什么没有包括200万元（当日市价）？因为我国会计准则规定："在签订合同账务处理时，只以实际交付金额计价，即以取得该项资产所付出或产生该项负债所得到补偿的实际价值作为衍生金融工具的入账金额。"

第二，有关非套期性衍生金融工具的会计核算的实际内容远比上述例题复杂，各国仍然存在一定的分歧，主要有交易日会计与结算日会计之分，关于这两种核算方法的含义、流程、区别，同学们可阅读常勋教授编著的《国际会计》一书，然后思考我国的会计核算偏向于哪一种方法。

第三节 衍生金融工具用于套期保值的会计处理

一、套期保值的相关概念

（一）套期保值

我国《企业会计准则第24号——套期保值》中规定，套期保值是指企业为规避风险（外汇风险、利率风险、商品价格风险、股票价格风险、信用风险等），指定一项或一项以上套期工具，使套期工具的公允价值或现金流量变动，预期抵销被套项目的全部或部分公允价值或现金流量变动。

套期保值的目的是消除或减少价格等变化对经营者造成的不利影响。套期保值可以缓解、分散或规避风险，但最多只能使风险的不利影响降低到最小限度，并不能完全消除风险。

例如，企业运用商品期货进行套期保值，其策略通常是：买入（卖出）与现货市场数量相当但交易方向相反的期货合同，以期在未来某一时间通过卖出（买入）期货合同来补偿现货市场价格变动所带来的实际价格风险。

（二）套期工具

套期工具是相对于被套期项目的、用于规避被套期项目引起的风险的工具。作为套期工具的基本条件是：其公允价值应当能够可靠地计量。

指定套期工具的基本原则是：（1）衍生工具通常可以作为套期工具。比如，企业为规避库存铜品价格下跌的风险，可以通过卖出一定数量铜品的期货合同加以实现，其中卖出铜品的期货合同即是套期工具。例外情况：衍生工具无法有效地降低被套期项目的风险，不能作为套期工具。比如，对于利率上下限期权或由一项发行的期权和一项购入的期权组成的期权，其实质相当于企业发行一项期权的（即企业收取了净期权费），不能将其指定为套期工具。（2）非衍生金融资产或非衍生金融负债通常不能作为套期工具。例外情况：被套期风险为外汇风险时，某些非衍生金融资产或非衍生金融负债可以作为套期工具。比如，某种外币借款可以作为同种外币结算的销售承诺的套期工具。再如，持有至到期投资可以作为规避外汇风险的套期工具。（3）只有涉及报告主体以外的主体的工具（含符合条件的衍生工具或非衍生金融资产或非衍生金融负债）才能作为套期工具。例如，在集团合并财务报表中，如果这些套期工具及相关套期指定并不涉及集团外的主体，则不能对其运用套期会计方法进行处理。

（三）被套期项目

被套期项目是因具有风险敞口而被指定为套期活动对象的资产、负债、确定性承诺或预期交易。确定承诺是指在未来某特定日期或期间，以约定价格交换特定数量资源、具有法律约束力的协议。例如，不可撤销的进口合同、出口合同、外汇买卖合同等。预期交易是指尚未承诺但预期会发生的交易。例如，企业计划于明年购入设备等。我国《企业会计准则第24号——套期保值》中规定：库存商品、持有至到期投资、可供出售金融资产、贷款、长期借款、预期商品销售、预期商品购买、对境外经营净投资等，这些项目使企业面临公允价值或现金流量风险的，均可被指定为被套期项目。

（四）套期关系的认定

套期工具与被套期项目是一项套期关系的两个组成要素。只有当企业特定的风险管理策略将这两个要素有机地联系起来，才构成一项套期关系。

《国际会计准则第39号》指出，只有以下5个条件同时具备时，才能认定一项套期关系：

（1）在套期开始时有正式记录，包括对套期关系及企业进行此项套期行为的风险管理策略的描述；

（2）该套期可有效地抵销公允价值或现金流量变动，并与企业的风险管理策略一致；

（3）对于现金流量套期，预期交易必须可能发生，且存在最终影响净收益的现金流量风险；

（4）套期的有效性可予以可靠计量；

（5）应对套期有效性进行持续评价，且确保套期在整个报告期内均有效。

我国企业会计准则将上述5个条件作为运用套期会计方法的条件。

（五）套期关系的种类

套期关系分为如下三类：

1.公允价值套期

公允价值套期是指对已确认资产或负债、尚未确认的确定承诺，或该资产或负债、尚未确认的确定承诺中可辨认部分的公允价值变动风险进行的套期。公允价值套期的目的是锁定价格。

2.现金流量套期

现金流量套期是指对现金流量变动风险进行的套期。该类现金流量变动源于与已确认资产或负债、很可能发生的预期交易有关的某类特定风险，且将影响企业的损益。现金流量套期的目的是锁定现金流量。

例如，航空公司为规避3个月后预期很可能发生的与购买飞机相关的现金流量变动风险进行套期：与银行签订3个月后按约定汇率购买相应外汇的合同。汇率的变动将不会影响企业购入外汇需要的人民币数额。

3.境外经营净投资套期

境外经营净投资套期是指对境外经营净投资外汇风险进行的套期。境外经营净投资是指企业在境外经营净资产中的权益份额。

例如，A公司于2017年1月1日取得美国子公司境外投资1 000 000美元，为规避人民币可能升值带来的损失，A公司与某境外金融机构签订一项外汇远期合同，约定于6个月后卖出1 000 000美元。A公司每季度对境外净投资余额进行检查，且依据检查结果调整境外净投资的套期。

（六）套期有效性

套期有效性是指套期工具的公允价值或现金流量变动可抵销归属于被套期风险的被套

期项目公允价值或现金流量变动的程度。只有当套期工具与被套期项目具有高度的相关性时，才能真正有效地减少和避免价格、利率或汇率变动给企业带来的风险。

我国《企业会计准则第24号——套期保值》中规定，套期只有满足下列全部条件时，企业才能认定其为高度相关性：

（1）在套期开始及以后期间，对有效的套期关系，被套期项目的可预期公允价值或现金流量的变动几乎全部为套期工具的相应变动所抵销；

（2）该套期的实际结果应在80%～125%的范围内。

企业应当持续地对套期有效性进行评价，并确保该套期关系在被指定的会计期间高度有效。对判断有效的套期关系，还要经常进行有效性测试，一般至少在年报或半年报时进行一次套期有效性测试。

例如，某企业套期的实际结果是，套期工具公允价值变动形成的损失为120万元，而被套期项目的公允价值变动形成的利得为100万元，两者相互抵销的程度可以计算如下：120／100（即120%）；或100／120（即83.33%）。如果该套期也满足以上条件（1），那么该企业可以认定该套期是高度有效的。

二、套期会计概述

套期会计是一种特殊的会计处理方法，其核心是在同一会计期间对称地确认套期工具的利得（或损失）与被套期项目的损失（或利得），以体现套期保值效应。

（一）主要科目设置

1. "套期工具"科目

该科目是一个共同类会计科目，用于核算企业开展套期保值业务套期工具公允价值变动形成的资产或负债。该科目可按套期工具类别进行明细核算。

2. "被套期项目"科目

该科目是一个共同类会计科目，用于核算企业开展套期保值业务被套期项目公允价值变动形成的资产和负债。

3. "套期损益"科目

该科目是个损益类会计科目，用于核算有效套期关系中套期工具和被套期项目的公允价值变动。套期工具和被套期项目产生利得记入该科目的贷方，产生损失记入该科目的借方。期末，"套期损益"科目要全部转入"本年利润"科目，结转后该科目无余额。

企业也可不设置"套期损益"科目，其套期工具和被套期项目产生的损益通过"公允价值变动损益"科目核算。

（二）基本核算程序

1. 套期关系建立时

借：套期工具 　　　　　　　　　　　　　　　　　　　　　　　　××

　　贷：衍生工具 　　　　　　　　　　　　　　　　　　　　　　　××

或相反会计分录。

借：被套期项目 　　　　　　　　　　　　　　　　　　　　　　　××

　　贷：库存商品、长期借款、持有至到期投资等 　　　　　　　　　××

或相反会计分录。

2.资产负债表日

套期工具利得（被套期项目损失）：

借：套期工具 xx
    贷：套期损益 xx
借：套期损益 xx
    贷：被套期项目 xx

套期工具损失（被套期项目利得）：

借：套期损益 xx
    贷：套期工具 xx
借：被套期项目 xx
    贷：套期损益 xx

3.套期结束，套期关系解除

借：资产类科目 xx
    贷：套期工具 xx
借：资产类科目 xx
    贷：被套期项目 xx

或：

借：套期工具 xx
    贷：负债类科目 xx
借：被套期项目 xx
    贷：负债类科目 xx

（三）会计处理示例——以公允价值套期为例

【例7-4】2×16年1月1日，乙公司为规避所持有存货铜未来6个月的公允价值变动风险，与某金融机构签订了出售同类铜的远期合同（衍生工具），并将其指定为2×16年上半年存货铜价格变化引起的公允价值变动风险的套期。铜的远期合同的标的资产与被套期项目存货在数量、质量、价格变动和产地方面相同。

2×16年1月1日，衍生工具的公允价值为零，被套期项目的账面价值和成本均为1 000 000元，公允价值是1 100 000元。2×16年6月30日，衍生工具的公允价值上涨了25 000元，存货的公允价值下降了25 000元。当日，乙公司将存货出售，并将衍生工具结算。

乙公司采用比率分析法评价套期有效性，乙公司预期该套期完全有效。

假定不考虑衍生工具的时间价值、与商品销售相关的增值税及其他因素，乙公司的账务处理如下：

（1）2×16年1月1日：

借：被套期项目——库存商品 1 000 000
    贷：库存商品——铜 1 000 000

（2）2×16年6月30日：

借：套期工具——衍生工具 25 000
    贷：套期损益 25 000

借：套期损益　　　　　　　　　　　　　　　　　25 000

　　贷：被套期项目——库存商品　　　　　　　　　　　　　25 000

借：应收账款或银行存款　　　　　　　　　　　1 075 000

　　贷：主营业务收入　　　　　　　　　　　　　　　　1 075 000

借：主营业务成本　　　　　　　　　　　　　　975 000

　　贷：被套期项目——库存商品　　　　　　　　　　　　975 000

借：银行存款　　　　　　　　　　　　　　　　　25 000

　　贷：套期工具——衍生工具　　　　　　　　　　　　　25 000

注：由于乙公司采用了套期策略，规避了存货公允价值变动风险，因此其存货公允价值下降没有对预期毛利100 000元（1 100 000-1 000 000）产生不利影响。

提示

第一，上述【例7-4】中假定2×16年6月30日，衍生工具的公允价值上涨了22 500元，存货的公允价值下降了25 000元。其他资料不变，套期保值的效果如何？同学们自己核算一下，然后进行比较。

第二，有关套期会计核算的实际内容远比上述例题复杂，同学们可以阅读《企业会计准则讲解》中有关内容来思考现金流量套期、境外经营投资套期的会计核算。

复习思考题

1. 如何理解衍生金融工具的含义？

2. "公允价值是衍生金融工具的唯一计量属性"，对此你有何看法？

3. 什么是套期会计？

4. 什么是公允价值套期？什么是现金流量套期？什么是境外经营投资套期？

练习题

一、单项选择题

1. 下列各项属于基础金融工具的是（　　　　）。

A. 商品期货　　　　　B. 普通股　　　　　C. 远期外汇合约　　　　D. 货币互换

2. 下列各项中，不属于金融资产的是（　　　　）。

A. 银行存款　　　　　B. 应收账款　　　　　C. 债权投资　　　　　D. 权益工具

3. 关于衍生金融工具的基本特征叙述错误的是（　　　　）。

A. 无论是哪一种衍生金融工具，都会影响交易者在未来一段时间内或未来某时点上的现金流，跨期交易的特点十分突出

B. 衍生金融工具交易一般只需要支付少量的保证金或权利金，就可签订远期大额合约或互换不同的金融工具

C. 衍生金融工具的价值与基础产品或基础变量紧密联系、规则变动

D. 衍生金融工具的交易后果取决于交易者对衍生工具（变量）未来价格（数值）的预测和判断的准确程度

4. 衍生金融工具产生的直接动因是（　　　　）。

A.规避风险和套期保值　　　　　　　　B.金融创新

C.投机者投机的需要　　　　　　　　　D.衍生金融工具的高风险、高收益刺激

5.套期保值是指通过在现货市场和期货市场之间建立（　　　）的头寸，从而锁定未来现金流的交易行为。

A.方向相同，数量不同　　　　　　　　B.方向相反，数量不同

C.方向相反，数量相同　　　　　　　　D.方向相同，数量相同

6.两个或两个以上的当事人按共同商定的条件，在约定的时间内定期交换现金流的金融交易是（　　　）。

A.互换　　　　　B.期货　　　　　C.期权　　　　　D.远期

7.（　　　）是指交易双方在场外市场上通过协商，按约定价格（称为"远期价格"）在约定的未来日期（交割日）买卖某种标的金融资产（或金融变量）的合约。

A.金融期货合约　　　　　　　　　　　B.金融远期合约

C.互换　　　　　　　　　　　　　　　D.金融期权

8.下列说法错误的是（　　　）。

A.期权又称选择权，是指其持有者能在规定的期限内按交易双方商定的价格购买或出售一定数量的基础工具的权利

B.看涨期权也称买权，看跌期权也称卖权

C.期权交易实际上是一种权利的单方面有偿让渡

D.金融期权与金融期货都是人们常用的套期保值工具，它们的作用与效果日渐趋同

9.看跌期权也称为（　　　），投资者之所以买入它，是因为预期该看跌期权的标的资产的市场价格将下跌。

A.买入期权　　　B.卖出期权　　　C.欧式期权　　　D.货币资产期权

10.金融期货是以（　　　）为对象的期货交易品种。

A.股票　　　　　B.债券　　　　　C.金融期货合约　　　D.金融证券

二、多项选择题

1.衍生金融工具的基本特征包括（　　　）。

A.跨期性　　　　　　　　　　　　　　B.杠杆性

C.联动性　　　　　　　　　　　　　　D.不确定性或高风险性

2.衍生金融工具伴随的风险主要有（　　　）。

A.汇率风险、利率风险　　　　　　　　B.信用风险、法律风险

C.市场风险、操作风险　　　　　　　　D.流动性风险、结算风险

3.套期保值的基本做法是（　　　）。

A.持有现货空头，买入期货合约　　　　B.持有现货空头，卖出期货合约

C.持有现货多头，卖出期货合约　　　　D.持有现货多头，买入期货合约

4.关于金融期权与金融期货套期保值的作用与效果阐述，不正确的有（　　　）。

A.金融期权与金融期货都是人们常用的套期保值工具，它们的作用与效果基本是相同的

B.人们利用金融期货进行套期保值，在避免价格不利变动造成的损失的同时，也必须放弃若价格有利变动可能获得的利益

C.通过金融期权交易，既可避免价格不利变动造成的损失，又可在相当程度上保住价格有利变动而带来的利益，因而金融期权比金融期货更为有利

D.在现实的交易活动中，人们往往将金融期权与金融期货结合起来，通过一定的组合或搭配来实现某一特定目标

5.金融期货的基本功能有（　　　）。

A.套期保值功能　　　B.价格发现功能　　　C.投机功能　　　D.套利功能

6.作为一种标准化的远期交易，金融期货交易与普通远期交易之间的区别是（　　　）。

A.交易场所和交易组织形式不同

B.交易的监管程度不同

C.金融期货交易是标准化交易，远期交易的内容可协商确定

D.保证金制度和每日结算制度导致违约风险不同

7.金融期货与金融期权的区别主要有（　　　）。

A.交易者权利与义务的对称性不同　　　B.履约保证不同

C.现金流转不同　　　　　　　　　　　D.盈亏特点不同

8.对于现金流量套期，下列各项中，属于企业应当披露的与现金流量套期有关的信息有（　　　）。

A.现金流量预期发生及影响损益的期间

B.以前运用套期会计方法处理但预期不会发生的预期交易的描述

C.本期在所有者权益中确认的金额

D.本期无效套期形成的利得或损失

9.下列项目中，属于衍生金融工具的有（　　　）。

A.金融远期　　　B.商品期货　　　C.金融期货　　　D.金融期权

10.套期保值活动需设置的会计科目有（　　　）。

A."套期工具"　　　　　　　　　　　B."被套期项目"

C."套期损益"　　　　　　　　　　　D."公允价值变动损益"

三、判断题

1.与金融期货相比，金融期权的主要特征在于它仅仅是买卖权利的交换。　　　（　　）

2.从理论上说，期权出售者在交易中所取得的盈利是有限的，仅限于他所收取的期权费，而他可能遭受的损失却是无限的。　　　（　　）

3.期货交易是指交易双方在集中的交易所市场以公开竞价方式所进行的非标准化期货合约的交易。　　　（　　）

4.在期货交易中，设立保证金的主要目的是当交易者出现亏损时能及时制止，防止出现不能偿付的现象，起履约保证的作用。　　　（　　）

5.金融期货交易双方的权利和义务是对称的，即对于任何一方而言，都既有要求对方履约的权利，又有自己对对方履约的义务；而金融期权交易双方的权利和义务存在着明显的不对称。　　　（　　）

6.金融期权是一种权利的交易，其价格受多种因素影响，但从理论上说，有两个组成部分，即内在价值和风险价值。　　　（　　）

7.金融期货合约是由期货交易所设计的一种对指定金融工具的种类、规格、数量、交

收月份、交收地点都作出统一规定的标准化书面协议。 （　　）

8.套期保值的基本做法是：在现货市场上买进或卖出某种金融工具的同时，做一笔与现货交易品种、数量、期限相当但方向相反的期货交易，以期未来某一时间通过期货合约的对冲，从而规避现货价格变动带来的风险，实现保值的目的。 （　　）

9."衍生工具"属于共同类会计科目。 （　　）

10.套期工具只能为衍生工具。 （　　）

四、计算及业务处理题

1.2017年1月1日，大华公司为规避所持有甲库存商品公允价值变动风险，与某金融机构签订了一份衍生金融工具合同（即A衍生金融工具），并将其指定为2017年上半年甲库存商品价格变化引起的公允价值变动风险的套期。A衍生金融工具的标的资产与被套期项目存货在数量、质量、价格变动和产地方面相同。2017年1月1日，A衍生金融工具的公允价值为0，被套期项目（甲库存商品）的账面价值和成本均为1 000 000元，公允价值为1 100 000元。2017年6月30日，A衍生金融工具的公允价值上涨了25 000元，甲库存商品的公允价值下降了25 000元。当日，大华公司将甲库存商品出售，并将衍生金融工具A结算。大华公司采用比率分析法评价套期有效性，即通过比较衍生金融工具A和甲库存商品的公允价值变动评价套期有效性。大华公司预期该套期完全有效。假定不考虑衍生金融工具的时间价值、与商品销售相关的增值税及其他因素。

要求：

（1）根据上述资料编制大华公司的有关会计分录；

（2）假定2017年6月30日，A衍生金融工具的公允价值上涨了22 500元，甲库存商品的公允价值下降了25 000元。其他资料不变，编制大华公司的有关会计分录。

2.某公司以每盎司4.00美元的价格购入100 000盎司的银。2015年6月30日，银的即期市场价格是4.90美元，该公司决定通过在交易所做银期货的空头为其银存货套期。银期货的执行价格为5.00美元，2016年3月交割。交易所要求对每盎司的期货合约提供825.00美元的期货保证金。2015年9月30日，银的即期价格是4.70美元，银的3月交割的期货价格为4.80美元。2015年12月31日，银的即期价格是5.00美元，银的3月交割的期货价格为5.10美元。到2016年3月31日，银的即期价格跌至4.20美元。

要求：

（1）如果该公司要对银期货做公允价值套期会计处理，请采用主要条款分析法，分析该套期是否具有有效性。

（2）评估2015年12月31日和2016年3月31日该套期的有效性。

特殊报告事项

学习目标

在学习和理解本章内容时，应当关注：（1）中期财务报告的含义。中期财务报告所涵盖的会计期间是以中期为基础的，至少应当包括资产负债表、利润表、现金流量表和财务报表附注四个组成部分。（2）中期财务报告会计确认与计量的基本原则。中期财务报告中各会计要素的确认和计量原则应当与年度财务报表所采用的原则相一致；在编制中期财务报告时，中期会计计量应当以年初至本中期末为基础，企业财务报告的频率不应当影响年度结果的计量；企业在中期不得随意变更会计政策，应当采用与年度财务报表相一致的会计政策。（3）分部报告的含义。分部报告是指由对外提供财务报表的企业定期编制的，嵌套于其会计报表附注中，按照确定的企业内部组成部分来分门别类地反映有关各组成部分收入、资产和负债等财务信息的报告。（4）报告分部的确定。报告分部的确定应当考虑重要性原则，通常情况下，符合重要性标准的经营分部才能确定为报告分部。除了学习本章的内容外，还应当认真阅读《企业会计准则第32号——中期财务报告》《企业会计准则第35号——分部报告》及相关指南和解释。

重点难点

中期财务报告会计确认与计量；报告分部的确定。

第一节 中期财务报告

一、中期财务报告概述

（一）中期财务报告的含义

我国《企业会计准则第32号——中期财务报告》对中期财务报告的定义是：中期财务报告是指以中期为基础编制的财务报告。其中，"中期"是指短于一个完整的会计年度（自公历1月1日起至12月31日止）的报告期间，它可以是一个月、一个季度或者半年，也可以是其他短于一个会计年度的期间。

（二）中期财务报告的构成

我国《企业会计准则第32号——中期财务报告》规定企业编制的中期财务报告，至少应当包括资产负债表、利润表、现金流量表和财务报表附注四个组成部分。

企业在编制中期财务报告时，应注意以下几点：

（1）所提供的资产负债表、利润表和现金流量表应当是完整的财务报表，其格式和内容应当与上年度财务报表相一致。

（2）中期财务报告的数据既包括本中期的财务数据，也包括年初至本中期末的财务数据。

（3）中期财务报表附注并不要求企业像年度财务报告那样提供完整的附注信息，它相对于年度财务报表附注而言可以适当简化，但应当遵循重要性原则。

除了上述财务报表和附注信息之外，企业如果需要在中期财务报告中披露其他财务报表或者相关信息（如提供股东权益增减变动表）也是允许的，但是这些财务报表或者其他相关信息一旦在中期财务报告中披露，就应当遵循中期财务报告准则关于中期财务报表的编制要求、会计政策的选择和其他确认、计量以及信息披露方面的规定。

（三）编制中期财务报告的意义

1.编制中期财务报告有助于提高会计信息质量

会计信息的一个重要质量特征是及时性，即对外披露的财务报告信息的有用性在很大程度上取决于它的及时性。

2.编制中期财务报告有助于完善上市公司信息披露制度

上市公司信息披露的透明程度及制度的完善程度，是衡量一个国家证券市场乃至整个市场经济成熟程度的一个重要标志。编报中期财务报告有助于健全上市公司信息披露制度，提高证券市场效率，促进资源的有效配置。

3.编制中期财务报告有助于规范企业行为

编制中期财务报告可以使政府监管当局对企业管理者是否站在投资者、债权人等利益相关者的角度从事生产经营活动实施有效监控更加及时，更有助于揭示问题，寻求相应的应对措施，从而规范企业经营者的行为，谋求投资者利益的最大化。

二、中期财务报告会计确认与计量

（一）中期会计确认与计量的基本原则

我国《企业会计准则第32号——中期财务报告》规定，企业在编制中期财务报表时应当遵循以下确认与计量的基本原则：

1.中期财务报告中各会计要素的确认和计量原则应当与年度财务报表所采用的原则相一致

企业在中期根据所发生交易或者事项，对资产、负债、所有者权益（股东权益）、收入、费用和利润等各会计要素进行确认和计量时，应当符合相应会计要素的定义和确认、计量标准，不能因为财务报告期间的缩短（相对于会计年度而言）而改变。

【例8-1】A图书出版公司对外征订图书，收到订单和购书款与发送图书分属于不同的中期，则企业在收到订单和购书款的中期就不能确认图书的销售收入，因为此时与图书所有权有关的风险和报酬尚未转移，不符合收入确认的条件；企业只能在发送图书，并且与图书所有权有关的风险和报酬已经转移的中期才能确认收入。

【例8-2】B公司为一家化工生产企业，需要编制季度财务报告。2×17年6月30日，B公司在盘点库存时发现一批账面价值为100万元的存货已经毁损。对B公司而言，该批存货已无任何价值，不会再给企业带来经济利益，不再符合资产的定义。因此，在编制B公司第二季度财务报告时，该批存货就不能再作为资产列报，而应当确认一项损失。

2.在编制中期财务报告时，中期会计计量应当以年初至本中期末为基础，企业财务报告的频率不应当影响年度结果的计量

企业中期财务报表的计量应当以年初至本中期末为基础，即企业在中期应当以年初至本中期末作为中期会计计量的期间基础，而不应当以本中期作为会计计量的期间基础。

【例8-3】C公司于2×17年11月利用专门借款资金开工兴建一项固定资产。2×18年3月1日，固定资产建造工程由于资金周转发生困难而停工。C公司预计在1个半月内即可获得补充专门借款，解决资金周转问题，工程可以重新施工。

根据《企业会计准则第17号——借款费用》的规定，固定资产的购建活动发生非正常中断，并且中断时间连续超过3个月的，应当暂停借款费用的资本化，将在中断期间发生的借款费用确认为当期费用，直至资产的购建活动重新开始。据此，在第一季度末，公司考虑到所购建固定资产的非正常中断时间将短于3个月，所以，在编制2×18年第一季度财务报告时，没有中断借款费用的资本化，将3月份发生的符合资本化条件的借款费用继续资本化，计入在建工程成本。后来的事实表明，公司直至2×18年6月15日才获得补充专门借款，工程才重新开工。这样，公司在编制2×18年第二季度财务报告时，如果仅仅以第二季度发生的交易或者事项作为会计计量的基础，那么，公司在第二季度发生工程非正常中断的时间也只有2个半月，短于借款费用准则规定的借款费用应当暂停资本化的3个月的期限，从而在第二季度内将4月1日至6月15日之间所发生的与购建固定资产有关的借款费用将继续资本化，计入在建工程成本。

显然，上述处理是错误的。如果企业只需编制年度财务报告，不必编制季度财务报告，那么，从全年来看，企业建造固定资产工程发生非正常中断的时间为3个半月，企业应当暂停这3个半月内所发生的借款费用资本化。也就是说，如果以整个会计年度作为会计计量的基础，上述3月1日至6月15日之间发生的借款费用都应当予以费用化，计入当期损益。而如果仅仅以每一报告季度作为会计计量的基础，则上述3月1日至6月15日之间发生的相关借款费用都将继续资本化，计入在建工程成本。季度计量的结果与年度计量的结果将不一致，而这种不一致的产生就是由于财务报告的频率由按年编报变为按季编报所致。毫无疑问，单纯以季度为基础对上述固定资产建造中断期间所发生的借款费用进行计量是不正确的。为了避免企业中期会计计量与年度会计计量的不一致，防止企业因财务报告的频率而影响其年度财务结果的计量，企业应当以年初至本中期末为期间基础进行中期会计计量。

在本例中，当企业编制第二季度财务报告时，对于所购建固定资产中断期间所发生的借款费用的会计处理，应当以2×18年1月1日至6月30日的期间为基础。显然，在1月1日至6月30日的期间基础之上，所购建固定资产的中断期间超过了3个月，应当将中断期

间所发生的所有借款费用全部费用化，所以在编制第二季度财务报告时，不仅第二季度4月1日至6月15日之间发生的借款费用应当费用化，计入第二季度的损益，而且，上一季度已经资本化了的3月份的借款费用也应当费用化，调减在建工程成本，调增财务费用。这样计量的结果能够保证中期会计计量结果与年度会计计量结果相一致，实现财务报告的频率不影响年度结果计量的目标。

3.企业在中期不得随意变更会计政策，应当采用与年度财务报表相一致的会计政策

如果上年度资产负债表日之后按规定变更了会计政策，且该变更了的会计政策将在本年度财务报表中采用，中期财务报表应当采用该变更后的会计政策。

对于会计估计变更，在同一会计年度内，以前中期财务报表项目在以后中期发生了会计估计变更的，以后中期财务报表应当反映该会计估计变更后的金额，但对以前中期财务报表项目金额不再作调整。

（二）季节性、周期性或者偶然性取得的收入的确认和计量的原则

企业因季节性（供暖企业的收入、农业企业的收入、旅游企业的收入等）、周期性（房地产企业的收入）或者偶然性取得的收入，往往集中在会计年度的个别中期内，对于这些收入，我国企业会计准则规定企业应当在发生时予以确认和计量，不应当在中期财务报表中予以预计或者递延，即企业应当在这些收入取得并实现时及时予以确认和计量，不应当为了平衡各中期的收益而将这些收入在会计年度的各个中期之间进行分摊。例如，某房地产开发企业开发房地产通常需要一个周期，如需要2至3年才能完成开发。而该企业又不同时开发多个项目，这样在房地产开发完成并出售之前，企业不能确认收入，所发生的相关成本费用则作为房地产的开发成本。企业通常只有在将所开发完成的房地产对外出售之后才能确认收入。

如果季节性、周期性或者偶然性取得的收入在会计年度末允许预计或者递延的，则在中期财务报表中也允许预计或者递延。

（三）会计年度中不均匀发生的费用的确认和计量的原则

对于会计年度中不均匀发生的费用（如员工培训费、年度财务报表审计费等），企业应当在发生时予以确认和计量，不应当在中期财务报表中予以预提或者待摊。也就是说，企业不应当为了使各中期间收益的平滑化而将这些费用在会计年度的各个中期之间进行分摊。但是，如果会计年度内不均匀发生的费用在会计年度末允许预提或者待摊，则在中期末也允许预提或者待摊。

【例8-4】D公司根据年度培训计划，在2×17年6月份对员工进行了专业技能和管理知识方面的集中培训，共发生培训费用30万元。

本例中，对于该项培训费用，D公司应当直接计入6月份的损益，不能在6月份之前预提，也不能在6月份之后待摊。

（四）中期会计政策变更的处理原则

企业在中期发生了会计政策的变更，应当按照《企业会计准则第28号——会计政策、会计估计变更和差错更正》的规定处理，并在财务报表附注中作相应披露。

1.会计政策变更发生在会计年度第一季度的情况

如果企业的会计政策变更发生在会计年度的第一季度，则企业除了计算会计政策变更的累积影响数并作相应的会计处理之外，在财务报表的列报方面，只需要根据变更后的会

计政策编制第一季度和当年度以后季度财务报表，并对根据《企业会计准则第28号——会计政策、会计估计变更和差错更正》要求提供的以前年度比较财务报表最早期间的期初留存收益和这些财务报表的其他相关项目数字作相应调整即可。

在财务报表附注的披露方面，应当披露会计政策变更对以前年度的累积影响数（包括对比较财务报表最早期间期初留存收益的影响数和以前年度可比中期损益的影响数）和对当年度第一季度损益的影响数。在当年度第一季度之后的其他季度财务报表附注中，则应当披露第一季度发生的会计政策变更对当季度损益的影响数和年初至本季度末损益的影响数。

2.会计政策变更发生在会计年度内第一季度之外的其他季度的情况

企业除应当计算会计政策变更的累积影响数并作相应的账务处理之外，在财务报表的列报方面，还需要调整以前年度比较财务报表最早期间的期初留存收益和比较财务报表其他相关项目的数字，以及在会计政策变更季度财务报告中或者变更以后季度财务报告中所涉及的本会计年度内发生会计政策变更之前季度财务报表相关项目的数字。

在财务报表附注的披露方面，企业需要披露会计政策变更对以前年度的累积影响数，主要有：

（1）对比较财务报表最早期间期初留存收益的影响数；

（2）以前年度可比中期损益的影响数，包括可比本季度损益的影响数和可比年初至本季度末损益的影响数；

（3）对当年变更季度、年初至变更季度末损益的影响数；

（4）当年会计政策变更前各季度损益的影响数。

此外，在发生会计政策变更以后季度财务报表附注中也需要作相应披露。

三、中期财务报告的编制

（一）中期财务报表的编制要求

在中期财务报告中按规定提供的资产负债表、利润表和现金流量表应当是完整的财务报表，其格式和内容应当与上年度财务报表相一致。

如果法律、行政法规或者规章（如当年新施行的会计准则）对当年度财务报表的格式和内容进行了修改，则中期财务报表应当按照修改后的报表格式和内容编制，与此同时，上年度比较财务报表的格式和内容也应当作相应调整。

（二）中期合并财务报表和母公司财务报表编制要求

（1）上年度编报合并财务报表的企业，其中期财务报告中也应当编制合并财务报表，而且合并财务报表的合并范围、合并原则、编制方法和合并财务报表的格式与内容等也应当与上年度合并财务报表相一致。但当年新企业会计准则有新的规定的除外。

（2）企业中期合并财务报表合并范围发生变化的，则应当区别情况进行处理：

①如果企业在报告中期内处置了所有子公司，而且在报告中期又没有新增子公司，那么企业在其中期财务报告中就不必编制合并财务报表。尽管如此，企业提供的上年度比较财务报表仍然应当同时提供合并财务报表和母公司财务报表。除非在上年度可比中期末，企业没有子公司。

②中期内新增符合合并财务报表合并范围要求的子公司。在这种情况下，企业在中期末需要将该子公司的个别财务报表纳入合并财务报表的合并范围。

（3）对于应当编制合并财务报表的企业而言，如果企业在上年度财务报告中除了提供合并财务报表之外，还提供了母公司财务报表，那么在其中期财务报告中除了应当提供合并财务报表之外，还应当提供母公司财务报表。

（三）比较财务报表编制要求

企业在中期末除了需要编制中期末资产负债表、中期利润表和现金流量表之外，还应当提供前期比较财务报表，以提高财务报表信息的可比性、相关性和有用性。

在中期财务报告中，企业应当提供以下财务报表：（1）本中期末的资产负债表和上年度末的资产负债表；（2）本中期的利润表、年初至本中期末的利润表以及上年度可比期间的利润表（上年度可比期间的利润表包括上年度可比中期的利润表和上年度年初至上年可比本中期末的利润表）；（3）年初至本中期末的现金流量表和上年度年初至上年可比本中期末的现金流量表。

【例8-5】E企业按照要求需提供季度财务报告，则E企业在截至2×17年3月31日、6月30日和9月30日分别提供各季度财务报告（即第一、二、三季度财务报告）中就应当分别提供如下财务报表：

（1）2×17年第一季度财务报告应当提供的财务报表（见表8-1）。

表8-1　　　　　　　　2×17年第一季度财务报告应当提供的财务报表

报表类别	本年度中期财务报表时间（或者期间）	上年度比较财务报表时间（或期间）
资产负债表	2×17年3月31日	2×16年12月31日
利润表*	2×17年1月1日至3月31日	2×16年1月1日至3月31日
现金流量表	2×17年1月1日至3月31日	2×16年1月1日至3月31日

*在第一季度财务报告中，"本中期"与"年初至本中期末"的期间是相同的，所以在第一季度财务报告中只需提供一张利润表，因为在第一季度，本中期利润表即为年初至本中期末利润表，相应地，上年度的比较财务报表也只需提供一张利润表。

（2）20×7年第二季度财务报告应当提供的财务报表（见表8-2）。

表8-2　　　　　　　　20×7年第二季度财务报告应当提供的财务报表

报表类别	本年度中期财务报表时间（或期间）	上年度比较财务报表时间（或期间）
资产负债表	2×17年6月30日	2×16年12月31日
利润表（本中期）	2×17年4月1日至6月30日	2×16年4月1日至6月30日
利润表 （年初至本中期末）	2×17年1月1日至6月30日	2×16年1月1日至6月30日
现金流量表	2×17年1月1日至6月30日	2×16年1月1日至6月30日

（3）2×17年第三季度财务报告应当提供的财务报表（见表8-3）。

表8-3 2×17年第三季度财务报告应当提供的财务报表

报表类别	本年度中期财务报表时间（或期间）	上年度比较财务报表时间（或期间）
资产负债表	2×17年9月30日	2×16年12月31日
利润表（本中期）	2×17年7月1日至9月30日	2×16年7月1日至9月30日
利润表（年初至本中期末）	2×17年1月1日至9月30日	2×16年1月1日至9月30日
现金流量表	2×17年1月1日至9月30日	2×16年1月1日至9月30日

四、中期财务报告附注的编制

财务报表附注是企业财务报告的有机组成部分，中期财务报告也不例外。在中期财务报告中披露财务报表附注信息，不仅有助于对各中期财务报表内项目作出具体说明，而且还有助于补充披露对于理解企业中期末财务状况、中期经营成果和现金流量的其他相关信息，从而使中期财务报告信息反映更加全面、完整，更具决策有用性。

（一）中期财务报告附注编制的要求

我国《企业会计准则第32号——中期财务报告》规定："中期财务报告附注应当以'年初至本中期末'基础编制，重点披露自上年度资产负债表日之后发生的，有助于理解企业财务状况、经营成果和现金流量变化情况的重要事项或者交易。同时，对于理解本中期财务状况、经营成果和现金流量有关的重要事项或者交易，也应当在中期财务报表附注中予以披露。"

上述规定实际内含着4层含义：

1.中期财务报告附注应当提供比上年度财务报告更新的信息

企业在其中期财务报告附注中应当重点披露自上年度资产负债表日之后发生的，有助于理解企业财务状况、经营成果和现金流量变化情况的重要事项或者交易。

2.中期财务报告附注应当遵循重要性原则

重要性原则是中期会计确认、计量和披露的一项重要原则。中期财务报告附注的披露也应当遵循重要性原则，对于那些会影响中期财务报告信息使用者的决策并且又未在中期财务报告的其他部分披露的重要信息，企业应当在财务报告附注中予以披露。

3.中期财务报告附注的编制应当以会计年度年初至本中期末为基础

考虑到中期财务报告中披露了上年度末和本中期末的资产负债表，企业就有必要在财务报告附注中对自上年度末至本中期末财务状况的变化情况作出说明。

考虑到中期财务报告中披露了年初至本中期末的利润表和现金流量表，企业就有必要在财务报告附注中对自年初至本中期末的经营成果和现金流量的变化情况作出说明。

为了达到上述目的，中期财务报告附注应当以"年初至本中期末"为基础编制。

【例8-6】F公司需要编制季度财务报告，F公司在2×17年2月10日对外进行重大投资，设立一家子公司。

本例中，对于这一事项，F公司不仅应当在2×17年度第一季度财务报告附注中予以披露，在2×17年度第二季度财务报告和第三季度财务报告附注中也应当予以披露。

4.中期财务报告附注应当对自上年度资产负债表日之后发生的重要交易或者事项进行披露

对于中期财务报告信息使用者来讲，除了需要了解企业年初至本中期末所发生的重大事项或者交易外，还需要了解企业在每一个中期所发生的重要事项或者交易，否则如果财务报告附注单纯以"年初至本中期末"为基础编报，就容易遗漏一些在本中期内所发生的重要事项或者交易。

我国会计准则要求企业在编制中期财务报告时，对于理解本中期财务状况、经营成果和现金流量有关的重要事项或者交易，也应当在中期财务报告附注中予以披露。

【例8-7】G公司在2×17年1月1日至6月30日累计实现净利润2 500万元，其中，第二季度实现净利润80万元，公司在第二季度转回前期计提的坏账准备100万元，第二季度末应收账款余额为800万元。

本例中，尽管该公司第二季度转回的坏账准备仅仅占G公司1—6月份净利润总额的4%（100÷2 500），可能并不重要，但是该项转回金额占第二季度净利润的125%（100÷80），占第二季度末应收账款余额的12.5%，对于理解第二季度（4—6月份）经营成果和第二季度末财务状况而言，属于重要事项，所以，G公司应当在第二季度财务报告附注中披露该事项。

（二）中期财务报告附注披露的内容

（1）中期财务报表所采用的会计政策与上年度财务报表相一致的说明。如果发生了会计政策的变更，应当说明会计政策变更的内容、理由及其影响数；如果会计政策变更的累积影响数不能合理确定，应当说明理由。

（2）会计估计变更的内容、理由及其影响数；如果影响数不能确定，应当说明理由。

（3）重大会计差错的内容及其更正金额。

（4）企业经营的季节性或者周期性特征。

（5）存在控制关系的关联企业发生变化的情况。

关联方之间发生交易的，应当披露关联方关系的性质、交易的类型和交易要素。对于关联方交易，企业应当同时提供本中期（或者本中期末）和本年度年初至本中期末的数据，以及上年度可比本中期（或者可比期末）和可比年初至本中期末的比较数据。

（6）合并财务报表的合并范围发生变化的情况。

（7）对性质特别或者金额异常的财务报表项目的说明。

（8）债务性证券和权益性证券的发行、回购和偿还情况。

（9）向企业所有者分配利润的情况（包括已在中期内实施的利润分配和已提出或者已批准但尚未实施的利润分配情况），包括向所有者分配的利润总额和每股股利。

（10）业务分部和地区分部的分部收入与分部利润（亏损）。

企业在披露分部收入与分部利润（亏损）信息时，应当同时提供本中期（或者本中期末）和本年度年初至本中期末的数据，以及上年度可比本中期（或者可比期末）和可比年初至本中期末的比较数据。

（11）中期资产负债表日至中期财务报告批准报出日之间发生的非调整事项。

（12）上年度资产负债表日以后所发生的或有负债和或有资产的变化情况。

（13）企业结构变化情况的说明，比如企业合并和重组，对被投资单位具有重大影响、共同控制关系或者控制关系的长期股权投资的购买或者处置、终止营业等。

（14）其他重大交易或者事项，如重大的长期资产转让及其出售情况、重大的固定资产和无形资产取得情况、重大的研究和开发支出、重大的非货币性交易事项、重大的债务重组事项、重大的资产减值损失及减值损失的转回情况等。

第二节　分部报告

随着市场经济的发展，企业的生产经营规模日益扩大，经营范围也逐步突破单一业务界限，成为从事多种产品生产经营或从事多种业务经营活动的综合经营体；同时经营的地域范围也日益扩大，有的企业分别在国内不同地区甚至在境外设立分公司或子公司。在这种情况下，反映不同产品（或劳务）和不同地区经营风险、报酬的信息越来越普遍地受到会计信息使用者的重视。《企业会计准则第35号——分部报告》主要规范了企业分部报告的编制方法和应披露的信息。

一、分部报告概述

（一）分部报告的定义和特征

分部报告是指由对外提供财务报表的企业定期编制的，嵌套于其会计报表附注中，按照确定的企业内部组成部分来分门别类地反映有关各组成部分收入、资产和负债等财务信息的报告。

其中，按经营业务性质不同编制的分部报告称为业务分部报告；按经营业务地理范围编制的分部报告称为地区分部报告。

分部报告不是独立的财务会计报告，而是附加于主体财务报表之后，通常是作为财务报表附注的一个组成部分予以披露的，即企业应当以对外提供的财务报表为基础披露分部信息。

对外提供合并财务报表的企业，应当以合并财务报表为基础披露分部信息；而对外只提供个别财务报表的企业，也应当以其所提供的个别财务报表为基础披露分部信息。

（二）分部报告的意义

随着企业跨行业和跨地区经营，许多企业生产和销售多种产品、提供多种劳务，这些产品和劳务广泛分布于各个行业或不同地区。由于企业各种产品在其整体的经营活动中所占的比重各不相同，其营业收入、成本费用以及产生的利润（亏损）也不尽相同。同样地，每种产品（或劳务）在不同地区的经营业绩也存在差异。只有分析每种产品（或劳务）和不同地区的经营业绩，才能更好地把握企业整体的经营业绩。企业的整体风险是由企业经营的各个业务部门（或品种）或各个地区的风险和报酬构成的。一般来说，企业在不同业务部门和不同地区的经营，会有不同的利润率、发展机会、未来前景和风险。评估企业整体的风险和报酬，需要借助企业在不同业务和不同地区经营的信息（分部信息）。因此，企业存在多种经营或跨地区经营的，应当确定报告分部，披露分部信息，这样才能帮助会计信息使用者更好地理解企业以往的经营业绩，更好地评估企业的风险和报酬；才能够更好地把握企业整体的经营情况，对未来的发展趋势作出合理的预期。

二、经营分部和报告分部的确定

企业在披露分部信息时，应当区分经营分部和报告分部。

（一）经营分部的确定

1.经营分部的定义

经营分部是指企业内同时满足下列条件的组成部分：

（1）该组成部分能够在日常活动中产生收入、发生费用；

（2）企业管理层能够定期评价该组成部分的经营成果，以决定向其配置资源、评价其业绩；

（3）企业能够取得该组成部分的财务状况、经营成果和现金流量等有关会计信息。

在理解经营分部的概念时，需要把握以下要点：

（1）不是企业的每个组成部分都必须是经营分部或经营分部的一个组成部分。

（2）经营分部概念中所指的"企业管理层"强调的是一种职能，而不必是具有特定头衔的某一具体管理人员。该职能主要是向企业的经营分部配置资源，并评价其业绩。

（3）对许多企业而言，根据经营分部的概念，通常就可以清楚地确定经营分部。但是，企业可能将其经营活动以各种不同的方式在财务报告中予以披露。如果企业管理层使用多种分部信息，其他因素可能有助于企业管理层确定经营分部，如每一组成部分经营活动的性质、对各组成部分负责的管理人员、向董事会呈报的信息等。

2.经营分部的认定

企业应当以内部组织结构、管理要求、内部报告制度为依据确定经营分部。经济特征不相似的经营分部，应当分别确定为不同的经营分部。在实务中，并非所有的经营分部均作为独立的经营分部来考虑。

在某些情况下，两个或两个以上经营分部如果具有相似的经济特征，则经常表现出相似的长期财务业绩，如长期平均毛利率、资金回报率、未来现金流量等。此时，将它们合并披露可能更为恰当。

具有相似经济特征的两个或多个经营分部同时满足下列条件的，可以合并为一个经营分部：

（1）各单项产品或劳务的性质相同或相似。

各单项产品或劳务的性质，包括产品或劳务的规格、型号、最终用途等。通常情况下，产品和劳务的性质相同或相似的，其风险、报酬率及成长率可能较为接近，因此，一般可以将其划分到同一经营分部中。对于性质完全不同的产品或劳务，不应当将其划分到同一经营分部中。

【例8-8】甲公司主要从事食品的生产和销售，业务范围包括饮料、奶制品及冰激凌，碗碟、炊具用品，巧克力、糖果及饼干，制药产品等。在确定经营分部时，甲公司应当分别将其作为不同的经营分部处理，而不能将碗碟、炊具用品与巧克力、糖果及饼干食品等作为一个经营分部。

（2）生产过程的性质相同或相似。

生产过程的性质，包括采用劳动密集或资本密集方式组织生产、使用相同或者相似设备和原材料、采用委托生产或加工方式等。对于生产过程的性质相同或相似的，可以将其划分为一个经营分部，如按资本密集型和劳动密集型划分业务部门。对于资本密集型部门而言，其占用的设备较为先进，占用的固定资产较多，相应所负担的折旧费也较多，其经营成本受资产折旧费用影响较大，受技术进步因素的影响也较大；而对于劳动密集型部门而言，其使用的劳动力较多，相对而言，劳动力的成本即人工费用的影响较大，其经营成果受人工成本的高低影响很大。

（3）产品或劳务的客户类型相同或相似。

产品或劳务的客户类型，包括大宗客户、零散客户等。对于购买产品或接受劳务的同一类型的客户，如果其销售条件基本相同，例如，相同或相似的销售价格、销售折扣，相同或相似的售后服务，就会具有相同或相似的风险和报酬。而不同的客户，其销售条件不尽相同，可能导致其具有不同的风险和报酬。例如，某计算机生产企业，其生产的计算机可以分为商用计算机和个人计算机。商用计算机的主要销售客户是企业，一般是大宗购买，对计算机专用性要求比较强，售后服务相对较为集中；而个人计算机，其客户对计算机的通用性要求较高，其售后服务相对较为分散。

（4）销售产品或提供劳务的方式相同或相似。

销售产品或提供劳务的方式，包括批发、零售、自产自销、委托销售、承包等。企业销售产品或提供劳务的方式不同，其承受的风险和报酬也不相同。比如，在赊销方式下，可以扩大销售规模，但发生的收账费用较高，并且发生应收账款坏账的风险也很高；而在现销方式下，不存在应收账款的坏账问题，不会发生收账费用，但销售规模的扩大有限。

（5）生产产品或提供劳务受法律、行政法规的影响相同或相似。

生产产品或提供劳务受法律、行政法规的影响，包括经营范围和交易定价机制等。企业生产产品或提供劳务总是处于一定的经济法律环境之下，其所处的环境必然对其经营活动产生影响。对在不同法律环境下生产的产品或提供的劳务进行分类，进而向会计信息使用者提供不同法律环境下产品生产或劳务提供的信息，有利于会计信息使用者对企业未来的发展走向作出判断和预测。

对相同或相似法律环境下的产品生产或劳务提供进行归类，以提供其经营活动所产生的信息，同样有利于明晰地反映该类产品生产和劳务提供的会计信息。比如，商业银行、保险公司等金融企业通常会受到特别的、严格的监管政策的影响，在该类企业确定某组成部分的产品和劳务是否相关时，应当考虑所受监管政策的影响。

【例8-9】乙公司是一家全球性公司，总部设在美国，主要生产A、B、C、D4个品牌的皮箱、手提包、公文包、皮带等，以及相关产品的运输、销售，每种产品均由独立的业务部门完成。其生产的产品主要销往中国内地、中国香港、日本、欧洲、美国等地。该公司各项业务2×17年12月31日的有关资料如表8-4所示，不考虑其他因素。假定乙公司管理层定期评价各业务部门的经营成果，以配置资源、评价业务；各品牌皮箱的生产过程、客户类型、销售方式等类似；经预测，生产皮箱的4个部门今后5年内平均销售毛利率与2×17年差异不大。

表8-4   乙公司有关业务资料   金额单位：万元

项 目	品牌A	品牌B	品牌C	品牌D	手提包	公文包	皮 带	销售公司	运输公司	合 计
营业收入	106 000	130 000	100 000	95 000	260 000	230 000	69 000	270 000	50 000	1 310 000
其中：对外交易收入	100 000	120 000	80 000	90 000	180 000	150 000	50 000	270 000	50 000	1 090 000
分部间交易收入	6 000	10 000	20 000	5 000	80 000	80 000	19 000			220 000
营业费用	74 200	92 300	69 000	66 500	156 000	142 600	55 200	220 000	30 000	905 800
其中：对外交易费用	60 000	78 300	57 000	62 000	149 000	132 000	47 200	205 000	30 000	820 500
分部间交易费用	14 200	14 000	12 000	4 500	7 000	10 600	8 000	15 000		85 300
营业利润	31 800	37 700	31 000	28 500	104 000	87 400	13 800	50 000	20 000	404 200
销售毛利率	30%	29%	31%	30%	40%	38%	20%	18.5%	40%	31%
资产总额	350 000	400 000	300 000	250 000	650 000	590 000	250 000	700 000	300 000	3 790 000
负债总额	150 000	170 000	130 000	100 000	300 000	200 000	150 000	300 000	180 000	1 680 000

本例中，乙公司的各个组成部分能够分别在日常活动中产生收入、发生费用，乙公司管理层定期评价各组成部分的经营成果以配置资源、评价业绩，乙公司能够取得各组成部分的财务状况、经营成果和现金流量等会计信息，因此，各组成部分满足经营分部的定义，可以分别确定不同的经营分部。

与此同时，乙公司生产A、B、C、D品牌皮箱的4个部门，销售毛利率分别是30%、29%、31%、30%，即具有相近的长期财务业绩；4个品牌皮箱的生产过程、客户类型、销售方式等类似，具有相似的经济特征。因此，乙公司在确定经营分部时，可以将生产A、B、C、D品牌皮箱的4个部门予以合并，组成一个经营分部（皮箱分部）。合并后，皮箱经营分部的分部收入为431 000万元，分部费用为302 000万元，分部利润为129 000万元。

（二）报告分部的确定

1.重要性标准的判断

报告分部是指符合经营分部定义，按规定应予披露的经营分部。报告分部的确定应当考虑重要性原则，通常情况下，符合重要性标准的经营分部才能确定为报告分部。

经营分部满足下列条件之一的，应当确定为报告分部：

（1）该经营分部的分部收入占所有分部收入合计的10%或者以上。

分部收入主要由可归属于经营分部的对外交易收入构成，通常为营业收入。

可归属于经营分部的收入来源于两个渠道：一是可以直接归属于经营分部的收入，

即直接由经营分部的业务交易而产生；二是可以间接归属于经营分部的收入，即将企业交易产生的收入在相关经营分部之间进行分配，按属于某经营分部的收入金额确认为分部收入。

分部收入通常不包括下列项目：①利息收入（包括因预付或借给其他分部款项而确认的利息收入）和股利收入（采用成本法核算的长期股权投资取得的股利收入），但是分部的日常活动是金融性质的除外。②营业外收入，如固定资产盘盈、处置固定资产净收益、出售无形资产净收益、罚没收益等。③处置投资产生的净收益，但分部的日常活动是金融性质的除外。④采用权益法核算的长期股权投资确认的投资收益，但分部的日常活动是金融性质的除外。

分部收入包括两部分：一是对外交易收入；二是对其他分部交易收入。当某分部的分部收入大部分是对外交易收入，并且满足上述条件时，则可以将其确定为报告分部；反之，当某分部的分部收入大部分是通过与其他分部交易而取得，并且企业的内部管理不属于按垂直一体化经营的不同层次来划分的，即使满足上述10%的条件，也不能将其确定为报告分部。

【例8-10】沿用【例8-9】资料。生产皮箱分部合并后，其分部收入合计431 000万元，其中对外交易收入合计390 000万元。对外交易收入占该分部收入合计的比例为90.49%（390 000÷431 000×100%），大部分收入为对外交易取得。同时，由于皮箱分部收入占所有分部收入合计的比例为32.90%（431 000÷1 310 000×100%），满足了不低于10%的条件，因此，该企业在确定报告分部时，应当将皮箱分部确定为报告分部。

（2）该分部的分部利润（亏损）的绝对额，占所有盈利分部利润合计额或者所有亏损分部亏损合计额的绝对额两者中较大者的10%或者以上。

分部利润（亏损）是指分部收入减去分部费用后的余额。不属于分部收入和分部费用的项目，在计算分部利润（亏损）时不得作为考虑的因素。

分部费用是指可归属于分部的对外交易费用和对其他分部交易费用。分部费用主要由可归属于经营分部的对外交易费用构成，通常包括营业成本、税金及附加、销售费用等。

与分部收入的确认相同，归属于经营分部的费用也来源于两个渠道：一是可以直接归属于经营分部的费用，即直接由经营分部的业务交易而发生；二是可以间接归属于经营分部的费用，即企业交易发生的费用在相关分部之间进行分配，按属于某经营分部的费用金额确认为分部费用。

分部费用通常不包括下列项目：①利息费用（包括因预收或向其他分部借款而确认的利息费用），如发行债券等，但分部的日常活动是金融性质的除外。②营业外支出，如处置固定资产、无形资产等发生的净损失。③处置投资发生的净损失，但分部的日常活动是金融性质的除外。④采用权益法核算的长期股权投资确认的投资损失，但分部的日常活动是金融性质的除外。⑤与企业整体相关的管理费用和其他费用。

【例8-11】沿用【例8-9】的资料。皮带分部的利润为13 800万元，占所有盈利分部利润404 200万元的比例为3.41%（13 800÷404 200×100%），低于10%的条件。因此，从这一条件判断，乙公司在确定报告分部时，不应当将皮带分部确定为报告分部。

销售公司分部的利润为50 000万元，占所有盈利分部利润404 200万元的比例为12.37%（50 000÷404 200×100%），满足了不低于10%的条件。因此，从这一条件判断，乙公司在确定报告分部时，应当将销售公司分部确定为报告分部。

（3）该分部的分部资产占所有分部资产合计额的10%或者以上。

分部资产是指经营分部日常活动中使用的可以归属于该分部的资产，不包括递延所得税资产。如果与两个或多个经营分部共用资产相关的收入和费用也分配给这些经营分部，该共用资产应分配给这些经营分部。共用资产的折旧费或摊销费在计量分部经营成果时被扣减的，该资产应包括在分部资产中。企业在计量分部资产时，应当按照分部资产的账面价值进行计量，即按照扣除相关累计折旧或摊销额以及累计减值准备后的金额计量。

通常情况下，分部资产与利润（亏损）、分部费用等之间存在一定的对应关系：①如果分部利润（亏损）包括利息或股利收入，分部资产中就应当包括相应的应收账款、贷款、投资或其他金融资产。②如果分部费用包括某项固定资产的折旧费用，分部资产中就应当包括固定资产。③如果分部费用包括某项无形资产或商誉的摊销额或减值额，分部资产中就应当包括该项无形资产或商誉。

【例8-12】沿用【例8-9】的资料。运输公司分部的资产为300 000万元，占所有分部资产合计3 790 000万元的比例为7.92%（300 000÷3 790 000×100%），低于10%的条件。因此，从这一条件判断，乙公司在确定报告分部时，不应当将运输公司分部确定为报告分部。

公文包分部的资产为590 000万元，占所有分部资产合计3 790 000万元的比例为15.57%（590 000÷3 790 000×100%），满足了不低于10%的条件。因此，从这一条件判断，乙公司在确定报告分部时，应当将公文包分部确定为报告分部。

2.低于10%重要性标准的选择

经营分部未满足上述10%重要性判断标准的，可以按照下列规定确定报告分部：

（1）企业管理层如果认为披露该经营分部信息对会计信息使用者有用，那么可以将其确定为报告分部。在这种情况下，无论该分部是否满足10%的重要性标准，企业都可以直接将其指定为报告分部。

（2）将该经营分部与一个或一个以上具有相似经济特征、满足经营分部合并条件的其他经营分部合并，作为一个报告分部。对经营分部10%的重要性测试可能会导致企业拥有大量未满足10%数量临界线的经营分部，在这种情况下，如果企业没有直接将这些分部指定为报告分部，可以将一个或一个以上具有相似经济特征、满足经营分部合并条件的一个以上经营分部合并成一个报告分部。

（3）不将该经营分部指定为报告分部，也不将该经营分部与其他未作为报告分部的经营分部合并为一个报告分部的，企业在披露分部信息时，应当将该经营分部的信息与其他组成部分的信息合并，作为其他项目单独披露。

3.报告分部75%的标准

企业的经营分部达到规定的10%重要性标准确认为报告分部后，确定为报告分部的经营分部的对外交易收入合计额占合并总收入或企业总收入的比重应当达到75%的比例。如果未达到75%的标准，企业必须增加报告分部的数量，将其他未作为报告分部的经营分部纳入报告分部的范围，直到该比重达到75%。

此时，其他未作为报告分部的经营分部很可能未满足前述规定的10%重要性标准，但为了使报告分部的对外交易收入合计额占合并总收入或企业总收入的总体比重能够达到

75%的比例要求，也应当将其确定为报告分部。

【例8-13】沿用【例8-9】的资料。根据报告分部的确定条件，符合条件已被确定为报告分部的分别是皮箱分部、手提包分部、公文包分部和销售公司分部，由于各报告分部的对外交易收入占企业总收入的比重分别为35.8%、16.5%、13.7%和24.8%，合计为90.8%，已达到75%的限制性标准，不需再增加报告分部的数量。具体计算结果见表8-5。

表8-5　　　　　　　　　　　　报告分部重要性标准计算结果　　　　　　　　　　　金额单位：万元

项　　目	皮　箱	手提包	公文包	销售公司	小　计	…	合　计
营业收入	431 000	260 000	230 000	270 000	1 191 000	…	1 310 000
其中：对外交易收入	390 000	180 000	150 000	270 000	990 000	…	1 090 000
分部间交易收入	41 000	80 000	80 000		201 000	…	220 000
对外交易收入占企业总收入的百分比	35.8%	16.5%	13.7%	24.8%	90.8%		100%

4.报告分部的数量

报告分部的数量通常不应当超过10个。如果报告分部的数量超过10个，企业应当考虑将具有相似经济特征、满足经营分部合并条件的报告分部合并，以使合并后的报告分部数量不超过10个。

5.为提供可比信息确定报告分部

企业在确定报告分部时，除应当遵循相应的确定标准以外，还应当考虑不同会计期间分部信息的可比性和一致性。

对于某一经营分部，在上期可能满足报告分部的确定条件从而确定为报告分部，但本期可能并不满足报告分部的确定条件。此时，如果企业认为该分部仍然重要，单独披露该分部的信息能够更有助于报表使用者了解企业的整体情况，则无须考虑该经营分部确定为报告分部的条件，仍应当将该经营分部确定为本期的报告分部。

对于某一经营分部，在本期可能满足报告分部的确定条件从而确定为报告分部，但上期可能并不满足报告分部的确定条件从而未确定为报告分部。此时，出于比较目的提供以前会计期间的分部信息应当予以重述，以将该经营分部反映为一个报告分部，即使不满足确定为报告分部的条件也是如此。如果重述所需要的信息无法获得，或者不符合成本效益原则，则不需要重述以前会计期间的分部信息。不论是否对以前期间相应的报告分部信息进行重述，企业均应当在报表附注中披露这一事实。

三、分部信息的披露

企业在披露分部信息时，应当有助于会计信息使用者评价企业所从事经营活动的性质和财务影响，以及经营所处的经济环境。企业应当以对外提供的财务报表为基础披露分部信息；对外提供合并财务报表的企业，应当以合并财务报表为基础披露分部信息。

（一）描述性信息

1.确定报告分部考虑的因素

确定报告分部考虑的因素，通常包括企业管理层是否按照产品和服务、地理区域、监管环境差异或综合各种因素进行组织管理。

【例8-14】沿用【例8-9】的资料。乙公司披露的确定报告分部考虑的因素如下：本公司的报告分部都是提供不同产品或服务的业务单元。由于各种业务的技术和市场战略不同，因此，本公司分别独立管理各个报告分部的生产经营活动，分别评价其经营成果，以决定向其配置资源、评价其业绩。

2.报告分部的产品和劳务类型

【例8-15】沿用【例8-9】的资料。乙公司披露的报告分部的产品和业务的类型如下：本公司有4个报告分部，分别为皮箱分部、手提包分部、公文包分部和销售公司分部。皮箱分部负责生产皮箱；手提包分部负责生产手提包；公文包分部负责生产公文包；销售公司分部负责销售本公司各组成部分生产的各种产品。

（二）每一报告分部的利润（亏损）总额、资产总额、负债总额信息

1.每一报告分部的利润（亏损）总额信息

每一报告分部的利润（亏损）总额信息，包括利润（亏损）总额组成项目的信息。

企业管理层在计量报告分部利润（亏损）时运用了下列数据，或者未运用下列数据但定期提供给企业管理层的，应当在附注中披露每一报告分部的下列信息：（1）对外交易收入和分部间交易收入。（2）利息收入和利息费用。但是报告分部的日常活动是金融性质的除外。报告分部的日常活动是金融性质的，可以仅披露利息收入减去利息费用后的净额，同时披露这一处理方法。（3）折旧费用和摊销费用，以及其他重大的非现金项目。（4）采用权益法核算的长期股权投资确认的投资收益。（5）所得税费用或所得税收益。（6）其他重大的收益或费用项目。

2.每一报告分部的资产总额、负债总额信息

每一报告分部的资产总额、负债总额信息，包括资产总额组成项目的信息。

企业管理层在计量报告分部资产时运用了下列数据，或者未运用下列数据但定期提供给企业管理层的，应当在附注中披露每一报告分部的下列信息：（1）采用权益法核算的长期股权投资金额。（2）非流动资产（不包括金融资产、独立账户资产、递延所得税资产）金额。报告分部的负债金额定期提供给企业管理层的，企业应当在附注中披露每一报告分部的负债金额。分部负债是指分部经营活动形成的可归属于该分部的负债，不包括递延所得税负债。如果与两个或多个经营分部共同承担的负债相关的费用分配给这些经营分部，该共同承担的负债也应当分配给这些经营分部。

【例8-16】沿用【例8-9】的资料。假定乙公司总部资产总额为20 000万元，总部负债总额为12 000万元，其他资料如表8-6所示。

表8-6　　　　　　　　　　　　　　**乙公司其他资料**　　　　　　　　　　单位：万元

项　　目	品牌A	品牌B	品牌C	品牌D	手提包	公文包	皮　带	销售公司	运输公司	合　计
折旧费用	8 250	8 850	5 900	5 320	20 620	13 150	8 100	23 620	14 500	108 310
摊销费用	750	900	1040	490	860	1 350	230	210		5 830
利润总额	31 000	28 000	32 050	37 950	104 000	87 400	17 000	50 000	16 800	404 200
所得税费用	7 750	7 000	8 012.5	9 487.5	26 000	21 850	4 250	12 500	4 200	101 050
净利润	23 250	21 000	24 037.5	28 462.5	78 000	65 550	12 750	37 500	12 600	303 150
资本性支出	20 000	15 000	50 000	8 500	35 000	7 600		850	400	137 350

根据上述相关资料，乙公司编制的报告分部利润（亏损）、资产及负债信息见表8-7（前期的比较数据略）。

表8-7　　　　　　　　乙公司报告分部利润（亏损）、资产及负债信息　　　　　　单位：万元

项　目	皮箱分部	手提包分部	公文包分部	销售公司分部	其　他	分部间抵销	合　计
一、对外交易收入	390 000	180 000	150 000	270 000	100 000		1 090 000
二、分部间交易收入	41 000	80 000	80 000		19 000	(220 000)	220 000
三、对联营和合营企业的投资收益							—
四、资产减值损失							
五、折旧和摊销费	31 500	21 480	14 500	23 830	22 830		114 140
六、利润总额（亏损总额）	129 000	104 000	87 400	50 000	33 800		404 200
七、所得税费用	32 250	26 000	21 850	12 500	8 450		101 050
八、净利润（净亏损）	96 750	78 000	65 550	37 500	25 350		303 150
九、资产总额	1 300 000	650 000	590 000	700 000	570 000		3 810 000
十、负债总额	550 000	300 000	200 000	300 000	342 000		1 692 000
十一、其他重要的非现金项目							
折旧费和摊销费以外的其他非现金费用	93 500	35 000	7 600	850	400		137 350
对联营企业和合营企业的长期股权投资							
长期股权投资以外的其他非流动资产增加额							

（三）分部会计政策

1.分部会计政策的披露

分部会计政策是指编制合并财务报表或企业财务报表时采用的会计政策，以及与分部报告特别相关的会计政策。

由于分部信息是企业整体财务信息的一个分解，企业提供分部信息所采用的会计政策应当与编制企业集团合并财务报表或企业财务报表时所采用的会计政策一致。同时，由于分部信息不同于企业整体财务信息，某些分部信息对于外部会计信息使用者来说是有用的和相关的，因此，企业提供分部信息时除采用与编制企业集团合并财务报表或企业财务报表时相一致的会计政策以外，还会采用一些与分部特别相关的会计政策。

与分部报告特别相关的会计政策包括：（1）分部的确定；（2）分部间转移价格的确定

方法；（3）将收入和费用分配给分部的基础等。

企业应当披露分部会计政策。但是，如果分部会计政策与合并财务报表或企业财务报表一致，并且已按相关准则等规定在附注中进行了相关披露，则不需要在披露分部信息时重复披露。

2.分部间转移价格的确定及变更

为准确计量分部间转移交易，企业在确定分部间交易收入时，应当以实际交易价格为基础计量。转移价格的确定基础应当在附注中予以披露。

同时，因企业不同期间生产的产品的成本等不同，可能会导致不同期间分部间转移价格的确定产生差异，对于转移交易价格的变更情况，也应当在附注中进行披露。

（四）报告分部信息与企业信息总额的衔接

企业披露的分部信息，应当与合并财务报表或企业财务报表中的总额信息相衔接。

1.报告分部收入总额应当与企业收入总额相衔接

报告分部收入包括可归属于报告分部的对外交易收入和对其他分部交易收入。

报告分部收入总额在与企业收入总额相衔接时，需要将报告分部之间的内部交易进行抵销。各个报告分部的收入总额加上未包含在任何分部中的对外交易收入金额之和，扣除报告分部之间交易形成的收入后的金额，应当与企业收入总额一致。

2.报告分部利润（亏损）总额应当与企业利润（亏损）总额相衔接

报告分部利润（亏损）总额与企业利润（亏损）总额进行衔接时，需要将报告分部之间的内部交易产生的利润（亏损）进行抵销。各个报告分部的利润（亏损）总额，加上未包含在任何报告分部中的利润（亏损）后的金额，扣除报告分部之间交易形成的利润（亏损）后的金额，应当与企业利润（亏损）总额一致。

3.报告分部资产总额应当与企业资产总额相衔接

企业资产总额由归属于报告分部的资产总额和未分配给各个报告分部的资产总额组成。报告分部资产总额加上未分配给各个报告分部的资产总额的合计额，与企业资产总额相一致。

4.分部负债总额应当与企业负债总额相衔接

企业负债总额由归属于报告分部的负债总额和未分配给各个报告分部的负债总额组成。报告分部负债总额加上未分配给各个报告分部的负债总额的合计额，与企业负债总额相一致。

（五）报告分部的比较信息

企业在披露分部信息时，为可比起见，应当提供前期的比较数据。对于某一经营分部，如果本期满足报告分部的确定条件从而确定为报告分部的，即使前期没有满足报告分部的确定条件从而未确定为报告分部的，也应当提供前期的比较数据。但是，重述信息不切实可行的除外。

企业内部组织结构改变导致报告分部组成发生变化的，应当提供前期比较数据。但是，提供比较数据不切实可行的除外。企业未提供前期比较数据的，应当在报告分部组成发生变化的当年，同时披露以新的报告分部和旧的报告分部为基础编制的分部信息。

不论企业是否提供前期比较数据，均应披露这一事实。

（六）未作为报告分部信息组成部分进行披露的内容

除已经作为报告分部信息组成部分的披露内容外，企业还应当披露下列信息：

（1）每一产品和劳务或每一类似产品和劳务的对外交易收入。但是，披露相关信息不切实可行的除外。企业披露相关信息不切实可行的，应当披露这一事实。企业披露的每一产品和劳务或每一类似产品和劳务的对外交易收入金额，应当以用于编制企业财务报表的信息为基础。

（2）企业取得的来自于本国的对外交易收入总额，以及企业从其他国家或地区取得的对外交易收入总额。但是，披露相关信息不切实可行的除外。企业披露相关信息不切实可行的，应当披露这一事实。如果企业从某个国家或地区取得的对外交易收入金额重要，应当单独予以披露。

（3）企业取得的位于本国的非流动资产（不包括金融资产、独立账户资产、递延所得税资产）总额，以及企业位于其他国家或地区的非流动资产（不包括金融资产、独立账户资产、递延所得税资产）总额。但是，披露相关信息不切实可行的除外。企业披露相关信息不切实可行的，应当披露这一事实。如果企业位于某个国家或地区的非流动资产金额重要，应当单独予以披露。

（4）企业对主要客户的依赖程度。企业与某一外部客户交易收入占合并总收入或企业总收入的10%或以上，应当披露这一事实，以及来自该外部客户的总收入和相关报告分部的特征。企业不需要报告主要客户的身份，每一报告分部也不需要报告来自该客户的收入。

复习思考题

1. 中期财务报告包括哪些内容？其编制的原则是什么？与年度财务报告相比，编制原则应如何完善？

2. 中期财务报告的编制要求有哪些？中期合并财务报表的编制有什么要求？中期比较财务报表的编制有什么要求？

3. 简述中期财务报表附注编制的要求及内容。

4. 什么是会计政策、会计估计、会计要素？它们在中期财务报告中如何运用？

5. 对季节性、周期性、偶然性取得的收入如何确认和计量？

6. 说明经营分部的确定方法。

7. 说明报告分部的确定方法。

练习题

一、单项选择题

1. 下列有关中期财务报告的表述中，符合会计准则的是（　　）。

A. 中期会计报表的附注应当以本中期期间为基础编制

B. 中期会计计量应当以年初至本中期末为基础进行

C. 编制中期会计报表时应当以年度数据为基础进行重要性判断

D. 对于年度中不均匀发生的费用，在中期会计报表中应当采用预提或待摊的方法处理

2.对于会计年度中不均匀发生的费用,下列方法中错误的是(　　　)。

A.在会计年度末可以预提或待摊　　　　B.在中期财务报表中预提或待摊

C.在费用发生时予以确认　　　　　　　D.在费用发生时予以计量

3.中期财务报告中应披露的会计政策变更的影响数,不包括(　　　)。

A.对以前年度的累积影响数

B.对变更中期至本期末的估计影响数

C.对当年度会计政策变更前各中期损益的影响数

D.对变更中期年初至变更中期末损益的影响数

4.在中期财务报告中,(　　　)可以适当简化,但应当遵循重要性原则。

A.利润表　　　　　B.资产负债表　　　　C.现金流量表　　　　D.会计报表附注

5.甲公司为上市公司,需要对外提供季度财务报告,对外提供的2017年第二季度的利润表中,不应当包括(　　　)的数据。

A.2017年4月1日—4月30日　　　　　B.2017年4月1日—6月30日

C.2017年1月1日—6月30日　　　　　D.2016年1月1日—6月30日

6.下列资产中,不属于分部资产的是(　　　)。

A.用于分部经营活动的流动资产　　　　B.用于分部经营活动的非流动资产

C.用于分部经营活动的货币性资产　　　D.递延所得税资产

7.已经纳入分部报表范围的各个分部对外营业收入总额应达到企业营业收入总额的75%,否则(　　　)。

A.不再对外提供分部营业报告

B.按已经纳入并低于营业收入总额75%提供分部报告

C.需将更多的分部纳入分部报告编制范围

D.无规定

8.以下有关分部报告的叙述中,错误的是(　　　)。

A.分部报告通常是作为财务报告的组成部分予以披露的

B.在企业财务报告仅披露个别报表的情况下,其分部报告的披露以个别财务报表为基础列报

C.在企业财务报告披露合并报表的情况下,其分部报告的披露仍以个别财务报表为基础列报

D.分部信息应披露确定报告分部所考虑的因素及各报告分部产品和劳务的类型

9.对于分部报告来说,下列不需要披露的信息是(　　　)。

A.分部资产　　　　B.分部负债　　　　C.分部股东权益　　　　D.分部收入

10.以下不属于中期财务报告应当提供的比较财务报表是(　　　)。

A.本中期末的资产负债表和上年度末的资产负债表

B.年初至本中期末的现金流量表和上年度年初至可比本中期末的现金流量表

C.年初至本中期末的股东权益变动表和上年度年初至可比本中期末的股东权益变动表

D.年初至本中期末的利润表以及上年度可比期间的利润表

二、多项选择题

1.中期财务报告至少应当包含的内容有（　　）。

A.资产负债表

B.利润表

C.所有者权益变动表

D.附注

2.下列关于上市公司中期报告的表述中，正确的有（　　）。

A.中期会计计量应以年初至本中期末为基础

B.中期报告中应同时提供合并报表和母公司报表

C.对中期报表项目进行重要性判断应以预计的年度数据为基础

D.中期报表中各会计要素的确认与计量标准应与年度报表相一致

3.会计期间分为年度和中期，中期财务报告是指（　　）。

A.年报

B.半年报告

C.季度报告

D.月度报告

4.中期财务报告附注中应当包括的内容有（　　）。

A.存在控制关系的关联方发生变化的情况；关联方之间发生交易的，应当披露关联方关系的性质、交易的类型和交易要素

B.合并范围发生变化的情况

C.中期财务报表所采用的会计政策与上年度财务报表相一致的说明

D.中期资产负债表日至中期财务报告批准报出日之间发生的非调整事项

5.下列各项中，编制分部报告确定经营分部时，属于可以将两个或多个经营分部合并为一个经营分部条件的有（　　）。

A.生产过程的性质相同或相似

B.产品或劳务的客户类型相同或相似

C.销售产品或提供劳务的方式相同或相似

D.生产产品或提供劳务受法律、行政法规的影响相同或相似

6.经营分部的大部分收入是对外交易收入，且满足下列条件之一的，应将其确定为报告分部（　　）。

A.该分部的分部收入占所有分部收入合计的10%以上

B.该分部的分部利润（亏损）的绝对额，占所有盈利分部利润合计额或者所有亏损分部亏损合计额的绝对额两者中较大者的10%或者以上

C.该分部的分部资产占所有分部资产合计额的10%或者以上

D.该分部的分部资产占所有分部资产合计额的10%以上

7.经营分部确定时应考虑的主要因素有（　　）。

A.该组成部分能够在日常活动中产生收入、发生费用

B.企业管理层能够定期评价该组成部分的经营成果，以决定向其配置资源、评价其业绩

C.企业的组织结构

D.企业能够取得该组成部分的财务状况、经营成果和现金流量等有关会计信息

8.分部费用通常包括（　　）。

A.营业成本

B.税金及附加

C.销售费用

D.营业外支出

9.企业报告分部确定后，应当披露的信息包括（　　）。

A.确定报告分部考虑的因素、报告分部的产品和劳务的类型

B.每一报告分部的利润（亏损）总额相关信息

C.每一产品和劳务或每一类似产品和劳务组合的对外交易收入

D.每一报告分部的资产总额、负债总额相关信息

10.下列各项关于分部报告的表述中，正确的有（　　　）。

A.企业应当以经营分部为基础确定报告分部

B.企业披露分部信息时无须提供前期比较数据

C.企业披露的报告分部收入总额应当与企业收入总额相衔接

D.企业披露分部信息时应披露每一报告分部的利润总额及组成项目的信息

三、判断题

1.甲公司为一家需要编制季度财务报告的企业，但无须单独披露第四季度财务报告，假设企业在第四季度对固定资产折旧年限的估计作了重大变更，则应当在其中期会计报表附注中披露该变更的内容、理由及影响金额。（　　）

2.企业在会计年度中不均匀发生的费用，应在发生时予以确认和计量，不应在中期财务报表中预提或待摊，但会计年度末允许预提或待摊的除外。（　　）

3.中期财务报告是指以全年度预测数为基础编制的财务报告。（　　）

4.如果企业因原始数据收集、整理或者记录等方面的原因，无法对比较财务报表中的有关项目进行重分类，应当在附注中说明不能进行重分类的原因。（　　）

5.重要性原则的运用应当保证中期财务报告包括与理解企业中期末财务状况和中期经营成果及现金流量相关的信息。（　　）

6.企业应当以对外提供的财务报表为基础披露分部信息。对外提供合并财务报表的企业，应当以合并财务报表为基础披露分部信息。（　　）

7.地区分部以某行政区域作为划分依据，可以是单一国家，也可以是两个或两个以上相邻国家的组合；可以是一个国家内的行政区域，也可以是一个国家两个或两个相邻的行政区域的组合。（　　）

8.报告分部的对外交易收入总额占合并总收入或企业总收入的比重未达到75%的，应将其他分部确定为报告分部（即使它们未满足上述规定的条件），直到该比重达到75%。（　　）

9.风险和报酬主要受企业的产品和劳务差异影响的，披露分部信息的主要形式应当是地区分部，次要形式是业务分部。（　　）

10.低于10%的重要性标准不能确定为报告分部。（　　）

四、计算及业务处理题

1.甲公司从2017年1月1日起，将无形资产的期末计价方式由账面摊余价值改为账面价值与可收回金额孰低。甲公司2015年1月20日购入的某项专利权，实际成本为4 800万元，预计使用年限为16年，按16年平均摊销，摊销年限与税法一致。2015年年末、2016年年末预计可收回金额分别为4 200万元、3 500万元。

要求：计算2017年1月1日—6月30日该无形资产的摊销金额与上年同期的差额，计算改变政策对期初留存收益的影响数和对2017年半年度中期税后利润的影响（假定预计使用年限不变，对无形资产期末计价变更，不调整2015年和2016年已摊销金额）。

2.甲公司是一家以服装大类产品出口为主营业务的集团公司，在多年的经营基础上，现已形成业务相对明确并有一定规模的衬衫系列、西装系列、运动装系列、休闲装系列、综合商务等5个分部，按地区形成了中国、美国、英国、日本4个分部。假设2016年其各分部的相关数据如表8-8所示。

表8-8 　　　　　　　　　　　　　2016年度甲公司各分部资料

2016年12月31日　　　　　　　　　　　　　　　单位：元

项　　目	衬衫分部	西装分部	运动装分部	休闲装分部	综合商务分部	汇总数额
对外部单位销售	26 000 000	4 600 000	4 000 000	2 250 000	1 500 000	38 350 000
对其他分部销售	7 500 000	3 000 000	800 000	750 000	0	12 050 000
销售合计	7 500 000	7 600 000	4 800 000	3 000 000	1 500 000	12 050 000
分部利润（损失）	3 750 000	900 000	（450 000）	225 000	（150 000）	12 050 000
分部可辨认资产	38 000 000	20 000 000	15 000 000	4 500 000	6 000 000	12 050 000

要求：根据具体情况分析如何确定其分部报告的报告分部主体单位。

第八章练习题参考答案

第九章

特殊行业会计

学习目标

在学习和理解本章内容时，应当关注：（1）生物资产的含义与类型。（2）生物资产的初始计量和后续计量。生物资产应当按照成本进行初始计量；通常应当采用历史成本对生物资产进行后续计量，但有确凿证据表明其公允价值能够持续可靠取得的除外。（3）原保险合同的含义。（4）原保险合同收入的确认和计量。对于分期收取保费的寿险原保险合同，保险人应当根据当期应收取的保费确定保费收入金额；对于一次性收取保费的寿险原保险合同，保险人应当根据一次性应收取的保费确定保费收入金额。（5）油气开采活动支出的类型。除了学习本章的内容外，还应当认真阅读《企业会计准则第5号——生物资产》《企业会计准则第25号——原保险合同》《企业会计准则第26号——再保险合同《企业会计准则第27号——石油天然气开采》及相关指南和解释。

重点难点

生物资产的确认与计量；原保险合同会计核算；分出业务的会计处理；分入业务的会计处理；石油天然气开采的确认和计量。

第一节 生物资产会计

一、生物资产概述

（一）生物资产的含义与特征

生物资产是指与农业生产相关的有生命的（即活的）动物和植物。生物资产与企业的存货、固定资产等一般资产不同，具有特殊的自然增值性。从定义中可以看出，生物资产具有以下两个特征：

1.生物资产是有生命的动物或植物

将生物资产定义为"有生命的动物和植物"，这一界定对生物资产和农产品进行了本质的区分。农产品与生物资产密不可分，当其附着在生物资产上时，作为生物资产的一部分，不需要单独进行会计处理；而当其从生物资产上收获时开始，离开生物资产这一母体，一般具有鲜活、易腐的特点，因此应该区别于工业企业一般意义上的产品单独核算。

2.生物资产与农业生产密切相关

生物资产准则所称"农业"是广义的范畴，即"农林牧副渔"，包括种植业、畜牧养殖业、林业和水产业等行业。企业从事农业生产就是要增强生物转化能力，最终获得更多的符合市场需要的农产品。农业生产管理的对象包括如下两部分：（1）将生物资产转化为农产品的活动。例如，种植业作物生长和收获而获得稻谷、小麦等农产品的活动过程；畜牧养殖业试验和收获而获得林产品、经济林木的生产和管理获得水果等的活动过程；水产业中养殖获得水产品等活动过程。（2）其他生物资产的生物转化的活动。例如，经济林木在达到预定生产经营目的前的生产和管理、奶牛在第一次产奶前的饲养等活动。

农业生产与收获时点的农产品相关，但与对收获后的农产品进行加工的活动（以下简称"加工活动"）必须严格区分。农业生产活动针对的是有生命的生物资产，而加工活动针对的是收获后的农产品，例如，将绵羊产出的羊毛加工成毛毯、将收获的甘蔗加工成蔗糖、将奶牛产出的牛奶加工成奶酪、将从果树采摘的水果加工成水果罐头等。因此，加工活动并不包含在生物资产准则所指的农业生产范畴之内。

（二）生物资产的分类

我国《企业会计准则第5号——生物资产》将生物资产分为消耗性生物资产、生产性生物资产和公益性生物资产。

1.消耗性生物资产

消耗性生物资产是指为出售而持有的，或在将来收获为农产品的生物资产，包括生长中的大田作物、蔬菜、用材林以及存栏待售的牲畜等。它们与存货是有区别的，它们是有生命的资产，如农田中的小麦，它现在是生长在农田中，是有生命的，未来是可以收获为小麦的。

2.生产性生物资产

生产性生物资产是指为产出农产品、提供劳务或出租等目的而持有的生物资产，包括经济林、薪炭林、产畜和役畜等。生产性生物资产具备自我生长性，能够在持续的基础上予以消耗并在未来的一段时间内保持其服务能力或未来经济利益，属于有生命的劳动手段。与消耗性生物资产相比较，生产性生物资产的最大不同在于，生产性生物资产具有能够在生产经营中长期、反复使用，从而不断产出农产品或者长期使用的特征。消耗性生物资产收获农产品之后，该资产就不复存在；而生产性生物资产产出农产品之后，该资产仍然保留，并可以在未来期间继续产出农产品，如薪炭林收获柴薪但仍保留树干等。因此，通常认为生产性生物资产在一定程度上具有固定资产的特征，例如，果树每年产出水果、奶牛每年产奶等。

3.公益性生物资产

公益性生物资产是指以防护、环境保护为主要目的生物资产，包括防风固沙林、水土保持林和水源涵养林等。

从目的上来看，公益性生物资产与消耗性生物资产和生产性生物资产有本质不同。后两者的目的是直接给企业带来经济利益，而公益性生物资产主要是出于防护、环境保护等目的，尽管其不能直接给企业带来经济利益，但具有服务潜能，有助于企业从相关资产获得经济利益，如防风固沙林和水土保持林能带来防风固沙、保持水土的效能，风景林具有美化环境、休息游览的效能等，因此应当确认为生物资产，并且应当单独核算。

提示

我国企业会计准则规定的"生物资产"的概念与《国际会计准则第41号》的规定相同，但《国际会计准则第41号》将生物资产分为消耗性生物资产和生产性生物资产，没有我国企业会计准则中规定的公益性生物资产。

二、生物资产的初始计量

生物资产准则规定，生物资产应当按照成本进行初始计量。生物资产取得方式不同，其成本确定和会计处理也有所不同。以下按照其取得方式分别介绍其会计核算：

（一）外购的生物资产

无论是消耗性生物资产、生产性生物资产还是公益性生物资产，外购的生物资产的成本包括购买价款、相关税费、运输费、保险费以及可直接归属于购买该资产的其他支出。其中，可直接归属于购买该资产的其他支出包括场地整理费、装卸费、栽植费、专业人员服务费等。

企业外购的生物资产，按应计入生物资产成本的金额，借记"消耗性生物资产""生产性生物资产"或"公益性生物资产"科目，贷记"银行存款""应付账款""应付票据"等科目。

企业用一笔款项一次性购入多项生物资产时，购买过程中发生的相关税费、运输费、保险费等可直接归属于购买该资产的其他支出，应当按照各项生物资产的价款比例进行分配，分别确定各项生物资产的成本。

【例9-1】2×16年2月，甲农业企业从市场上一次性购买了6头种牛、15头种猪和600头猪苗，单价分别为4 000元、1 400元和250元，支付的价款共计195 000元，此外，发生的运输费为4 500元，保险费为3 000元，装卸费为2 250元，款项全部以银行存款支付。

（1）确定应分摊的运输费、保险费和装卸费：

分摊比例＝（4 500＋3 000＋2 250）÷195 000×100%＝5%

6头种牛应分摊：6×4 000×5%＝1 200（元）

15头种猪应分摊：15×1 400×5%＝1 050（元）

600头猪苗应分摊：600×250×5%＝7 500（元）

（2）确定种牛、种猪和猪苗的入账价值：

6头种牛的入账价值：6×4 000＋1 200＝3 600（元）

15头种猪的入账价值：15×1 400＋1 050＝22 050（元）

600头猪苗的入账价值：600×250＋7 500＝157 500（元）

甲农业企业的账务处理如下：

借：生产性生物资产——种牛   3 600

       ——种猪   22 050

  消耗性生物资产——猪苗   157 500

　　　贷：银行存款　　　　　　　　　　　　　　　　　　　　　　　　　　　　183 150

（二）自行繁殖、营造的生物资产

　　对自行繁殖、营造的生物资产而言，其成本确定的一般原则是按照自行繁殖或营造（即培育）过程中发生的必要支出确定，既包括直接材料、直接人工、其他直接费，也包括应分摊的间接费用。

　　【例9-2】甲企业2×16年3月使用一台拖拉机翻耕土地100公顷用于小麦和玉米的种植，其中60公顷种植玉米、40公顷种植小麦。该拖拉机原值为60 300元，预计净残值为300元，按照工作量法计提折旧，预计可以翻耕土地6 000公顷。

　　有关计算如下：

　　应当计提的拖拉机折旧=（60 300-300）÷6 000×100=1 000（元）

　　玉米应当分配的机械作业费=1 000÷（60+40）×60=600（元）

　　小麦应当分配的机械作业费=1 000÷（60+40）×40=400（元）

　　甲企业的账务处理如下：

　　借：消耗性生物资产——玉米　　　　　　　　　　　　　　　　　　　　　600
　　　　　　　　　　　　——小麦　　　　　　　　　　　　　　　　　　　　400
　　　贷：累计折旧　　　　　　　　　　　　　　　　　　　　　　　　　　1 000

　　【例9-3】甲企业自2×16年开始自行营造100公顷橡胶树，当年发生种苗费189 000元，平整土地和定植所需的机械作业费55 500元，定植当年抚育发生肥料及农药费250 500元、人员工资等450 000元。

　　甲企业的账务处理如下：

　　借：生产性生物资产——橡胶树　　　　　　　　　　　　　　　　　945 000
　　　贷：原材料——种苗　　　　　　　　　　　　　　　　　　　　　189 000
　　　　　　　　——肥料及农药　　　　　　　　　　　　　　　　　　250 500
　　　　应付职工薪酬　　　　　　　　　　　　　　　　　　　　　　450 000
　　　　累计折旧　　　　　　　　　　　　　　　　　　　　　　　　　55 500

（三）投资者投入的生物资产

　　投资者投入的生物资产，应按投资合同或协议约定的价值确定，但合同或协议约定价值不公允的除外。

　　【例9-4】甲企业（有限责任公司）接受投资者投入一批生物资产，作为本公司生产性生物资产，该批生物资产的账面原值300 000元，已经计提折旧60 000元，双方协商按照当时的市场价值250 000元来确定投资额。

　　借：生产性生物资产　　　　　　　　　　　　　　　　　　　　　250 000
　　　贷：实收资本　　　　　　　　　　　　　　　　　　　　　　　250 000

提示

　　其他方式取得生物资产的会计核算，在此就不再举例了。同学们可阅读《企业会计准则讲解》中的有关内容来思考非货币性资产交换、债务重组、企业合并等方式取得生物资产的会计核算。

三、生物资产的后续计量

（一）采用成本模式计量生物资产

在我国，由于生物资产交易市场不发达，处于不同生长阶段的各类生物资产的公允价值一般难以取得。因此，生物资产准则规定通常应当采用历史成本对生物资产进行后续计量，但有确凿证据表明其公允价值能够持续可靠取得的除外。

在生物资产采用历史成本进行计量的情况下，消耗性生物资产按成本减累计跌价准备计量；未成熟的生产性生物资产按成本减累计减值准备计量，成熟的生产性生物资产按成本减累计折旧及累计减值准备计量；公益性生物资产按成本计量。

> **提示**
>
> 消耗性生物资产类似于存货，后续计量要减累计跌价准备；生产性生物资产类似于固定资产，要减去减值准备与累计折旧进行计量；公益性生物资产不考虑减值与折旧。

1.成熟的生产性生物资产折旧的计提

成熟的生产性生物资产进入正常生产期，可以多年连续稳定产出农产品、提供劳务或用于出租，因此，应当按期计提折旧，以与其给企业带来的经济利益流入相配比。

> **提示**
>
> 折旧的前提，是该生产性生物资产已经属于成熟的生产性生物资产，可以多年连续稳定产出农产品、提供劳务或用于出租。

（1）需要计提折旧的生产性生物资产的范围。

当期增加的成熟生产性生物资产应当计提折旧，一旦提足折旧，不论能否继续使用，均不再计提折旧。需要注意的是，以融资租赁方式租入的生产性生物资产和以经营租赁方式租出的生产性生物资产，应当计提折旧；以融资租赁方式租出的生产性生物资产和以经营租赁方式租入的生产性生物资产，不应计提折旧。

（2）预计生产性生物资产的使用寿命。

企业确定生产性生物资产的使用寿命，应当考虑下列因素：该资产的预计产出能力或实物产量；该资产的预计有形损耗，如产畜和役畜衰老、经济林老化等；该资产的预计无形损耗，如因新品种的出现而使现有的生产性生物资产的产出能力和产出农产品的质量等方面相对下降、市场需求的变化使生产性生物资产产出的农产品相对过时等。

在实务中，企业应在考虑这些因素的基础上，结合不同生产性生物资产的具体情况作出判断。例如，在考虑林木类生产性生物资产的使用寿命时，可以考虑诸如温度、湿度和降雨量等生物特征、灌溉特征、嫁接和修剪程序、植物的种类和分类、植物的株间距、所使用初生主根的类型、采摘或收割的方法、所生产产品的预计市场需求等。在相同的环境下，同样的生产性生物资产的预计使用寿命应该基本相同。

（3）生产性生物资产的折旧方法。

生物资产准则规定企业可选用的折旧方法包括年限平均法、工作量法、产量法等。在具体运用时，企业应当根据生产性生物资产的具体情况，合理选择相应的折旧方法。

企业应当结合本企业的具体情况，根据生产性生物资产的类别，制定适合本企业的生产性生物资产目录、分类方法。对于达到预定经营目的的生产性生物资产，还应根据生产性生物资产的性质、使用情况和有关经济利益的预期实现方式，合理确定生产性生物资产的使用寿命、预计净残值和折旧方法，作为进行生产性生物资产核算的依据。

生物资产准则规定，企业至少应当于每年年度终了对生产性生物资产的使用寿命、预计净残值和折旧方法进行复核。如果生产性生物资产的使用寿命或预计净残值的预期数与原先估计数有差异，或者有关经济利益预期实现方式有重大改变，企业应当作为会计估计变更，按照《企业会计准则第28号——会计政策、会计估计变更和差错更正》的规定进行会计处理，调整生产性生物资产的使用寿命或预计净残值或者改变折旧方法。

（4）生产性生物资产计提折旧的账务处理。

企业应当按期对达到预定生产经营目的的生产性生物资产计提折旧，并根据受益对象分别计入将收获的农产品成本、劳务成本、出租费用等。对成熟生产性生物资产按期计提折旧时，借记"生产成本""管理费用"等科目，贷记"生产性生物资产累计折旧"科目。

2.生物资产减值

生物资产准则规定，企业至少应当于每年年度终了对消耗性生物资产和生产性生物资产进行检查，有确凿证据表明上述生物资产发生减值的，应当计提生物资产跌价准备或减值准备。企业首先应当注意消耗性生物资产和生产性生物资产是否有发生减值的迹象，在此基础上计算确定消耗性生物资产的可变现净值或生产性生物资产的可收回金额。

提示

跌价准备——对消耗性生物资产而言，它相当于存货。

减值准备——对生产性生物资产而言，它相当于固定资产。

（1）判断消耗性生物资产和生产性生物资产减值的主要迹象。

生物资产准则对消耗性生物资产和生产性生物资产的减值采取了易于判断的方式，即企业至少应当于每年年度终了对消耗性生物资产和生产性生物资产进行检查，有确凿证据表明由于遭受自然灾害、病虫害、动物疫病侵袭或市场需求变化等原因，上述生物资产才可能存在减值迹象。

具体来说，消耗性生物资产和生产性生物资产存在下列情形之一的，通常表明可变现净值或可收回金额低于账面价值：因遭受火灾、旱灾、水灾、冻灾、台风、冰雹等自然灾害，造成消耗性生物资产或生产性生物资产发生实体损坏，影响该资产的进一步生长或生产，从而降低其产生经济利益的能力；因遭受病虫害或者疯牛病、禽流感、口蹄疫等动物疫病侵袭，造成消耗性生物资产或生产性生物资产的市场价格大幅度持续下跌，并且在可预见的未来无回升的希望；因消费者偏好改变而使企业的消耗性生物资产或生产性生物资产收获的农产品的市场需求发生变化，导致市场价格逐渐下跌；因企业所处经营环境，如动植物检验检疫标准等发生重大变化，从而对企业产生不利影响，导致消耗性生物资产或生产性生物资产的市场价格逐渐下跌；其他足以证明消耗性生物资产或生产性生物资产实质上已经发生减值的情形。

（2）计提减值准备。

消耗性生物资产的可变现净值或生产性生物资产的可收回金额低于其成本或账面价值时，企业应当按照可变现净值或可收回金额低于账面价值的差额，计提生物资产跌价准备或减值准备，借记"资产减值损失"科目，贷记"存货跌价准备——消耗性生物资产"或

"生产性生物资产减值准备"科目。

消耗性生物资产的可变现净值是指在日常活动中，消耗性生物资产的估计售价减去至出售时估计将要发生的成本、估计的销售费用以及相关税费后的金额，其确定应当遵循《企业会计准则第1号——存货》。生产性生物资产的可收回金额根据其公允价值减去处置费用后的净额与资产预计未来现金流量的现值两者之间较高者确定，应当遵循《企业会计准则第8号——资产减值》。

【例9-5】甲农业企业种植玉米150公顷，已发生成本330 000元。2×17年7月遭受冰雹，致使玉米严重受灾，期末玉米的可变现净值估计为300 000元。甲企业的账务处理如下：

借：资产减值损失——消耗性生物资产（玉米）　　　　　　　　30 000
　　贷：存货跌价准备——消耗性生物资产（玉米）　　　　　　　　　30 000

【例9-6】2×17年8月，甲企业的橡胶园曾遭受过一次台风袭击，12月31日甲企业对橡胶园进行检查时认为可能发生减值。该橡胶园公允价值减去处置费用后的净额为1 200 000元，尚可使用5年，预计在未来5年内产生的现金净流量分别为400 000元、360 000元、320 000元、250 000元、200 000元（其中2×22年的现金流量已经考虑使用寿命结束时进行处置的现金净流量）。在考虑有关风险的基础上，甲企业决定采用5%的折现率。该橡胶园2×17年12月31日的账面价值为1 500 000元，以前年度没有计提减值准备。有关计算过程见表9-1。

表9-1　　　　　　甲企业生物资产未来现金流量现值计算表

年　度	预计未来现金流量（元）	折现率（%）	折现系数	现值（元）
2×18	400 000	5	0.9524	380 960
2×19	360 000	5	0.9070	326 520
2×20	320 000	5	0.8638	276 416
2×21	250 000	5	0.8227	205 675
2×22	200 000	5	0.7835	156 700
合　计				1 346 271

未来现金流量现值1 346 271元＞销售净价1 200 000元，因此该橡胶园的可收回金额为1 346 271元，应计提的减值准备＝1 500 000－1 346 271＝153 729（元）。甲企业的账务处理如下：

借：资产减值损失——生产性生物资产（橡胶）　　　　　　　　153 729
　　贷：生产性生物资产减值准备——橡胶　　　　　　　　　　　　153 729

（3）已确认的消耗性生物资产跌价损失的转回。

企业在每年年度终了对消耗性生物资产进行检查时，如果消耗性生物资产减值的影响因素已经消失，减记金额应当予以恢复，并在原已计提的跌价准备金额内转回。转回的金额计入当期损益，借记"存货跌价准备——消耗性生物资产"科目，贷记"资产减值损失"科目。根据《企业会计准则第8号——资产减值》的规定，生产性生物资产减值准备一经计提，不得转回。

3.公益性生物资产不计提减值准备

对于公益性生物资产而言，由于其持有目的与消耗性生物资产和生产性生物资产有本质不同，主要是出于防护、环境保护等特殊公益性目的，具有非经营性的特点，因此生物资产准则规定公益性生物资产不计提减值准备。

（二）采用公允价值模式计量生物资产

1.采用公允价值计量的条件

根据生物资产准则的规定，生物资产通常按照成本计量，但有确凿证据表明其公允价值能够持续可靠取得的除外。对于采用公允价值计量的生物资产，生物资产准则规定了严格的条件，应当同时满足下列两个条件：（1）生物资产有活跃的交易市场，即该生物资产能够在交易市场中直接交易。活跃的交易市场，是指同时具有下列特征的市场：市场内交易的对象具有同质性；可随时找到自愿交易的买方和卖方；市场价格信息是公开的。（2）能够从交易市场上取得同类或类似生物资产的市场价格及其他相关信息，从而对生物资产的公允价值作出科学合理的估计。同类或类似的生物资产，是指品种相同、质量等级相同或类似、生长时间相同或类似、所处气候和地理环境相同或类似的有生命的动物和植物。这一规定表明，企业能够客观而非主观随意地使用公允价值。

此外，对于不存在活跃交易市场的生物资产，采用下列一种或多种方法，有确凿证据表明确定的公允价值是可靠的，也可以采用公允价值计量：（1）从交易日到资产负债表日经济环境未发生重大变化的情况下，最近期的交易市场价格；（2）对资产差别进行调整的类似资产的市场价格；（3）行业基准，比如以亩表示的果园价值、千克肉表示的畜牧价值等；（4）以使用该项生物资产的预期净现金流量的现值（不包括进一步生物转化活动可能增加的价值）作为该资产当前的公允价值。

2.公允价值模式下的会计处理

在公允价值模式下，企业不再对生物资产计提折旧和计提跌价准备或减值准备，应当以资产负债表日生物资产的公允价值减去估计销售时所发生费用后的净额计量，各期变动计入当期损益。一般情况下，企业对生物资产的计量模式一经确定，不得随意变更。

四、生物资产的收获

收获是指消耗性生物资产生长过程的结束，如收割小麦、采伐用材林等，以及农产品从生产性生物资产上分离，如从苹果树上采摘下苹果、奶牛产出牛奶、绵羊产出羊毛等。

（一）收获农产品会计核算的一般要求

企业应当按照成本核算对象（消耗性生物资产、生产性生物资产、公益性生物资产和农产品）设置明细账，并按成本项目设置专栏，进行明细分类核算。

从收获农产品成本核算的截止时点来看，由于种植业产品和林产品一般具有季节性强、生产周期长、经济再生产与自然再生产相交织的特点，种植业产品和林产品成本计算期因不同产品的特点而异。因此，企业在确定收获农产品的成本时，应特别注意成本计算的截止时点，而在收获时点之后的农产品应当适用《企业会计准则第1号——存货》，按照成本与可变现净值孰低计量。例如，粮豆的成本算至入库或能够销售；棉花算至皮棉；

纤维作物、香料作物、人参、啤酒花等算至纤维等初级产品；草成本算至干草；不入库的鲜活产品算至销售；入库的鲜活产品算至入库；年底尚未脱粒的作物，其产品成本算至预提脱粒费用等。再如，育苗的成本计算截至出圃；采割阶段，林木采伐算至原木产品；橡胶算至加工成干胶或浓缩胶乳；茶的成本计算截至各种毛茶；水果等其他收获活动计算至产品能够销售等。

（二）收获农产品的会计处理

1.消耗性生物资产收获农产品的会计处理

从消耗性生物资产上收获农产品后，消耗性生物资产自身完全转为农产品而不复存在，如肉猪宰杀后的猪肉、收获后的蔬菜、用材林采伐后的木材等，企业应当将收获时点消耗性生物资产的账面价值结转为农产品的成本。借记"农产品"科目，贷记"消耗性生物资产"科目，已计提跌价准备的，还应同时结转跌价准备，借记"存货跌价准备——消耗性生物资产"科目；对于不通过入库直接销售的鲜活产品等，按实际成本，借记"主营业务成本"。

【例9-7】甲种植企业2×17年6月入库小麦20吨，成本为12 000元。甲企业的账务处理如下：

借：农产品——小麦　　　　　　　　　　　　　　　　　　　　　　　12 000
　　贷：消耗性生物资产——小麦　　　　　　　　　　　　　　　　　　　　　　12 000

2.生产性生物资产收获农产品的会计处理

生产性生物资产具备自我生长性，能够在生产经营中长期、反复使用，从而不断产出农产品。从生产性生物资产上收获农产品后，生产性生物资产这一母体仍然存在，如奶牛产出牛奶、从果树上采摘下水果等。农业生产过程中发生的各项生产费用，按照经济用途可以分为直接材料、直接人工等直接费用以及间接费用，企业应当区别处理：

（1）农产品收获过程中发生的直接材料、直接人工等直接费用，直接计入相关成本核算对象，借记"农业生产成本——农产品"科目，贷记"库存现金""银行存款""原材料""应付职工薪酬""生产性生物资产累计折旧"等科目。

【例9-8】甲奶牛养殖企业2×17年1月发生奶牛（已进入产奶期）的饲养费用如下：领用饲料5 000千克，计1 200元，应付饲养人员工资3 000元，以现金支付防疫费500元。甲企业的账务处理如下：

借：农业生产成本——农产品（牛奶）　　　　　　　　　　　　　　　　4 700
　　贷：原材料　　　　　　　　　　　　　　　　　　　　　　　　　　　　　1 200
　　　　应付职工薪酬　　　　　　　　　　　　　　　　　　　　　　　　　　3 000
　　　　库存现金　　　　　　　　　　　　　　　　　　　　　　　　　　　　　500

（2）农产品收获过程中发生的间接费用，如材料费、人工费、生产性生物资产的折旧费等应分摊的共同费用，应当在生产成本归集，借记"农业生产成本——共同费用"科目，贷记"库存现金""银行存款""原材料""应付职工薪酬""生产性生物资产累计折旧"等科目；在会计期末按一定的分配标准，分配计入有关的成本核算对象，借记"农业生产成本——农产品"科目，贷记"农业生产成本——共同费用"科目。

实务中，常用的间接费用分配方法通常以直接费用或直接人工为基础，直接费用比例法以生物资产或农产品相关的直接费用为分配标准，直接人工比例法以直接从事生产的工人工资为分配标准，其公式为：

间接费用分配率＝间接费用总额÷分配标准（即直接费用总额或直接人工总额）×100%

某项生物资产或农产品应分配的间接费用额＝该项资产相关的直接费用或直接人工×间接费用分配率

除此之外，还可以直接材料、生产工时等为基础进行分配，企业可以根据实际情况加以选用。例如，蔬菜的温床费用分配计算公式如下：

蔬菜应分配的温床（温室）费用＝［温床（温室）费用总数÷实际使用的格日（平方米日）总数］×该种蔬菜占用的格日（平方米日）数

其中，温床格日数是指某种蔬菜占用温床格数和在温床生产日数的乘积，温室平方米日数是指某种蔬菜占用温室的平方米数和在温室生长日数的乘积。

【例9-9】甲农场利用温床培育丝瓜、西红柿两种秧苗，温床费用为3 200元。其中，丝瓜占用温床40格，生长期为30天；西红柿占用温床10格，生长期为40天。秧苗育成移至温室栽培后，发生温室费用15 200元。其中，丝瓜占用温室1 000平方米，生长期为70天；西红柿占用温室1 500平方米，生长期为80天。两种蔬菜发生的直接生产费用为3 000元，其中丝瓜1 360元，西红柿1 640元；应负担的间接费用共计4 500元，采用直接费用比例法分配。丝瓜和西红柿两种蔬菜的产量分别为38 000千克和29 000千克。

有关计算如下：

丝瓜应分配的温床费用＝3 200÷（40×30＋10×40）×40×30＝2 400（元）

丝瓜应分配的温室费用＝15 200÷（1 000×70＋1 500×80）×1 000×70＝5 600（元）

丝瓜应分配的间接费用＝4 500÷（1 360＋1 640）×1 360＝2 040（元）

西红柿应分配的温床费用＝3 200÷（40×30＋10×40）×10×40＝800（元）

西红柿应分配的温室费用＝15 200÷（1 000×70＋1 500×80）×1 500×80＝9 600（元）

西红柿应分配的间接费用＝4 500÷（1 360＋1 640）×1 640＝2 460（元）

（三）成本结转方法

在收获时点，企业应当将该时点归属于某农产品生产成本的账面价值结转为农产品的成本，借记"农产品"科目，贷记"农业生产成本——农产品"科目。具体的成本结转方法包括加权平均法、个别计价法、蓄积量比例法、轮伐期年限法等。企业可以根据实际情况选用合适的成本结转方法，但是一经确定，不得随意变更。

【例9-10】甲畜牧养殖企业2×17年5月末养殖的肉猪账面余额为24 000元，共计40头；6月6日花费7 000元新购入一批肉猪养殖，共计10头；6月30日屠宰并出售肉猪20头，支付临时工屠宰费用100元，出售取得价款16 000元；6月份共发生饲养费用500元（其中，应付专职饲养员工资300元、饲料200元）。甲企业采用移动加权平均法结转成本。

甲企业的账务处理如下：

平均单位成本＝（24 000＋7 000＋500）÷（40＋10）＝630（元）

出售猪肉的成本＝630×20＝12 600（元）

借：消耗性生物资产——肉猪		7 000
贷：银行存款		7 000
借：消耗性生物资产——肉猪		500
贷：应付职工薪酬		300
原材料		200

　　借：农产品——猪肉　　　　　　　　　　　　　　　　　　　　　　　　12 700
　　　　贷：消耗性生物资产　　　　　　　　　　　　　　　　　　　　　　　　　12 600
　　　　　　库存现金　　　　　　　　　　　　　　　　　　　　　　　　　　　　100
　　借：库存现金　　　　　　　　　　　　　　　　　　　　　　　　　　　16 000
　　　　贷：主营业务收入　　　　　　　　　　　　　　　　　　　　　　　　　16 000
　　借：主营业务成本　　　　　　　　　　　　　　　　　　　　　　　　　12 700
　　　　贷：农产品——猪肉　　　　　　　　　　　　　　　　　　　　　　　　12 700

　　蓄积量比例法、轮伐期年限法等方法都是林业中通常使用的方法，具有林业的特殊性，以下分述之：

　　1.蓄积量比例法

　　蓄积量比例法以达到经济成熟可供采伐的林木为"完工"标志，包括已成熟和未成熟的所有林木按照完工程度（林龄、林木培育程度、费用发生程度等）折算为达到经济成熟可供采伐的林木总体蓄积量，然后，按照当期采伐林木的蓄积量占折算的林木总体蓄积量的比例，确定应该结转的林木资产成本。该方法主要适用于择伐方式和林木资产由于择伐更新使其价值处于不断变动的情况。计算公式如下：

　　某期应结转的林木资产成本 =（当期采伐林木的蓄积量÷林木总体蓄积量）×期初林木资产账面总值

　　2.轮伐期年限法

　　轮伐期年限法将林木原始价值按照可持续经营的要求，在其轮伐期的年份内平均摊销，并结转林木资产成本。其中，轮伐期是指将一块林地上的林木均衡分批、轮流采伐一次所需要的时间（通常以年为单位计算）。计算公式如下：

　　某期应结转的林木资产成本 = 林木资产原值÷轮伐期

　　3.折耗率法

　　折耗率法也是林业上常用的方法之一。该方法按照采伐林木所消耗林木蓄积量占到采伐为止预计该地区、该树种可能达到的总蓄积量摊销、结转所采伐林木资产成本。计算公式如下：

　　采伐的林木应摊销的林木资产价值 = 折耗率×所采伐林木的蓄积量

　　折耗率 = 林木资产总价值÷到采伐为止预计的总蓄积量

　　其中的折耗率应分树种、地区分别测算；林木资产总价值是指该地区、该树种的营造林历史成本总和；预计总蓄积量是指到采伐为止预计该地区、该树种可能达到的总蓄积量。

五、生物资产的处置

（一）生物资产出售

　　生物资产出售时，企业应按实际收到的金额，借记"银行存款"等科目，贷记"主营业务收入"等科目；应按其账面余额，借记"主营业务成本"等科目，贷记"生产性生物资产""消耗性生物资产"等科目，已计提跌价或减值准备或折旧的，还应同时结转跌价或减值准备或累计折旧。

　　【例9-11】甲畜牧养殖企业于2×17年10月将育成的40头仔猪出售给乙食品加工厂，价款总额为20 000元，货款尚未收到。出售时仔猪的账面余额为12 000元，未计提跌价准备。

甲企业的账务处理如下：

借：应收账款——乙食品加工厂 20 000

　贷：主营业务收入 20 000

借：主营业务成本 12 000

　贷：消耗性生物资产——育肥猪 12 000

（二）生物资产盘亏或死亡、毁损

生物资产盘亏或死亡、毁损时，应当将处置收入扣除其账面价值和相关税费后的余额先记入"待处理财产损溢"科目，待查明原因后，根据企业的管理权限，经股东大会、董事会、经理（场长）会议或类似机构批准后，在期末结账前处理完毕。生物资产因盘亏或死亡、毁损造成的损失，在减去过失人或者保险公司等的赔款和残余价值之后，计入当期管理费用；属于自然灾害等非常损失的，计入营业外支出。

【例9-12】甲企业于2×17年8月4日丢失3头种猪，账面原值为11 600元，已经计提折旧600元；8月29日经查实，饲养员赵五应赔偿3 000元。甲企业的账务处理如下：

借：待处理财产损溢 11 000

　生产性生物资产累计折旧 600

　贷：生产性生物资产——种猪 11 600

借：其他应收款——赵五 3 000

　管理费用 8 000

　贷：待处理财产损溢 11 000

（三）生物资产转换

生物资产改变用途后的成本应当按照改变用途时的账面价值确定，也就是说，将转出生物资产的账面价值作为转入资产的实际成本。通常包括如下情况：

（1）产畜或役畜淘汰转为育肥畜，或者林木类生产性生物资产转为林木类消耗性生物资产时，按转变用途时的账面价值，借记"消耗性生物资产"科目，按已计提的累计折旧，借记"生产性生物资产累计折旧"科目，按其账面余额，贷记"生产性生物资产"科目。已计提减值准备的，还应同时结转已计提的减值准备。

育肥畜转为产畜或役畜，或者林木类消耗性生物资产转为林木类生产性生物资产时，应按其账面余额，借记"生产性生物资产"科目，贷记"消耗性生物资产"科目。已计提跌价准备的，还应同时结转跌价准备。

【例9-13】2×17年4月，甲企业自行繁殖的50头种猪转为育肥猪，此批种猪的账面原价为500 000元，已经计提的累计折旧为200 000元，已经计提的资产减值准备为30 000元。

甲企业的账务处理如下：

借：消耗性生物资产——育肥猪 270 000

　生产性生物资产累计折旧 200 000

　生产性生物资产减值准备 30 000

　贷：生产性生物资产——成熟生产性生物资产（种猪） 500 000

（2）消耗性生物资产、生产性生物资产转为公益性生物资产时，应当按照相关准则规定，考虑其是否发生减值，发生减值时，应首先计提减值准备，并以计提减值准备后的账面价值作为公益性生物资产的入账价值。转换时，应按其扣除减值准备后的账面价值，借记"公益性生物资产"科目，按已计提的生产性生物资产累计折旧，借记"生产性生物资产累计折旧"科目，按已计提的减值准备，借记"存货跌价准备""生产性生物资产减值准备"科目，按账面余额，贷记"消耗性生物资产""生产性生物资产"科目。

【例9-14】2×17年7月，由于区域生态环境的需要，甲林业有限责任公司的12公顷造纸原料林（杨树）被划为防风固沙林，仍由公司负责管理，该林的账面余额为80 000元，已经计提的跌价准备为5 000元。甲企业的账务处理如下：

借：公益性生物资产——防风固沙林（杨树）	75 000
存货跌价准备——消耗性生物资产	5 000
贷：消耗性生物资产——造纸原料林（杨树）	80 000

公益性生物资产转为消耗性生物资产或生产性生物资产时，应按其账面余额，借记"消耗性生物资产"或"生产性生物资产"科目，贷记"公益性生物资产"科目。

【例9-15】2×17年9月，甲林业有限责任公司根据所属区域的林业发展规划相关政策调整，将以马尾松为主的800公顷防风固沙林，全部转为以采脂为目的的商品林，该马尾松的账面价值为2 000 000元。其中，已经具备采脂条件的为600公顷，账面价值为1 600 000元，其余的尚不具备采脂条件。2×17年11月，甲公司根据国家政策规定，将100公顷作为防风固沙林的杨树转为作为造纸原料的商品林，该杨树账面余额为180 000元。

甲企业的账务处理如下：

2×17年9月：

借：生产性生物资产——成熟生产性生物资产（马尾松）	1 600 000
——未成熟生产性生物资产（马尾松）	400 000
贷：公益性生物资产——防风固沙林（马尾松）	2 000 000

2×17年11月：

借：消耗性生物资产——造纸原料林（杨树）	180 000
贷：公益性生物资产——防风固沙林（杨树）	180 000

六、生物资产的会计信息披露

企业应当在附注中披露与生物资产有关的下列信息：（1）生物资产的类别以及各类生物资产的实物数量和账面价值；（2）各类消耗性生物资产的跌价准备累计金额，以及各类生产性生物资产的使用寿命、预计净残值、折旧方法、累计折旧和减值准备累计金额；（3）天然起源生物资产的类别、取得方式和实物数量；（4）用于担保的生物资产的账面价值；（5）与生物资产相关的风险情况与管理措施。

企业还应当在附注中披露与生物资产增减变动有关的下列信息：（1）因购买而增加的生物资产；（2）因自行培育而增加的生物资产；（3）因出售而减少的生物资产；（4）因盘亏或死亡、毁损而减少的生物资产；（5）计提的折旧及计提的跌价准备或减值准备；（6）其他变动。

第二节 保险合同会计

一、原保险合同会计

（一）原保险合同会计概述

1.原保险合同的定义

原保险合同是指保险人向投保人收取保费，对约定可能发生的事故因其发生所造成的财产损失承担赔偿保险金责任，或者当被保险人死亡、伤残、疾病或者达到约定的年龄、期限时承担给付保险金责任的保险合同。

保险人与投保人签订原保险合同，承担了源于被保险人的保险风险。判断保险人与投保人签订的合同是否属于原保险合同，应当关注合同的经济实质而不是法律形式，并根据合同条款判断保险人是否承担了被保险人的保险风险。如果保险人能够判断一组相对同质的合同中的某项合同，使保险人承担了被保险人的保险风险，那么不需要对该组相对同质合同中的其他合同进行分析判断，就可以确定该组相对同质的所有合同均属于原保险合同。

确定保险人是否承担了被保险人的保险风险，应当根据产品合同条款判断发生保险事故是否可能导致保险人承担赔付保险金责任。如果发生保险事故可能导致保险人承担赔付保险金责任，则保险人承担了被保险人的保险风险；如果发生保险事故不可能导致保险人承担赔付保险金责任，保险人就没有承担被保险人的保险风险。其中，保险事故是指保险合同约定的保险责任范围内的事故。例如，被保险人死亡、伤残、疾病或者达到约定的年龄、期限仍生存；火灾、爆炸、暴雨、台风、洪水、雷击、泥石流、雹灾、碰撞等可能造成财产损失的事故，均可在合同中约定作为保险事故。

2.原保险合同的分类

根据保险人在原保险合同延长期内是否承担赔付保险金责任，应将原保险合同分为寿险原保险合同和非寿险原保险合同。

如果保险人在原保险合同延长期内承担赔付保险金责任，该原保险合同为寿险原保险合同；如果保险人在原保险合同延长期内不承担赔付保险金责任，该原保险合同为非寿险原保险合同。通常情况下，定期寿险、终身寿险、两全保险、年金保险、长期健康保险等均属于寿险原保险合同；企业财产保险、家庭财产保险、工程保险、责任保险、信用保险、保证保险、机动车交通事故责任强制保险、船舶保险、货物运输保险、农业保险、短期健康保险和意外伤害保险等均属于非寿险原保险合同。

3.混合风险合同的分拆

保险人与投保人签订的合同，有可能使得保险人既承担保险风险，又承担其他风险。对于既含有保险风险又含有其他风险的合同，保险人应当分别情况进行处理。

保险风险部分和其他风险部分能够区分，并且能够单独计量的，保险人应当可以将保险风险部分和其他风险部分进行分拆，也可以不将二者进行分拆。通常情况下，只有在保险人根据合同条款就可以清楚地区分保险风险部分和其他风险部分，并且分拆处理后能够提供有关保险人财务状况和经营成果等更可靠、更相关的会计信息时，保险人应当将二者进行分拆。保险人将保险风险部分和其他风险部分进行分拆的，保险风险部分应确定为原保险合同，其他风险部分不应确定为原保险合同。保险人不能将保险风险部分和其他风险部分进行分拆的，应当将整个合同确定为原保险合同。

【例9-16】甲财产保险股份有限公司（以下简称"甲公司"）的B投资保障型（3年期）合同约定，每份保险金额为10 000元，每份保险金额对应的保险投资金为2 000元，每份保险的年保费为12元。保费由保险人从投资收益中获得（年收益率预计为2.2%），投保人无须在交纳保险投资金外另行支付。

本例中，甲公司的B投资保障型合同既有保险风险部分又有投资风险部分。根据合同条款可以清楚地认定保险风险部分为年保费12元，其他风险部分为保险投资金额2 000元。因此，甲公司可以将保险风险部分和其他风险部分进行分拆，将保险风险部分确定为原保险合同，将其他风险部分不确定为原保险合同。

4.重大保险风险测试

保险人签订的既有保险风险又有其他风险的保险混合合同，在保险风险部分和其他风险部分不能够区分，或者虽能够区分但不能够单独计量时，应当进行重大保险风险测试。如果保险风险重大，应当将整个合同确定为保险合同，按照原保险合同准则、再保险合同准则等进行处理；如果保险风险不重大，不应当将整个合同确定为保险合同，而应当按照《企业会计准则第22号——金融工具确认和计量》《企业会计准则第37号——金融工具列报》等进行处理。

（1）保险人应当以单项合同为基础进行重大保险风险测试。

在进行重大保险风险测试时，保险人应当在合同初始确认日以单项合同为基础进行，以单项合同为基础进行重大风险测试，更易于将一项合同归为保险合同。

（2）保险人可以按同质保险风险的合同组合为基础进行重大保险风险测试。

在进行重大保险风险测试时，如果不同合同的保险同险同质，保险人可以按合同组合为基础进行重大保险风险测试，这样更符合成本效益原则。在实务中，保险人应当在综合考虑产品业务线、产品特征、产品定价方法和方式、保险合同的风险特征、保单生效年度、保险人的风险管理政策等基础上确定分组水平，即保单组。分组标准在各年度应当保持一致，不得随意变更。如果保险人变更重大保险风险测试分组标准，应当对变更的原因、影响及变更的事实等进行披露。

（二）原保险合同会计核算

1.原保险合同收入的确认和计量

原保险合同保费收入同时满足下列条件时，才能予以确认：

（1）原保险合同成立并承担相应的保险责任。

原保险合同成立，是指原保险合同已经签订；承担相应的保险责任，是指保险人在原保险合同生效时开始承担约定的保险责任。保险人和投保人在签订原保险合同时，通常会约定一个保险责任起讫时间。例如，某非寿险原保险合同约定，保险责任起讫时间以保险单载明的时间为准，从保险责任起始日起，每12个月为一个保险年度。再如，某寿险原保险合同约定，保险责任自保险人同意承保并收到首期保费的次日零时开始，至合同列明的终止性保险事故发生时止。如果原保险合同签订日和生效日不是同一天，保险人在合同生效日前收到的款项，不应确认为保费收入，而应确认为一笔负债。

（2）与原保险合同相关的经济利益很可能流入。

与原保险合同相关的经济利益很可能流入，是指与原保险合同相关的保费收回的可能性大于不能收回的可能性。

保险人在确定保费能否收回时，应当结合以前和投保人交往的直接经验、投保人的信用和财务状况、其他方面取得的信息等因素，综合进行判断。如果投保人信用良好，能够按照合同约定的期限和金额按期支付保费，通常表明相关的经济利益很可能流入；如果投保人破产、死亡，财务状况出现严重困难，或由于其他原因造成投保人的生产或生存环境严重恶化，通常意味着相关的经济利益不是很可能流入。通常情况下，对于一次性收取保费的原保险合同，签订合同时通常会收到保费，即意味着相关的经济利益已经流入；对于分期收取保费的原保险合同，签订合同时通常会收到第一期保费，其他各期保费尚未收到，因此，其他各期保费是否能够收回，需要保险人进行职业判断。

（3）与原保险合同相关的收入能够可靠地计量。

保险人签发的原保险合同，保费金额通常已经确定，这表明保费收入金额能够可靠计量。对于非寿险原保险合同和寿险原保险合同，保险人承担的保险风险性质不同，保费计量依据的假设不同，保费收入的计量方法也各不相同。

2.原保险合同收入的会计处理

（1）非寿险原保险合同收入。

非寿险原保险合同的保险期间一般较短，保费通常一次性收取。即使在分期收取保费的情况下，投保人也一般不能单方面取消合同，保险人在签订原保险合同时通常即可认为保费收回的可能性大于不能收回的可能性。因此，保险人应当根据原保险合同约定的保费总额确定保费收入金额。

【例9-17】2×17年1月1日，甲公司与王某签订一份家庭财产保险合同，保险金额为1 000 000元，保险期间为1年，保费为1 000元。合同规定，甲公司自2月1日零时起开始承担保险责任。合同签订当日，甲公司收到王某缴纳的全部保费并存入银行。

甲公司的账务处理如下：

①1月1日收到保费1 000元：

借：银行存款 1 000
　　贷：预收保费 1 000

②2月1日确认原保费收入1 000元：

借：预收保费 1 000
　　贷：保费收入 1 000

【例9-18】2×17年1月1日，甲公司与丙公司签订一份工程保险合同，保险金额为4 000 000元，保险期间为2×17年1月1日零时至2×18年12月31日24时；保费总额为4 000元，分两年于每年年初等额收取。合同生效当日，甲公司收到第一期保费并存入银行。

甲公司的账务处理如下：

①2×17年1月1日收到保费2 000元，确认原保费收入4 000元：

借：银行存款 2 000
　　应收保费 2 000

贷：保费收入　　　　　　　　　　　　　　　　　　　　　　　　　　4 000

②2×18年1月1日收取保费2 000元：

借：银行存款　　　　　　　　　　　　　　　　　　　　　　　　　　2 000

　　贷：应收保费　　　　　　　　　　　　　　　　　　　　　　　　　　2 000

（2）寿险原保险合同收入。

寿险原保险合同的保险期间一般较长，保费通常分期收取，一次性趸交较少；投保人可以单方面取消合同，保费的收回存在不确定性。因此，对于分期收取保费的寿险原保险合同，保险人应当根据当期应收取的保费确定保费收入金额；对于一次性收取保费寿险原保险合同，保险人应当根据一次性应收取的保费确定保费收入金额。

【例9-19】2×16年12月31日，乙公司与李某签订一份定期寿险合同，保险金额为1 000 000元，保险期间为2×17年1月1日零时至2×36年12月31日24时；保费总额为60 000元，分5期于前5年每年1月1日等额收取。合同生效当日，乙公司收到李某缴纳的第一期保费12 000元（60 000÷5），乙公司的账务处理如下：

借：银行存款　　　　　　　　　　　　　　　　　　　　　　　　　　12 000

　　贷：保费收入　　　　　　　　　　　　　　　　　　　　　　　　　　12 000

以后各年收取保费的账务处理同上。

3.原保险合同准备金的确认和计量

原保险合同准备金包括未到期责任准备金、未决赔款准备金、寿险责任准备金和长期健康险责任准备金。其中，未到期责任准备金、未决赔款准备金适用于非寿险原保险合同，寿险责任准备金、长期健康险责任准备金适用于寿险原保险合同。

（1）未到期责任准备金。

在保险人按原保险合同约定的保费总额确认保费收入的情况下，为了真实地反映保险人当期已赚取的保费收入，保险人就有必要在确认保费收入的当期期末，按照保险精算确定的未到期责任准备金金额，提取未到期责任准备金，作为保费收入的调整，并确认未到期责任准备金负债。

未到期责任准备金是指保险人为尚未终止的非寿险保险责任提取的准备金。从性质上讲，对同一尚未终止的非寿险保险责任而言，保险人在资产负债表日按照保险精算重新计算确定的未到期责任准备金金额应当小于上一资产负债表日已确认的未到期责任准备金余额。保险人应当在资产负债表日，按照保险精算重新计算确定的未到期责任准备金金额与已确认的未到期责任准备金余额的差额，对未到期责任准备金余额进行调整。

（2）未决赔款准备金。

保险人与投保人签订原保险合同，向投保人收取保费，同时承担了在保险事故发生时向受益人赔付保险金的责任。对于非寿险原保险合同，在保险事故发生之前，保险人承担的向受益人赔付保险金的责任是一种潜在义务，不满足负债的确认条件，不应当确认为负债。保险事故一旦发生，保险人承担的向受益人赔付保险金的责任变成一种现时义务，满足负债的确认条件，应当确认为负债。因此，保险人应当在非寿险保险事故发生的当期，按照保险精算确定的未决赔款准备金额，提取未决赔款准备金，并确认未决赔款准备金负债。

未决赔款准备金是指保险人为非寿险保险事故已发生尚未结案的赔偿提取的准备金，包括已发生已报案未决赔偿准备金、已发生未报案未决赔偿准备金和理赔费用准备金。其中，已发生已报案未决赔偿准备金是指保险人为非寿险保险事故已发生并已向保险人提出索赔、尚未结案的赔偿提取的准备金。已发生已报案未决赔款准备金的基础数据主要来源于理赔部门，应当反映理赔部门对于理赔模式、赔付支出变化、零赔案、大赔案等问题的经验和判断。已发生未报案未决赔偿准备金是指保险人为非寿险保险事故已发生、尚未向保险人提出索赔的赔案提取的准备金。理赔费用准备金是指保险人为非寿险保险事故已发生尚未结案的赔案可能发生的律师费、诉讼费、损失检验费、相关理赔人员薪酬等理赔查勘费用提取的准备金。根据与具体赔案之间的关系，理赔费用准备金可分为直接理赔费用准备金和间接理赔费用准备金。保险人专门设置的理赔部门发生的理赔人员薪酬，通常应当根据与具体赔案之间的关系，分别归属于直接理赔费用准备金和间接理赔费用准备金。直接理赔费用准备金是指保险人为直接发生于具体赔案的律师费、诉讼费、损失检验费等提取的理赔费用准备金。间接理赔费用准备金是指保险人为非直接发生于具体赔案的理赔人员薪酬等理赔查勘费用提取的理赔费用准备金。在计算确定间接理赔费用准备金额时，保险精算部门通常采用比率分摊法进行评估。

（3）寿险（长期健康险）责任准备金。

寿险责任准备金是指保险人为尚未终止的人寿保险责任准备提取的准备金。长期健康险责任准备金是指保险人为尚未终止的长期健康保险责任准备金。通常情况下，对于定期寿险、终身寿险、两全寿险、年金寿险等原保险合同，保险人应当在确认保费收入的当期，根据保险精算部门确定的寿险责任准备金确认寿险责任准备金负债；对于长期健康保险等原保险合同，保险人应当在确认保费收入的当期，根据保险精算部门确定的长期健康险责任准备金确认长期健康险责任准备金负债。

基于会计信息质量特征中的谨慎性要求，并考虑成本效益原则，保险人应当至少于每年年度终了，以掌握的有关资料为依据，选择恰当的方法对保险责任准备金进行充足性测试。如果保险人按照保险精算重新计算确定的相关保险责任准备金金额超过充足性测试日已确认的相关保险责任准备金余额的，应当按照其差额补提相关保险责任准备金；如果保险人按照保险精算重新计算确定的相关保险责任准备金金额小于充足性测试日已确认的相关保险责任准备金余额的，不调整相关保险责任准备金。

4.原保险合同准备金的会计处理

【例9-20】2×17年11月1日，甲公司确认丁公司投保的A财产保险合同保费收入48 000元；11月31日，甲公司保险精算部门计算确定A财产保险合同未到期责任准备金金额为44 000元；12月31日，甲公司保险精算部门计算确定A财产保险合同未到期责任准备金金额为40 000元。

甲公司的账务处理如下：

（1）11月1日确认原保费收入48 000元：

借：银行存款   48 000

  贷：保费收入   48 000

（2）11月31日确认未到期责任准备金44 000元：

借：提取未到期责任准备金   44 000

  贷：未到期责任准备金   44 000

（3）12月31日调减未到期责任准备金4 000元（44 000-40 000）：

  借：未到期责任准备金   4 000

  贷：提取未到期责任准备金   4 000

【例9-21】2×17年5月31日，甲公司保险精算部门计算确定的某类财产保险合同未决赔偿准备金金额为100 000元。其中，已发生已报案未决赔款准备金为60 000元，已发生未报案未决赔款准备金为20 000元，理赔费用准备金为20 000元。甲公司的账务处理如下：

  借：提取保险责任准备金   100 000

  贷：保险责任准备金   100 000

5.原保险合同成本的确认和计量

原保险合同成本是指原保险合同发生的、会导致所有者权益减少的、与向所有者分配利润无关的经济利益的总流出。原保险合同成本主要包括保单取得成本、赔付成本，以及提取的未决赔款准备金、寿险责任准备金、长期健康险责任准备金等。

（1）保单取得成本。

保单取得成本是指保险人在取得原保险合同过程中发生的支出，包括发生的手续费或佣金支出、保单签订费、医药费、检查费等。

现行保单取得成本的会计处理方法主要有两种：一种是将保单取得成本资本化，在保险期间采用一定的方法进行摊销，计入当期损益，如美国的做法；另一种是将保单取得成本在发生时计入当期损益，国际会计准则理事会在关于保险合同项目第二阶段初步结论中倾向于采用这种方法，我国现行实务也采用这种方法。原保险合同准则规定，保单取得成本发生时计入当期损益。

（2）赔付成本。

赔付成本包括保险人支付的赔款、给付，以及在理赔过程中发生的律师费、诉讼费、损失检验费、相关理赔人员薪酬等理赔费用。

对于非寿险原保险合同，保险人在确定了实际应支付赔偿款项金额的当期，首先应当将确定支付的赔偿款项金额计入当期赔付支出；其次应当按照确定支付的赔偿款项金额，冲减相应的保险责任准备金（未决赔款准备金）余额。

对于寿险原保险合同，保险人在确定了实际支付给付款项金额的当期，首先应当将确定支付的给付款项金额，计入当期赔付支出；其次应当按照确定支付的给付款项金额，冲减相应的保险责任准备金（寿险责任准备金、长期健康险责任准备金）余额。

保险人发生的理赔费用，应当在实际发生的当期计入赔付支出，同时冲减相应的保险责任准备金（未决赔款准备金、寿险责任准备金、长期健康险责任准备金）余额。理赔费用准备金中包括的相关理赔人员薪酬，应当在实际分配的当期计入赔付支出，同时冲减相应的保险责任准备金（未决赔款准备金、寿险责任准备金、长期健康险责任准备金）余额。

6.原保险合同成本的会计处理

【例9-22】2×17年4月12日，甲公司确定应赔偿张某投保的家庭财产保险款80 000元，款项尚未支付。2×17年4月30日，甲公司为该保险事故确认的未决赔款准备金金额为80 000元。甲公司的账务处理如下：

借：赔付支出　　　　　　　　　　　　　　　　　　　80 000
　　贷：应付赔付款　　　　　　　　　　　　　　　　　　　　80 000
借：保险责任准备金　　　　　　　　　　　　　　　　80 000
　　贷：提取保险责任准备金　　　　　　　　　　　　　　　　80 000

【例9-23】2×17年5月15日，甲公司某被保险人发生交通事故死亡；5月20日，甲公司确定应赔偿该保险受益人保险款120 000元并于当日支付。甲公司的账务处理如下：

借：赔付支出　　　　　　　　　　　　　　　　　　　120 000
　　贷：银行存款　　　　　　　　　　　　　　　　　　　　　120 000

【例9-24】2×17年6月30日，乙公司确定应给付李某投保的团体终身寿险款项600 000元，款项尚未支付。乙公司的账务处理如下：

借：赔付支出　　　　　　　　　　　　　　　　　　　600 000
　　贷：应付赔付款　　　　　　　　　　　　　　　　　　　　600 000
借：保险责任准备金　　　　　　　　　　　　　　　　600 000
　　贷：提取保险责任准备金　　　　　　　　　　　　　　　　600 000

【例9-25】2×17年5月31日，乙公司分配相关理赔人员薪酬43 000元，其中与寿险责任准备金有关的金额为23 000元，与长期健康险责任准备金有关的金额为20 000元。乙公司的账务处理如下：

借：赔付支出　　　　　　　　　　　　　　　　　　　43 000
　　贷：应付职工薪酬　　　　　　　　　　　　　　　　　　　43 000
借：保险责任准备金——寿险责任准备金　　　　　　　23 000
　　　　　　　　　——长期健康险责任准备　　　　　　20 000
　　贷：提取保险责任准备金　　　　　　　　　　　　　　　　43 000

7.原保险合同提前解除的确认和计量

保险人与投保人签订的原保险合同，投保人由于各种原因可能提前解除。投保人要求提前解除原保险合同的，保险人应当按照原保险合同约定计算确定应退还投保人的金额，其表现形式是退保费。原保险合同提前解除时，保险人应当分别不同的原保险合同进行处理。

对于非寿险原保险合同，投保人在保险责任开始后要求提前解除原保险合同的，保险人可以收取自保险责任开始之日起至合同解除之日止期间的保险费，剩余的应当退还投保人的保险费即为退保费。投保人在保险责任开始前要求提前解除原保险合同的，投保人应当向保险人支付手续费，保险人应当退还保险费。保险人在这种情况下退还的保险费不是退保费，而是预收保费的退还。同时，保险人在确认非寿险原保险合同保费收入的当期，通过确认未到期责任准备金，已将保费收入调整为已赚取的保费收入。在非寿险原保险合同提前解除时，尚未赚取的保费收入已经不可能再赚取。因此，保险人应当在非寿险原保险合同提前解除时，转销相关的尚未赚取的保费收入，即转销相关未到期责任准备金余额。

对于寿险原保险合同，投保人在保险责任开始后提前解除原保险合同的，如果在犹豫期内，保险人应当在扣除手续费后退还保险费，退还的保险费作为退保费，应直接冲减保费收入。如果过了犹豫期，保险人应当按照合同约定退还保险单的现金价值，保险人退还的保险单的现金价值即为退保费，应计入退保金。同时，保险人在确认寿险原保险合同保费收入的当期，已经将未来应承担的赔付保险金责任确认为寿险责任准备金、长期健康险责任准备金。在寿险原保险合同提前解除时，保险人原确认的未来应承担的赔付保险金责任已经不复存在，应当同时转销相关准备金余额。因此，保险人应当在寿险原保险合同提前解除时，转销已确认的相关寿险责任准备金、长期健康险责任准备金。

8.原保险合同提前解除的会计处理

【例9-26】2×17年10月8日，甲公司收到丙公司通知，要求提前解除投保的企业财产保险合同。甲公司按约定计算应退还丙公司保费6 000元，并于当日以银行存款转账支付。假定甲公司已为该企业财产保险合同确认未到期责任准备金5 000元。甲公司的账务处理如下：

借：保费收入   6 000

   贷：银行存款   6 000

借：未到期责任准备金   5 000

   贷：提取未到期责任准备金   5 000

（三）原保险合同会计信息列报与披露

保险人应当在资产负债表中单独列示与原保险合同有关的下列项目：（1）未到期责任准备金；（2）未决赔款准备金；（3）寿险责任准备金；（4）长期健康险责任准备金。

保险人应当在利润表中单独列示与原保险合同有关的下列项目：（1）保费收入；（2）退保费；（3）提取未到期责任准备金；（4）已赚保费；（5）手续费支出；（6）赔付成本；（7）提取未决赔款准备金；（8）提取寿险责任准备金；（9）提取长期健康险责任准备金。

保险人应当在附注中披露与原保险合同有关的下列信息：（1）代位追偿款的有关情况；（2）损余物资的有关情况；（3）各项准备金的增减变动情况；（4）提取各项准备金及进行准备金充足性测试的主要精算假设和方法。

二、再保险合同会计

（一）再保险合同会计概述

1.再保险合同的定义及特征

再保险合同是指一个保险人（再保险分出人）分出一定的保费给另一个保险人（再保险接受人），再保险接受人对再保险分出人由原保险合同所引起的赔付成本及其他相关费用进行补偿的保险合同。再保险合同属于保险合同，与原保险合同相比较，具有以下特征：

（1）再保险合同是保险人与保险人之间签订的合同，一方为再保险分出人，另一方为再保险接受人。再保险分出人是根据再保险合同，有义务向再保险接受人支付一定保费，同时有权利就其由原保险合同所引起的赔付成本及其他相关费用从再保险接受人获得补偿的保险人；再保险接受人是根据再保险合同，有权利向再保险分出人收取一定保费，同时有义务对再保险分出人由原保险合同所引起的赔付成本及其他相关费用进行补偿的保险人。

（2）再保险合同是补偿性合同。不论原保险合同是寿险合同还是非寿险合同，再保险合同的标的都是再保险分出人所承担的保险责任。再保险合同不具有直接对原保险合同标的进行赔偿或给付的性质，而是以补偿再保险分出人对原保险合同所承担的保险责任为目的，即对于原保险合同标的发生保险事故所产生的损失，先由再保险分出人全额进行赔偿或给付，再将应由再保险接受人承担的部分摊回，然后由再保险接受人向再保险分出人进行补偿。

（3）再保险合同独立于原保险合同，这主要体现在再保险合同与原保险合同在法律上没有任何承继关系。一方面，再保险合同的再保险接受人与原保险合同的投保人和保险受益人之间不发生任何法律或业务关系，再保险合同的再保险接受人无权向原保险合同的投保人收取保费，原保险合同的保险受益人无权直接向再保险合同的再保险接受人提出索赔要求；另一方面，原保险合同的保险人（再保险合同的再保险分出人）也不得以再保险接受人不对其履行补偿义务为借口而拒绝、减少或延迟履行其对保险受益人的赔偿或给付义务。

2.再保险合同基本业务

再保险合同业务包括分出业务和分入业务。

再保险分出业务涉及分出保费、摊回分保手续费、摊回赔付成本等基本业务。同原保险转嫁风险需要支付保费相同，再保险分出人转嫁保险风险责任也要向再保险接受人支付一定的保费，这种保费叫作分保费或再保险费；同时，由于再保险分出人在销售原保险保单以及维护和管理保险业务过程中发生了一定的费用，再保险分出人需要向再保险接受人摊回一部分费用予以补偿，这种由再保险接受人支付给再保险分出人的费用称为分保手续费。当被保险人发生保险责任范围内的保险事故时，再保险分出人按原保险合同约定负责向保险受益人提供赔偿或给付，再将应由再保险接受人承担的份额摊回，此为摊回赔付成本。

与再保险分出业务相对应，再保险分入业务涉及收取分保费、支付分保手续费、支付分保赔付款等基本业务。

此外，再保险接受人与再保险分出人之间还有支付和收取纯益手续费的业务。纯益手续费是指再保险接受人为鼓励再保险分出人谨慎地选择原保险合同所承保的业务，在其取得纯益基础上付给再保险分出人一定比例（即纯益手续费率）的报酬。"纯益"指某个业务年度的再保险分入业务获得的纯收益，即该年度分入业务收入项目合计减去支出项目合计的差额。

（二）分出业务的会计处理

分出业务的会计处理主要包括应收分保准备金、分出保费及摊回款项、预收赔款和存入分保保证金等。

1.应收分保准备金的会计处理

应收分保准备金的确认应符合与有关原保险合同准备金不相互抵销的要求，即再保险分出人不应仅以各项原保险合同准备金扣除相关应收分保准备金后的金额列示于资产负债表。原保险合同准备金反映再保险分出人应付保险受益人的负债，而应收分保准备金反映的则是再保险分出人应收再保险接受人的债权。再保险合同的签订并不能减少或免除再保险分出人对原保险合同保险受益人的保险责任，无论再保险接受人能否对再保险分出人支付补偿金额，再保险分出人都要向保险受益人全额履行赔付义务。因此，应收分保准备金与相关原保险合同准备金不应相互抵销，抵销处理会掩盖再保险分出人客观存在的信用风险，造成信息披露不充分。

应收分保未到期责任准备金实质上属于分出的未赚保费，确认应收分保未到期责任准备金是对当期分出保费的调整，并非收入的实现。提取未到期责任准备金（含分保未到期责任准备金）和确认应收分保未到期责任准备金的最终结果都是对当期自留保费（原保险合同保费收入加上分保费收入再减去分出保费后的金额）的调整，即将当期的自留保费调整为已赚保费。因此，确认应收分保未到期责任准备金时应作冲减提取未到期责任准备金处理，通过"提取未到期责任准备金"科目集中反映将当期自留保费调整为已赚保费的调整金额。而应收分保未决赔款准备金、应收分保寿险责任准备金和应收分保长期健康险责任准备金都表示再保险分出人预期从再保险接受人处获得补偿的金额具有收入性质，确认时应作为摊回相应准备金处理。

【例9-27】2×16年12月2日，甲保险股份有限公司（以下简称甲公司）与A保险股份有限公司（以下简称A公司）签订一份分保财险再保险合同，将合同规定范围内的原保险业务向A公司办理分保。合同约定，分保比例为10%；分保手续费以分出保费作为计算基础，分保手续费率为25%；合同起期日为2×17年1月1日，保险责任期间为1年。2×17年1月1日，甲公司就该再保险合同规定业务范围内的某企业财产保险合同确认保费收入12万元；1月31日，甲公司就某企业财产保险合同提取未到期责任准备金11万元；3月18日，某企业财产保险合同约定的保险事故发生，至3月31日尚未结案定损，甲公司就该合同提取未决赔款准备金7 500万元。甲公司确认应收分保准备金的会计处理如下：

（1）2×17年1月31日，确认应收分保未到期责任准备金。

甲公司应确认的对A公司应收分保未到期责任准备金=11×10%=1.1（万元）

借：应收分保未到期责任准备金   1.1

    贷：提取未到期责任准备金   1.1

（分录中的金额单位为"万元"，下同）

（2）2×17年3月31日，确认应收分保未决赔款准备金。

甲公司应确认的对A公司应收分保未决赔款准备金=7 500×10%=750（万元）

借：应收分保未决赔款准备金   750

    贷：摊回未决赔偿准备金   750

2.分出保费及摊回款项的会计处理

分出业务的分出保费及摊回金额与原保险合同保费收入及相关费用所反映的经济内容与实质不同。原保险合同保费收入是再保险分出人向投保人销售保单，为承担源自被保险人的保险风险责任所取得的收入；分出保费则是再保险分出人向再保险接受人购买保险所付出的代价，不同于共同保险业务各保险人之间对保费收入的分配。分出业务各项摊回金额是对再保险分出人由原保险合同所引起的提取保险责任准备金、赔付成本及其他相关费用的补偿，而非对原保险合同受益人的直接赔偿或给付。因此，为全面、真实地反映再保险分出人原保险业务和再保险业务的经济内容与实质，再保险合同分出业务的分出保费不应直接记入原保险合同保费收入的借方进行抵减，再保险合同分出业务摊回准备金、摊回赔付成本、摊回分保费用不应直接记入原保险合同提取准备金、赔付成本、手续费支出等的贷方进行抵减，均应单独确认并在利润表中分别列报。

再保险分出人应当在确认原保险合同保费收入的当期，按照相关再保险合同的约定，计算确定分出保费和应向再保险接受人摊回的分保费用，计入当期损益。再保险分出人应当在确定支付赔付款项金额或实际发生理赔费用而冲减原保险合同相应准备金余额的当期，冲减相应的应收分保准备金余额；同时，按照相关再保险合同的约定，计算确定应向再保险接受人摊回的赔付成本，计入当期损益。

这里"摊回的分保费用"指摊回的分保手续费。

摊回准备金和摊回赔付成本的区别在于：摊回准备金是预计由再保险接受人补偿的金额；摊回赔付成本是由再保险接受人实际补偿的金额。因此，在确认摊回赔付成本的同时应冲减相应的摊回准备金。

【例9-28】2×17年1月31日，乙公司与客户刘某签订一份人身意外伤害保险合同，保险金额为360万元，自2×17年2月1日零时合同生效，保险期间为1年；刘某于合同生效当日一次性交纳保险费0.72万元，乙公司开始承担保险责任并确认了保费收入。该份人身意外伤害保险合同属于乙公司与E保险股份有限公司（以下简称E公司）签订的再保险合同约定的业务范围。该再保险合同约定：每一被保险人的意外险自留额为100万元，E公司的分保额最高限额为300万元，分保手续费率为25%。2×17年7月10日，被保险人刘某发生车祸死亡，乙公司确定该事故属于全额赔偿责任范围，于事故发生当月确认了赔付成本360万元。2×17年7月29日，乙公司向刘某家属支付了保险赔款，该保险事故结案。乙公司就上述业务计算出应向E公司分出的保费金额为0.52万元（0.72×（360-100）÷360），分保手续费金额为0.13万元（0.52×25%），应从E公司摊回赔款金额为260万元（360×（360-100）÷360）。乙公司分出保费、摊回分保费用、摊回赔付成本的账务处理如下：

（1）2×17年2月，确认分出保费及摊回分保费用（单位：万元）：

借：分出保费	0.52
贷：应付分保账款——E公司	0.52
借：应收分保账款——E公司	0.13
贷：摊回分保费用	0.13

（2）2×17年7月，确认应摊回的赔付成本：

借：应收分保账款——E公司	260
贷：摊回赔付支出	260

提示

实务中，保险公司对于保险事故发生后很快（一般指当月）能够结案定损的，往往不提未决赔款准备金，本例即属于此种情况，因此在确认摊回赔付成本时不涉及转销相关应收分保未决赔款准备金的处理。

3.预收赔款的会计处理

再保险分出人在发生大额索赔的情况下有可能会垫付很大金额的再保险份额的赔款。

为了避免这种情况，有些再保险合同约定再保险分出人承保的每一张保险单项下或每一次事故的估计损失达到或超过合同约定的限额时，再保险分出人可根据已决赔款或预付赔款的结付金额向再保险接受人发出现金赔款通知书及相关理赔资料，要求再保险接受人预先支付分保份额相对应的现金赔款；再保险分出人收到该现金赔款后，视为已决赔款，在当季度账单中进行冲销。在这种情况下，分保业务账单的贷方栏中会增加"现金赔款（冲销）"等类似项目。再保险分出人收到再保险接受人预付的现金赔款时，借记"银行存款"科目，贷记"预收赔付款"科目；发出分保业务账单时，按照账单中转销的现金赔款金额，借记"预收赔付款"科目，贷记"应收分保账款"科目。

4.存入分保保证金的会计处理

分保保证金是再保险分出人从应付给再保险接受人的分保费中以一定比例扣存，作为再保险接受人履行分保未了责任的保证金。该保证金留存期一般为12个月，至次年同期归还，归还时要支付利息。分保保证金在性质上属于再保险接受人的预付款。当再保险接受人无力履行分保赔付责任时，扣存的分保保证金给再保险分出人提供了一定安全保障。在再保险合同约定再保险分出人扣存分保保证金的情况下，相关分保业务账单借方栏中会增加"扣存分保保证金"项目，贷方栏中会增加"转回上年度扣存的分保保证金""分保保证金利息"等项目。

因再保险分出人扣存分保保证金的交易具体体现在分保业务账单中，再保险分出人应当在发出分保业务账单时，依据账单标明的相关金额进行会计处理。再保险分出人对于存入分保保证金，应当按期计提利息。

【例9-29】2×16年12月8日，甲公司作为分出人与H保险股份有限公司（以下简称H公司）签订一份溢额再保险合同，合同起期日为2×17年1月1日，保险责任期间为1年。合同约定，甲公司在每季度账单中，从应付给H公司的分保费中按照一定比例计算扣存分保保证金，扣存期为12个月，次年同期归还，归还同时支付利息，保证金年利率为4%。假定甲公司2×17年4月15日发出的当年第一季度账单中，"扣存本期分保保证金"项目金额为360万元。甲公司相关账务处理如下（单位：万元）：

借：应付分保账款——H公司　360
　　贷：存入保证金　360

甲公司应自2×17年4月至2×18年3月每月计提分保保证金利息，每月分保保证金利息=360×4%÷12=1.2（万元）。每月计提分保保证金利息时：

借：利息支出　1.2
　　贷：应付分保账款——H公司　1.2

甲公司于2×18年4月发出的本年度第一季度对H公司的分保业务账单中，"转回上年同期扣存分保保证金"项目金额为360万元。甲公司账务处理如下：

借：存入保证金　360
　　贷：应付分保账款——H公司　360

5.纯益手续费的会计处理

再保险分出人应当根据相关再保险合同的约定，在能够计算确定应向再保险接受人收取的纯益手续费时，将该项纯益手续费作为摊回分保费用计入当期损益。

纯益手续费只有在再保险接受人实际上有"纯益"时才给付。实务中，保险人通常按照业务年度计算纯益，而一个业务年度的再保险业务往往要跨越若干个会计年度才能结算出损益。再保险分出人确认纯益手续费收入主要应考虑其可靠计量问题，只有能够依据相关数据计算确定应向再保险接受人收取的纯益手续费时，即纯益手续费能够可靠计量时，纯益手续费收入才予以确认。

分保手续费是再保险接受人对再保险分出人取得和经营原保险业务所发生费用的补偿，纯益手续费是再保险接受人对再保险分出人谨慎地选择原保险业务而为其带来盈利的一种"奖励"措施，其实质都是对再保险分出人经营原保险业务的"额外"补偿。因此，纯益手续费与分保手续费性质相类似，确认应取得的纯益手续费时应作摊回分保费用处理。

【例9-30】假定甲公司按照合同约定计算出应向F公司收取的纯益手续费金额为144万元，双方确认一致的纯益手续费金额为140.4万元。甲公司应于双方确认一致时作如下账务处理（单位：万元）：

借：应收分保账款——F公司 140.4
　　贷：摊回分保费用 140.4

（三）分入业务的会计处理

分入业务的会计处理主要包括收取分保费、支付分保手续费、支付分保赔付款等。

1.分保费收入及分保手续费的会计处理

分保费收入同时满足下列条件的才能予以确认：（1）再保险合同成立并承担相应保险责任。再保险合同一般自签订日起成立，但自合同规定的起期日起才开始承担保险责任。因此，再保险合同的签订日与开始承担保险责任的日期可能一致，也可能不一致。分保费收入的确认应以再保险合同成立并承担保险责任为条件。（2）与再保险合同相关的经济利益很可能流入。对于再保险接受人而言，与再保险合同相关的经济利益即为分保费。如果再保险接受人能够确定分保费收回的可能性大于不能收回的可能性，即分保费收回的可能性超过50%，则表明经济利益很可能流入。一般情况下，如果再保险分出人信用良好，能够按照合同规定如期发送分保业务账单，并能够按约定及时进行分保往来款项的结算，则意味着与再保险合同相关的经济利益很可能流入再保险接受人。（3）与再保险合同相关的收入能够可靠地计量。由于再保险合同一般只是规定某一时期再保险所承保的业务范围和地区范围、自留额和分保额的计算基础、分保费及手续费的计算方法等，并不直接明确分保费的具体金额，分保费的具体金额往往要根据再保险分出人原保险合同保费收入金额来计算确定，因此，再保险接受人在判断"与再保险合同相关的收入能够可靠地计量"条件时就产生了以下两种情况：一是再保险接受人可以在每一会计期间对该期间的分保费收入金额作出合理估计。如果再保险接受人具有长期积累的丰富经验和大量数据资料，能够采用先进的估算方法，借助专门的技术手段，对再保险合同项下每一会计期间再保险分出人相关原保险合同保费收入进行估计，进而按照再保险合同约定计算出相关分保费收入金额，且该估计金额与收到的分保业务账单标明的分保费金额比较接近，则表明再保险接受人可以在每一会计期间对该期间内的分保费收入金额进行可靠计量。在这种情况下，如果分保费收入确认的其他条件均满足，再保险接受人应在每一会计期间按照估计金额确认当期分保费收入，并按照再保险合同约定计算确认当期分保费用，待后期收到该期间的分保业务账单时，再按照账单标明的金额进行调整，将调整金额计入调整当期的损益。按账单金额调整估计金额属于资产负债表日后事项的，按《企业会计准则第29号——资产负债表日后事项》进行处理。二是再保险接受人只有收到分保业务账单时才能对分保费收入进行可靠计量。如果再保险接受人由于缺乏丰富的经验数据资料和先进的技术方法、手段，而无法对再保险合同项下每一会计期间分保费收入金额进行估计，或估计金额可能与实际金额产生重大差异，则表明再保险接受人只能于收到分保业务账单时才能对分保费收入进行可靠计量。在这种情况下，如果分保费收入确认的其他条件均满足，再保险接受人应当于收到分保业务账单时根据账单标明的金额确认分保费收入及相关的分保费用。

【例9-31】2×16年12月22日，丙保险股份有限公司（以下简称丙公司）与I保险股份有限公司（以下简称I公司）签订一份成数再保险合同，接受I公司分出的原保险业务。合同约定的分保比例为40%，分保手续费率为35%。合同起期日为2×17年1月1日，保险责任期间为1年。丙公司经验、技术等方面比较成熟，采用预估方法确认每期的分保费收入。假定丙公司预估2×17年第一季度各月份与I公司再保险合同项下的分保费收入金额为：1月份680万元，2月份730万元，3月份600万元。丙公司于5月20日收到I公司发来的第一季度的分保业务账单，账单标明的分保费为2 100万元，分保手续费为735万元。丙公司相关账务处理如下（单位：万元）：

（1）2×17年1月：

借：应收分保账款——I公司　680

　　贷：保费收入　680

借：分保费用　238

　　贷：应付分保账款——I公司　238

（2）2×17年2月：

借：应收分保账款——I公司　730

　　贷：保费收入　730

借：分保费用　255.5

　　贷：应付分保账款——I公司　255.5

（3）2×17年3月：

借：应收分保账款——I公司　600

　　贷：保费收入　600

借：分保费用　210

　　贷：应付分保账款——I公司　210

（4）2×17年4月预估确认分保费收入和分保费用的会计分录略。

（5）2×17年5月20日，收到账单时调整第一季度确认的分保费收入和分保费用：

分保费收入调整金额=2 100-（680+730+600）=90（万元）

分保手续费调整金额=735-（238+255.5+210）=31.5（万元）

借：应收分保账款——I公司　90

　　贷：保费收入　90

借：分保费用　31.5

　　贷：应付分保账款——I公司　31.5

此例中，若丙公司不具备对分保费收入进行预估确认的条件，则丙公司应在2×17年5月20日收到分保业务账单时直接作如下账务处理：

借：应收分保账款——I公司 2 100

　　贷：保费收入 2 100

借：分保费用 735

　　贷：应付分保账款——I公司 735

2.分保赔付成本的会计处理

再保险接受人确认分保赔付成本的会计处理与保险人确认原保险合同赔付成本的会计处理相类似，即再保险接受人应当在收到分保业务账单的当期，按照账单标明的分保赔付款项金额，作为分保赔付成本，计入当期损益；同时，冲减相应的分保准备金余额。

【例9-32】沿用【例9-31】的资料。丙公司于2×17年5月20日收到I公司发来的第一季度分保业务账单中标明的分保赔款金额为900万元，丙公司已提取的相应分保未决赔款准备金为800万元。丙公司相关账务处理如下（单位：万元）：

借：分保赔付支出 900

　　贷：应付分保账款——I公司 900

借：未决赔款准备金 800

　　贷：提取未决赔款准备金 800

3.预付赔款和存出分保保证金的会计处理

再保险接受人向再保险分出人预付的现金赔款，应当在支付预付赔款时，借记"预付赔付款"科目，贷记"银行存款"科目；收到分保业务账单时，按照账单上转销的赔款，借记"应付分保账款"科目，贷记"预付赔付款"科目。

再保险接受人应当在收到分保业务账单时，依据账单标明的相关金额进行存出分保保证金的会计处理。再保险接受人对存出的分保保证金，应当按期计提利息。

4.纯益手续费的会计处理

因纯益手续费计算的特殊性，再保险接受人应当根据相关再保险合同的约定，在能够计算确定应向再保险分出人支付的纯益手续费时，将该项纯益手续费作为分保费用，计入当期损益。再保险接受人确认入账的纯益手续费支出金额应为经双方确认一致后的金额。

【例9-33】沿用【例9-30】的资料。F公司确认纯益手续费支出的账务处理如下（单位：万元）：

借：分保费用 140.4

　　贷：应付分保账款——甲公司 140.4

（四）再保险合同会计信息列报与披露

保险人应当在资产负债表中单独列示与再保险合同有关的下列项目：（1）应收分保账款；（2）应收分保未到期责任准备金；（3）应收分保未决赔款准备金；（4）应收分保寿险责任准备金；（5）应收分保长期健康险责任准备金；（6）应付分保账款。

保险人应当在利润表中单独列示与再保险合同有关的下列项目：（1）分保费收入；（2）分出保费；（3）摊回分保费用；（4）分保费用；（5）摊回赔付成本；（6）分保赔付成本；（7）摊回未决赔款准备金；（8）摊回寿险责任准备金；（9）摊回长期健康险责任准备金。

保险人应当在附注中披露与再保险合同有关的下列信息：（1）分入业务各项分保准备金的增减变动情况；（2）分入业务提取各项分保准备金及进行分保准备金充足性测试的主要精算假设和方法。

第三节　油气开采会计

一、石油天然气开采概述

石油天然气行业是为国民经济提供重要能源的矿产采掘行业，生产对象是不可再生的油气资源，生产活动所依赖的主要是埋藏于地下的油气储量，其生产过程包括矿区权益的获取、油气勘探、油气开发和油气生产等内容。由于石油天然气特殊的生产过程，其生产经营活动具有高投入、高风险、投资回收期长、油气储量发现成本与发现储量的价值之间不存在密切相关关系等特点。相应地，石油天然气会计核算的内容与模式等也具有一些独有的特点。

（一）矿区

石油天然气开采（以下简称"油气开采"）的会计核算是以矿区为基础的。矿区是指企业开展油气开采活动所处的区域，具有相同的油藏地质构造或储层条件，并具有独立的压力系统和独立的集输系统，可作为独立的开发单元。矿区是计提折耗、进行减值测试等活动的成本中心，是石油天然气会计中的重要概念。矿区的划分应遵循以下原则：（1）一个油气藏可作为一个矿区；（2）若干相邻且地质构造或储层条件相同或相近的油气藏可作为一个矿区；（3）一个独立集输计量系统为一个矿区；（4）一个大的油气藏分为几个独立集输系统并分别计量的，可以分为几个矿区；（5）采用重大、新型采油技术并工业化推广的区域可作为一个矿区；（6）一般而言，划分矿区应优先考虑国家的不同，在同一地理区域内不得将分属不同国家的作业区划分在同一个矿区或矿区组内。

在油气开采活动中，与某一或某几个油气藏相关的单项资产，例如单井，能够单独产生可计量现金流量的情况极为少见。通常情况下，特定矿区在勘探、开发和生产期间所发生的所有资本化成本都是作为一个整体来产生现金流的，因此计提折耗和减值测试均应以矿区作为成本中心。

（二）油气资产

油气资产的会计核算是石油天然气会计的重要组成部分。从事油气开采的企业所拥有或控制的井及相关设施和矿区权益统称油气资产。油气资产是一种递耗资产，反映了企业在油气开采活动中取得的油气储量以及利用这些储量生产原油或天然气的设施的价值。油气开采企业通过计提折耗，将油气资产的价值随着开采工作的开展逐渐转移到所开采的产品成本中。油气资产折耗是油气资源实体上的直接耗减，折耗费用是产品成本的直接组成部分。油气资产的内容应包括取得探明经济可采储量的成本、暂时资本化的未探明经济可采储量的成本、全部油气开发支出以及预计的弃置成本。油气资产是油气生产企业最重要的资产，其价值在企业总资产中所占的份额相当大。为了开采油气，企业往往要增置一些附属的辅助设备和设施，如房屋、机器等。按照《企业会计准则第27号——石油天然气开采》（以下简称"油气准则"）的规定，这类固定资产应计提折旧，而不是计提折耗。

油气准则规范了从事石油天然气开采的企业的矿区权益取得、勘探、开发和生产等油气开采活动的会计处理和相关信息披露，不包括油气的储运、炼制、销售等下游活动的业务处理。

二、石油天然气开采的确认和计量

（一）油气开采活动支出

石油天然气开采包括矿区的取得、油气勘探、油气开发和油气生产等4个主要环节。因此，油气开采活动中发生的支出可以分为矿区取得支出、油气勘探支出、油气开发支出和油气生产成本4类。

1. 矿区取得支出

矿区取得支出是指为了取得一个矿区的探矿权和采矿权（包括未探明和已探明）而发生的购买、租赁支出，包括探矿权价款、采矿权价款、土地使用权、签字费、租赁定金、购买支出、咨询顾问费、审计费以及与获得矿区有关的其他支出。

2. 油气勘探支出

油气勘探支出是指为了识别可以进行勘查的区域和对特定区域探明或进一步探明油气储量而发生的地质调查、地球物理勘探、钻探探井和勘探型详探井、评价井和资料井以及维持未开发储量而发生的支出。油气勘探支出可能发生在取得有关矿区之前，也可能发生在取得矿区之后。

3. 油气开发支出

油气开发支出是发生于为了获得探明储量和建造或更新用于采集、处理和现场储存油气的设施而发生的支出，包括开采探明储量的开发井的成本和生产设施的支出，这些生产设施包括矿区输油管、分离器、处理器、加热器、储罐、提高采收率系统和附近的天然气加工设施。

4. 油气生产成本

油气生产成本是指在油田把油气提升到地面，并对其进行收集、拉运、现场处理加工和储存的活动成本。这里所指的"生产成本"，并非取得、勘探、开发和生产过程中的所有成本，而是在井上进行作业和井的维护中所发生的相关成本。生产成本包括在井和设施上进行作业的人工费用、修理和维护费用、消耗的材料和供应品、相关税费等。

（二）钻井勘探支出的资本化采用成果法

采用成果法对钻井勘探支出进行资本化，是指以矿区为成本归集和计算中心，只有与发现探明经济可采储量相关的钻井勘探支出才能资本化；如不能确定钻井勘探支出是否发现了探明经济可采储量，应在1年内对其暂时资本化；与发现探明经济可采储量不直接相关的支出，作为当期费用处理。

油气准则规定，钻井勘探支出在完井后，应分别以下情况处理：

（1）确定该井发现了探明经济可采储量的，应将钻探该井的支出结转为井及相关设施成本。

（2）确定未发现探明经济可采储量的，应将钻探该井的支出扣除净残值后计入当期损益。

（3）完井当时无法确定是否发现了探明经济可采储量的，应暂时资本化，但暂时资本化时间不应超过1年。

（4）完井1年后仍无法确定是否发现了探明经济可采储量的，应将暂时资本化的支出全部计入当期损益，除非同时满足以下条件：①该井已发现足够数量的储量，但要确定是否属于探明经济可采储量，还需实施进一步的勘探活动；②进一步的勘探活动已在实施中或已有明确计划并即将实施。其中，"已有明确计划"是指企业已在其内部管理活动中通过了该计划的实施，例如，已拨付资金、已制定明确的时间表或实施计划并对所涉及人员进行了传达。

（5）直接归属于发现了探明经济可采出量的有效井段的钻井勘探支出结转为井及相关设施成本，无效井段支出计入当期损益。

（三）弃置义务的处理

企业在矿区内废弃井及相关设施的活动，受《环境保护法》等法律、法规的约束，有时还可能受与所在地利益相关方达成协议的约束，例如，在废弃时必须拆移、清理设施，恢复生态环境等。因为资产的弃置义务与油气开发活动直接相关，因此油气准则规定，对于符合《企业会计准则第11号——或有事项》中预计负债确认条件的弃置义务，应确认为预计负债，同时计入相关井及相关设施原价，并以探明已开发经济可采储量为基础计提折耗。

在计入井及相关设施原价并确认为预计负债时，企业应在油气资产的使用寿命内，采用实际利率法确定各期间应负担的利息费用。

企业应在油气资产的使用寿命内的每一资产负债表日对弃置义务和预计负债进行复核。如必要，企业应对其进行调整，使之反映当前最合理的估计。

对于确认为预计负债的弃置支出，在对该井及相关设施进行减值测试时，企业应以减去预计处置支出后的净额为基础进行测试。

不符合《企业会计准则第11号——或有事项》中预计负债确认条件的弃置费用，应在实际发生时作为清理费用处理。

（四）油气资产折耗方法

油气准则规定企业应当采用产量法或年限平均法对井及相关设施和矿区权益计提折耗。

产量法，又称单位产量法。该方法认为，资产的服务潜力随着使用程度而减退，特定矿区所发生的资本化成本与发现并开发该矿区的探明经济可采储量密切相关，每一产量单位应当承担相同比例的成本。按照产量法对油气资产计提折耗时，对矿区权益以探明经济可采储量为基础计提折耗，对井及相关设施以探明已开发经济可采储量为基础计提折耗。

年限平均法是直线法的一种，该方法将资本化支出均衡地分摊到各会计期间。采用这种方法计算的每期油气资产折耗额相等。

如果各期间油气产量相对比较稳定，按照年限平均法与按照产量法计提的油气资产折耗无显著差异；但如果各期间油气产量差异较大，产量法能更好地反映油气资产在报告期间的消耗。

例如，某油田开始几年年产量要高于随后几年的年产量，如果采用直线法，则开始几年单位产量的折旧比随后几年单位产量的折旧低。另外，随着油田中后期开采难度越来越大，单位变动成本增加，需要支出更多的设备维修费用。考虑这些生产后期单位生产成本上升的因素，直线法就可能歪曲企业的经营成果，即开始几年的利润比较高，而随后年份的利润较低。

在我国现行油气开采会计实务中，对油气资产一直采用年限平均法计提折耗，在海外上市的企业还需依照国际会计标准调整为产量法进行对外报告。油气准则规定了产量法，同时也保留了年限平均法。无论选择产量法还是年限平均法，一经选定不得随意更改。

（五）油气资产的减值

油气准则中涉及的资产主要有矿区权益（包括探明矿区权益和未探明矿区权益）、井及相关设施、辅助设备及设施。对于这些资产的减值处理，应遵循以下规定：

（1）探明矿区权益、井及相关设施、辅助设备及设施的减值，按照《企业会计准则第8号——资产减值》处理。

油气资产以矿区或矿区组作为资产组，按此进行减值测试、计提减值准备。井及相关设施计提折旧、折耗及摊销的基数应扣除已提取的井及相关设施减值准备。

（2）未探明矿区权益的减值应按照油气准则的规定，分别以下情况处理：

①按照单个矿区进行减值测试并计提准备的，除应每年进行减值测试外，其处理与《企业会计准则第8号——资产减值》规定的其他长期资产减值相同。

②按照矿区组进行减值测试并计提准备的，该减值损失不在不同的单个矿区权益之间分配，因为未探明的矿区权益中包含很大风险。

（六）矿区权益转让的会计处理

转让部分矿区权益且其剩余矿区权益成本的收回存在较大不确定性的，转让时不应确认损益；以矿区组为基础进行减值测试的，转让其中某一矿区视为整个矿区组的一部分，作为转让部分矿区权益处理。

1.探明矿区权益的转让

（1）转让全部探明矿区权益。

根据油气准则，企业应将转让所得与矿区权益账面价值之间的差额计入当期损益。

【例9-34】某石油公司转让了其拥有的矿区A，其账面原值为1 000万元，已计提减值准备200万元。目前账面价值为800万元，转让所得900万元。

某公司应当将转让所得大于矿区权益账面价值的差额确认为收益。相关账务处理如下：

借：油气资产减值准备		200
银行存款		900
贷：矿区权益		1 000
营业外收入		100

如果转让所得为700万元，某公司应当将转让所得小于矿区权益账面价值的差额确认为损失。相关账务处理如下：

借：油气资产减值准备		200
银行存款		700
营业外支出		100

贷：矿区权益   1 000

（2）转让部分探明矿区权益。

根据油气准则，企业应按照转让权益和保留权益的公允价值比例，计算确定已转让部分矿区权益账面价值，转让所得与已转让矿区权益账面价值的差额计入当期损益。

【例9-35】某石油公司转让了其拥有的矿区B中的20平方千米，转让部分的公允价值为400万元，转让所得500万元。整个矿区B的面积为50平方千米，账面原值为1 000万元，已计提减值准备200万元，目前账面价值为800万元，公允价值为900万元。

某公司转让部分矿区权益，且剩余矿区权益成本的收回不存在较大不确定性，因此应按照转让权益和保留权益的公允价值比例，计算确定已转让部分矿区权益账面价值：

400÷900×800＝356（万元）

400－356＝44（万元）

相关账务处理如下：

借：油气资产减值准备   44

　　银行存款   500

　　贷：矿区权益   356

　　　　营业外收入   188

如果转让所得为300万元，相关会计处理如下：

借：油气资产减值准备   44

　　银行存款   300

　　营业外支出   12

　　贷：矿区权益   356

2.未探明矿区权益的转让

（1）转让全部未探明矿区权益，且该矿区权益单独计提减值准备。

根据油气准则，企业应将转让全部未探明矿区权益的所得与矿区权益账面价值之间的差额计入损益。

【例9-36】某石油公司转让未探明矿区C，其账面原值为1 000万元，已计提减值准备200万元，目前账面价值800万元，转让所得900万元。

某公司转让全部未探明矿区权益C，应当将转让所得大于矿区权益账面价值的差额确认为收益。相关账务处理如下：

借：油气资产减值准备   200

　　银行存款   900

　　贷：矿区权益   1 000

　　　　营业外收入   100

如果转让所得为700万元，某公司应当将转让所得小于矿区权益账面价值的差额确认为损失。相关账务处理略。

（2）转让全部未探明矿区权益，且该矿区权益以矿区组为基础计提减值准备。

根据油气准则，如果转让所得大于未探明矿区权益的账面原值，应将其差额确认为收益；如果转让所得小于矿区账面原值，将转让所得冲减矿区组权益的账面价值，冲减至零为止。

【例9-37】某石油公司拥有的未探明矿区D1和D2在进行减值测试时构成一个矿区组。其中，D1矿区权益账面原值为1 000万元，D2矿区权益账面原值为2 000万元，矿区组已计提减值准备600万元，目前矿区组账面价值为2 400万元。现该公司转让矿区D1，转让所得1 100万元。

转让所得大于未探明D1矿区权益的账面原值，某公司应将其差额确认为收益。相关账务处理如下：

借：银行存款   1 100
贷：矿区权益   1 000
   营业外收入   100

如果转让所得为900万元，转让所得小于未探明D1矿区权益的账面原值，某公司应将转让所得冲减矿区组权益的账面价值。相关账务处理如下：

借：银行存款   900
贷：矿区权益   900

（3）转让部分未探明矿区权益，且该矿区权益单独计提减值准备。

根据油气准则，如果转让部分未探明矿区权益所得大于该未探明矿区权益的账面价值，应将其差额计入收益；如果转让所得小于其账面价值，应将转让所得冲减被转让矿区权益账面价值，冲减至零为止。

（4）转让部分未探明矿区权益，且该矿区权益以矿区组为基础计提减值准备。

根据油气准则，如果转让所得大于未探明矿区权益的账面原值，企业应将其差额计入收益；如果转让所得小于该未探明矿区权益的账面原值，企业应将转让所得冲减矿区组的账面价值，冲减至零为止。

三、油气开采的会计信息披露

企业应当在附注中披露与石油天然气开采活动有关的下列信息：（1）拥有国内和国外的油气储量年初、年末数据。油气储量包括母公司和子公司的全部储量、合营油气储量的份额。（2）当年在国内和国外发生的矿区权益的取得、勘探和开发全部支出。（3）探明矿区权益、井及相关设施的期末金额，累计折耗和减值准备金额以及计提方法；与油气开采活动相关的辅助设备及设施的期末金额，累计折旧和减值准备金额以及计提方法。

复习思考题

1.生物资产的后续计量模式有哪些？有何区别？
2.生物资产的披露应当考虑哪些问题？
3.保险公司会计核算有哪些特点？
4.分入业务和分出业务的核算方法是什么？
5.人身保险业务准备金的内容是什么？
6.石油天然气生产活动分为几个阶段？每个阶段会发生哪些支出？
7.弃置义务是指什么？如何进行确认与计量？

✏️练习题

一、单项选择题

1.下列各项中，依据企业所得税法相关规定可计提折旧的生物资产是（　　）。

A.经济林　　　　　B.防风固沙林　　　　C.用材林　　　　　D.存栏待售特定牲畜

2.资产负债表日保险人进行充足性测试时，不需要补提的准备金是（　　）。

A.未到期责任准备金　　　　　　　B.未决赔款准备金

C.寿险责任准备金　　　　　　　　D.长期健康险责任准备金

3.原保险合同准备金不包括（　　）。

A.未到期责任准备金　　　　　　　B.未决赔款准备金

C.寿险责任准备金　　　　　　　　D.短期健康险责任准备金

4. 原保险合同成本不包括（　　）。

A.利息支出　　　　　　　　　　　B.赔付成本

C.提取的未决赔款准备金　　　　　D.分保提取的长期健康险责任准备金

5.再保险分出人在发出分保业务账单时，不应（　　）。

A.将账单标明的扣存本期分保保证金确认为存入分保保证金

B.按账单标明的返还上期扣存分保保证金转销相关存入分保保证金

C.确认未分出保费

D.确认应收分保未到期责任准备金

6.再保险接受人应提取的准备金不包括（　　）。

A.分保到期责任准备金　　　　　　B.分保未决赔款准备金

C.分保寿险责任准备金　　　　　　D.分保长期健康险责任准备金

7.分保费收入确认的条件不包括（　　）。

A.再保险合同成立并承担相应保险责任

B.与再保险合同相关的经济利益很可能流入

C.与再保险合同相关的收入能够可靠地计量

D.再保险合同已经解除

8.再保险企业非寿险业务在本期依据保险精算结果计算提取的未到期责任准备金，

（　　）上期提取的未到期责任准备金的余额部分，准予在所得税前扣除。

A.大于　　　　　　　B.小于　　　　　　C.不允许抵扣　　　　D.不确定

9.再保险合同的性质为（　　）。

A.补偿性　　　　　B.给付性　　　　　C.临时性　　　　　D.定值性

10.某油气企业某项油气资产的预计弃置费用为130万元，假定经折现后的现值为100万元，则在该油气资产初始计量时，油气资产和预计负债的入账价值分别为（　　）。

A.130万元和130万元　　　　　　　B.130万元和100万元

C.100万元和130万元　　　　　　　D.100万元和100万元

二、多项选择题

1.生物资产的种类有（　　）。

A.消耗性生物资产　　　　　　　　B.收益性生物资产

C.生产性生物资产   D.公益性生物资产

2.下列属于消耗性生物资产的有（   ）。

A.生长中的大田作物、蔬菜   B.用材林

C.存栏待售的牲畜   D.产畜和役畜

3.下列属于生产性生物资产的有（   ）。

A.经济林   B.薪炭林   C.用材林   D.产畜和役畜

4.下列属于公益性生物资产的有（   ）。

A.防风固沙林   B.经济林   C.水土保持林   D.水源涵养林

5.生物转化主要包括（   ）等形式。

A.生长   B.繁殖   C.生产   D.蜕化

6.外购生物资产成本包括（   ）。

A.购买价款   B.相关税费

C.运输费、保险费   D.可直接归属于购买该生物资产的其他支出

7.可直接归属于购买生物资产的其他支出包括（   ）。

A.场地整理费   B.专业人员服务费   C.装卸费、栽植费   D.人员培训费

8.生物资产采用历史成本进行计量的情况下，下列说法正确的有（   ）。

A.消耗性生物资产按成本减累计跌价准备计量

B.未成熟的生产性生物资产按成本减累计减值准备计量

C.成熟的生产性生物资产按成本减累计折旧及累计减值准备计量

D.公益性生物资产按成本计量

9.下列业务中应当进行再保险的有（   ）。

A.财产保险   B.人寿保险   C.医疗保险   D.人身意外保险

10.划分矿区是油气开采会计的基础工作，因为矿区是（   ）。

A.确定油气资产的基础   B.计提油气资产折耗的基础

C.进行减值测试的基础   D.转让矿区权益的基础

11.井及相关设施计提折耗可以采用（   ）。

A.产量法   B.年限平均法   C.年数总和法   D.双倍余额递减法

12.油气开采活动的主要阶段有（   ）。

A.矿区权益的取得   B.油气勘探   C.油气开发   D.油气生产

13.油气勘探支出包括（   ）。

A.探矿权使用费   B.钻井勘探支出

C.非钻井勘探支出   D.采矿权使用费

14.人寿保险属于（   ）。

A.长期保险   B.补偿性保险   C.给付性保险   D.储蓄性保险

15.保险分摊原则适用于（   ）。

A.原保险   B.财产险   C.再保险   D.人寿保险

三、判断题

1."提取未到期责任准备金"科目和"未到期责任准备金"科目都属于损益类科目，结转后无余额。   （   ）

2.未探明矿区权益减值损失一经确认，不得转回。 （　　）

3.从广义上来看，油气生产成本包括取得、勘探、开发和生产的所有成本。 （　　）

4.财产保险支付的退保款应记入"保费收入"科目。 （　　）

5.存出保证金是再保险公司的一项资金来源。 （　　）

6.保险人应该在每个资产负债表日，按照保险精算的金额，重新计算未到期责任准备金，并对原账面金额进行调整。 （　　）

7.分保账单是再保险业务在会计核算时的原始凭证。 （　　）

8.钻井勘探支出已费用化的探井又发现了探明经济可采储量的，已费用化的钻井勘探支出应调整予以资本化。 （　　）

9.收获时点的农产品的成本应当采用规定的方法，分别从消耗性生物资产、生产性生物资产的生产成本中转出，确认为收获时的农产品的成本。 （　　）

10.非寿险原保险合同保费收入一般以分期收取为原则。 （　　）

四、计算及业务处理题

1.就下面生物资产业务编制会计分录：

（1）甲公司下属非独立核算的A养猪场从外省购买专门用于繁育仔猪的优良种猪500头，支付对方货款总价款800 000元，沿途缴纳相关管理费用3 000元，专程租赁的运输公司运费4 500元尚未实际支付，同时，还支付了因采购种猪所必需的可直接归属于购买该资产的其他支出2 500元。

（2）甲公司下属的乙林班统一组织培植管护一片森林，3月发生森林管护费用共计40 000元。其中，人员工资20 000元，尚未支付；使用库存肥料16 000元；管护设备折旧4 000元。管护总面积为5 000公顷，其中作为用材林的杨树林共计4 000公顷，已郁闭的占75%，其余的尚未郁闭；作为水土保持林的马尾松共计1 000公顷，全部已郁闭。假定管护费用按照森林面积比例进行分配。

（3）甲公司出售活鱼3 000千克，每千克成本为7.25元，每千克销售价格为8元。假定不考虑相关税费。

2.2016年1月1日，甲公司与王某签订一份家庭财产保险合同，保险金额为100万元，保险期间为1年，保险费率为1%。合同规定，甲公司自2月1日零时起开始承担保险责任。合同签订当日，甲公司收到王某缴纳的全部保费并存入银行。请分别编制收到保费、确认原保费收入的会计分录。

3.2016年11月1日，甲公司确认丁公司投保的A财产保险合同保费收入24 000元；11月31日，甲公司保险精算部门计算确定A财产保险合同未到期责任准备金金额为22 000元；12月31日，甲公司保险精算部门计算确定A财产保险合同未到期责任准备金金额为20 000元。请分别编制确认原保费收入、确认未到期责任准备金、年末调整未到期责任准备金的会计分录。

4.2015年12月22日，丙保险股份有限公司与A保险股份有限公司签订一份成数再保险合同，接受A公司分出的原保险业务。合同约定的分保比例为40%，分保手续费率为35%。合同起期日为2016年1月1日，保险责任期间为1年。丙公司经验、技术等方面比较成熟，采用预估方法确认每期的分保费收入。假定丙公司预估2016年第一季度各月份与A公司再保险合同项下的分保费收入金额为：1月份1 360万元，2月份1 460万元，3月份1 200万元。丙公司于5月20日收到A公司发来的第一季度的分保业务账单，账单标明的分保费为4 200万元，分保手续费为1 470万元。请编制丙公司一系列相关的会计分录。

5.X石油公司拥有的未探明矿区E，面积50平方千米，其账面原值为1 000万元，已计提减值准备200万元，目前账面价值为800万元。

（1）如果X公司转让E矿区中的20平方千米，转让所得为200万元。

（2）如果X公司再次转让E矿区中的10平方千米，转让所得为500万元。

（3）如果X公司转让E矿区剩余的20平方千米，转让所得为400万元。

（4）如果X公司转让E矿区剩余的20平方千米，转让所得为50万元。

请分别编制以上情况的会计分录。

第九章练习题参考答案

| 第十章 |

企业清算会计

学习目标

在学习和理解本章内容时，应当关注：（1）企业清算的定义。（2）企业清算的类型。企业清算的最基本分类是破产清算与非破产清算。（3）破产清算的会计处理。其包括变价破产企业财产的核算、支付清算费用的核算、分配破产企业财产并结平各账户的核算、清算报表的编制等。（4）非破产清算的会计处理。其包括核算变卖财产物资、收回债权和清偿债务、清算费用、剩余股东权益、归还股东投资以及清算报表的编制等。同学们除了学习本章的内容外，还应当认真阅读《企业破产清算有关会计处理规定》。

重点难点

破产清算的会计处理；非破产清算的会计处理。

第一节 企业清算概述

一、企业清算的含义与类型

（一）企业清算的含义

企业清算是指企业按章程规定解散以及由于破产或其他原因宣布终止经营后，对企业的财产、债权、债务进行全面清查，并进行收取债权、清偿债务和分配剩余财产的经济活动。

提示

企业清算的原因有很多，根据我国相关法规的规定，企业终止的原因可以归纳为：（1）企业的经营期限届满，投资方无意继续经营；（2）企业合并或者分立，需要解散；（3）投资一方或各方不履行协议、合同、章程规定的义务，致使企业无法继续经营；（4）企业发生严重亏损，无力继续经营；（5）企业因自然灾害、战争等不可抗力因素遭受严重损失，无法继续经营；（6）企业因违反国家法律、法规，危害社会公共利益，被依法撤销；（7）企业宣告破产；（8）股份有限公司和有限责任公司的股东会议决定公司解散；（9）法律、企业章程所规定的其他解散事由已经出现。

（二）企业清算的类型

公司清算的原因虽然是多种多样的，但根据《中华人民共和国公司法》（以下简称《公司法》）的规定，公司清算的最基本分类是破产清算与非破产清算。

1.破产清算

所谓破产，是指企业法人不能清偿到期债务，并且资产不足以清偿全部债务或者明显缺乏清偿能力的，根据《中华人民共和国破产法》（以下简称《破产法》）的规定可以由人民法院依法将其全部财产抵付所欠的各种债务，并依法免除其无法偿还的债务。

破产清算是指在企业不能清偿到期债务的情况下，依照《破产法》的规定所进行的清算。《公司法》规定："公司被依法宣告破产的，依照有关企业破产的法律实施破产清算。"

2.非破产清算

非破产清算是指在公司法人资产足以清偿债务的情况下，依照《公司法》的规定所进行的清算，包括自愿的解散清算和强制的解散清算。此种清算的财产除用以清偿公司的全部债务外，还要将剩余的财产分配给债权人和股东。

综上所述，破产清算和非破产清算之间既有联系又有区别。二者的联系表现在都是终止企业，并清算企业的各种债权、债务和法律关系。二者的主要区别见表10-1。

表10-1   破产清算与非破产清算的区别

清算的性质不同	处理利益关系的侧重点不同
非破产清算属于自愿清算或行政清算，一般由企业或企业主管机关成立清算组进行清算	非破产清算的重点是将剩余财产在企业内部各投资者之间进行分配
破产清算属于司法清算，要依照法律规定组织清算组进行清算	破产清算主要是将有限的财产在企业外部各债权人之间进行分配

二、企业清算的程序

（一）企业破产清算的程序

按照我国《破产法》的相关规定，公司破产清算的程序主要包括：

1.成立清算组

法院应当自宣告债务企业破产之日起15日内成立清算组，接管破产企业。《破产法》第二十四条第二款规定："清算组成员由人民法院从企业上级主管部门、政府财政部门等有关部门和专业人员中指定。清算组可以聘任必要的工作人员。"《公司法》第一百八十九条规定："公司因不能清偿到期债务，被依法宣告破产的，由人民法院依照有关法律的规定，组织股东、有关机关及有关专业人员成立清算组，对公司进行破产清算。"

2.破产管理人接管破产公司

《破产法》规定，法院受理破产申请后，应当同时指定管理人。管理人可以由清算组或律师事务所、会计师事务所、破产清算事务所等社会中介机构担任。破产管理人负责对破产企业的财产进行管理、清理、估价、处理和分配，代表破产企业参与民事活动，其行为对人民法院负责并向人民法院汇报工作。

3.破产财产分配

破产管理人在分配破产财产前，首先应拨付清算费用，包括：（1）破产财产的管理、变卖和分配所需要的费用，包括聘任工作人员的费用；（2）破产案件的诉讼费用；（3）为债权人的共同利益而在破产程序中支付的其他费用。

破产财产在优先支付清算费用后，按以下顺序清偿：（1）破产企业所欠职工工资和劳动保险费用；（2）破产企业所欠税款；（3）破产债权。破产财产不足清偿同一顺序的清偿要求的，按照比例分配。

4.清算终结

破产财产清算分配完毕，由破产管理人向人民法院汇报清算分配工作的情况，并申请人民法院裁定破产终结。人民法院应当自收到管理人终结破产程序的请求之日起15日内作出是否终结破产程序的裁定。

5.注销登记

管理人应当自破产程序终结之日起10日内，持人民法院终结破产程序的裁定，向破产人的原登记机关办理注销登记

（二）企业非破产清算的程序

按照《公司法》的相关规定，公司非破产清算的程序主要包括：

（1）组织清算组。

（2）公告和通知债权人，催报债权。

（3）编造财产账册，制订清算方案。

（4）清偿债务：

第一，支付清算费用；

第二，支付职工工资和劳保费用；

第三，缴纳所欠税款；

第四，清偿公司债务。

（5）分配剩余财产。

清偿债务后，剩余财产由公司的股东按持股比例进行分配。清算完毕后，向登记机关申请公司注销登记或向登记机关公告注销登记。注销登记的同时，法人资格即告终止。

提示

同学们需要思考企业破产清算的程序与企业非破产清算的程序有什么不同。可以阅读我国《公司法》《破产法》等法律条文。

三、企业清算会计工作的内容

清算会计是指对被宣告解散企业各项清算业务进行反映和监督，向有关债权人、投资人及政府主管部门披露企业的财务状况、清算过程和结果等会计信息的一种专门会计。

按企业清算的程序，清算会计工作的内容主要包括：

（1）进行财产清查，编制清算开始日的资产负债表。

（2）变价清算财产。

变价清算财产的方式有多种，有关内容见表10-2。

表10-2　　　　　　　　　　　　　变价清算财产的方式

变价方法	定　义	适用范围
账面价值法	以财产的账面净值为标准来对清算财产作价的一种方法	账面价值与实际价值相差不大的财产
重估价值法	以资产的现行市场价格为依据来对清算财产作价的一种方法	账面价值与实际价值相差很大，或企业合同、章程、投资各方协议中规定企业解散时应按重估价值作价的财产
变现收入法	以清算财产出售或处理时的成交价格为依据来对清算财产作价的一种方法	价值较小、数量零星的清算财产
拍卖作价法	通过拍卖对清算财产作价的一种方法	破产企业的财产
收益现值法	通过拍卖对清算财产作价的一种方法	清算企业的整体财产或某些特殊的资产

（3）核算和监督清算费用的支付。

清算费用是指在清算过程中所发生的各项费用支出，应从企业的清算财产中优先支付。

（4）核算和监督债权的收回和债务的偿还。

（5）核算和监督企业的清算净损益。

清算净损益是企业清算过程中发生的清算收益同清算损失、清算费用相抵后的余额。清算过程中的清算收益大于清算损失、清算费用的部分为清算净收益；反之，为清算净损失。如为清算净收益，在依照税法规定弥补以前年度亏损后，应视同利润依法缴纳所得税。

（6）核算和监督剩余财产的分配。

（7）编制清算会计报表。

清算资产负债表：反映清算企业在清算报告日的资产、负债和清算净损益的报表。

清算利润表：反映清算企业在清算期间发生的清算收益、损失和费用情况的报表。

债务清偿表：反映清算企业债务偿还情况的报表。

四、企业清算会计对传统财务会计理论的改变

（一）对会计对象的改变

传统财务会计的对象是企业生产经营过程中的资金活动，包括资金的筹集、投放、耗费、收入和分配的全过程。而清算企业由于在清算期间不得开展新的经营活动，因而其会计对象是企业在清算过程中债权的回收、债务的清偿、财产的处理、各项损益和费用的发生以及剩余财产的分配等资金运动。

（二）对会计目标的改变

传统的财务会计目标是向企业外部投资者、债权人、政府有关部门等提供企业财务状况、经营成果和现金流量等会计信息。清算会计的目标主要是提供破产企业债务偿还和清算财产处理的会计信息。

（三）对会计假设的改变

企业进入清算后，由于所处的环境发生了变化，一些传统财务会计的假设失去了存在的条件。

1.对会计主体假设的改变

企业在正常经营情况下，会计主体是企业自身。进入清算后，对于普通清算的企业，仍是独立的主体，清算组只是一个代理机构，其业务活动是一种代理行为；但在破产清算中，企业被宣告破产后失去了法人资格，会计主体的地位也不复存在。

2.对持续经营假设的否定

企业进入清算后，持续经营假设显然不再成立，而代之以终止经营假设。

3.对会计分期假设的否定

在企业被宣告解散之日到清算终了为清算会计期间，其长短具有不确定性。

（四）对会计核算基础的改变

企业进入清算后，会计分期假设不复存在，权责发生制的核算基础也就失去存在的前提。清算会计的终止经营假设决定了清算企业的核算基础只能是收付实现制，即以实际收付款项为标准来确认损益。

（五）对会计信息质量要求的改变

清算会计依然遵循大部分的会计信息质量要求，但有的会计信息质量要求则不再适用，如可比性。

由于清算会计理论与传统会计理论不同，因此清算会计的核算方法与传统会计的核算方法有所不同。

第二节　破产清算的会计处理

一、破产清算会计应设置的账户

清算组应于清算开始日另立新账，设置的账户大体与正常经营的企业相同，但为反映清算业务，还须增设"清算费用""土地转让收益""清算损益"等账户。

（一）"清算费用"账户

该账户核算被清算企业在清算期间发生的各项费用。支付各项清算费用时，记入该账户的借方；清算结束将该账户发生额转入"清算损益"账户时，记入其贷方。

（二）"土地转让收益"账户

该账户核算被清算企业转让土地使用权取得的收入和发生的有关成本、税费等。取得土地使用权转让收入时，记入该账户的贷方；结转转让成本、用土地使用权所得支付职工安置费以及支付转让的有关税费时，记入该账户的借方；清算终结应将本账户的余额转入"清算损益"账户。

（三）"清算损益"账户

该账户核算破产清算企业在破产清算期间处置资产、确认债务等发生的损益和结转被清算企业所有者权益等账户的余额。其核算内容包括：（1）被清算企业在清算期间处置资产发生的损益。发生的收益记入该账户的贷方，发生的损失记入该账户的借方。（2）被清算企业在清算期间确认债务发生的损益。确认债务的减少数额，记入该账户的贷方。
（3）结转的被清算企业的所有者权益、待处理财产损溢、长期待摊费用等账户的余额。
（4）结转的有关账户的余额，包括清算费用、土地转让收益和有关资产负债账户的余额，结转借方余额，记入该账户的借方；结转贷方余额，转入该账户的贷方。

二、破产清算中主要经济活动的账务处理

（一）变价破产企业财产的核算

破产企业财产处置的账务处理总结见表10-3。

表10-3　　　　　　　　　　　破产企业财产处置的账务处理总结

主要核算内容	会计分录
收回应收账款、应收票据等债权	收回： 借：银行存款 　　贷：应收账款、应收票据 不能收回的： 借：清算损益 　　贷：应收账款、应收票据 以原材料、产成品等实物资产抵账： 借：原材料、库存商品 　　贷：应收账款、应收票据 　　借或贷：清算损益（差额）
变卖原材料、产成品等存货	借：银行存款 　　存货跌价准备 　　贷：原材料、库存商品等 　　　　应交税费——应交增值税（销项税额） 借或贷：清算损益
变卖固定资产和在建工程	借：银行存款 　　累计折旧 　　固定资产（在建工程）减值准备 　　贷：固定资产、在建工程（账面余额） 借或贷：清算损益 对于应交的相关税费： 借：清算损益 　　贷：应交税费
转让无形资产	借：银行存款 　　累计摊销 　　无形资产减值准备 　　贷：无形资产 借或贷记：清算损益 对于应交的相关税费： 借：清算损益 　　贷：应交税费

续表

主要核算内容	会计分录
转让长期股权投资	借：银行存款 　　长期股权投资减值准备 　贷：长期股权投资 借或贷：清算损益 如果破产企业在清算期间分得投资利润： 借：银行存款 　贷：清算损益 若实际分得的投资利润属于在权益法下已确认的投资收益： 借：银行存款 　贷：长期股权投资
转让土地使用权	转让无偿划拨取得的土地使用权： 借：银行存款 　贷：土地转让收益 转让有偿取得的土地使用权： 借：银行存款 　　累计摊销 　贷：无形资产 　　　土地转让收益 支付职工安置费： 借：土地转让收益 　贷：库存现金、银行存款 转让土地使用权所交纳的相关税费： 借：土地转让收益 　贷：应交税费 结转土地使用权转让净损益： 借或贷：土地转让收益 　贷或借：清算损益
计提所转让的各项资产应交城市维护建设税和教育费附加	借：清算损益 　贷：应交税费
核销无法变现的资产	借：清算损益 　贷：原材料、库存商品、固定资产、无形资产、长期股权投资等

（二）支付清算费用的核算

支付有关费用时，按实际发生额借记"清算费用"账户，贷记"库存现金"或"银行存款"账户。清算终止，将"清算费用"账户发生额转入"清算损益"账户时，借记"清算损益"账户，贷记"清算费用"账户。

（三）分配破产企业财产并结平各账户的核算

1.支付所欠职工的工资和各种保险费的核算

支付时，按实际支付金额借记"应付职工薪酬"账户，贷记"库存现金"或"银行存款"账户。

2.上交所欠税费的核算

上交所欠税费时，按实际交纳的金额，借记"应交税费"账户，贷记"银行存款"等账户。

3.清偿其他破产债务的核算

偿还债务时，按实际清偿额，借记"应付账款""其他应付款""长期借款"等账户，贷记"库存现金""银行存款"等账户。

4.结转"清算费用"账户发生额的核算

清偿债务后，应结平"清算费用"账户。

5.注销不再清偿债务的核算

应借记"应付账款""其他应付款""长期借款"等账户，贷记"清算损益"账户。

下面举例予以说明。

【例10-1】甲有限责任公司（以下简称甲公司）于2×02年1月设立，因经营管理不善，连年亏损，无力清偿到期债务，经债务人申请，于2×16年6月1日经法院宣告破产，并于7月31日清算完毕。清算组发现，破产财产中房屋和设备为长期借款的抵押担保物。

破产开始日的资产负债表见表10-4。

表10-4 资产负债表（清算前）

编制单位：甲公司   2×16年5月31日   单位：元

资　产	金　额	负债及股东权益	金　额
货币资金	15 000	短期借款	100 000
应收票据	50 000	应付票据	100 000
应收账款净额	200 000	应付账款	600 000
其他应收款	15 000	应付职工薪酬	180 000
存货	260 000	应交税费	140 000
流动资产合计	540 000	流动负债合计	1 120 000
固定资产——房屋	600 000	长期借款（有抵押）	500 000
固定资产——设备	400 000	非流动负债合计	500 000
无形资产	150 000	负债合计	1 620 000
非流动资产合计	1 150 000	实收资本	2 000 000
		盈余公积	50 000
		未分配利润	－1 980 000
		股东权益合计	70 000
资产总计	1 690 000	负债及股东权益总计	1 690 000

在清算过程中，发生如下经济业务：

（1）收回应收票据50 000元，收回应收账款180 000元，还有20 000元无法收回。

（2）其他应收款收回10 000元，还有5 000元无法收回。

（3）处置存货共收到价款240 000元，原来存货账面价值260 000元。（不考虑相关税费）

（4）房屋处置收入800 000元，设备处置收入300 000元，直接偿还长期借款500 000元。原来房屋账面价值600 000元，设备账面价值400 000元。

（5）无形资产无法出售，转销其账面价值150 000元。

（6）支付各项清算费用305 000元。

（7）经过上述处理后，剩余财产为银行存款790 000元。

1.收回应收票据和应收账款

借：银行存款 50 000

　　贷：应收票据 50 000

借：银行存款 180 000

　　清算损益 20 000

　　贷：应收账款 200 000

2.收回其他应收款

借：银行存款 10 000

　　清算损益 5 000

　　贷：其他应收款 15 000

3.处置存货，收到价款240 000元

借：银行存款 240 000

　　清算损益 20 000

　　贷：存货 260 000

4.处置房屋和设备

借：银行存款 800 000

　　贷：固定资产——房屋 600 000

　　　　清算损益 200 000

借：银行存款 300 000

　　清算损益 100 000

　　贷：固定资产——设备 400 000

由于房屋、设备用于抵押担保长期借款，因此直接用出售价款偿还长期借款。

借：长期借款 500 000

　　贷：银行存款 500 000

5.转销无形资产的账面价值

借：清算损益 150 000

　　贷：无形资产 150 000

6.支付清算费用

借：清算费用 305 000

　　贷：银行存款 305 000

7.支付破产所欠职工工资

借：应付职工薪酬 180 000

贷：银行存款 180 000

8.支付税费

借：应交税费 140 000

贷：银行存款 140 000

9.按债务偿还的比例进行偿还

其偿还比例为58.75%（470 000÷800 000）。其中470 000 = 790 000 - 180 000 - 140 000；800 000 = 1 620 000 - 180 000 - 140 000 - 500 000。对于还未清偿的债务按58.75%进行债务清偿。会计处理如下：

借：短期借款 58 750

应付票据 58 750

应付账款 352 500

贷：银行存款 470 000

同时，将尚未偿还的债务330 000元转入清算损益：

借：短期借款 41 250

应付票据 41 250

应付账款 247 500

贷：清算损益 330 000

10.将清算费用转入清算损益

借：清算损益 305 000

贷：清算费用 305 000

11.将清算损益的余额70 000元转入"利润分配"

借：利润分配 70 000

贷：清算损益 70 000

由于该公司无力抵偿全部债务，因此没有剩余的资产分配给投资者，账务处理如下：

借：实收资本 200 000

盈余公积 50 000

贷：利润分配 2 050 000

这样，该公司的账户全部结平，破产财产分配完毕。

三、破产清算报表的编制

破产清算工作结束后，清算组根据破产清算的账务处理结果，应编制清算利润表、债务清偿表和清算后资产负债表。

【例10-2】接【例10-1】。根据上面的会计处理结果，编制债务清偿表（见表10-5）、清算利润表（见表10-6）和清算后资产负债表（见表10-7）。

表10-5 债务清偿表

编制单位：甲公司　　　　　　　　　　2×16年7月31日　　　　　　　　　　金额单位：元

项　目	账面金额	偿还比例（%）	实际偿还金额
短期借款	100 000	58.75	58 750
应付票据	100 000	58.75	58 750
应付账款	600 000	58.75	352 500
应付职工薪酬	180 000	100	180 000
应交税费	140 000	100	140 000
长期借款（有抵押）	500 000	100	500 000
合　计	1 620 000		1 290 000

表10-6 清算利润表

编制单位：甲公司　　　　　2×16年6月1日至2×16年7月31日　　　　　单位：元

清算损失及清算费用	金　额	清算收益	金　额
清算费用	305 000	变卖房屋溢价收入	200 000
应收账款坏账损失	20 000	短期借款按比例偿还后的差额转入	41 250
其他应收款坏账损失	5 000	应付票据按比例偿还后的差额转入	41 250
变卖存货损失	20 000	应付账款按比例偿还后的差额转入	247 500
变卖设备损失	100 000		
变卖无形资产损失	150 000		
合　计	600 000	合　计	530 000

这样结转后，该公司清算后剩余的未分配亏损为2 050 000元。

表10-7 资产负债表（清算后）

编制单位：甲公司　　　　　　　　　　2×16年7月31日　　　　　　　　　　单位：元

资　产	金　额	股东权益	金　额
未弥补亏损	2 050 000	实收资本	2 000 000
		盈余公积	50 000
合　计	2 050 000	合　计	2 050 000

|第三节| 非破产清算的会计处理

一、非破产清算与破产清算会计核算的主要区别

非破产清算属于对企业正常终止的清算，不需另设新的账户体系。但清算组对非破产

清算进行核算时，要增设"清算费用"和"清算损益"两个账户。

非破产清算与破产清算的会计处理基本相同，主要区别在于非破产清算通常有归还投资各方资本和剩余负债的能力。

二、非破产清算的会计处理举例

【例10-3】B股份有限公司开业十几年以来，一直经营状况良好，在同行业中居于领先地位。但近几年，由于行业竞争加剧，经营管理不善，导致企业连年发生亏损，经股东大会讨论一致通过决议决定终止经营，自2×16年9月1日起办理清算。

1.编制清算日的资产负债表（见表10-8）

表10-8

资产负债表

编制单位：B股份有限公司　　　　　　　　2×16年8月31日　　　　　　　　单位：元

资　　产	金　　额	负债及股东权益	金　　额
货币资金	888 320	短期借款	800 000
应收票据	880 000	应付票据	320 000
应收账款净额	10 751 680	应付账款	15 200 000
存货	15 328 000	应付职工薪酬	320 000
流动资产合计	27 848 000	应交税费	480 000
固定资产净值	16 472 000	流动负债合计	17 120 000
非流动资产合计	16 472 000	长期借款	1 600 000
		非流动负债合计	1 600 000
		负债合计	18 720 000
		股本	32 000 000
		资本公积	3 200 000
		盈余公积	1 600 000
		未分配利润	-11 200 000
		股东权益合计	25 600 000
资产总计	44 320 000	负债及股东权益总计	44 320 000

资产负债表中有关项目金额的详细资料如下：货币资金888 320元，其中：库存现金为8 320元，银行存款为880 000元；存货15 328 000元，其中：原材料为3 200 000元，产成品为8 000 000元，在产品为3 200 000元，低值易耗品为928 000元。

2.核算变卖财产物资的损益

（1）处理存货。原材料出售价3 840 000元，产成品出售价9 760 000元，在产品出售价2 880 000元，低值易耗品出售价320 000元。

借：银行存款 16 800 000
　贷：原材料 3 200 000
　　　库存商品 8 000 000
　　　生产成本 3 200 000
　　　低值易耗品 928 000
　　　清算损益 1 472 000

（2）固定资产出售价17 600 000元。

借：银行存款 17 600 000
　贷：固定资产 16 472 000
　　　清算损益 1 128 000

3.核算企业收回债权和清偿债务

（1）收回应收票据880 000元，支付贴现利息24 000元。

借：银行存款 856 000
　　清算损益 24 000
　贷：应收票据 880 000

（2）收回应收账款10 720 000元，其余31 680元无法收回。

借：银行存款 10 720 000
　　清算损益 31 680
　贷：应收账款 10 751 680

（3）清偿应付职工薪酬320 000元。

借：应付职工薪酬 320 000
　贷：银行存款 320 000

（4）缴清应交纳的税费480 000元。

借：应交税费 480 000
　贷：银行存款 480 000

（5）归还短期借款800 000元，并将支付的利息24 000元列入"清算损益"账户。

借：短期借款 800 000
　　清算损益 24 000
　贷：银行存款 824 000

（6）偿还应付票据320 000元及应付账款15 200 000元。

借：应付票据 320 000
　　应付账款 15 200 000
　贷：银行存款 15 520 000

（7）归还长期借款1 600 000元，并将支付的利息80 000元列入"清算损益"账户。

借：长期借款 1 600 000
　　清算损益 80 000
　贷：银行存款 1 680 000

4.核算清算费用

2×16年9月1日至9月30日期间共支付各项清算费用280 000元，包括清算人员酬金

128 000元，公告费用32 000元，咨询费用32 000元，诉讼费用88 000元。编制会计分录如下：

借：清算费用   280 000

    贷：库存现金   8 320

        银行存款   271 680

5.核算剩余股东权益

（1）将清算费用转入"清算损益"账户。编制会计分录如下：

借：清算损益   280 000

    贷：清算费用   280 000

（2）计算清算净损益，并将清算净损益结转到"利润分配"账户。编制会计分录如下：

借：清算损益   2 160 320

    贷：利润分配——未分配利润   2 160 320

清算净损益应先弥补以前年度亏损，若有剩余，再计算并缴纳所得税。本例清算净损益为2 160 320元，不足以弥补以前年度亏损11 200 000元，所以不用计算缴纳所得税。

（3）计算剩余财产。经上述清偿后，剩余财产为27 760 320元。

6.编制清算利润表（略）和清算后资产负债表（见表10-9）

表10-9

资产负债表（清算后）

编制单位：B股份有限公司   20×6年9月30日   单位：元

资　产	金　额	股东权益	金　额
银行存款	27 760 320	股本	32 000 000
		资本公积	3 200 000
		盈余公积	1 600 000
		未分配利润 其中：清算损益	−9 039 68 2 160 320
资产总计	27 760 320	负债及股东权益总计	27 760 320

7.归还股东投资

将剩余财产27 760 320元分配给普通股股东，原来每股面值100元，共320 000股，由于企业连年发生亏损，剩余财产不足以发还全部股本，每股只能按86.75元分配。编制会计分录如下：

借：股本   32 000 000

    资本公积   3 200 000

    盈余公积   1 600 000

    贷：利润分配——未分配利润   9 039 680

        银行存款   27 760 320

至此，B公司所有账户均已结平，企业解散，清算结束。

提示

　　第一，【例10-3】是企业由于连年发生亏损而终止清算的案例，有关企业由于经营期限届满而进行清算的核算过程与它差不多，同学们可以阅读《企业会计准则讲解》中的有关内容。

　　第二，通过本章的讲解，大家可以发现破产清算会计与非破产清算会计的账务处理有相同点，也有不同点。最大的不同点是破产清算中债务不能全部偿还，不能偿还的部分要结转至"清算损益"；而非破产清算中债务一般能够全部偿还。非破产清算中清算净损益可能大于0，在弥补以前年度亏损后，若有剩余，还需缴纳所得税；而破产清算中，以前年度亏损金额较大，即使存在清算净损益大于0，一般也不能够弥补以前年度亏损，即不需要缴纳所得税。非破产清算通常有归还投资各方资本和剩余财产的活动，而破产清算没有此活动。

复习思考题

　　1.企业终止的原因有哪些？

　　2.企业清算会计的内容有哪些？

　　3.企业清算会计对传统财务会计理论的改变有哪些？

　　4.企业破产清算与企业非破产清算的会计处理有什么区别？

　　5.清算净损益如何计算？

练习题

一、单项选择题

1.依据清算的原因不同，公司清算可以分为（　　）。

　　A.任意清算和强制清算　　　　　　　　B.普通清算和特别清算

　　C.破产清算和非破产清算　　　　　　　D.特别清算和破产清算

2.人民法院宣告企业破产清算后，清算组接管企业后的会计主体将变为（　　）。

　　A.被清算企业　　　　B.清算组　　　　　C.不存在　　　　　　D.人民法院

3.企业破产的原因是（　　）。

　　A.资金暂时困难，不能清偿到期债务

　　B.自破产申请之日起6个月内无法清偿债务

　　C.经营管理不善引起严重亏损，致使不能清偿到期债务

　　D.发生重大灾害不能清偿到期债务

4.破产清算组工作人员的酬金及劳务费应计入（　　）。

　　A.管理费用　　　　　B.工资费用　　　　　C.清算损益　　　　　D.清算费用

5.清算会计依旧遵循的传统财务会计假设是（　　）。

　　A.会计主体假设　　　B.持续经营假设　　　C.会计分期假设　　　D.货币计量假设

6.清算净收益是（　　）。

　　A.清算收益大于清算损失的差额

　　B.清算收益小于清算损失的差额

C.清算收益大于清算损失、清算费用的差额

D.清算收益大于清算费用的差额

7.下列关于企业清算财产支付顺序正确的是（　　）。

A.支付清理费用、支付未付工资、缴纳所欠税款、清偿其他无担保债务

B.支付未付工资、支付清算费用、缴纳所欠税款、清偿其他无担保债务

C.缴纳所欠税款、支付清算费用、支付未付工资、清偿其他无担保债务

D.清偿其他无担保债务、支付清算费用、支付未付工资、缴纳所欠税款

8.下列不属于破产财产的是（　　）。

A.宣告破产时破产企业经营管理的全部财产

B.已作为担保物的财产

C.应当由破产企业行使的其他财产权利

D.破产企业在破产宣告后至破产程序终结前取得的财产

9.清算会计的目标与常规财务会计目标不同，因此，清算会计的主要活动是反映企业（　　）。

A.清算过程前的财务状况　　　　　　　B.清算过程中的财务状况

C.清算过程后的财务状况　　　　　　　D.以上三项内容

10.企业进入破产清算后，废止的会计原则是（　　）。

A.客观性原则　　　B.可比性原则　　　C.明晰性原则　　　D.资本性支出原则

11.企业进入破产清算后，"固定资产"科目核算的是（　　）。

A.固定资产变现价值　　　　　　　　　B.固定资产原值

C.固定资产重置价值　　　　　　　　　D.固定资产净值

12.企业进入破产清算后，停止使用的负债科目是（　　）。

A.应付工资　　　B.应付账款　　　C.应付福利费　　　D.应付票据

13.2016年8月1日，人民法院裁定受理债务人甲提出的破产申请。当年12月1日，甲被人民法院宣告破产。2017年6月1日，破产程序终结。2018年4月1日，债权人乙发现甲在2015年9月1日将一台机器设备无偿转让给丙企业。根据《破产法》的规定，债权人乙有权请求人民法院撤销该无偿转让行为，并在一定期间内按照破产财产分配方案进行追加分配，该期间为（　　）。

A.2017年6月1日至2019年5月31日　　　B.2017年6月1日至2018年5月31日

C.2016年12月1日至2018年11月30日　　D.2016年12月1日至2017年11月30日

14.甲公司被依法宣告破产，管理人的清算结果表明：甲公司的破产财产共2 000万元，发生破产清算费用120万元，欠职工工资150万元，欠税款1 600万元，破产债权2 000万元，其中乙公司拥有破产债权500万元。根据《破产法》规定，乙公司就破产债权受偿的金额为（　　）万元。

A.200　　　　　　B.30　　　　　　　C.32.5　　　　　　D.60

15.下列关于清算会计的有关说法中，不正确的是（　　）。

A.清算净收益要缴纳所得税

B.普通清算的清算净收益可弥补前期亏损

C.清算企业必须设置"土地转让收益"科目

D.土地转让损失不能记入"清算费用"科目

二、多项选择题

1.破产企业的原下列账户余额直接转入清算组新设置的"清算损益"账户的有（　　）。

A.递延资产　　　　B.预提费用　　　　C.实收资本　　　　D.待处理财产损溢

2.清算会计中清算收益主要包括（　　）。

A.经营收益　　　B.无法收到的债权　　C.财产估价收益　　D.无法偿付的债务

3.清算会计报表包括（　　）。

A.清算资产负债表　　B.清算利润表　　　C.债务清偿表　　　D.清算财产表

4.属于清算损益类科目的有（　　）。

A.清算费用　　　　B.土地转让收益　　C.清算损益　　　　D.待处理财产损溢

5.企业清算财产的作价方法通常有（　　）。

A.账面价值法　　　B.变现收入法　　　C.招标作价法　　　D.重估价值法

6.向法院提出破产申请，一般可以由（　　）提出。

A.债务人的上级主管部门　　　　　　　B.债权人的主管部门

C.债务人　　　　　　　　　　　　　　D.债权人

7.清算期间清算机构的（　　）可计入清算费用。

A.人员工资　　　B.差旅费　　　　C.公告费　　　　D.办公费

8.下列项目中符合我国有关法定的企业终止原因的有（　　）。

A.企业章程所设立的经营目标根本无法实现，且企业无发展前途

B.营业期届满，自行终止

C.企业合并或分立，要求企业终止

D.企业宣告破产

9.下列项目中将增加清算收益金额的有（　　）。

A.土地转让收益　　　　　　　　　　　B.财产变卖收益

C.重新确认债务中发生的负债减少额　　D.不能收回的应收账款

10.企业破产程序主要包括（　　）。

A.破产申请和受理　　B.和解整顿　　　C.破产宣告　　　D.破产清算

三、判断题

1.清算会计的计量基础是历史成本。　　　　　　　　　　　　　　　　　　（　　）

2.清算过程中的土地转让收益是指转让土地使用权取得的收入减去转让费用后的差额。　　　　　　　　　　　　　　　　　　　　　　　　　　　　　　　　　（　　）

3.企业清算过程中支付的职工安置费应计入清算费用。　　　　　　　　　　（　　）

4.影响清算损益金额的因素包括清算收益、清算损失、清算费用和土地转让收益。
　　　　　　　　　　　　　　　　　　　　　　　　　　　　　　　　　　（　　）

5.清算会计要遵循收付实现制原则。　　　　　　　　　　　　　　　　　　（　　）

6.公司进行资本改组，减少资本后的注册资本，不得低于法定的最低限额。　（　　）

7.在破产清算过程中，清算组会计人员在沿用破产企业旧账时，要设置"清算损益"账户进行核算；而在另立新账册时，则不需设置。　　　　　　　　　　　　　（　　）

8.破产企业对破产可变现价值的清偿顺序，首先是偿还有担保的债权，其次是清偿无

担保但有优先权的债权，然后才清偿无担保无优先权的债权。 （　　）

9.破产企业的清算组对破产财产分配完毕，结平所有账户，即可终结破产程序，宣告企业终止。 （　　）

10.当债务人出现财务困难、不能按期偿还债务时，债权人只能通过法律程序，要求债务人破产，以清偿债务。 （　　）

四、计算及业务处理题

甲公司因经营管理不善，严重亏损，不能清偿到期债务，于2017年4月23日经法院宣告破产。法院指定有关部门组成的清算组接管企业。甲公司截止到2017年4月23日的账户余额如表10-10所示。

表10-10
甲公司清算前账户余额
单位：元

总账科目	借方余额	贷方余额	总账科目	借方余额	贷方余额
库存现金	3 000		应付账款		442 000
银行存款	250 000		应付职工薪酬		809 000
应收账款	489 200		应交税费		802 800
其他应收款	60 000		其他应付款		916 200
原材料	193 000		长期借款		1 753 000
库存商品	248 200		实收资本		500 000
长期股权投资	716 000		资本公积		63 000
固定资产	1 038 000		盈余公积		88 280
累计折旧		164 000	利润分配		171 120
在建工程	480 000				
无形资产	560 000				
长期待摊费用	1 065 000				
待处理财产损溢	607 000				

甲公司清算组财产清查结果如下：（1）将确实无法收回的应收账款45 180元核销，列入清算损益。（2）将清查中发现的短缺库存商品26 940元，列入清算损益。（3）将已无实际价值的商标权60 000元注销，列入清算损益。

甲公司清算组在清算期间收回应收账款、其他应收款等活动如下：（1）收回应收账款333 600元，存入银行。应收账款的账面余额为444 020元。（2）收回其他应收款50 000元，存入银行。其他应收款的账面余额为60 000元。

甲公司清算组在清算期间，变卖原材料、库存商品等存货活动如下：（1）变卖各种原材料收入150 000元及增值税销项税额25 500元，一并存入银行。（2）处置各种库存商品收入202 000元及增值税销项税额34 340元，一并存入银行。各种库存商品的账面价值为221 260元。

甲公司清算组在清算期间，变卖固定资产和在建工程活动如下：（1）处置各项固定资产的收入计745 000元，存入银行。各项固定资产的账面原值总额为1 038 000元，累计折旧为164 000元。（2）处置各项在建工程的收入共计432 000元，存入银行。在建工程的账面价值为480 000元。（3）经计算，处置固定资产和在建工程应交的税金为58 850元。

甲公司由于剩余的破产财产不足以清偿其他破产债务，因此按比例清偿如下：长期借款610 921元，应付账款154 037元，其他应付款319 173元。

请根据以上资料，编制甲公司清算期间相关的会计分录。

第十章练习题参考答案

主要参考书目

［1］刘永泽，傅荣. 高级财务会计［M］. 5版. 大连：东北财经大学出版社，2016.

［2］储一昀. 高级财务会计［M］. 北京：中国人民大学出版社，2016.

［3］杨金观. 高级财务会计［M］. 3版. 北京：经济科学出版社，2016.

［4］企业会计准则编审委员会. 企业会计准则应用指南［M］. 上海：立信会计出版社，2017.

［5］财政部会计资格评价中心. 高级会计实务［M］. 北京：经济科学出版社，2015.

［6］刘颖斐. 高级财务会计理论与实务［M］. 北京：清华大学出版社，2015.